ちくま学芸文庫

生活世界の構造

アルフレッド・シュッツ
トーマス・ルックマン
那須 壽 監訳

筑摩書房

日本語版への序文

トーマス・ルックマン

本書『生活世界の構造』は、日本の研究者にとってはドイツ語の原典でも英訳版でも読むことができたでしょうが、シュッツの『社会的世界の意味構成』と『著作集』の日本語版に続いて、このたび本書の日本語版が刊行されることは、私にとってこのうえなく喜ばしいことです。私は英語版（一九七三年）に序文を寄せ、その独訳をドイツ語版（一九七五年、二〇〇三年）にも収録していますので、そこで幾分詳細に記した本書の成り立ちと、亡くなった恩師と生きている弟子とのあいだの通常では考えられない共同研究について、ここで改めて繰り返す必要はないでしょうが、ほぼ四〇年前に書いたいくつかのことを手短かに、そして一、二、付け加えて述べておきたいと思います。

私は本書の共著者とされています。しかしそのような扱われ方をしてよかったのかどうか、いまでも確信がもてません。本書の最終原稿を整えたのは、間違いなく私です。しかしそのことは、しかるべき文脈のなかで考える必要があります。私は六〇年代前半、アルフレッド・シュッツ夫人のイルゼ・シュッツから金銭的にも精神的にも支援を受けて長い研究休暇を過ごし、その後も引き続いて数カ月、本書第一巻の草稿を書くことに費やしました。フランクフルト大学に教授職を得て「ニュースクール」を離れたあと、別の様ざまな職務に忙殺され、引き続きすべての時間を本書第二巻のために費やすことができなくなり、本書を完成させるのに数年かかってしまったのです。すぐ前で述べましたように、本書の原稿を書いたのはたしかに私です。ですがその原稿は、シュッツがかつて刊行していた作品といくつかの草稿に基づいています。しかもシュッツは、彼自らが細部にわたって計画を練り上げていた作品へとそれらをまとめる準備も進めていました。たしかに私は、いくつかの部分、とりわけ社会的な知識集積に関する章を敷衍し体系化しましたし、方法論に関する章は本書には含めないことにしました。しかし本書『生活世界の構造』は本質的にシュッツの作品であること、このことをはっきり言っておかねばなりません。しかもそればかりか、彼が計画し準備していた作品は、彼を襲った死によって彼自身が完成させることはできなかったのですが、ある意味で彼の代表作になるべきものだったのです。シュッツ夫人は、シュッツのかつての同僚や友人の方たちと相談され、彼のこの作品を引き継いで仕上げるという困難な仕事を私に託されたのでした。

私がこの困難な仕事を託されたことには、おそらく次のような事情が与かっていたのでしょう。私は一九五〇年代の中頃、ニューヨークのニュースクール・フォー・ソーシャル・リサーチの政治・社会科学研究科でシュッツのもとに学びました。彼は、私の修士号と博士号両方の審査委員会のメンバーでした（私の修士の学位は哲学、博士の学位は社会学なのですが、シュッツは両方の学部に属していたわけです）。しかしそうしたことは、ただ形式的なことにすぎませんし、そしてもちろん、彼が始めたことを私がうまく完成させる何の保証にもなりません。私が切に望んでいるのは、私の為したことが彼の壮大なプロジェクトの趣旨に沿っていること、ただこのことだけなのです。私は彼の学生として、シュッツ自身の語る言葉に注意深く耳を傾けました。また彼の初期の著作『社会的世界の意味構成』を、これ以上ないほど念を入れて読み込みました。加えて、彼の思考に大きな影響を与えた哲学者や他の研究者たち、たとえばマックス・ウェーバーやアンリ・ベルクソン、エトムント・フッサールの作品を研究し、シュッツに対する彼らの影響のあり方も辿りました。それは私自身のためでもありましたし、またシュッツの意図に可能な限り忠実に付き従うための助けにもなりました。ウェーバーとフッサールは直接的に、そして恩師シュッツを介することによって、私ののちの仕事に影響を与えたと付け加えても、おそらくいいでしょう。

シュッツは『生活世界の構造』を母語であるドイツ語で書こうと思っていました。彼は一九五九年に亡くなる数年前から、自分の仕事は英語圏の学界では適切な仕方で受け入れられることはない、と感じていたように私には思えます。数十年のあいだに状況はたしかに大きく変わりました。しかし当時は、彼が感じていたとおりだったと言っていいでしょう。もちろん私はドイツ語で書くという彼の決断を受け入れ、ドイツ語で書くことにしました（私はバイリンガルで育ち、ドイツ語は父が日常的に使っていた言語なのです）。英訳版その他も利用できますし、いままた嬉しいことに日本語版も刊行されようとしていますが、『生活世界の構造』が書かれたそもそもの言語は、シュッツに多大な影響を与えた思想家たち、ウェーバーとフッサールが用いた言語と同じドイツ語だったのです。

シュッツは日本に行ったことはありません。ですが、彼と日本における現象学研究との緊密な結びつき、そして『社会的世界の意味構成』の刊行にとって見過ごすことのできない尾高朝雄教授との友情はよく知られているとおりですので、ここで私が詳しく述べる必要はないでしょう(1)。

最後に、私が日本を訪れた時のことについて述べたいと思います。幸運にも私は何度か日本を訪れたことがあるのですが、そのうちの一度は、早稲田大学で行われた二〇〇四年の「シュッツ会議」の時でした。他の参加者たちと一緒に「早稲田大学シュッツ文庫」に案内され、その文庫の責任者、那須教授によって蒐集された素晴らしいコレクションが見事に整理されているのに私は感銘を受けました。シュッツの諸論稿や草稿、書簡、そして彼の蔵書を中心に私が創設した「コンスタンツ大学社会科学文庫」の形式的な責任者として(2)、それに対応する文庫が日本にも創設されているのを目にして、私は本当に嬉しく思いました。現象学一般にとって、そして経験的な社会学のための哲学的基礎をその著作のなかで確立したシュッツが現象学に対して行った本質的な貢献にとって、日本は、ドイツとアメリカ合州国と並んで、とりわけ創造力に溢れた肥沃な場であることはすでにはっきりと証明されています。私はそのように感じています。

原註

（1） 尾高教授とシュッツの関係についての詳細は、以下の文献を参照してください。Yoshikazu Sato, "Phenomenological Sociology in Japan: Past and Present with Special Reference to Alfred Schutz," in eds., Ilja Srubar and Shingo Shimada, *Development of Sociology in Japan*, Special Issue of *Jahrbuch für Soziologiegeschichte*, 2005, pp. 143-163.

（2） 私は、「形式的な責任者」と書きました。「コンスタンツ大学社会科学文庫」に関わる実際の仕事は、最初、私の当時の助手、リヒャルト・グラートホフ（Richard Grathoff）とヴァルター・シュプロンデル（Walter Sprondel）が、のちにイルヤ・スルバール（Ilja Srubar）が、それぞれ「社会科学文庫」の実質的な責任者として、それを担ってくれました。その後、コンスタンツ大学の私の後任にハンス-ゲオルク・ゼフナー（Hans-Georg Soeffner）教授が就任して以降、最初はマーチン・エンドレス（Martin Endress）によって、そして現在はヨッヘン・ドレーアー（Jochen Dreher）によって「社会科学文庫」の日常的業務は担われています。

目次

訳者紹介（五〇音順）

大黒屋貴稔　聖カタリナ大学人間健康福祉学部教授（第四章）
木村正人　東洋大学社会学部教授（第三章）
鳥越信吾　昭和女子大学人間社会学部専任講師（第二章）
那須壽　早稲田大学名誉教授（日本語版への序文・序・第一章）

凡例

一、本訳書は、Alfred Schütz & Thomas Luckmann, *Strukturen der Lebenswelt*, Konstanz: UVK Verlagsgesellschaft mbH, 2003 の「序」から「第四章」までを翻訳したものである。訳出にあたって Richard M. Zaner & H. Tristram Engelhardt, Jr. による英訳版 *The Structures of the Life-World*, Evanston: Northwestern University Press, 1973 を参照した。

一、原著書に付されているルックマンによる「序」は——原註にも書かれているように——もともと英訳版に付されていた彼の手になる英語の「序」に彼自身が若干、手を入れ、それをモニカ・ライフ-ヒュルザーが独訳したものである。本訳書では、そうした経緯に配慮し、英語版を基本にドイツ語版で補うという方針のもとに、両者の異同をいちいち指示することなく訳出した。両者のあいだで記述がまったく異なっている箇所に関しては、英語版での記述の方が内容の点で本訳書には適切であろうと判断してそれを訳出し、訳註で指示しておいた。

一、原著書には七頁にわたる詳細な「目次」が付されているが、本訳書では、煩雑さを避けるために「章—節—項」までを訳出し、それよりも下位に位置する見出しは「目次」から割愛した。本文中の「見出し」に関しても、いちいち指示することなく「見出し」としてよりふさわしいように表現を一部、変更した箇所がある。

一、巻末の索引は、原書の索引をもとに、不要と思えるものを削除・統合し、必要と思えるものを追加して作成した。訳者全員の意見を集約して原稿に仕上げる作業は鳥越が担当した。

一、読みやすさを配慮して、長いパラグラフに新たに段落を付した箇所がある。

一、明らかに誤字、脱字、誤植、遺漏と思える箇所については、いちいち断らずに訂正した。

一、訳文中の符号等は、次のような原則に従って使用されている。

・原文中の《 》は「 」、( )は( )で示した。

・原文中のイタリック字体は、それが強調として使用されている場合には訳語に傍点を、ラテン語やフランス語などの外来語を示すために用いられている場合には訳語にクロマルを付し、また書名を表している場合には『 』で表示した。

・当該語句を強調するために、あるいはその語句に特別な意味をもたせるために大文字で表記されている用語は、訳語にシロマルを付しておいた。

一、原註は( )、訳註は〔 〕で示して章末にまとめた。

一、原著書には、本書の他の箇所を指示する数多くの註が付されているが、それらはすべて〔 〕を用いて本文中の当該箇所に挿入した。なお、本訳書には含まれていない第五章と第六章を指示する註も読者の便宜に配慮して削除せずに指示している。

一、場合によっては区別されてしかるべきであるが、その区別を的確に表現する訳語を見出すことが訳者たちにとって困難であった用語に関しては、形容詞を付して区別することは避け、一方の訳語にクロマルを付して区別することにした。それは以下の用語である(いずれも前者にクロマルを付した)。

・Handeln - Handlung(行為)

・Historizität - Geschichtlichkeit(歴史性)

・Interpretation - Auslegung(解釈)

・Körper - Leib(身体)

・Realität - Wirklichkeit(現実)

・Sozialität - Gesellschaft(社会)

この原則は、当該用語の派生語(たとえば Sozialität - sozial)にも適用されているが、たとえば interpretative Relevanz や Interpretationsrelevanz といったように、それ自体が用語化されている場合には適用されていない。

なお、unmittelbar - mittelbar、direkt - indirekt という二組の対語に関しては、用語として確定すべきであるのは前者であると判断し、それらには一貫して「直接的—間接的」の訳語を充て、後者に関しては逆に「直接的—間接的」という訳語を充てることを一貫して回避し、たとえば「直接」「じかに」といったように文脈によって訳し分けた。

一、翻訳は、「訳者紹介」の箇所で示している担当者が担当箇所の第一次訳稿を作成して、それを共訳者全員の検討に委ね、共訳者から寄せられた細部にわたる意見を踏まえながら、また何度かの共同討議も踏まえながら、それぞれの担当者が再度、担当箇所の改訂訳稿を作成するという過程を経たうえで、私(那須)が原文に当たりながら準最終稿を作成し、それを再度、各担当者の検討に委ね、そこで寄せられた各担当者からの意見を踏まえて私が最終確定稿を作成する、という手順で進められた。その際、できる限り担当者の訳文を尊重するよう心掛けたが、私の判断（独断）で最終的に選定し直した訳語や大幅に手直しした訳文も数多くあり、したがって翻訳全体に関わる最終責任は私が負わねばならない。

生活世界の構造

序[1]

トーマス・ルックマン

アルフレッド・シュッツは、一九五九年の春、六一歳でこの世を去った。一冊の書物の準備を進めている最中の死であった。彼は、死が訪れる前年の夏と秋に、以前から構想していたその書の準備に集中的に取り掛かっていた。それは、これまで自分が行ってきた日常生活世界の構造に関する探究をまとめ上げること、したがって様ざまな著作のなかに散在したままになっている議論を、一貫したひとつの議論として提示することを意図したものであった。

本書『生活世界の構造』は、そのため通常とは違った事情のもとで書かれることになった。シュッツは生前、本書に関する十分に練り上げられた構想を書きつけていた。そこには、この書の内容に関わる輪郭が示されており、すでに刊行されている自らの著作について細部にわたって言及したうえで、それを一冊の書物にまとめ上げる仕方が指示されていた。またそこには、さらに推し進めなければならない分析に関する構想と覚書も含まれていた。イルゼ・シュッツ夫人と私はそれらの資料について意見を交換し、それらを刊行することはシュッツの門下生たちにとってかなりの程度、役立つだろうし、哲学的で社会学的な彼の諸著作を精確に再構成し解釈することに関心をもっている研究者にとっては、いずれは不可欠のものになるであろうという点で意見の一致をみた。しかしまた私たちは、それが死後刊行である以上、シュッツ自身がこの書を構想するにあたって思い描いていた意図を、たとえそれに近い形であるにせよ実現することはできないだろうということも了解していた。だが私は、シュッツから決定的な影響を受けて自らの思考を形作ってきた門下生として、彼がし残した仕事を引き継ぐことを承諾した。私は、自分が乗り出そうとしているのは困難な企てであろうと思ってはいたが、それが実際、どれほど困難なものになるかについて、その時点ではいまだ認識できていなかった。

『生活世界の構造』を完成させるには、偉大な恩師が残した草稿を死後、その弟子が編集することに伴う困難が伴っていたし、それと結びついた、様ざまな意味で対等でない二人の著者が共同するということから生じる諸々の問題も伴っていた。実際、二人の著者のうちの一方は亡くなっており、他方は生きている。また一方は、本書で扱われるべき問題を解決しようと非常な集中力をもって取り組んできた、その永年の努力の成果を振り返ってみる人であり、他方は、それら努力の成果から恩恵を受けている人である。さらに一方は、いまはそうすることができないけれども、かつてはいつでも自分の分析に自由に加筆修正することができた恩師であり、他方は、恩師の書いていることにためらいながら加筆修正するけれども、恩師が指示しているとおりの方向で分析を続ける必要から、時には最初まで立ち戻らざるを得ない弟子なのである。

本書は、ある意味でシュッツの生の総決算であり、そのようなものとして本書は彼の単独の著書である。だが本書はまた別の意味では、多くの著者たち――そのなかでもっとも重要な位置を占めているのはシュッツであり、私はその最終の位置を占めているにすぎない――の仕事が合わさって行き着いた集大成でもある。とはいえ、本書において日常生活の構造分析が完璧になし遂げられているわけではもちろんない。日常生活の構造分析とは、永遠の哲学と歴史的な社会理論とが取り組むべき終わりのない課題である。

シュッツは、一九三二年にオーストリアのシュプリンガー社から最初の主著『社会的世界の意味構成』を刊行して以来、一貫して哲学と社会科学の境界領域に関わる研究に取り組み続けた。彼はオーストリアで生まれ、その地で幼年期と青年期を過ごし、第一次大戦にも従軍した。復員後、ウィーン大学で法律学、経済学、哲学を修め、まずは銀行の法律部門の職に就いた。彼が最初の（そして生前に刊行された唯一の）著作を刊行してから、二冊目の著作を構想するまでのあいだに、四半世紀の時が経過していた。その間、シュッツはエトムント・フッサールと出会ってもいる。彼はシュッツの著作を読み、それに高い評価を与え、フライブルクで自分の助手になることを勧めた。だがシュッツは、フッサールからのこの申し出を受け入れることはできなかった。それは、ファシズムとナチズムが台頭し始めた頃のことであった。シュッツは、ヒトラーがオーストリアに侵攻する直前に、勤め先の銀行の仕事でパリに行っていた。そして一九三九年、妻と家族を伴ってアメリカ合州国に移住し、不慣れな状況のもとで新しい生活をスタートさせた。彼はこの点では、ヨーロッパから移住してきた他の多くの研究者たちとその運命を共有している。だが彼は、それら多くの研究者たちとは違って、商取引の法律実務家としての生活をその地で再建し、研究もまた休むことなく続けていた。しかも彼は、アルヴィン・W・ジョンソン学長のもとで多くの亡命研究者にとっての避難所になっていたニューヨークのニュースクール・フォー・ソーシャル・リサーチ大学院で講義も始めた。シュッツは人生の最後の数年間だけ、研究以外の多くの活動を切り詰めたが、それは一九五二年、ニュースクールの教授職を引き受けるためであった。

最初の著作を刊行してからの二五年は、シュッツの人生に多くの混乱をもたらした。けれども、それはまた、社会諸科学の基礎づけ問題を集中的に研究することに費やされた時期でもあった。彼はますます、人間諸科学の方法論的な根本問題は、それら諸科学の対象領域に特有の人間的構成を精確に記述することによってはじめて十全たる形で解決できると確信するようになった。人間の経験領域における日常世界の構成を記述的に分析するための筋のとおった方法は、フッサールの現象学から得ることができるという、シュッツが初期の頃に抱いていた信念は、のちの研究のなかで彼にとっての確信となった。彼が目を向けていたのは、いかにすれば現象学的方法を人間の象徴的行為と実質的活動の所産である社会的世界にうまく適用することができるかということであった。かくしてシュッツは、フッサールの思惟をもとに自らの研究を展開した。ただし、社会諸科学の方法、理論と、その経験的基盤、すなわち日常生活世界との関係を究明するという彼の試みは、『ヨーロッパ諸学の危機と超越論的現象学』（一九五四年）のなかのもっとも重要な「危機」草稿が刊行されてはじめて十分に知られるようになった後期フッサールの見解を先取りし、その見解を社会諸科学に適用するものであった。

とはいえシュッツは、単に現象学的哲学者であっただけではない。彼はまた、法律学と経済学、そして社会学を修めた社会科学者でもあった。彼は、方法論的個人主義をマックス・ウェーバーと共有しており、したがって人間行為に関する適合的な理論が社会科学の方法論にとって戦略的に重要であることをはっきりと認識していた。シュッツの研究は、この点でウェーバーの主たる関心を見事に引き継いでいる。だがシュッツは、自らの独創的な思考と体系的な探究によって、フッサールもウェーバーも、おそらくそこまで彼に付き添っていこうとは思わないような新たな領域にまで到達している。このことは疑い得ない。フッサールは、自然諸科学について知っているほどには、また数学と論理学に精通しているほどには、社会諸科学に馴染んでいなかったからであり、ウェーバーは、伝統的な新カント派の哲学的前提から完全に切り離されて思考することができなかったからである。シュッツは、この新たな領域における先駆者であり、そして若い世代の研究者たちは、彼によって切り拓かれた道を突き進んでいる。

『社会的世界の意味構成』以降、生前に刊行された彼の三十数編の論稿は、ドイツ語、フランス語、スペイン語で公刊された若干の例外を除いてすべて英語で書かれ、哲学や社会学の様ざまな専門雑誌と論文集のなかで公表されている。[2] それらの論稿では、相互主観性、サインとシンボル、言語、類型化と知識、「多元的」現実、社会的行為から、社会科学方法論、さらにはウィリアム・ジェームズ、マックス・シェーラー、ジャン＝ポール・サルトル、そしてもちろんフッサールに関する批判的検討にいたる、きわめて広範で多様な問題が取り扱われている。それらの論稿は、あちこちに分散して刊行されていることから、表面的には断片的な著作のような印象を与えるかもしれないけれども、論題のそうした広がりと多様さが示しているのは、透徹した知性が抱いていた諸々の関心なのである。

　断片的に見えるというそうした印象は、たしかに誤解を招くだろう。だが、『社会的世界の意味構成』のなかで示されているシュッツの思想の基本的着想は、たとえばアメリカのプラグマティズムとの出会い、とりわけウィリアム・ジェームズとジョージ・ハーバード・ミードとの出会いといった、新たな知的影響によって豊かなものになってはいるけれども、その根本においては変化していないのである。シュッツの多様な論稿を注意深く読む読者は、彼の研究が、最初の著作『社会的世界の意味構成』によって指針が示された方向を辿り続けていることに気づくだろう。

彼の思想の統一性は、『社会的世界の意味構成』と『生活世界の構造』の構想とを比較する際にきわめて明瞭に現われてくる。最初の著作の刊行から二作目の著作を構想するまでの四半世紀のあいだに彼が行った探究は、最初の著作の中心テーマをもとに、ときにはそれを別の基調に移し替えたり、もともと付随的であったテーマを展開させたりといったように、様ざまに変化させたものであったとみなすことができる。シュッツのこの四半世紀の研究を、いま目の前にある二作目の著作のための草案と照らし合わせながら振り返ってみると、それらの研究はまた、並はずれた一貫性を示している精神が、初期の研究ですでに提起し言及していた諸問題を厳密に検討しているものとみなすこともできる。社会的現実としての日常世界を体系的に記述するものとして構想された彼の思想と研究の最終的な総括が、それら諸問題の解明に基づきながら本書においてなされようとしていたこと、このことはまったく明白である。そうした研究の集大成にとっては、明らかに、人間の意識を客体化する諸活動とそのきわめて重要な帰結、すなわち相互主観的コミュニケーションにおける類型化ならびにサインとシンボルに関して、特別念入りに分析することが必要不可欠な前提であろう。シュッツは、時間と空間における人間の方向定位に関するノッサールの分析と自らの分析、そしてまた対面状況にある当事者たちの経験についての自らの探究から出発して、社会的経験、言語、社会的行為の基底にある、したがってまた人間的生からなる複雑な歴史的世界の基底にある日常生活の原初的構造を一歩一歩、明るみに出している。

残念なことにシュッツは、彼の哲学者としての生の、また社会科学者としての生の——いくぶん誇張した表現を用いれば——最終到達点にいたるための計画を遂行することができなかった。彼にそれを完成させるだけの時間が与えられていたとしたら、最終的にはどんな形のどんな構成の書物ができあがっていただろうか。このことを突き止めようとするのは詮ないことである。だが、明白なことをここではっきりと述べておく必要があるだろう。本書は、シュッツであれば書いたであろう著作ではあり得ない。また、彼であれば書いたであろうと私が考える著作ですらない。私自身の考えと作業とを彼の構想に完全に吸収して消滅させることは不可能である。しかも私は、そうすることは現下の事情であればシュッツが望むことでもないと確信している。だが私は、生活世界の諸構造を分析するという、彼の構想を支えている本来の意図に可能な限り忠実であることは心掛けた。シュッツによる章立てと節立ての原案は以下のとおりである。

第一章　自然的態度の生活世界
A　自然的態度の問われることのない基盤としての
B　疑いのない所与と問題的なもの
C　体験する主観にとっての構造としての

D 企図と実行可能性

第二章 生活世界の諸層

A 社会的
B 時間的
C 空間的
D 限定的な意味構造を伴った現実の諸領域
E サイン体系とシンボル体系
F レリヴァンスの諸領域

第三章 生活世界についての知識——レリヴァンスと類型性

A 手許に存在している知識の集積とその構造
B 状況
C 行為の企図と結びついた関心
D レリヴァンス
E 類型化
F レリヴァンス
G 類型性、経験の集積、未来についての知識
H レリヴァンスによって条件づけられた類型性
社会的世界における諸類型

Ⅰ 諸類型の進展に伴う社会化

第四章 実践の領域としての生活世界

A 行動、行為、動機
B 行為の企図
C 諸企図間の選択
D 相互行為
E 行為の解釈
F 行為の合理的
G 周囲世界における行為と同時代者の世界における行為

第五章 生活世界の超越的諸要素とサイン、シンボルによるその克服

序——生活世界の構成要素としてのサインとシンボル
A 本問題に関わる先行研究概観
B フッサールの間接呈示理論——さらなる展開と適用
C ベルクソンの多元的秩序の理論
D サインと超越の経験——（Ⅰ）孤立した私
E サインと超越の経験——（Ⅱ）相互主観的
F 疑いなく与えられサインを用いて解釈され伝達される世界——理解、準現前化、

H　意思疎通

   自然と社会の超越

  多元的現実——シンボル

 I　シンボルと社会

第六章　生活世界の科学

  科学の問われることのない地盤としての生活世界

 A　自然的態度の現象学に向けて

 B　自然科学と社会科学

 C　社会科学の対象への問い

 D　社会学者と彼が直面する状況

 E　社会的世界の生活世界的解釈と科学的解釈・・

 F　社会科学的構成概念の諸公準

 G　科学の統一と連続性の問題

 H

 私は、シュッツが構想していた基本構造を大筋で踏襲している。ただし二つの点で大きな違いがある。そのひとつは、主観的な知識集積に関する第三章である。その章は、シュッツが構想していたものとはいくらか違った内部構成へと変更されている。なかでもより

031　序

重要な違いは、この章の原案では相対的に従属的な位置におかれていた二つの節、すなわち社会的現実の類型化に関する節〔H〕と類型の社会化に関する節〔I〕とがより詳しく展開されているという点である。それら二つの節で提起されている諸問題をさらに分析してみたところ、それらの問題は体系的に取り扱われる必要のあることがすぐさま明らかになった。そこで、まったく新しい章を立てることにした。それが、知識と社会についての本書第四章である。もうひとつの重要な変更は、最終章として構想されていた社会科学方法論に関する章を本書に収めることは断念するという私の決断によっている。この章に関するシュッツの構想は、人間行為の常識的解釈と科学的解釈に関する論稿〔1〕で体系的に展開された議論の域を大幅に越え出ているとは思えなかった。またその構想のなかでは、彼がさらにどのように議論を進めていくつもりなのかも十分に指示されてはいなかった。したがって私は、この問題についての分析をシュッツの考え方と充分に一貫した形でうまく展開できるとは思えなかった。このテーマに関する私自身の考え方は、別のところで詳しく論じている。〔2〕

とはいえ本書は大部分、個々の章に関するシュッツの着想をその細部にわたって踏襲している。そうでない場合には、分析の内在的な諸要件を満たし、提示の仕方を体系化するのに必要な変更が加えられている。付け加えれば、私は、シュッツ自身が何のためらいもなくこの種の変更を加えたであろうと確信している。もちろん、「後継の著者」といっていい立場にある私が変更を加える際には、シュッツであれば一度、考えて変更したであろう箇所で二度、考えなければならなかった。それらの変更箇所をここでひとつひとつ呈示することはできない。シュッツの原案の細部にまでどの程度、忠実であったのかを再構成するのが困難であるように思える場合もあった。

シュッツが作成した原案、本書のための準備草稿、そしてそれ以外の関連するすべての草稿が、もとは二巻本としてズールカンプ社から刊行された『生活世界の構造』の第二巻に付録として収録されているので、それらのことに関心のある読者、シュッツの諸著作の展開過程について正確に知りたい研究者、そしてもちろん、私の試みが彼の意図にどの程度、忠実で、どの程度ずれているかを比較考量したい方々は、それらの諸草稿を参照されたい[3]。

ここでシュッツの構想の性格についてその概略を示し、本書のための準備草稿と関連草稿の特徴について述べておくことは、読者が全体的な方向性を知るうえで有益であろう。彼の構想は、色の違った索引用カードに書き付けられているが、それらの色は、章見出し用カード、節と項についてのカード、そして様ざまな論文を指示している番号付きの参考文献カード、といった区別をするためのものである。準備草稿と関連草稿は、ルーヴァン草稿のフッサール草稿（シリーズA：六〇〇一―六〇七三）とバッファローのフッサール草稿（B一五：六一〇〇―六一五九、B一六：六一六〇―六一八六）に関する指示とそれらからの抜粋、ならびにフッサールの『危機』書からの抜粋（七〇〇一―七六）からなっている。それ以外には、「ベーム書簡」[4]も指示されている。さらに、構想全体のなかに織り込まれる多数のカードが存在しているが、それらは、「大レリヴァンス問題についての省察」（のちにリチャード・ゼイナーによって編集され、一九七〇年に『レリヴァンス草稿』というタイトルでイェール大学出版局から英語で出版され[5]、また一九七一年にはそのドイツ語訳版が『レリヴァンス問題』としてズールカンプ社から出版された）への指示を含んでおり、またレリヴァンスに関する草稿の第一〇節[6]と、そこに付け加えられた「空隙」についての草稿への指示も含んでいる。『生活世界の構造』の準備のためにと明記されている諸草稿は、六冊のノートにドイツ語で書かれている。シュッツはこの書をドイツ語で書くつもりでいた。そしておそらくそのことが、この書のための準備作業でもまたドイツ語を用いていることの理由であろう。私が本書を書くにあたってドイツ語を用いたのもまた、同じ理由によっている。

それらのノートに含まれている資料の重要度は様ざまである。そこには、シュッツが自らの英語論文で用いている用語と文章をドイツ語に翻訳したものや、シュッツが取り組んでいた問題を取り扱っている他の研究者の諸著作からの抜粋――とそれら諸著作に関する「覚書」――が含まれている。また、すでに刊行されている自らの作品をもとに分析を組み替える、そのためのいくぶん詳細なプランも含まれているが、それは明らかに、構想されていた書物の全体的な枠組のなかにそれらの分析をより適切に統合するためのものであった。それらのプランの一部は、彼がのちに先述の索引カードに書き留めた章と節のための詳細な見取り図のなかに取り入れられている。より重要なことは、それらのノートでは彼が既刊の作品で行った分析のいくつかが修正されており、しかもそれが単なる形式的な修正を超えていることもあるという点である。もっとも重要なことは、それらのノートには新たな分析の構想もまた含まれており、さらにのちの解決に委ねられるべき開かれた問題がそのノートで確認されているということである。

　第一草稿（メイン州バーハーバー、一九五七年）では、主としてレリヴァンス理論が取り扱われている。第二草稿（ゼーリスベルク、スイス、一九五八年八月一二―一六日）では、「人間行為の常識的解釈と科学的解釈」[7]「行為の企図の選択」[8]「社会科学における概念構成と理論構成」[9]に基づきながら、もっぱら行為の理論が論じられている。第三草稿（ゼーリスベルク、一九五八年八月一七―一八日（およびニューヨーク、一九五八年一〇月二五―二六日））でもまた、同じ問題が主として同じ論稿に基づきながら取り扱われている。第四草稿（ゼーリスベルク、一九五八年八月一九―二七日）は、主としてコミュニケーション理論に関わる諸問題に向けられており、そしてそこでの論述は「シンボル・現実・社会」[10]に基づいている。第五草稿（ニューヨーク州ミネワスカ、一九五八年一〇月二六日―一一月九日）でもまた、第四草稿と同じ問題が主として同じ論稿に基づきながら取り扱われているが、ただしそこでは多元的現実の問題、「超越」の問題、そしてふたたびレリヴァンスの理論へと議論が進められている。第六草稿（ニューヨーク、一九五八年一一月九―一四日）は第五草稿の続編である。ノートはすべてシュッツ夫人によってタイプ原稿にされている。

私自身の『生活世界の構造』との関わりについて話をしようとすれば、それは、学生時代の後半から、研究者また教師として歩み始めた初期の頃までのほぼ全体に及ぶことになるが、話は簡単である。私は、言語学、文学、心理学、哲学をウィーンとインスブルックで数年間学んだ後、一九五〇年代初めにニューヨークにやって来た。ニュースクール・フォー・ソーシャル・リサーチ大学院で最初は哲学の研究を、そしてのちに社会学の研究をするためであった。私が教わった方のなかには、カール・レーヴィット、クルト・リーツラー、クルト・ゴールドシュタイン、ドリオン・ケアンズといった人たちがいたが、のちの私の考え方に直接、影響を与えたのは三人の研究者であった。そのうちの一人は、マックス・ウェーバーに関する第一級の専門家であり宗教社会学者でもあったカール・メイヤーである。彼からは、主として大学院での授業を通じて大きな影響を受けた。もう一人はアルバート・ザロモンである。政治思想史と社会思想史に関する彼の深い学識と大きな情熱は、きわめて多様な知的背景をもった学生たちを感動させた。三人目は、アルフレッド・シュッツである。

私は、それら三人の方々から多くのことを学んだ。そして私は、自分自身の考え方に対する彼らの影響をはっきりと区分けすることなど不可能だと思っている。ただし、そこにはおそらくひとつの点で違いがある。私は、シュッツが開講していたゼミナールを数年間、受講した。初期の頃の私自身のいくつかの研究の草稿について彼と手紙の遣り取りもした。彼の作品を繰り返し何度も読んだし、彼の『社会的世界の意味構成』のなかの鍵になる章を英語で公表するために、その章の翻案も作成した。[11] 彼の作品を紹介したり検討したりする論文も書いてきた。彼の分析の成果を私自身の著作に取り入れてもきた。そして最後に、何年ものあいだ『生活世界の構造』に取り組んできた。以上で述べた事情のゆえに、私は、自分の考え方の全領域について、とりわけ行為理論とコミュニケーション理論における自分の考え方について、それはシュッツに由来するものではない、と確信をもって言うことはほとんど困難であると思っている。

本書を書いていた当時のことについて語っているこの機会に、アロン・グールヴィッチに謝意を表しておきたい。彼は、たしかに形式上は私の先生ではなかったけれども、とりわけニュースクール・フォー・ソーシャル・リサーチ大学院で同僚として過ごしていた六〇年代前半、私は彼から多くのことを教わった（シュッツをめぐっての共同ゼミナールを開講したことも楽しい想い出である）。私は、彼が本書の初期の草稿の大部分を注意深く読んでくれたことに感謝している。社会的世界の境界に関する節全体を原稿から削除したのは、彼のアドヴァイスに従ってのことであった。そもそも『生活世界の構造』に収めるためにその節を書いたのだけれども、グールヴィッチが指摘したとおり、シュッツは私が行き着いたいくつかの結論にはおそらく同意しないだろう。その節は、モーリス・ネイタンソンが編集した[12]『現象学と社会的現実——アルフレッド・シュッツ記念論文集』のなかで公表されている。

私は、別のもうひとつの節をこの第一巻から削除した。その節では、日常生活における言語が取り扱われており、したがってそれは第二章の最後に配置されて、様ざまな限定的意味領域間の結びつきに関する分析のなかで重要な位置を占めることになっていた。書き進むにつれて、この節は他の節と釣り合いが取れない程に長大なものになり、日常生活における言語の構成分析にまで議論が進んでしまった。そこでこの節は第二巻の第六章に収めることにした。論理的に考えれば、そこが、この節がいまある形で収められるのにふさわしい場所である。

この節は、いくぶん違った文脈のなかに位置づけられることによって、レスター・エンブリーが編集した『生活世界と意識——アロン・グールヴィッチ記念論文集』への私の寄稿論文[13]の核心部分をなすことになった。ただしそこでも、限定的な意味領域間の結びつきについての分析は不完全なままに留まっており、したがって本書第二章の結論部分での分析もまた、未完のままに留まっている。読者にあっては、本書第二巻に収められている第六章を参照されたい。

この機会にシュッツ夫人に謝意を表するつもりは、私にはない。それは余計なことと思えるからである。彼女は、アルフレッド・シュッツの人生にとって、また彼の研究者としての人生にとって、欠くことのできないその一部であり、さらに彼の遺志を実現する営為とも切り離すことのできないその一部である。そうである以上、誰であれ、その営為と密接に関わっている者ですら、いまや彼女の人生の一部になっていることに対して彼女に謝意を表する余地などありはしないだろう。

シュッツが亡くなってから一年後の一九六〇年に私は母校に帰り、そこで一九六五年まで、シュッツが在職していた研究科で教鞭をとり、一九六六年に一学期だけ、ふたたび母校に帰って来た。『生活世界の構造』の最初の四つの章の第一次草稿が書かれたのはその時期であった。最初の三つの章の大部分は、シュヴァルツヴァルトで過ごした一九六三年と六四年の研究休暇中に書かれた。その後、一九七〇年までフランクフルトで教鞭をとったが、その時期に第一次草稿に手を加えて本書の最終稿を作成し、それをリチャード・ゼイナーとH・トリストラム・エンゲルハート・Jr.に送り、彼らに英語への翻訳を依頼することができたのだった。

原註

(1)　そもそもは英語版。最初の英語による序に私が手を入れてなった現在の序のドイツ語訳はモニカ・ライフ－ヒュルザーによる。

（2）これら諸論稿の大部分は、彼の死後、『著作集』全三巻にまとめられ、一九六二年から六六年のあいだにナイホフ社から刊行された。それらを編集する任にあたったのは、それぞれ、彼の高弟モーリス・ネイタンソン（第一巻）、彼の同僚アーヴィッド・ブロダーセン（第二巻）、そしてイルゼ・シュッツ夫人（第三巻）であった。

訳註

〔1〕"Common-sense and Scientific Interpretation of Human Action," in Alfred Schutz, *Collected Papers I: The Problem of Social Reality*, ed., Maurice Natanson, The Hague: Martinus Nijhoff, 1962, pp. 3-47.〔渡部光・那須壽・西原和久訳「人間行為の常識的解釈と科学的解釈」『アルフレッド・シュッツ著作集第1巻――社会的現実の問題［I］』マルジュ社、一九八三年、四九―一〇八頁〕

〔2〕cf., Thomas Luckmann, "Philosophy, Science, and Everyday Life," in ed., Maurice Natanson, *Phenomenology and the Social Sciences*, vol. 1, Evanston: Northwestern University Press, 1973, pp. 143-185.

〔3〕内容から判断して、この段落は英訳版を採用した。

〔4〕一九五七年七月一日から一九五九年五月一六日までのあいだに、シュッツはルドルフ・ベーム（Rudolf Boehm）に九度、ベームはシュッツに五度、手紙を送り、ルーヴァンのフッサール文庫に収められているフッサール草稿に関する遣り取りをしている。

〔5〕 Alfred Schutz, *Reflections on the Problem of Relevance*, ed., Richard Zaner, New Haven: Yale University Press, 1970.〔那須壽・浜日出夫・今井千恵・入江正勝訳『生活世界の構成——レリヴァンスの現象学』マルジュ社、一九九六年〕

〔6〕 cf. Chap. 7, The Biographical Situation, in *Reflections on the Problem of Relevance*, pp. 167–183.〔同訳書、二三三—二五二頁〕

〔7〕 訳注〔1〕を参照。

〔8〕 "Choosing among Projects of Action," in Alfred Schutz, *Collected Papers I: The Problem of Social Reality*, ed., Maurice Natanson, The Hague: Martinus Nijhoff, 1962, pp. 67–96.〔渡部光・那須壽・西原和久訳「行為の企図の選択」『アルフレッド・シュッツ著作集第1巻——社会的現実の問題［I］』マルジュ社、一九八三年、一三五—一七二頁〕

〔9〕 "Concept and Theory Formation in the Social Sciences," in Alfred Schutz, *Collected Papers I: The Problem of Social Reality*, ed., Maurice Natanson, The Hague: Martinus Nijhoff, 1962, pp. 48–66.〔渡部光・那須壽・西原和久訳「社会科学における概念構成と理論構成」『アルフレッド・シュッツ著作集第1巻——社会的現実の問題［I］』マルジュ社、一九八三年、一〇九—一三三頁〕

〔10〕 "Symbol, Reality and Society," in Alfred Schutz, *Collected Papers I: The Problem of Social Reality*, ed., Maurice Natanson, The Hague: Martinus Nijhoff, 1962, pp. 287–356.〔渡部光・那須壽・西原和久訳「シンボル・現実・社会」『アルフレッド・シュッツ著作集第2

巻――社会的現実の問題［Ⅱ］』マルジュ社、一九八五年、一一三―二〇四頁〕
〔11〕“The Dimensions of the Social World,” in Alfred Schutz, *Collected Papers II: Studies in Social Theory*, ed., Arvid Brodersen, The Hague: Martinus Nijhoff, 1964, pp. 20–63.〔渡部光・那須壽・西原和久訳「社会的世界の諸次元」『アルフレッド・シュッツ著作集第3巻――社会理論の研究』マルジュ社、一九九一年、四三―九六頁〕
〔12〕“On the Boundaries of the Social World,” in ed., Maurice Natanson, *Phenomenology and Social Reality: Essays in Memory of Alfred Schutz*, The Hague: Nijhoff, 1970, pp.73–100.
〔13〕“The Constitution of Language in the World of Everyday Life,” in ed., Lester Embree, *Life-World and Consciousness: Essays for Aron Gurwitsch*, Evanston: Northwestern University Press, 1972, pp. 469–488.

第一章　日常の生活世界と自然的態度

A　自然な世界観の問われることのない地盤としての生活世界

人間の行為と思考を解明し説明しようとする科学は、自然的態度に留まっている人びとにとっては自明である前科学的な現実の基本構造を記述することから始めなければならない。そうした前科学的な現実とは、日常生活世界のことである。それは、人びとがいつものとおり決まったように繰り返しながら関与する現実の領域である。日常生活世界とは、人がそのなかで自らの身体をとおして作用することによってそれに介入し、それを変化させることのできる現実領域のことである。それと同時に、この領域のなかで見出される、他の人びととの行為と行為結果をも含めた対象化されたものと出来事は、人が自由に行為する可能性を制限する。それら対象化されたものと出来事は、人びとを克服できる抵抗と克服できない限界に直面させる。さらに、人が共在者たちと意思の疎通をすることができるのはこの領域においてだけであり、共在者たちと一緒に活動することができるのもまた、この領域においてだけである。日常生活世界においてのみ、共通のコミュニケーション的周囲世界(1)が構成され得るのであり、それゆえ日常の生活世界は、人びとにとって特別な至高の現実なのである。

日常生活世界とは、常識的態度のうちにいる十分に目覚めた通常の成人が、端的な所与として見出す現実領域のことであると理解されるべきであろう。「端的な所与」ということによって指示されているのは、疑いのないこととして体験されているものすべて、さらなる気づきが生じるまでは問題化されることのない事態のことである。これまで疑いのないこととされていたことがらも、もちろんいつでも疑うことができるということ、これもまた、ここで取り扱わねばならない論点である。

自然的態度のうちにいる私はいつも、自分にとって「現実的」であるのが疑いもなくまた自明でもある世界のなかに自分を見出す。私はこの世界のなかに生み込まれたのである。したがって私は、この世界が私の生まれる以前から存在していることを所与とみなしている。この世界は、与えられるすべてのことがらの問われることのない地盤であると同時に、克服しなければならない問題がそのなかで私に対して現われてくる、疑われることのない枠組でもある。この世界は、明確な性質をもち十分に境界づけられている客体がまとまりをもって配置されているものとして、私の前に現われている。自然的態度のうちにいる人にとって、この世界は、色のついた部分やまとまりのない騒音、あるいは暑さ寒さの複数の中心がただ単に寄り集まってできているわけではない。経験をそれらのものへと還元する可能性——そしてそこから生じてくる、いかにしてそれらのものはふたたび経験の対象として再構成されるのかという問い——に私が直面するのは、自然的態度においてではない。それはむしろ、哲学的思考と科学的思考に特有の問題である。

さらに私は、他の人びともこの私の世界のなかに存在していること、しかも他の対象のように、別の諸対象のあいだに身体的[1]に存在しているだけでなく、私の意識と本質的に同一の意識を付与されて存在していること、このことをも端的な所与とみなしている。それゆえ私の生活世界は、はじめから、私の私的な世界ではなく相互主観的な世界であり、その現実性の基本構造はわれわれにとって共通なのである。私は共在者たちの体験について、たとえば行為の動機について、ある程度、知ることができる。それは私にとって自明のことである。また共在者たちにとっては、私についてそれと同じことが言えるということも私は想定している。生活世界のこうした共通性はいかにして構成されるのだろうか。その共通性はどのような構造を備えており、社会的行為にとっていかなる意義をもっているのだろうか。これらのことが真剣に探究されねばならない。ただし差し当たりは、共在者たちにとっての外的周囲世界の対象は私にとっての対象と原則的に同一であることを、私は自然的態度において受け入れているということ、これを確認すればそれで十分である。そこでまた「自然」も、すなわち外的世界の諸事物からなる領域も、まさしくそのようなものとして相互主観的である。さらに、われわれの先行者たちによってすでに経験され対応され名づけられている「自然的世界」は、まさしく私と共在者たちに共通の解釈枠組のなかに持ち込まれている以上、その世界が共在者たちにとって有している意義は、私にとってそれが有している意義と原則的に同一であるということ、このことを私は自明のこととして受け入れている。この意味で、外的世界の諸事物からなる領域もまた、私にとって社会的である。

私の生活世界は、たしかに——すでに共在者たちと関係づけられてはいるが——「自然」として体験されるそうした領域だけから成り立っているわけではない。それゆえ、私が自らの周囲世界的状況の要素として目の前に見出すのは「自然」だけではない。私は、共在者たちをもまた、周囲世界的状況の要素として目の前に見出すのである。私は共在者たちに働きかけることができ、また同様に共在者たちは私に働きかけることができるだろうということ、これは自然的態度のうちにいる私にとっては自明のことである。私は、共在者たちと多様な社会関係を取り結ぶことができることを知っているが、それを知っていることはまた、ある想定を含意している。共在者たちが私との双方向的な関係を経験する際のその仕方は、私が彼らを経験する仕方とあらゆる実践的な目的からみて十分な程度、類似している、という想定である。

ここでは、相互主観性の構成という現象学的問題に立ち入ることはできない。それゆえ、日常の自然的態度にあっては以下のことがらが疑いのない所与として受け入れられているということを確認するだけで満足しなければならない。(a)共在者たちが身体的に存在していること、(b)それらの身体には、私のものと原則的に類似の意識が伴っていること、(c)私の周囲世界にある外的世界の諸事物と、共在者たちの周囲世界にある外的世界の諸事物は同一であり、原則的に同一の意義をもっていること、(d)私は共在者たちとのあいだで相互関係と相互作用を打ち立てることができるということ、(e)私は共在者たちと意思を疎通することができるということ――これは前項の想定からの帰結である、(f)分節化されている社会的あるいは文化的世界は、私と共在者たちにとって準拠枠として歴史的に、しかも「自然的世界」と同じように疑いのない仕方で、あらかじめ与えられていること、(g)私が自らをそのつどそのなかに見出す状況のうちで、私がもっぱら自分で作り出したのはそのほんの一部にすぎないということ、以上である。それゆえ生活世界の日常的現実に含まれているのは、私が経験する「自然」ばかりではない。そこには、私がそのなかに自らを見出す社会的世界ないしは文化的世界もまた含まれている。生活世界は、私が自らの周囲環境のなかで出会う、まさしく物質的な対象と出来事だけから成り立っているわけではない。それらの対象と出来事は、もちろん周囲世界を作り上げている構成要素ではある。しかし周囲世界には、自然の事物を文化的対象に、人間の身体を人間に、共在者たちの動きを行為、ジェスチャ、伝達に、それぞれ変換するあらゆる意味の層もまた必要不可欠である。なるほどウィリアム・ジェームズは、感覚的に知覚可能な物理的世界という下位宇宙のことを「至高の現実」と呼んでいる。[2] だがこれまで述べてきたことからすれば、日常生活の現実性全体をわれわれにとって特別な現実であるとみなすだけの根拠は十分にある。

自然的態度のうちにいるわれわれに端的に与えられているものに含まれているのは、外的知覚の――まさしくそのようなものとしてのみ理解されている――対象だけである、ということは決してない。自然の事物がそれによって文化的客体として体験されるようになる一段低次の意味層もまた、そこには含まれている。そうした意味層は、たしかに外的世界の客体、事実、出来事をとおして私にとっての現実性を獲得する。そうである以上、特別な現実についてのわれわれの定義は、至高の現実についてのジェームズの定義と両立不可能なわけではないと思える。われわれはまた、次のように述べるサンタヤーナにも同意する。「精神は、物質的基盤と物質的誘因なしに観念をもつことはできないし、ましてやそれらを伝達することもできない。舌が動かなければならず、聴くことのできる約束上の言葉が口にされ、聴く用意のある耳に届かなければならない。企図を実行するには、道具やプランをもった手が介在しなければならない[3]」。

自然的世界として、また社会的世界として、その全体性のなかで理解される生活世界は、私の行為とわれわれの相互行為の舞台であると同時に、それらに制限を賦課する領域でもある。われわれは、自らの目標を実現しようとすれば、その世界で与えられているものに対処し、それらを変化させねばならない。したがってわれわれは、生活世界のなかで行為し作用するばかりでなく、生活世界に対して行為し作用するのである。われわれの身体上の動きは生活世界に関与し、その世界における諸対象とそれらの双方向的な関係とを変化させる。それと同時に、それらの対象はわれわれの行為に対して、克服するかさもなければ受け入れねばならない抵抗を課してくる。それゆえ生活世界とは、われわれが行為をとおして変様させる一方でわれわれの行為を変様させる、そうした現実なのである。日常生活の世界に向き合っているわれわれの自然的態度は、プラグマティックな動機によってあまねく規定されている、と言うことができよう。

しかしこの世界はたしかに自然的態度にあっては、解釈すべく私に与えられている。私は自らの生活世界を、そのなかで行為し、それに対して作用するのに十分な程度で理解しなければならない。生活世界的態度をもってなされる思考もまた、プラグマティックに動機づけられている。自然的態度の基底にある主だった自明のことがらについては、すでに言及してきた。そこで次に、自然的態度における思考の構造について手短かに記述してみよう。

世界についての解釈は、そのいずれの段階にあってもつねに、以前なされた経験の集積に基づいて行われる。ここで以前なされた経験とは、自分自身の直接的な経験であったり、共在者たち、とりわけ両親や先生などから伝えられた経験であったりする。それら伝えられた経験と直接的な経験のすべてが、ひとまとまりに統合されて知識の集積という形態をとることによって、世界を解釈する際のすべての段階で準拠図式として利用される。生活世界における経験はすべて、そうした図式に準拠している。それゆえ生活世界における対象と出来事は、一般的には山、石、木、動物として、あるいはより特定的には山の稜線、ブナの木、小鳥、魚などとして、はじめから、その類型性のもとに現われてくる。

類型化は知識集積のなかでいかにして構成されるのだろうか。これは、厳密に探究してみなければならない問題であろう。だがいずれにせよ、これらの木は私にとって、またあなたにとっても「実際に」木であり、これらの鳥は「現実に」鳥であるというのは、自然的態度においては自明なことである。生活世界的な解釈はいずれも、すでに解釈されたものからなる枠組のうちでなされる解釈であり、原則的に、そして類型という点で、親近的な現実のうちでなされる解釈なのである。私は、自分がこれまでに知っていた世界はこれから後も同様にあり続けるだろうことを信頼しており、それゆえ、自分自身の経験から作り上げた知識の集積と共在者たちから引き継いだ知識の集積が、これから後も引き続きその基本的な妥当性を保持し続けるだろうことを信頼している。われわれはこのことを、フッサールと共に「以下同様」の理念化と名づけることにしたい。この想定から、いまひとつ別の原則的な想定が導かれる。私は、うまくいった自分の以前の行為を繰り返すことができるという想定である。世界の構造が恒常的とみなされ得る限り、そして私の先行経験が妥当する限り、世界に対してあれこれの仕方で作用する私の能力は原則的に保持され続ける。フッサールが明らかにしているように、「以下同様」の理念化と相関的に、さらにもうひとつの理念化が形成される。「私は－それを－繰り返し－行うことが－できる」という理念化である。[4] これら二つの理念化、ならびにそれらに基づけられた世界の構造の恒常性に関する想定、すなわち私の先行経験と世界に対して作用する私の能力はいずれも妥当するという想定が、自然的態度における思考の本質的な側面である。

B　疑いのない所与と問題的なもの

これまで生活世界的な思考のもっとも重要な構造上の特徴と、自然的態度において自明とされていることがらについて記述してきた。そこで記述されてきたことは、マックス・シェーラーが造り出した相対的に自然な世界観[5]という概念と本質的な点で合致している。彼はその概念の決定的な特徴を、疑いのない所与性のなかに見出しているのである。相対的に自然な世界観とは、これまで検査に耐え、その妥当性に関して個人個人で吟味してみる必要のない、沈澱した集団経験のことである。

だが、相対的に自然な世界観のなかに含まれている類型的な経験、格率、直観は、シェーラーが相対的に自然な世界観と対比的に提示している、より高次の知識形式のように、論理的に分節化された閉じたシステムを形成することはない。このことは、その大部分が集団経験から引き継がれ、さらにそれに加えて私自身の以前の直接経験をも含んでいる、私自身の生活世界的な知識の集積にはなおさら当てはまる。そうした私の知識集積の構成要素には一貫性が欠けているけれども、「さらなる気づきが生じるまでは」、そのことがその知識集積の自明性と妥当性を損なわせることは原則的にはない。私の知識集積は、この点でもまた、より高次の知識形式、たとえば妥当な理論であるための論理一貫性の公準を伴っている科学とは対照的である。自分の知識集積が斉一性に欠けていることは、自然的態度にあっては、それまで疑いなく妥当なものとされてきた準拠図式にうまく収まらない新奇な経験に直面しない限り、意識にのぼることはない。そうした経験と共に、すでに本章の冒頭で触れておいたけれども、ここで注意を向けねばならない問題が、ふたたび現われてくる。「さらなる気づきが生じるまでは」端的な所与として受け入れられているとは、いかなることを意味しているのだろうか。疑問視されることがらは、いかにして新たな疑いのないことへと変換されるのだろうか。これらの問いに答えるためには、まずもって、疑いのないことがらはいかに経験されているのかについて詳細に記述してみなければならない。そしてさらに、ある経験を解釈が必要であるとみなすように動機づけるきっかけについて厳密に分析してみなければならない。それに続いて、いかなる類型的な事情のもとで、問題は解決されたとみなされ、解釈は十分であるとみなされるのかについて検討することになろう。

疑いのないことがらは、一義的に分節化されている閉ざされた明瞭な領域を形成しているわけではない。そのつどの生活世界的状況において疑いのないことがらは、未規定なことがらに取り囲まれている。われわれは疑いのないことがらを、内容的に規定された端的なことがらの核として体験しているが、その核には、規定されておらず、したがって同様の端的さをもってはいない地平が共に与えられている。そうした地平は、しかしながらまた同時に、原則的には規定可能なものとして、したがって解釈可能なものとして体験されている。たしかに地平は、はじめから――不確かなという意味で――疑う余地のあるものとしてではなく、問うことのできるものとして目の前に存在している。それゆえ、疑いのないことがらは、すでに解釈の地平すなわち規定可能な未規定性の地平を伴っている。生活世界的な思考にとっての知識集積は、その総体において透明な連関としてではなく、未規定性という背景からそのつど際立ち、そして状況ごとに変化する自明のことがらからなる全体性として理解されるべきである。そうした全体性は、そのものとして把握されることはない。むしろそれは、状況によって条件づけられているあらゆる解釈にとっての確かで親近的な地盤として、しかも経験の経過のなかに共に与えられている解釈の基盤として体験される。

他方――いまだ――規定されていない地平とは、自明性のそのつどの「核」からみれば可能性としてある問題のことであり、しかも私が自然的態度において、それを解決する自分の能力を基本的に考慮に入れている問題のことである。可能性としてある問題から実際の問題への転換はいかにして生じるのだろうか。言い換えれば、いかにして私は地平を解釈することへと動機づけられるのだろうか。レリヴァンス構造と類型構成とを厳密に分析するのに先立って〔本書第三章BおよびC参照〕、ここで可能な限りこの問いに答える方向へと議論を進めることにしよう。

疑いのないことがらとは、習慣的に所有されていることがらである。それは、私の以前の経験と行為が直面した問題に対する解決法を示している。私の知識集積は、そうした問題解決法から成り立っている。問題解決法は、経験を解釈すること、すなわち地平を解釈することのなかで形作られてきた。疑問視されている知覚、経験、行為選択は、そのように解釈されることによって、手許にある準拠図式のなかに組み入れられる一方、一定の事情のもとではその準拠図式を変様させる。解釈――それは原則としては「最終決定的」で完結したものでは決してない――は、ある生活世界的状況――それはプラグマティックな動機によって規定されている――に対処するのに必要な範囲で実行されてきた。類似した生活世界的状況において新たな経験が実際になされ、そしてそれが以前の経験をもとに形成された類型に矛盾することなく組み込まれた場合、したがってレリヴァントな準拠図式に「うまく収まった」場合、その新たな経験は経験集積の妥当性を確証したことになる。いかなる実際の経験にも付随している新しさだけから生じてくる疑わしさは、出来事が自然的態度においてルーティン的に経過していくなかで、ルーティン的に疑いのないことへと転換していく。だがこの種の疑わしさは、本来的に問題的であるわけではなく、その「解決」もまた、それとして際立って意識されることはない。概して実際の経験は、むしろはじめからその類型に関して親近的なものとして私の前に現われてくる。しかもそこでの関心が、たとえば以前に知覚された対象との真性な同一性の確認だけである場合には、なおさらそうである。実際の経験は、もちろん原則的には「新たな」ものであるが、たいていの場合は、その核においては疑いないものとして私の前に現われてくる。諸々の経験が自然的態度において継続的になされることによって、一連の自明なことがらが類型的に形成されるのである。そこでいま問われるべきは、そうした非問題的な経験のルーティン的な継起はいかにして中断されるのか、自明なことがらからなる背景からいかにして問題が際立ってくるのかということである。第一に、実際の経験は、状況にとってレリヴァントな水準の類型に対応する類型的な準拠図式のなかに端的に組み入れられるわけではないだろう。それゆえ、たとえば私がキノコを採ろうとしている場合には、その植物をキノコとして認識するだけではおそらく十分でない。私にとっては「食べられる」「毒がある」といった下位類型化がレリヴァントだからである。他方、散歩をしている際には、単純に

「キノコ」を知覚するだけで、「食用のキノコ」かどうかを解釈するように動機づけられることはない。

だが、実際の経験が、状況によって条件づけられたこの種の解釈の動機づけを伴わないままに、レリヴァントなものとして与えられている類型と相容れないこともあり得るだろう。このことはいかにして生じるのだろうか。私が、疑うことなくキノコとして知覚している対象の傍らを通り過ぎる時、その対象の裏側は直接的な明証をもって私の視野に入っている。ここで、その裏側が、「キノコの裏側」として与えられているいずれの類型的な先行経験にも当てはまらないことが明らかになったと想定してみよう。すでになされていた、私の経験を習慣的な準拠図式へとルーティン的に組み込むことが矛盾に直面したのである。私の経験の疑いのない経過は中断される。一般的に言えば、私の経験を構成しているおそらくもっとも重要な要素は、たしかに、私が自分の意識によって直接的な明証をもってじかに捕捉することがらである。だがそうした私の経験には、過ぎ去った意識の位相についての過去把持が属しており、またそれと並んで、その類型に関して大なり小なり規定されている、のちの意識の位相についての予想も属している。また直接的な知覚には、そのつど、直接的な明証をもった側面が同じように共に与えられているわけでもない。たとえばキノコの表側には類型的な裏側が間接呈示されているのである。(6) そこで、かつて間接呈示されていた側面は、のちの体験経過のなかでそれ自体、明証的になるかもしれないが、いま想起されている間接呈示と矛盾することになるかもしれない。あるいは場合によっては、予想されていた位相が実際のものになった際に予想と矛盾したものになるかもしれない。対象の間接呈示された側面、あるいは私の意識の予想された位相が自体所与的なものになり、そしてそうした側面や位相が先行する経験と相応しない場合、私の経験の疑いのなさは「破綻した」ということができよう。その結果、それまで疑われることのなかったものが疑われるようになる。

生活世界の現実は私に、自分の経験をいわば新たに解釈することを要求すると同時に、一連の自明なことがらが続いていくことを中断させる。私が自らの知識集積をもとに「さらなる気づきが生じるまで」自明なこととしてやりすごしていた経験の核が、私にとって問題的になったのである。したがって私は、いまやそれに対向しなければならない。だがそのことが意味しているのは、私の経験集積に沈澱している、「さらなる気づきが生じるまで」は十分であった地平の深みでなされた経験の核についての解釈は、もはや十分とはみなされ得なくなり、したがって私はふたたび地平を解釈しなければならないということ、これである。そうした再解釈は、いずれにせよ私の経験集積と実際の経験との乖離が私の知識集積のある部分領域を原則的に疑わしいものにしていることによって、すでに根本的に動機づけられている（私の知識集積はそれ自体、ある一定の事情のもとでは、それをとおして類型化一般が形成される沈澱化の過程と共に疑わしいものになり得るという事実、したがって根本的な「危機」という事実は、ここでは検討してみる必要はない)。それゆえ、疑わしいものになった経験核の地平が再解釈される際には、解釈の深さと幅は新たに設定された問題によって条件づけられることになる。

その裏側がキノコのいかなる裏側類型性にもうまく収まらないキノコの例をふたたび取りあげてみよう。そうした再解釈が、実際の経験と私の知識集積との乖離のみによって動機づけられており、それ以外のいかなる動機づけられた意義も私にとってもっていない場合、私は、キノコという類型全体を修正しなければならない。さらに細かいところまで触ってみたり注意深く観察したりすることによって、それでもなおキノコである、という結論に到達することもあろう。その場合には、そこで修正された類型「キノコ」は、それ以後、それまでは没類型的であったキノコの裏側を含まねばならない。あるいは表側はキノコによく似た目の前にある対象についてさらに解釈し、それがもっているそれ以外の性質は類型「キノコ」とは相容れないことに気づくかもしれない。その場合には、修正されたこのキノコ類型はより限定的になっている。そのキノコ類型は、それまで類型的であったキノコの表側を、今後も没類型的であるキノコの裏側と一緒に、類型「キノコ」から排除するからである。ただし、これら二つのケースでは、共に当面の問題は解決されており、疑わしくなっていたことは、類型を修正するなかで、「さらなる気づきが生じるまで」は疑いないことへとふたたび変換されている。私の設定した問題がさらに別の動機づけを含んでいる場合には、もちろん私は、「さらなる気づきが生じるまでは」満足できる解決を見出すまで、地平の解釈をさらに続行するかもしれない。

これまで、実際の経験を状況にとってレリヴァントな類型性に端的には当てはめることができないケースについて検討してきた。だが、地平を解釈するための重要な動機づけは、まさしく次のような事情によってでも与えられる。ある経験は、なるほど私の知識集積をなしている準拠図式と類型性とに難なく収められているけれども、その場合でもその経験は単に「やりすごされて」いるわけではなく、新たな状況のもとで類型の水準が十分でないことが明らかになることによって疑問視されるようになる、という事情である。親近性とは、単に類型的なものとの関係における親近性であるにすぎず、地平の没類型的な側面はそこでは未規定のままに留まっているのである。ある類型化は過剰であることが、地平の没類型的な側面との関係で——過ぎ去ったそのつどの解釈状況のなかで——明らかになってくるからである。われわれの知識は疑いのないものである。すなわち疑う余地のあるものは解釈されており、問題は——状況によって条件づけられているそのつどの問題性にとって十分な仕方で、そして十分な程度に——解決されている。だがこのことが意味しているのは、解釈過程はどこかで打ち切られている（けれども原則的にはいつでも続行され得る）こと、問題の解決は部分的な解決であること、あるいは「さらなる気づきが生じるまで」の解決であること、これである。知識集積、ならびにそれと関連し合った類型化図式は、解釈過程が打ち切られたその結果であり、それらは過ぎ去った状況における問題性の沈澱を具現しているのである。

ところで、新たな状況はいずれも、実際の経験に際して、それまで十分であった類型化は私にとっては十分でないと思わせるような、したがってまた実際の経験に照らしながら新たな解釈に取り掛かるよう私を動機づけるような、そうした存在論的、生活史的、社会的に規定された諸側面をもっているだろう。このことに関しては、すでに簡単な例を示しておいた。私はそれまでキノコを食べたことがなかった。したがって私にとっては「キノコ」という水準での類型化で十分だった。飢え――それが、いかなる自然的、社会的事情から、あるいは生活史のいかなる特有の事情から引き起こされたものであれ――のせいで、私はいまキノコを食べることに関心をもっている。そうした事情のもとで私がキノコを目にした（実際の経験が疑いなく「キノコ」の準拠図式に当てはまった）場合、類型「キノコ」では、状況に条件づけられたいまの私の経験と行為にとっては十分でないことが意識にのぼってくる。そこで私は、食べられるキノコと食べられないキノコの違いを学んだことがかつてあった場合には、不透明性のなかに沈み込んでいるキノコ地平を記憶のなかで呼び起こそうとするだろう。それを学んだことがなかった場合には、キノコのこの違いもまた他の多くの問題と同じように、私の先行者や共在者たちによってすでに解釈されているだろうという、私の知識集積のなかに同じく定着している推測を利用するだろう。そこで私はそのキノコを家に持ち帰り、キノコに関する本を買ってくるかもしれない。あるいは――自分で何とかする以外ない場合には――たとえば動物を使って様ざまな実験をしてみるかもしれない。どのような実験をするかは、私の知識集積次第である（たとえば、私の身体とある動物の身体があれこれの点で似ているとみなされてきたのを知っているとしよう。そこで、キノコをどれも食べなければいずれ必ず餓死するだろうが、その動物に害のないキノコを食べれば生き延びる蓋然性が一定程度あるだろうということが意識にのぼった場合には、私は試みに、自分の身体とその動物の身体とをこの点でもまた同一視するだろう）。

これまで述べてきたすべての事例において問題になっているのは、地平のさらなる解釈である。私の経験集積のなかに蓄積されている――以前の状況によって規定され、以前の状況にとっては十分な解決であるとみなされてきた――かつての解釈は、実際の状況における問題性を解決するには十分でないことが明らかになってきた。そこで私は、実際の状況に直面している問題にとっても十分であるように思える解決を見出すことができるまで、解釈を続行するように動機づけられるのである。

これまで扱ってきたのとは別の、ある経験が私の知識集積との関係で私にとって問題的になるといった事態も存在している。すでに述べたように、私の知識集積とは、論理的に統合されたシステムではなく、状況によって条件づけられた解釈が沈澱したその全体のことである。しかもそこに沈澱している解釈の一部は私自身の問題解決からなっており、また一部は社会的に伝えられた「伝統的」な問題解決からなっている。新奇な状況からは必ず新たな知識が生まれてくる。ただしその知識が、当面の問題性にとってはレリヴァントでないように思える準拠図式と両立可能であるのか否かについて吟味されることはない。さらに言えば、そうした準拠図式は、そもそも私の意識によっては捉えることができない。そこで、実際の多くの経験を手掛かりに、それまでレリヴァントであった解釈の不十分性が、さらには準拠図式の全領域の不十分性までもが、意識されるようになるかもしれない。その場合には、それまで直接的にレリヴァントであるようには思えなかった別の準拠図式の助けを借りて解釈に向かうことになる。そこではじめて、二つまたはそれ以上の準拠図式の領域のあいだに生じるかもしれない両立不可能性が私の意識にのぼってくる。そうした両立不可能性は私を動機づけて、実際の経験とそれを取り囲んでいる疑う余地のある地平についての、あるいはそれまで十分であるように思えていた図式についての、新たな解釈に向かわせる。したがって私は「理論的」思考の萌芽を、あるいは私の経験集積のなかの両立不可能な準拠図式を少なくとも部分的に統合するための萌芽を、日常において直面する実践上の問題のなかに見出すことができるのである。もちろん、私の知識集積の論理的編成がそれとともに達成されるわけでは決してない。以前に解釈されたものの全領域は、私にとっては依然として多かれ少なかれ不透明なままに留まっているのである。

生活世界的な経験集積に備わっているこうした全般的な意味での不透明性は、理論的知識という観点から言えばひとつの欠陥とみなされるだろう。だがここで、自然的態度のなかにいる私を支配しているのはプラグマティックな動機であるということを思い起こさねばならない。経験の集積が役に立つのは、実践上の問題を解決することに対してなのである。理論的思考にあっては、懐疑というのが方法論的原則になるけれども、日常の世界にいる私にとってはそれとは対照的に、行為をする際にルーティン的に方向づけられ得ることが重要なのである。私の知識集積に沈澱している解釈は、事態がかくかくしかじかの場合には、私はかくかくしかじかに行為するだろうといったような、使用説明書という地位をもっている。使用説明書をうまく適用することによって、そのつどの新たな問題を解決したり地平を解釈したりする必要がなくなり、以前から「このような事態」のなかで行っていたとおりに行うことができるようになる。それゆえ使用説明書は、「理論的」地平においてはまったく不透明だろうが、「実践」という事態のなかにいる私にとっては、明らかに適用可能であるように思える。「実践的に」いつもうまくいくことが、その使用説明書に対する信頼性を保証しているのであり、その結果、それが処方箋として習慣化されるのである。経験の集積は、その大部分が社会的に伝えられたものであり、それゆえに処方箋は、すでにいずれかで「証明されている」ということ、このことをもちろんここでさらに指摘しておかねばならない。処方箋は、何よりもまず社会的に保証されているのである。

C　体験する主観にとっての生活世界の構造化

すでに述べたように、生活世界は、はじめから相互主観的である。その世界は主観的な意味連関として私の前に現われている。すなわちそれは、私の意識の解釈作用のなかで私にとって有意味なものとして姿を現わしてくる。生活世界とは、私の関心状況に従って対処すべき何ものかである。私は自分自身のプランを生活世界のなかに企図し、そして生活世界は、私の目的実現に抵抗する。そのため、いくつかのプランは実行できるけれども、それ以外は実行できない。しかし私は、はじめから自分の生活世界のなかに、有機体であるだけではなく意識を付与された身体でもあり、したがって「私と同じような」人間であると私には思える共在者を見出している。それらの人びととの行動は、時間的‐空間的な任意の出来事ではなく、「私のものと同じような」行為である。すなわち、それらの人にとってそれは主観的意味連関のなかに埋め込まれており、主観的に動機づけられており、自分の関心状況に従って目標を追求するものであり、そして自分に当てはまる実行可能性に応じて分節化されている。自然的態度のうちにいるわれわれは通常、他者が何をしているのか、なぜそれをするのか、どうしていまこのような事情のもとでそれをするのかを「知っている」。

意味とは、意識の流れのなかで際立ち現われてくる特定の体験に備わった性質ではなく、あるいはまた、そうした体験のなかで構成される対象に備わった性質でもない。意味とはむしろ、実際のいまから実際に当てはまる準拠図式によって反省的に捉えられた過去の体験を私が解釈した、その結果である。私が自分の体験に囚われ、そのなかで志向している客体に方向づけられている限り、その体験は私にとってはいかなる意味ももっていない(行為に関わる特有の意味構造と時間構造についてはここでは問わない)。体験は、事後的に解釈され、十分に境界づけられた経験であることが私にわかる場合にはじめて、有意味になる。それゆえ、その実際性を超えて想起され、その構成に関して問われ、手許に存在している準拠図式のなかでそれが占める位置をめぐって解釈される、そうした体験のみが主観的に有意味である。(7) それゆえ私自身の行動は、私がそれを解釈するなかではじめて私にとって有意味になる。共在者たちの行動もまた、その身体作用や表出動作などを私の知識集積を用いて解明することによってはじめて、私にとって「理解できる」ようになる。その場合、私は、その人が有意味に行動する可能性を端的に所与として受け入れることになる。さらに私は、私の行動もまた同様に、その人の解釈作用のなかでその人によって有意味なものと解釈され得るだろうことを知っており、また「私がそれを知っているということをその人は知っている、ということを私は知っている」のである。日常的な生活世界は、それゆえ原則的に相互主観的であり、社会的世界なのである。行為は総じて、私が解釈することの可能な、そして生活世界のなかで自分の方向を見定めようとすれば解釈しなければならない意味を指示している。意味の解明すなわち「理解」は、共在者たちに関わる際の自然的態度の基本原則なのである。

だが、動機づけられ目標を追求する行為として、それゆえ有意味な行為として体験されるのは、実際に把握された共在者の——あるいは自分の——行為だけではない。社会的な背景のなかで制度化された行為もまた有意味である。制度化された行為は原則的には、それが「人はそうするものだ」といったように匿名的なものとして解釈されようと、個人化された立法者とか宗教の教祖などの行為として解釈されようと、いずれにせよ共在者たちや先行者たちの行為を指示しており、しかもそれらの行為もまた、それらの人びとが自らの行為に結びつけた意味を指示している。類似のことは、人びとの意図が記号体系と言語に対象化されたものにも当てはまるし、芸術作品のような人間行為の客体化された所産にもまた当てはまる。それらはすべて同じように、反省的解釈というもともとの意味設定作用とそれに続く再解釈作用を指示しており、さらに私の先行者にとっての、また私の同時代者にとっての意味‐自明性への習慣化、すなわち伝統と相対的に自然な世界観(8)への習慣化を指示している。

しかしまた道具は、外的世界にある事物として——たしかにそのとおりなのだが——だけ経験されるわけではない。それは、関心の連関とプランの連関とからなる主観的な準拠図式のなかでも経験される。私にとって道具は、私がそれを使って一定の結果をもたらすことができる「ペンチ」であり、あるいは「ハンマー」である。だが同時にそれらの道具は、それがもっている「すべての人びと」にとっての有用性、あるいは「職人たち」にとっての有用性といった、多かれ少なかれ匿名的な準拠図式をも指示している。そして最後に、それらの道具は原則として、それを「発明した」「誰かある人」や歴史上または神話上のある人物によるもともとの意味設定作用を指示し得るだろう。たとえ私が、そうした意味設定作用を反省的に視野に入れていないとしても、自然的態度にあってはいつも、そうした様ざまな文化的意味層が対象物には伴っているのである。

最後に、自然という客体もまたそれ自体、すでに述べたように文化の意味領域のなかに含められる。対象化された自然は共在者たちによっても原則的に経験可能であるということがもっている意味には、そうした自然についての私の生活世界的な体験がつねに伴っている。しかもそうした対象化された自然は、先行者たちの解釈がいつもそのなかに現前している言語的な類型化、行動のための処方箋といった形をとって私の前に現われている。私は、社会的世界と文化的世界が歴史をもっていることを、自然的態度においてすでに意識している。社会的世界と文化的世界についての問いは、歴史的な性格をもっている。客体化されているそれらの世界は、その意味に関して解釈することのできる人間の諸活動にまで遡って関連づけることが可能である。そうした解釈をとおして、私は道具の目的を

「理解」し、記号が何を表わしているのか、ある人が行動するに際して、いかにして社会的背景に自らを方向づけるのかを把握するのである。

ところで、自然的世界と社会的世界によって企図に関して、また行為の「自明」な動機などに関して賦課された様ざまな抵抗と制約を、私と同じく「誰も」が原則的に主観的意味連関のなかで体験しているということ、このことは、自然的態度のうちにいる私にとっては自明である。同様に、私と他のすべての人を超越している自然と社会の組成は、私と他のすべての人にとって同一であること、それゆえに私の主観的意味連関と同様にいずれの人の主観的意味連関も、「客観的」な秩序についての体験‐射影であり統握様式であること、このこともまた私にとっては自明である。

人は誰でも、生まれ、老い、そして死んでいくという個人の生のサイクルを体験する。また誰にでも健康と病が交互に訪れ、誰もが希望と怖れのあいだを行ったり来たりする。誰もが自然のリズムを分かちもっている。すなわち太陽、月、星の動きを目にし、昼と夜が交替することを体験し、季節の流れのなかに身を置いている。誰もが、他の人びととの相互関係のなかにいて、自分がそのなかに生み込まれた、あるいはそれに加わった、自分が生まれる前から存在し自分がいなくなった後も存在するであろう社会組織の成員である。いずれの社会の全体的体系にも、親族構造、年齢集団、性別区分が備わっており、職業に応じた分業と分化、権力関係と支配関係、指導者と被指導者が存在しており、さらにそれぞれに結びついた一連の社会的類型化が伴っている。社会的世界はまた誰にとっても、一定の恒常的な関係を伴った秩序の体系として体験され得る。ただし、社会秩序についてのいずれの人のパースペクティヴ的統握も主観的解釈も、自分の立場によって、すなわち一部は賦課され、一部は自らの決断の生活史的な連鎖によって——私にとって原則的に「理解可能」な仕方で——規定されている自分の立場によって左右されるのではあるが。

D プランと実行可能性

自然的態度における思考は、プラグマティックな動機によって規定されている。このことはすでに述べた。われわれは生活世界のなかで自らの方向を見定めなければならず、行為をしたりされたりするなかで、自然と社会から賦課された諸々の所与に取り組まなければならない。だが、自らに賦課されたものを変化させようという試みが実行されるのは、自分の行為、すなわち自分の身体上の作用と身体を介した作用をとおしてである。所与への取り組みのいずれの段階も、そうした要請のもとにある。生活世界は、何よりも実践の領域であり、行為の領域なのである。それゆえ行為と選択の問題は、生活世界の分析において中心的な位置を占めることになる〔本書第五章参照[2]〕。ここでは、自然的態度におけるプラグマティックな動機の役割を一般的に特徴づけるために、若干の所見だけを述べておくことにしよう。

われわれは、生活世界的な思考のなかでとりわけ未来に方向づけられている。すでに生じてしまったことは、再解釈はできるけれども改めることはできない。だが、これから生じることに関しては（先行する経験を手掛かりにして知っているように）、その一部については影響を与えることはできないけれども、別の一部は、何らかの行為をすることをとおして変えることが可能である。先行する経験を手掛かりにしたそうした知識は、もちろん「以下同様」ならびに「私は-それを-繰り返し-行うことが-できる」という理念化に基づいている。影響を与えることのできない未来の出来事に関しては、われわれは単なる傍観者ではあるが、それに関心がないわけではない。むしろわれわれは、それに対する怖れと希望とによって動機づけられている。われわれが、自分の行為によって変えることができると想定している未来の出来事に関しては、行為をするかしないか、そして場合によってはどのように行為をするのか、決断しなければならない。だがわれわれは、ある生活史的事態——私の経験集積もまた、もちろんそれを形成している一部であるが——のなかで、生活世界を形成している要素の多くは変えることができないけれども、それ以外の要素は、自分の行為をとおして変えることができるということに気づくようになる。私は、自分がある空間的-時間的で社会的な事態のなかにいること、自然的、社会的に分節化された周囲世界のなかにいることに気づく。そしてその気づきから、かつて下した決断、着手した行為、未完に終わった企図といった自分の過去についての記憶を、同質的ではないが統一されているように思えるプランの体系へと統合するレリヴァンス構造が私のなかに生じてくる。私の意識の前面に現われているのは、そのつど、現勢的な関心によって規定されているひとつのプランであるかもしれない。だが前面に現われているそのプランは、私が解釈しながらふたたび対向することができる意味の地平によってつねに取り囲まれている。そこで私は、現勢的な関心は他の関心と結びついていること、実現されるべき目標はその上位にある目標を実現するためのひとつの段階であること、ある決断は以前なされた決断から「その帰結として生じた」ものであること、これらのことに気づくことになる。日々の生活における行為は――生活世界のなかのある領域のためのプラン、この日のためのプラン、この年のためのプラン、仕事と余暇のプランといった――より上位にある諸々のプラン体系のなかでなされる部分行為であり、しかもそれら諸々のプラン体系は、多かれ少なかれ特定されているライフプランのなかにそれぞれの位置を占めている。私が、ある友人に手紙を書くという意図をたったいま実現した場合には、それを説明しながら難なくこう付け加えることができるだろう。私は、たまたま今日、あれこれの理由で数時間、余裕ができた――私は近々、その友人の住んでいる町を訪ねるつもりだ――あれこれの理由で――私は近いうちにある問題に対処しなければならないのだが、その友人はその問題について詳細を知っている――など。
それと同時に、私が類型的な行為であるとみなすことができる自分の行為は、類型的な結果をもたらすだろうということ、これもまた、私の経験集積のなかで私に与えられている。私は、別の友人たちに類似した内容の手紙を書き、そしてその友人たちが、かくかくの返事をくれた。私は、同じ友人に別の内容の手紙を書き、そしてその友人は、かくかくの返事をくれた。より簡潔に言えば、私は手紙を書くことによって、周囲世界のなかにほんの些細な程度であるにしても、取り消すことのできない変化を生じさせることに成功したということである。周囲世界のなかでなされるいずれの行為も、その世界を変化させるのである。

さらにまた次のことも私にとっては明らかである。私は――友人に手紙を書くためには――上位の目標のための副次的な目的である連続した多くの部分行為をしなければならない、ということである。私は、ある特定の文字を書き記さねばならない。手紙を心に思い描くだけでいいわけではない、ということである。私の前には、私が先行経験をとおして知っている、たとえばペン、鉛筆、タイプライターといった選択できるいくつかの可能性があるが、それらにはそれぞれ、事務的であるとか形式ばらないといった、以前すでに解釈されている意味の地平が伴っている。私はそれらの可能性のなかのいずれを使うか、私の関心状況、友人と私の関係、そして状況の制約（たとえば電車のなかで書いており、それゆえ鉛筆しかもっていない）に応じて、プラン・ヒエラルヒーのなかで決断しなければならない。ペンを使おうと決断した場合には、それと同一の手紙を鉛筆で書くことはできない。私が、ある情報を知らせてくれるよう友人に「お願いする」場合には、彼にそれを「要求する」ことはない。もし時間が限られている場合には、いまは友人Xに手紙を書くだけにして、YとZには書かないだろう。要するに、私は自然的態度において、生活史的に条件づけられたプラン・ヒエラルヒーの内部でのみ行為しているわけではなく、類型的なものとして把握された私の行為の類型的な結果にも目を向け、また、両立不可能なものからなる、自明なものとして体験される構造に自分を組み込んでもいるのである。それら両立不可能なものは、一部は存在論的な（私は自分の目によって手紙を書くことはできない）、また一部は歴史的な（もし私が一六世紀に生きているとすれば、ペン以外のもので書くことなど「思いつく」わけはない）、さらに一部は生活史的な（私は、読みやすい文字を書くことを身につけていないので、タイプライターで書かねばならない）性格のものである。ただ単に思い描かれているだけのプラン・ヒエラルヒーは、このように特定の、そして一部は変えることのできない両立不可能性の領域に直面する。そしてその結果として現われてくるのが、実行可能な目標をめざす動機づけの体系なのである。

原註

（1）この「周囲世界」という用語は、フッサールの「環境世界」という意味で用いている。彼の *Ideen II*, Den Hague: Nijhoff, 1952, §§ 50, 51, esp., pp. 185, 193〔立松弘孝・榊原哲也訳『イデーンII-II』みすず書房、二〇〇九年、第五〇節、第五一節、とくに一六頁、二五頁〕参照。

（2）William James, *Principles of Psychology*, Vol. II, New York: Holt, 1890, Chap. XXI.

（3）George Santayana, *Dominations and Power*, New York: Seriger, 1951, p. 146.

（4）Edmund Husserl, *Formale und Transzendentale Logik*, Halle: Niemeyer, 1929, § 74〔立松弘孝訳『形式論理学と超越論的論理学』みすず書房、二〇一五年、第七四節〕、*Erfahrung und Urteil*, Prag: Academia, 1939; Hamburg, c/o Assen & Goverts, 1948, §§ 24, 58, 61, 51b.〔長谷川宏訳『経験と判断』河出書房新社、一九七五年、第二四節、第五一節b、第五八節、第六一節〕

（5）Max Scheler, *Die Wissensformen und die Gesellschaft*, Leipzig: Der Neue Geist, 1926, pp. 58ff., 60ff.〔浜井修他訳『知識形態と社会（上）』マックス・シェーラー著作集一一、白水社、一九七八年、八四頁以下、八七頁以下〕

（6）間接呈示に関する分析については、とりわけ Husserl, *Cartesianische Meditationen und Pariser Vorträge*, Den Haag: Nijhoff, 1950, §§ 49–54.〔浜渦辰二訳『デカルト的省察』岩波文庫、二〇〇一年、第四九—五四節〕ならびに *Ideen II*, §§ 44–47.〔立松弘孝・別所良美訳

『イデーンII-I』二〇〇一年、みすず書房、第四四―四七節〕参照。

（7）Alfred Schütz, *Der sinnhafte Aufbau der sozialen Welt*, Wien: Springer, 1932, 2. Abschnitt.〔佐藤嘉一訳『社会的世界の意味構成』（改訳版）木鐸社、二〇〇六年、第二章〕参照。

（8）この表現は、ここではマックス・シェーラーの意味で用いている。

訳註

〔1〕テクストでは leiblich という語が用いられているが、内容から判断して körperlich が適切であると思えるのでそのように訳した。

〔2〕本訳書には第五章と第六章は含まれていない。

第二章　生活世界の成層化

はじめに

　われわれはこれまで、日常の生活世界を、自然的態度のうちにいる十分に目覚めた通常の成人が端的な所与として見出す現実と定義したうえで、その世界について探究してきた。日常的な生活世界という概念はすでにそのうちに、ウィリアム・ジェームズの言う、感覚的に知覚され得る物理的世界としての至高の現実という概念以上のものを含んでいる。先に明らかにしたように、日常的な生活世界には、物理的な客体がそれによってはじめて素朴な経験の対象になる文化的な意味の層が属しており、また日常的な社会的世界もその世界に属しているのである。だが生活世界は、日常的な現実以上のものを含んでいる。人は毎日眠りにつく。彼は、虚構の世界や空想的想像のなかへ入り込むために日常的な自然的態度を放棄する。彼は、シンボルによって日常を超越することができる。要するに人は、何か特別な場合には自然的態度から意識的に離脱するかもしれない。いまやわれわれは生活世界という概念を、態度と目覚めのあらゆる変様、すなわち通常の成人の意識の緊張のあらゆる変様を含むといったように広い意味で把握することができる。われわれはまた、科学的思考の世界を、自然な経験からなる生活世界と対置することもできる。これは結局、用語上の問題である。実質的に重要なのは、準存在論的な現実領域の構造を、通常の成人によって体験されるように記述することである。その際、子どもの世界と病的な現実に特有の問題には目を向けないようにすべきだろう。ここでいま一度、日常的な生活世界が至高の現実領域であること、そして自然的態度が通常の成人の基本的な態度であることが確認されねばならない。以下では、われわれの探究は社会諸科学にとってきわめて重要なこの領域を記述することに向けられることになる。本章B節では、この領域の時間的、空間的、社会的な成層化について分析することになろう。だが差し当たっては、より広い意味で理解される生活世界の準存在論的な構造が探究されねばならない。

A 限定的な意味構造をもった現実の諸領域

1 現実のアクセント

ウィリアム・ジェームズは彼の『心理学原理』(1)の有名な章のなかで、現実性とは、単に能動的で情緒的なわれわれの生に対する関係を意味するにすぎないと主張している。あらゆる現実の起源は主観的であり、われわれの関心をかきたて刺激するものはいずれも現実的である。あるものを現実的であるとみなすことは、それがわれわれに対してある一定の関係に立っていることを意味している。「現実的」という語は、ひと言でいえばひとつの縁暈である」。われわれの原初的な衝動は、表象されたものに矛盾が生じない限り、それらすべてを直接的に現実的なものとして受け取ろうとする。だが、いくつかの、おそらくは無数の多様な現実の秩序が存在しており、それらは、それぞれ他とは区別される固有の存在様式をもっている。ジェームズは、そうした様ざまな現実の秩序のことを「下位宇宙」と呼び、その例として、彼にとって至高の現実秩序をなしている物理的諸事物の世界、科学の世界、理念的な諸関係の世界、「部族の偶像神」の世界、神話や宗教といった様ざまな超自然的な世界、個人的な意見からなる多様な下位宇宙、空想的想像の世界、狂気の世界といった意味世界をあげている。それらの世界はいずれも、それに対して目が向けられているあいだは、その世界に固有の仕方で現実的である。だが、それらの世界は、そこから注意が逸らされるやいなや、現実ではなくなってしまう。ジェームズによれば、およそすべての命題は、属性についてのものであれ存在についてのものであれ、それと同時に信じられている他の諸命題とその当の命題とが、両者は同一の文脈にあると主張することによって衝突しない限り、まさしくそれが思考されているというその事実によって信じられている。それゆえ、たとえば幼い少女の遊びの世界は、それが妨げられない限り「現実的」である。その少女は「実際に」母親であり、彼女の人形は「実際に」子どもなのである。芸術作品の世界にあっては、たとえばデューラーの銅版画に描かれた騎士と死と悪魔は、芸術的空想の意味領域内での存在者として、「現実的な」存在性を有している。外的世界の現実のなかでは、それらは絵画的な「呈示」である。ハムレットは、劇が続いている限り、われわれにとって現実にハムレットなのであって、ハムレットを「呈示している」俳優Xではない。

現実性の特徴について以上のような洞察を述べるなかで、ジェームズは、われわれの考察にとって重要な本質的問題に言及している。だが彼は自らの探究を、心理学的な問題設定に意識的に限定して展開している。したがってここでは、彼の研究の出発点を別のパースペクティヴに移す必要がある。その際、何よりも重要なのは、様ざまな現実秩序を構成しているのは客体の存在論的な構造ではなく、われわれの経験のもつ意味だということを重視することである(2)。われわれはそれを根拠に、ジェームズのように現実の下位宇宙について語るかわりに、われわれがそれぞれに現実のアクセントを付与し得る限定的な意味領域について語ろうと思う。ある限定的な意味領域は、要するに意味のうえで両立可能な諸経験から成り立っている。別様に言えば、ある限定的な意味領域に属している経験はすべて、ある特有の体験様式あるいは認知様式を示しており、しかもその様式に関して、各経験がそれぞれ一貫しており互いに両立可能なのである。ここで傍点を付した限定は重要である。同一の意味領域の内部にある個々の経験のいくつかが、そこでの部分的な言明の意味に関して一貫しておらず、また相互に両立不可能であるにもかかわらず、当の意味領域から現実のアクセントが剝奪されないということもあり得るだろう。むしろその場合には、ただ単に、その限定的な意味領域内にある当の経験には妥当性が欠けているということになるだけだろう。

意味領域――日常的な生活世界、夢の世界、科学の世界、宗教的経験の世界――の限定性は、それぞれに固有の体験様式あるいは認知様式の統一性に依拠している。そうした様式に関する経験の一貫性と両立可能性は、したがってある所与の意味領域の内部に限定されている。限定的な意味領域Pの内部で両立可能であるものが、限定的な意味領域Qの内部でもまた両立可能であるということは、いかなる場合にもあり得ない。それとは逆に、現実的なものとして措定されているPからみれば、Qは、それに属する個々の経験と共にまったく虚構的で斉一性に欠けたものにみえる。そしてこのことは、PとQを入れ替えてもまた成り立つ。われわれが限定的な意味領域について語ることが許されるのは、まさしくこうした理由によっている。変換の公式を導入することによって、ある意味領域を別の意味領域に帰属させる可能性は存在していない。ある意味領域から別の意味領域への移行は、唯一、「飛躍」（キルケゴールの意味での）をとおしてのみ成し遂げられるのである。ここで「飛躍」とは、ある体験の様式を別の体験の様式に取り替えることにほかならない。すぐ後でみるように、体験の様式には本質的にある特有の意識の緊張が属しており、それゆえそうした「飛躍」には、意識の緊張の根本的な変更によって生じるショックという体験が伴っている。われわれが限定的な意味領域について語る場合、そこでの限定性は、それに対応した意味構造と関係しているだけである。われわれは一日のあいだに、それどころか一時間のあいだでさえも、意識の緊張の変様をとおして多くの限定的な意味領域を行き来することができるのである。[3] 態度変更によって現実のアクセントが付与され得る限定的な意味領域と同じ数だけ、ショックの体験が存在している。ここでは、その例をいくつかあげるに留めよう。眠り込んで夢のなかへと飛躍すること、眠りから覚めること、劇場の幕が上がること、絵画に「没入する」こと、さらに遊びを始める時の意識の変化、「恍惚」の体験、科学者が夕食の後に理論的態度へと移行する瞬間、さらにはジョークの基底にある現実のずれに対する反応としての笑い、などである。

経験が同一の体験様式あるいは認知様式に関わっている限り、したがって経験がある限定的な意味領域のうちに留まっている限り、その経験の現実性は持続する。われわれが現実のアクセントを別の意味領域に移さざるを得ない——あるいは「移そうとする」のは、われわれが自らのライフプランによって別の態度をとるよう動機づけられる時（「これ以上ぼんやりしてはいられない、仕事にとりかからねばならない」）、あるいは「異他的なものの介入」によって邪魔をされる時（たとえば絵画を鑑賞している時の爆発音、ぼんやりしている時のつまずき、科学的観照をしている際の突然の空腹など。宗教的な「啓示」もまた思い浮かぶ）、要するに、われわれにとってある時点において「現実的」である限定的な意味領域の境界を突破する特有のショックを経験する時に限られている。これらの例によれば、日常的な生活世界がある種の優位性をもっているように思えよう。実際、日常的な生活世界はわれわれの現実経験の原型を示している。われわれは、一日のうちに何度も日常的な生活世界に連れ戻されるのである。したがってある限定をつけて、それ以外の限定的な意味領域はいずれも、日常的な生活世界の変様であるとみなして差し支えないだろう。もちろん、現実のアクセントはいずれの意味領域にも付与され得るということ、日常的な生活世界からみれば、他の意味領域はたしかに疑似現実に過ぎないようにみえるだろうということ、しかしながら同時に、科学的態度や宗教的経験からみれば、日常的な生活世界が疑似現実とみなされ得るということ、これらのことも忘れてはならない。

2　体験様式あるいは認知様式と意識の緊張

現実のアクセントは、特定の体験様式あるいは認知様式と諸経験とのあいだの一貫性に依拠していると述べた。では、体験様式あるいは認知様式とはいったい何を意味しているのだろうか。それらは、特有の意識の緊張に基づけられている。ベルクソンが明らかにしているように、意識の緊張は「生に対する態度」（生への注意）と相関している。[4]行為はもっとも強い意識の緊張と結びついており、それは、現実に対応することへの最大の関心を表わしている。他方、夢はそうした関心の完全な欠如と結びついており、もっとも弱い意識の緊張を示している。生への注意は、われわれの意識生の基底にあるその規制原理である。生への注意が、世界のうちのどの領域がわれわれにとってレリヴァントであるのかを規定する。それは、現在の体験に没頭して直接的に体験対象に向かうようわれわれを動機づけるか、さもなければ（たったいま過ぎ去ったものでもあり得る）自らの過去の体験に対向してその意味を問うよう動機づけたり、それに対応する態度のなかで未来の行為の企図に専念するよう動機づけたりする。

われわれにとってとりわけ重要な意識の緊張の度合い、すなわち十分に目覚めていることについて、より詳細に検討してみよう。そこでの意識は、生とその諸要件に十全たる注意を払う態度から生まれるきわめて強い緊張の状態にある。私は、周囲世界に向けられている行為と振る舞いのなかで、生に対して十全たる関心を向けており、それゆえに私は十分に目覚めている。私は、自らの作用のなかで生きており、自らの予定を実行することに注意を集中しているのである。ここで問題になっているのは能動的な注意であって、単なる受動的な注意ではない。私は受動的な注意のもとで、たとえば微小知覚を経験しているが、その知覚は（単に受動的な）体験であって、自生性の有意味な現われではない。有意味な自生性とは――ライプニッツの意味で――つねに新たな知覚へ到達しようとする努力のことであると定義できよう。有意味な自生性は、そのもっとも低次の形態にあっては、知覚を統覚へと変化させて境界づけることに通じており、そのもっとも高次の形態にあっては行為、とりわけ外的世界に介入してそれを変化させる行為、すなわち労働に通じている。十分に目覚めた状態は、世界のなかのプラグマティックにレリヴァントな領域を画定し、そしてそのプラグマティックなレリヴァンスが、意識の形式と内容を規定する。プラグマティックなレリヴァンスが意識の形式を規定するのは、記憶の緊張を規定し、それと共に、想起される過去の体験の範囲と予期される未来の体験の範囲を規定するのがこのレリヴァンスだからである。また、プラグマティックなレリヴァンスが意識の内容を規定するのは、実際の体験すべてが、前もって企図された予定とその実行によって変様するからである。[5]

　意識の緊張と直接的に結びついている体験様式あるいは認知様式のさらに別の側面は、現勢的な自生性の形態である。たとえば、白昼夢は受動性のもとに推移し、科学的活動は思考作用のなかで推移する。また日常における生は、労働という作用のなかで（企図された状態が外的世界に介入する身体動作をとおして実現されることによって特徴づけられる、予定に基づいた有意味な自生性において）推移する。

認知様式には、さらに特有のエポケーが属している。世界が現実であることの受け入れを現象学的に括弧入れすること、これは、経験科学的方法論の基底にある様ざまなエポケーとは本質的に区別される。さらに日常生活の自然的態度もまた、特有のエポケーの形態を伴っている。もっとも、自然的態度のうちにいる人は、外的世界とそこにある客体の存在に対する信念を停止しているのではない。むしろ逆に、それらの存在に対するあらゆる疑念を停止しているのである。彼が括弧に入れているのは、世界やそこにある客体が、彼に対して現われている以外のものであるかもしれないという疑念なのである。(6)

体験様式あるいは認知様式には、さらに社会性の特有の形態が伴っている。ここにもまた――たとえば夢をみている人の――孤独という形態から、相互主観的に結びついた行為とコミュニケーションとが常態になっている相互主観的で日常的な共通の生活世界のなかで他者が経験され、他者からの伝達と他者の産出物が経験される様ざまな形態にいたる、様ざまな可能性がある。

社会性の特有の形態に対応した自己経験の特有の形態もまた、同様に体験様式あるいは認知様式に属している。人は夢のなかで、あるいは空想的想像のなかでも、自分が日々の生活のなかで「もっている」のとはまったく違った属性、違った生活史を備えたものとして、自分自身を体験することができる。科学的態度のうちでは、自らを科学者として体験し、科学の状態によってあらかじめ規定されている問題状況のなかで、いわば匿名的に思考する。また、宗教的経験のうちでは、自らをその全体性において体験し得るし、また日常的な社会関係のうちでは、ただ役割という側面のもとでのみ自らを経験し得るのである。

体験様式あるいは認知様式にはさらに、特有の時間パースペクティヴが伴っている。夢のなかでの内的時間と孤独な私の内的時間は、自然科学の同質的な空間‐時間とは区別される。またそうした内的時間は、社会的な標準時間、すなわち内的時間と世界時間との交点にその起源をもち、相互主観的な生活世界の一般的な時間構造の基盤をなしている社会的な標準的時間とも区別される。

いずれにせよ、様ざまな意味領域とそれらに固有の体験様式あるいは認知様式について体系的な類型論を展開することは、重要な課題であろう。日常的な生活世界の非常に広範な部分と層は、意識の緊張が弱まり日々の生活から離脱することによって、いかにしてその自明性と現実のアクセントを失っていくのだろうか。このことが精確に示されるべきだろう。また、日常的な生活世界の存在に対する疑念を停止する自然的態度のエポケーは、いかにして日常的な生活世界の特定の領域に対する信念を「括弧に入れる」別の形態のエポケーに置き換えられるのだろうか。このことも明らかされるべきだろう。ここでの主要な課題が、いくつかの理由から卓越した現実として特徴づけてよい日常的な生活世界を分析することにある以上、このような類型論をここで十全な形で提示することはできない。次節では、この至高の意味領域の成層化について記述することに専念し、それとの関連で日常的な生活世界の体験様式あるいは認知様式を特徴づけなければならない。だが、まずは日常的な生活世界についての記述を際立たせる背景として、限定的な意味構造を伴う別のいくつかの意味領域に関して若干、述べておきたい。夢の世界と空想的想像の世界を例として取りあげることにしよう。

3　空想的想像の世界

われわれが諸々の空想的想像の世界について語るのは、その世界が、単一のではなく複数の限定的な意味領域に関わっているからである。空想的想像の世界は、日常的な生活世界の個々の諸層すべてを括弧に入れており、それゆえにそれらの世界は、まさしく生活世界との対照性をもって、互いに密接な親縁関係にあるものとして現出してくる。だがそれらの世界は、それにもかかわらず互いに異質であり、互いに還元されることはあり得ない。このことは、白昼夢の世界、遊びの世界、おとぎ話の世界、ジョークの世界、そして詩の世界それぞれの内的に限定された意味構造を例にとって考察することによって明らかになる。とはいえ、それら諸々の空想的想像の世界は、まさしく空想的想像の世界として、体験様式ないし認知様式の本質的要素のいくつかを共有している。

（a）私が自分の注意を様ざまな空想的想像の世界のひとつに没入させている時、もはや私は外的世界に対処する必要はない。私は周りにある客体から、克服すべきいかなる抵抗も与えられることはない。私は、日常の自然的態度のうちにいる私がそのもとにある、プラグマティックな動機の緊急性からは解放されているのである。日常的な生活世界の相互主観的な標準的時間は、もはや私を支配してはいない。またこの世界は、私の知覚や想起や知識のなかにあるものによって境界づけられてはいない。私の制御の及ばない出来事や状況が、そのなかから選択しなければならない選択肢を私に押し付けてくることはない。私の遂行能力が外的な諸事情によって制限されるということもない。ただし、そうした空想的想像の世界に生きている限り、私は、外的世界に介入してそれを変化させるという意味での行為を「遂行する」こともまたできない。空想的想像の世界に留まっている限り、私はまさしく空想的に想像すること以外、何もできないのである。だが私は、そうした事情のもとで、空想的想像の進行をそのようなものとして前もって企図することはできる（私は妖精が三つの願いを聞き届けてくれることを思い描くだろう）。そしてその企図を空想的想像のなかで充実させることもできる。もっとも、そうしたことが、広い意味で定義された「行為」概念のうちで当てはまるのか否かは未定のままである。重要なのは、空想的想像作用はそれ自体のうちに限定されていること、そしてそこには——日常的な生活世界においてて行為のプランを立てることも、ある意味では（まさしくプランとして）「単なる思考」ではあるが、それとは対照的に——実行に移そうとする意図が欠けていること、これ

である。(7)

ではドン・キホーテは行為しないのだろうか。風車に攻撃を仕掛ける時、彼は外的世界に介入しているのではないだろうか。ここで指摘されねばならないのは、ドン・キホーテは、自らが現実のアクセントを付与している空想的想像の意味領域の境界の外に踏み出しているわけではないということである。日常の現実に直面している空想的想像家、ドン・キホーテにとって（現実主義者、オイレンシュピーゲルは逆に幻想に出遭っているように）巨人は実際に巨人であり、想像の産物なのではない。ドン・キホーテは風車についてのエピソードのなかで、あらかじめ与えられている客体についての自分の統握が、引き続いて生じた出来事によって疑わしくなったことに、たしかに気づいていたはずである。そうした彼の経験は、木であると思っていた遠くにある事物が、じつは人であることに気づいた場合に、われわれが自然的態度のうちで行っている経験と同一のものである。(8)だが、ドン・キホーテにあっては事情が異なっている。何ものも彼を空想的想像の世界という限定的な意味領域から連れ出すことができないのである。彼は、自分が巨人だとみなした対象が、はじめから風車であったこと、そして彼自身が間違いを犯していたに違いないということを認めはしない。その対象は、いまこの瞬間にあってはたしかに風車であること、このことを彼は認めざるを得ない。彼は、自分が実際に経験している現実に対して、すなわち彼を馬上から乱暴にふっ飛ばしたものが風車の翼板であったことに対して、異議を唱えているわけではないのである。だが彼の実際の経験は、空想的想像の世界という意味領域のうちでのみその意味を付与されている。ドン・キホーテが経験したショックは物理的なものであって、それは、現実のアクセントを移行させるようにではなく、その特定の空想的想像の世界という意味領域に適したその出来事についての説明を見出すように彼を仕向けるにすぎない。そしてドン・キホーテが見出したのは、彼の宿敵である魔法使いが、最後のどたん場で巨人を風車に変えてしまったに違いないという説明である。目の前の対象が先刻まで巨人であったことは疑い得ないからである。この説明によって、ドン・キホーテは最終決定的に自らの空想的想像の世界に閉じ籠もり、日常の現実へと移行する可能性を放棄してしまう。彼は、日常の現実から現実のアクセントを原則的に剝奪してしまっているからである。そうしたドン・キホーテにとっては、巨人が現実なのであって、風車は仮象であり幻想なのである。

ここで再度、「矛盾のないままに留まっている客体はいずれも、矛盾がないという事実それ自体によって信じ込まれ、そして絶対的な現実として措定される」というウィリアム・ジェームズの見解を思い出そう。(9) フッサールもまた、これと同様の結論に到達している。(10) フッサールは、存在の否定の対極にある存在の述語化と、非現実の述語化すなわち虚構の述語化の対極にある現実の述語化とを区別する。彼によれば、「自然的態度にあっては、「現実的」という述語や「現実」という類概念は差し当たり（反省以前には）存在していない」。われわれが空想的に想像し、そしてその後、空想的想像のなかで生きる態度（生をあらゆる様態のもとで疑似経験する態度）から抜け出て所与の現実におもむく時、それゆえ、その時どきになされる個々の空想的想像とそこでの空想的想像物とを、可能な空想的想像一般と虚構物一般の実例とみなすことによって越える時にはじめて、われわれは、一方で「虚構物」（あるいは空想的想像）という概念を獲得し、また他方で「可能的な経験一般」という概念、ならびに「現実」という概念を獲得する。フッサールはさらにこう述べている。「空想的想像の世界のなかで生きている空想的に想像する人（「夢想家」）に関して、彼は虚構物を虚構物として措定していると言うことはできない。彼は変様された現実、すなわちあたかも……であるかのような現実をもっているだけなのである。……経験のなかで生き、そしてその後、そこから抜け出て空想的想像のなかへと「入り込み」、空想的想像物〔1〕と経験対象とを比較対照する時にはじめて、人は虚構という概念、ならびに現実という概念を手にすることができるのである」[11]（傍点はフッサール）。

これまでの考察から、日常生活における両立可能性の連関は空想的想像の領域では成り立たないという結論が導かれる。それに対して論理構造の一貫性（フッサールの用語で言えば、存在の述語化と非存在の述語化）は、空想的想像の領域にあってもその妥当性を保持している。私は巨人や魔法使い、ペガサス、ケンタウロス、さらには永久機関でさえも空想的に想像することができる。だが空虚な概念を並べあげるだけに留まらないのであれば、正十面体を想像することはできない。空想的想像からなる限定的な意味領域の内部では、単に事実上の両立不可能性が克服され得るにすぎず、論理上の両立不可能性は克服され得ないのである。

（b）それに加えて、日常の生活世界の内部で妥当する自生性の限界と条件は、空想的想像作用にもそのまま当てはまるわけではない。空想的に想像する者は、何であれ自分が望むものを空想的に想像することができる（どのようにそれを望んでいるのかは空想的に想像できないにしても）。彼は、自らの空想的想像作用に伴っている空虚な予期を、自分の意にかなういかなる内容でもって充実させることも可能である。空想的想像作用一般を含蓄に富んだ意味で行為と呼び得るなら、それは、自由裁量に従ったひとつの行為なのである。

（c）空想的想像の世界の時間パースペクティヴもまた、日常の生活世界のそれとは根本的に異なっている。フッサールによれば[12]、空想的想像物は客観的時間のなかに固定的な時間位置を占めていない。したがって、それらは個体化されていないし、同一性といったカテゴリーをそれらに適用することもできない。単一の連続した空想的想像活動、すなわち活動がそのなかで継起している内的時間の連続性によってその活動の統一性が保証されている、単一の連続した空想的想像活動の内部でなら、「同一の」空想的想像物が繰り返し生じ得るだろう。しかし、それぞれ別個の空想的想像活動に属している――われわれの用語法で言えば、それぞれ異なる限定的な意味構造の領域に属している――空想的想像物は、それらの同一性や同等性に関して比較することはできない。あるおとぎ話に出てくる魔女と別のおとぎ話に出てくる魔女とは同一であるのか否か、といった問いは意味をなさないのである。空想的に想像している私は空想的想像のうちにあっては、標準的時間のもつ徴表を、不可逆性という徴表以外のすべてにわたって意のままに変えることができる。私は出来事の経過を、いわば低速度撮影機や高速度撮影機をとおしてみるように想像することができるのである。だが出来事の経過が不可逆的であることは、空想的想像によってはいかなる変更も被らない。不可逆性の起源は、空想的に想像することとそこで生み出される空想的想像物にとって構成的である内的時間の持続それ自体のうちに存在しているからである。空想的に想像している時にも——また夢をみている時にも——私は時を経ている。たしかに、私は現在という位相のうちで、自身の過去を意のままに変えることができる。だが、現在においてなされる空想的想像はそれ自体、意識流の持続のなかで構成されており、したがってそうした持続のもつ徴表を備えているのである。

（d）私は、自分の自己を空想的想像の対象にする場合には、考えつくどんな役割にでもその自己を就けることができる。しかしそのように想像されている私の自己は、単に私の全人格の一部分としてのみ、すなわち私の恩寵によってはじめて存在する私の自己の側面としてのみ経験されている。私はまた、空想的想像のうちで自らの身体を意のままに変えることができる。ただしそれは、自分の身体の境界についての原初的な経験によって措定される制約の内部においてのみ言えることである。私は、小人や巨人となった自分を空想的に想像することができる。ただしそれは、つねに外部に対して境界づけられた内部性に従うものとしてのみ可能なのである。

（e）空想的想像の世界の社会構造は複雑である。人は一人で想像することもできるし、他の人びとと一緒に想像することもできる。たとえば一人の共在者と一緒に、また様ざまな社会関係を取り結んでいる複数の共在者たちと一緒に、あるいはまた群衆のなかで、想像することができる。白昼夢は孤独な空想的想像である。それに対して共同的な空想的想像は、（極端な例をあげれば）感応精神病から、子どもたちが相互に方向づけ合う相互主観的な遊び、そして群衆心理学によって研究される諸現象にいたるまで、様ざまである。

その一方で、共在者、先行者、後続者は、また同じく、考えられるすべての種類の社会関係、行為と対応行為も、すべて空想的想像作用の内容になり得る。空想的に想像している私に備わっている自由は、この点できわめて広範囲に及んでいる。たとえば空想的想像は、架空の共在者による想像上の協力をそのうちに含めることができるのであり、しかもその共在者による架空の行動が、私自身の空想的想像作用を強化したり無効にしたりし得るほどにそれを含めることが可能なのである。

4　夢の世界

（a）眠りは完全な意識の弛緩であり、またそれは生からの完全な離脱と結びついている。眠っている私は、錯綜している知覚を明晰で判明な状態に変えること、すなわちそうした知覚を統覚に変化させることに関して、プラグマティックに条件づけられたいかなる関心ももっていない。それにもかかわらず眠っている私は、知覚し想起し思考し続けている。眠りには、自分の身体についての知覚、たとえば身体の位置や重さや境界についての知覚が伴っており、また明るさ、騒がしさ、暖かさについての知覚も伴っている。それらの知覚はすべて受動的なものであり、あらゆる対向を欠いている。すなわちそこには、傾聴したり注目したりといった、知覚から統覚を形成する能動性のすべてが欠けているのである。またそこでは「微小知覚」も体験される。ただし微小知覚は、生に対する態度（生への注意）に由来する選定し形成する活動の対象にされることはない。眠っているあいだに微小知覚が明晰・判明になることはなく、相変わらず錯綜した状態のままである。だがそれは、もはやプラグマティックに動機づけられた能動的な注意が高次から形成されることによって覆い隠されてはいない。夢をみている人の関心と夢の主題とを規定しているのは、むしろ受動的な注意であり、それゆえ、その人の人格の内奥にある中心に影響を与える微小知覚の総体なのである。

（b）夢の世界における自生性の類型的な形態は、空想的想像の世界におけるその類型的な形態とある点では類似している。ただし夢をみている私は、その概念のいかなる意味においても、行為することは決してない。空想的想像の世界は裁量の自由によって特徴づけられるのに対して、夢の世界にはそうした自由は存在していないのである。空想的に想像している私は、自らの空虚な予期を思いのままの内容によって「恣意的に」充実させることができる。しかも空想的に想像している私が現実のアクセントを付与するのは、まさしくその内容に対してなのである。空想的に想像している私は、好みによって可能性を事実性へと意のままに変えることができる。それに対して夢をみている人は、空虚な予期を自分の裁量によって充実させることも、自分の可能性を「実現」させることも、共にできない。たとえば悪夢は、夢のなかの生起事象が不可避であることや、夢をみている人がそうした出来事に対して無力であることをはっきりと示している。

とはいえ夢は、もっぱら受動的な意識だけに限定されているわけではない。むしろ夢は、実現され得る企図をもっていないだけである。私は、行為している自分自身を夢にみることがあるだろう。しかもその夢に、私は「実際には」行為していないという認識が伴っていることもしばしばあるだろう。その場合でも、夢のなかでの私の行為は見かけ上の企図やプランを伴っており、しかもそれらはすべて、日々の生活においてなされいまや沈澱している先行経験に由来している。だがそれらには自発的な「フィアット」が欠けているのである。
（c）夢の世界の時間構造はきわめて複雑である。事前と事後、現在、過去、未来は、混ぜ合わさっているように思える。夢をみている人は、未来の出来事をすでに起きてしまったことのようにみなしたり、過去の出来事を開かれた変様可能なものとして、それゆえ明らかに未来の特徴をもったものとして夢にみたりする。継起性が同時性に変化したりもする。夢での体験は、内的持続すなわち意識流の時間性からは独立しているようにみえる。この——もちろん偽りの——見かけは、夢での体験が標準的時間に備わっている固定されたカテゴリーからは切り離されていることから生じてくる。夢での体験は、客観的な時間秩序に組み込まれてはいないのである。だが夢での体験は、やはり内的時間のうちを進行しており、夢をみている人の目覚めた生に由来する諸々の体験（それらは標準的時間のカテゴリーと結びついているが、それらのカテゴリー的な連関は夢の世界のなかでは解体している）が、夢の持続のなかへと引き入れられているのである。持続の不可逆性は、夢の世界のなかでも存在し続けている。自分のみた夢を思い出そうとする目覚めた人のみが、時間は逆戻り可能であるという幻想を時おり抱くのである。
（d）夢をみている状態は、空想的に想像している状態とは対照的に、本質的に孤独であるということ、このことを社会性との関係で言っておかねばならない。われわれは一緒に夢をみることはできない。他者はつねに私の夢の単なる客体であるにとどまり、その夢を私と共有することはできないのである。私が夢にみている他者は、私と共通の生ける現在において現われるのでなく、疑似的な社会関係のなかに現われているのである。私が、身体性という側面のもとにある、そして私の内奥の自己と緊密な関係にある他者を夢にみている場合ですら、その他者は、表象されている類型として現われているのであって、私と共に生きているのではない。モナドは、社会的世界を含む宇宙を反映しているにもかかわらず、実際、夢をみている状態にあっては孤独なのである。

このことは、われわれをある論点へと導いていく。目覚めた人間だけがコミュニケーションをすることが可能であるという、先ほど夢の世界の時間構造について論じた際に現われていた論点である[2]。この論点には、夢という現象を記述する際に直面するある重大な困難が潜んでいる。私が夢に対して「意識的に」立ち返ることができるのは、目覚めた状態にいる時だけである。夢に目を向けている際には、私は日常的な生活世界の概念とカテゴリー——とりわけその言語構造——を用いている(それらは、日常的な生活世界という意味領域に備わった両立可能性に関わる諸原理に従っている)。夢をみている人にとって、コミュニケーションの可能性は夢のなかには存在していない。コミュニケーションは、夢という限定的な意味領域から離れてはじめて可能になる。キルケゴールの表現を用いて言えば、夢の領域は「間接伝達」によってはじめて把握することができる。このことは、夢での体験は、いわば「否定的に」際立たせることによって、すなわち日常体験の意味構造との違いによってはじめて伝達することが可能になるということを意味している。夢の世界をその意味にふさわしい形で記述することに関しては、科学者や哲学者よりも詩人や芸術家の方がはるかに近いところにいる。それらの人びとは、いずれにせよそのコミュニケーション手段によって日常の意味構造と日常言語の意味構造とを超越しようと試みるからである。

B　日常の生活世界の成層化

1　日常的な生活世界における体験様式

日常の生活世界は、他の限定的な意味構造を伴った現実領域とくらべて卓越した現実である。そのいくつかの理由については、すでに立ち入って検討してきた。日常の生活世界は、私の身体上の動きを伴った行為の領域である。その世界はわれわれに抵抗を押し付け、またこの抵抗を克服するための努力を要求する。日常生活は私に課題を与え、そして私は、日常生活のうちで自らのプランを実行しなければならない。日常生活は、目標を実現しようとする私の試みを成功に導いたり失敗に終わらせたりする。私は、自らの労働をとおしてこの日常的な現実に介入し、それを変化させる。私は自らの労働の結果を、相互主観的でそれゆえ「客観的な」世界のうちにある出来事として、しかもそれを主観的な産出過程から切り離し、それが私の労働によって生み出されたものであるという事情からも独立させて吟味することができるし、またそれを他者たちの吟味に委ねることもできる。私は、共通の目的とそれを実現するための手段をもっている他の人びとと、この現実を共有している。私は他の人びとに働きかけ、それらの人びとも私に働きかける。われわれは一緒に行為をすることができる。日常の生活世界は、そのうちで相互の意思疎通が可能な現実なのである。

日々の生活の世界は、われわれにとって疑いのない所与である。こうした事情についても、すでに立ち入って検討してきた。日常的な生活世界という意味領域は、われわれの実践的な経験がその領域の統一性と一貫性とを証拠だてている限り、現実のアクセントを保持し続ける。この領域はわれわれにとって「自然な」現実として現われている。したがって、ショックという特別な経験が日常の意味構造を突破して、われわれが現実のアクセントを別の意味領域に移行させるきっかけにならない限り、われわれは、そうした現実に依拠している態度を放棄しようとはしないのである。では、日々の生活の世界を特徴づけている体験様式あるいは認知様式は、いかなる本質的特徴をもっているのだろうか。まずは簡潔に特徴づけることから始めよう。その際、その一部は先に行ったより詳細な説明を要約したものになるだろうが、他の一部は、より厳密な分析がそれに関して引き続き行われることを指示することになるだろう。
(a)日々の生活を特徴づけている意識の緊張の形態は、十全たる注意(生への注意)を伴った関心に由来する十分な目覚めである〔本書第二章A2参照〕。
(b)特徴的なエポケーは自然的態度のエポケーであり、そこでは、外的世界とそこにある客体の存在に対する疑念が停止されている。その世界は、日常的経験のなかで私に対して現出している以外のものであるかもしれない、という可能性が括弧に入れられているのである〔本書第二章A2参照〕。
(c)現勢的な自生性の形態は、身体上の動きをとおして外的世界に介入していく有意味な行為である〔本書第五章A3参照〕。
(d)特有の社会性の形態は、他者を、意思疎通と行為とからなる共通の相互主観的な世界を私と共有している意識を備えた共在者として経験することに基づいている〔本書第二章B5参照〕。
(e)特徴的な自己経験の形態は二重に基礎づけられている。それは一方で、様ざまな役割という側面のもとで社会的に「拘束されている」自己自身の属性からなっており、他方で、「自由」な私の行為からなっている〔本書第二章B6および第三章B4参照〕。
(f)時間パースペクティヴは、相互主観的世界の時間構造としての標準的時間というパースペクティヴであり、その起源は内的持続と世界時間とが交差する点にある〔本書第二章B4参照〕。

さてそこで、こうした体験様式のもとで構成される日常的経験の空間的、時間的、社会的な構造について記述してみなければならない。

2 日常的な生活世界の空間的成層化

a 実際に到達可能な範囲内の世界

十分に目覚めた人は、自然的態度にあっては何よりもまず、彼の到達可能な範囲のうちにあり彼自身を中心としてその周りに空間的、時間的に配列されている日常的な生活世界の局面に関心を向けている。私が自分自身を見出す場所、すなわち私の実際の「ここ」は、私の空間的な方向づけの起点であり、座標体系のゼロ点である。その座標体系の内部で、方向づけの諸次元、すなわち私を取り巻く領野にある諸対象との隔たりとパースペクティヴとが規定される。私は周囲環境の諸要素を、自分の身体との関係において右と左、上と下、前と後、近くと遠くなどといったカテゴリーのもとに分類している。

世界の諸局面のうちの、直接的な体験にとって接近可能な局面のことを、実際に到達可能な範囲内の世界と名づけよう。そこには、実際に知覚される対象だけでなく、注意深い対向によって知覚することが可能な対象も含まれている。私の実際に到達可能な範囲内の世界には、私を中心にしたこの局面の近さと遠さによる方向づけが伴っているが、それだけではなく、そこにはまた、この局面の客体が私に与えられる意味の諸様態に従った編成も伴っている。もっとも、世界が、目で見たり耳で聞いたりすることのできる範囲ばかりではなく、到達可能な範囲にも編成されているということは、自然的態度にとっては自明な見たり聞いたりできる諸事物の同一性によって隠蔽されている。実際に到達可能な範囲にある世界でなされる知覚の諸様態は、いずれにせよ比較的大きな主観的意義をもっている。だがその一方で、そうした知覚の様態は、記憶のなかで次第に色褪せていく。そうした様態での知覚をとおして把握された対象は、社会的に客体化され言語化された意義連関のなかに埋め込まれている類型化をとおして想起のなかでますます呼び起こされるようになるからである。類型化は、実際の経験にあってはなお生き生きとしていた意味の様態と統握のパースペクティヴとを大幅に理念化し匿名化するのである〔本書第三章C2参照〕。

b　潜在的に到達可能な範囲内の世界

i　回復可能な範囲

私の実際に到達可能な範囲内の世界、すなわち直接的な経験のなかで接近可能な世界の局面を堅固に構造化している座標体系は、私の身体を中心にした方向づけを準拠点にしている。それゆえ世界のこの局面の内容は、私の身体が動くことによってたえず変化を被ることになる。この領野のなかの近くにある層は、私が動くことによって遠のき、遠くにあった層が近づいてくる。そしてついには、私の実際に到達可能な範囲内の世界と、いままで私の実際に到達可能な範囲にあった局面とは重なり合わなくなる。私は、自分の部屋を出てそこからいなくなる。それは、つい先ほどまで私の実際に到達可能な範囲にあった世界の局面から離脱することである。通りを歩いている時に、ある本を自分の部屋の机の上に置き忘れてきたことを思い出したとしよう。その本は、かつて私の実際に到達可能な範囲にあったけれども、いまやその範囲にない。その本は、私の実際に到達可能な範囲を超越している。しかしそうした超越に関する私の経験には、その本は私の回復可能な範囲内の世界にあるということが属している。私は、自分の部屋に戻りさえすれば、いまはそこから離れている机と本のあるその部屋を、私がそこをあとにした時のままにふたたび見出すだろう大きなチャンスをもっている——これは、日常生活におけるたいていの実践的な目的にとっては確実なことと言っていいだろう。私が住んでいる家は（火事で焼き尽くされていない限り）そのまま建っているだろう。部屋の机は（誰かがその位置をずらしていない限り）窓の傍にそのままあるだろう。そしてその本は（誰かが持ち去っていない限り）机の上にそのまま置いてあるだろう。こうした想定は、言うまでもなく世界構造の恒常性に関する基本的な想定、すなわち「以下同様」という生活世界的な理念化の例である〔本書第一章B参照〕。私は、かつて私の実際に到達可能な範囲にあった世界の局面を——他の事情が同じならば——恒常的なものか、さもなければ恒常的に変化するものとみなしているのである。さらに私は、この局面を私の実際に到達可能な範囲にふたたびもたらすためには、あれこれの動きを実行したり、あれこれの段階を踏みさえすればよいことを知っている。私にはそれらの動きを実行し、それらの段階を踏むことができるということ、これは私にとって、「私は－それを－繰り返し－行うことが－できる」という生活世界的な第二の理念化に基づく自明なことである〔本書第一章B参照〕。回復可能性は経験的に段階化されていることに関しては、私の知識集積のうちに沈澱した経験を引き合いに出すことによって説明がつくだろう。たとえば通りを引き返しさえすれば、五分後には家に辿り着くだろうし、もう一度、三千メートルの山に登るためには、長くて辛い訓練に耐えなければならない。

かつて私の到達可能な範囲にあっていまはない世界の局面は、しばしば私の回復可能な範囲にある世界と識別できないように重なり合う形で、その世界の全領域へと連なっている。私は自分のこれまでの経験から、回復可能な範囲にある世界の全領域に対して多かれ少なかれ親近的である。たしかにその領域は、私の到達可能な範囲にある局面を超越してはいる。しかしこの超越の経験は、知られているものや親近的なものの超越という、日常的で生活世界的な経験なのである。

ii　達成可能な範囲

回復可能性の領帯は、潜在的に到達可能な範囲内の世界のひとつの領帯であり、それは——想起された——過去という時間性格をもっている。だが、その世界のもう一方の領帯は、未来という時間性格によって特徴づけられる。これまで一度も私の到達可能な範囲にあったことはないが、その範囲にもたらすことができる世界のことを、達成可能な範囲内の世界と呼ぶことにしよう。いまだ知らない世界の諸局面もまた原則的には到達可能な範囲にもたらすことができるという私の想定も——一般的にいって——「以下同様」と「私は-それを-繰り返し-行うことが-できる」という理念化に基づいている。もちろん、そこには様ざまな問題が含まれている。私は世界のどの局面でも自由に自分の到達可能な範囲にもたらすことができる、という原則的な予期は、主観的な蓋然性の諸段階に応じて、また物理的能力や技術的能力といった能力の程度に応じて、経験的に編成されている。私がある特定の時代と社会にいるということは、能力の一部である（中世の人びとが中国まで旅をしようとすると非常に大きな困難が伴い、また膨大な時間がかかったけれども、いまなら空路一日で香港に行くことができる。もしかすると私の子どもたちは月にまで旅をすることができるかもしれない。アイガー北壁を登攀することは、私にはできない。けれども、誰かにはそれができる。だが、もし……であれば、ひょっとすると私にもそれができるかもしれないなど。以上のことはすべて、多様な技術上の可能性の例である）。そのうえに、私の生活史的状況とそこから生じてくるプランならびにプラン・ヒエラルヒー、さらにそれと結びついた様ざまな程度の主観的な蓋然性が付け加わる（私は香港まで飛行機で行くことができるだろうが、そうするだろうということは私にとって蓋然的ではない）。

単に達成可能であるだけの範囲にある世界もまた、知識集積に沈澱した私の先行経験から なる利用可能な類型に応じて、私にとって様ざまな程度に親近的である。たとえば、私はドロミテ・アルプスについては知っているが、メキシコのシエラ・マドレ山脈についてはは知らない。だが私は、それら両者のあいだにある種の類似性があることをどこかで読んだことがある。私は合州国南部にある亜熱帯の河川については知っているが、アマゾン川については知らないなど。

これまで述べてきたことから、潜在的に到達可能な範囲の二つの領帯を成している回復可能性と達成可能性それぞれのチャンスは決して同等ではないということが導かれよう。この点について、空間的編成の時間次元を引き合いに出すことによって明確にしてみよう。回復可能性という潜在性の第一の領帯に関しては、かつて私の実際に到達可能な範囲にあったものが、現時点で私にとって容易に回復可能な範囲にあるというチャンスをもっているということ、このことを考慮に入れておかねばならない。私の過去の行為と経験は、それらが行われた時点では私の実際に到達可能な範囲内の世界に属していたのである。その一方で、それらは私の現在の意識の状態に結びついている。私の現在の意識の状態がかくあるのは、たしかに、いまや過去のものとなった現実が、かつて私の実際の現実だったからなのである。それゆえ、かつて実際に到達可能な範囲にあった世界が、ふたたび実際のものになるという予期は、すでに充実され「一定の成果をあげた」自分自身の体験を想起することに基づけられている。したがって、かつて実際に到達可能であった世界の領帯を回復するチャンスは、他の事情が同じならば、それ以外のいずれの世界の領帯を回復するチャンスよりもより大きい。

潜在性の第二の領帯は、予想をとおして私の未来の意識の状態と関係してくる。この領帯は、私の過去の体験と直接に結びついてはいない。むしろこの領帯は、沈澱した過去の体験を含む私の知識集積から私の予期が生じるという事情を介してはじめて、私の過去の体験と結びつくことになる。私はそうした知識集積に基づいて、プランを立てた行為に関するチャンスを慎重に考量することができ、またあれこれの目標を達成するのに必要な自分の能力を査定することができるのである。明らかに潜在性の第二の領帯は決して同質的ではなく、むしろ達成可能性に関する様ざまなチャンスを備えた諸々の下位段階の領帯へと分節化されている。それら達成のチャンスは、私の実際の世界を中心に、そこから下位段階の領帯が空間的、時間的、社会的に隔たっていくに従って類型的に減少していく。

iii　空間的編成の社会的次元についての示唆

私の実際に到達可能な範囲内の世界と共在者の実際に到達可能な範囲内の世界は、完全にというわけではないが広範囲に重なり合っている。自然的態度のうちにいる私は、自分のいる場所とその共在者のいる場所とを交換することによって、その共在者の実際に到達可能な範囲内の世界の全局面が私の実際に到達可能な範囲にもたらされ得るだろうということを、自分の知識集積に基づいて自明視している。ここでもまた能力に関して個別の問題が生じてくる。私は「もちろん」、彼がまさにいま見ているものを彼のいる場所から見ることができるはずなのだが、たとえば私が近視の場合には、そうすることはできない。私の実際に到達可能な範囲内の世界と、彼の実際に到達可能な範囲内の世界とは、厳密にいえば同一ではないのである。だが、自然的態度のうちにいる私が共通の周囲世界についてて語ることが、すべての実践的な目的からみて十分に可能である程度に、私と共在者の到達可能な範囲の諸局面は重なり合っている。

とはいえ、われわれの生活史はやはり異なっている。かつて彼の実際に到達可能な範囲にあり、いまや彼の回復可能な範囲にある世界の諸局面は、私にとっては単に達成可能な範囲にあるだけかもしれない。またその逆もあり得る。私にとって達成可能な範囲にある世界は、彼にとっても原則的には達成可能であろう。だが——主観的な蓋然性と能力には様ざまな段階があることからすれば——その世界が彼によって達成される蓋然性があるというわけではない。同じことは、もちろん逆の場合にも当てはまる。

世界が、実際に到達可能な範囲、回復可能な範囲、達成可能な範囲へと段階化されているのは、私の世界と共在者の世界だけに限られているわけでない。それはさらに第三者の世界に、そして最終的には「あらゆる人」の世界にまで及んでいる。そしてそうした空間的編成の体系は、社会的世界の様ざまな層にも及んでいる。この体系は、社会関係の重要な一側面である。それは、親密性と匿名性、異邦性と親近性、社会的な近接性と遠隔性といった分化に通じている（子ども時代の風景は共有していない妻と私。十年ほど近所に住んでいた若い頃の友人。ブダペストで出会った私の住んでいるアメリカの小さな町出身の、これまで面識のなかった人など）。同時に、親密性と匿名性などに従った社会的分化は、また他方で、生活世界の空間的編成についての主観的経験の重要な側面でもある。このことは、すぐ前であげたいくつかの例についてさらに解釈を進める時に明らかになってくるだろう（故郷、異邦人）。社会的匿名性のもっとも高次のレヴェル、また同時に「客観性」のもっとも高次のレヴェルにあっては、「それを意欲し、それに適し、それができる」人なら誰でも潜在的に到達可能な世界が構成される。

最後に、達成可能性と回復可能性の形式的構造は、空間的編成という側面をまったく度外視すれば、社会的世界における主観的体験一般に妥当するということ、このことを先取りして述べておかねばならない。それゆえに、たとえば長いあいだ会っていない若い頃の友人と友人関係を回復する可能性に関して、程度の差はあれ大きなチャンスが個々に存在している。また友人の友人で、私にはいまだ面識のない人と一定の関係を達成する可能性に関しても、程度の差はあれ大きなチャンスが存在している。さらに私自身が農業を営んでいるのであれば農業従事者たちと、また社会学者であれば歴史学者たちと一定の関係を達成する可能性に関して、それぞれ一定のチャンスが存在している。

3　労働の領帯

回復可能性と達成可能性についての分析は、生活世界の空間的編成そのものを超え出る問題、すなわち生活世界の時間的成層化と社会的成層化とも関係してくる問題へとわれわれを導いてきた。それらの成層化については、本章の次節以降で取り扱うことになるだろう。だがその前に、もともと到達可能な範囲の内部で構成される領帯についての記述に向かうことにしたい。この記述は、行為に関わる諸問題へとわれわれをさらに導いていくことになるだろうが、それら諸問題はのちの章（第五章）で詳しく探究されることになろう。

到達可能な範囲内の世界のうちには、私が直接の行為によって働きかけることのできる領帯が存在している。この領帯のことを、ここでは労働の領帯と呼ぶことにしたい。G・

H・ミードの功績は、物理的客体からなる現実の構造化を、人間行為との関連で、とりわけ物理的客体を実際に手で操作することとの関連で分析したことにある。彼によって操作可能な領帯と名づけられたこの領帯は、現実の核をなしている。この領帯は、視野のなかに位置してはいるが身体的な接触をとおして経験することはできない遠くの事物からなる領帯とは対照的に、見たり手に取ったりすることのできる客体を含んでいる。操作可能な領帯内にある物理的な対象についての経験だけが、「現実全体を根底から検査すること」、すなわち対象による抵抗を経験することを可能にする。そうした物理的対象についての経験だけが、操作可能な領帯の外部に視覚パースペクティヴの歪曲を伴って現われてくる諸事物の「標準サイズ」を確立するのである⑬。

操作可能な領帯が生活世界の現実の核であるというミードの理論は、ここでの見解と合致している。ただし、操作可能な領帯と遠くの領帯とのあいだにミードが設定した区別は過度に強調されるべきでない。この区別は、なるほど客体経験の起源を分析するにはきわめて重要であろう。だが、十分に目覚めた通常の成人の自然的態度について記述しようとしているわれわれにとって、この区別は必ずしも第一級の重要性はもっていない。そうした成人は、すでに隔たりそのものについてのカテゴリーを含む経験集積を使いこなしており、またその隔たりは、目標によって方向づけられた空間移動すなわち行為によって克服され得るという、自明視された知識を使いこなしているからである。自然的態度において遠くの事物を視覚によって知覚する際、その知覚には、空間を移動することによってその遠くの事物は操作可能な近さへともたらされ得るだろうという予期が直接的に結びついている。またそこには、空間を移動することによってその客体についての歪曲したパースペクティヴは消え去り、その客体の標準サイズが確立されるだろうという予期も含まれている。自動的になされるこうした予期は、後続の経験によって充実されることもあるだろうし、されないこともあるだろう(たとえば子どもは手で星をつかもうとするかもしれない)。もっともこの種の予期は、自然的態度のうちにいる成人にとっては、ある対象が、あらゆる側面から吟味され触れられていた労働の領帯から遠くに離れていった過程が逆転したものであるにすぎない。そうした経験は、労働の領帯にある対象と「類似」してはいるがいまだ吟味したことも触れたこともない、はじめて出遭った遠くの事物としての対象にまで及ぶだろう。成人の場合であっても、自分の知識集積に蓄えられた先行経験に従うことによって誤った類型化が生じることはもちろんある。星をつかもうとするのは、もちろん子どもによる(たとえばクリスマスツリーに飾りつけられているような、キラキラ光っているものはつかむことができるといった類の)誤った類型化である。

労働の領帯を含む私の到達可能な範囲内の世界は、明らかに私が空間を移動することによって変化する。私が身体を動かせば、それによって自分の座標体系の中心0は0′へと移動する。そしてただそれだけで、座標体系に付随している座標値が変化するには十分なのである。ここである区別に目を向けておかねばならない。私の到達可能な範囲内の世界の移動は、類型的な仕方で滑らかに進んでいくが、そうした事情の一部は、視覚による知覚の固有性に起因している。地にあったものが図になり、振り返ると眺めが転ずるのである。だがまた一部は、到達可能な範囲内の世界がそれをとおして現われてくる知覚の諸様態が入れ子構造になっていることに起因している。たとえば私は橋を渡り、次第に「大きく」なってくる目の前の森を見ながら、背後で次第に聞こえなくなっていく小川のせせらぎを耳にしたりするのである。それに対して、固有の労働の領帯は、より狭く限定されており、キネステーゼと位置移動とが交差するところに構成される。これ以上移動してしまったら、私はこの本（コップ、命綱など）にあと一歩、届かなくなる。ボールが私の手を離れて坂を転がり落ちていく時には、私はボールの後を追わねばならない。敵と戦っている時には、私の手、ナイフ、槍、弓矢が届く領域から敵が離れすぎないようにしなければならない。それゆえ固有の労働の領帯に備わっている境界は、主観的な体験においては、いわば輪郭が比較的はっきりしていてわかりやすく「より重要」なのである。

だが、労働の領帯の定義に伴うある不自然さが、すでに最後の例に表われている。それゆえ、固有の労働の領帯について語ることによってそれを回避しなければならなかった。固有のという形容詞を用いることによって意図したのは、固有の労働の領帯を固有でない労働の領帯から区別することではもちろんない。そうではなくて、そこでの意図は、そのなかで直接的な行為が生じ、その行為が直接的な結果（誤った結果を含む）において確証される、そうした発生的に（生活史的に）原的な領帯を明示することにあった。だが、先にあげた最後の例のなかで、最初に手について、次いでナイフについて、といったように語った時、われわれはすでに、ひょっとするとほとんど気づかないままに、そうした原的な労働の領域の境界を超え出ていたのである。というのも、子どもは歩行能力を獲得し、自らの手を意のままに操ることを学習するやいなや、タンスの上に手を届かせるためにスプーンやイスなどの道具を利用することをも学習するからである。狭く境界づけられた子どもにとっての原的な労働の領帯は、そのつどの社会的な知識集積のうちにある技術的な境界に達するまで、飛躍的に拡大していくのである。

こうした考察は、すぐ前で述べた問題と親縁関係にある次の問題へとわれわれを導いていく。労働の領帯を最初に直接的な行為の領域と定義したことから生じてくる問題である。われわれは、たとえば大陸間弾道ミサイルが行為の可能性を距離という点でも量という点でも、また結果という点でも途方もなく拡大してきた時代に生きている。そしてそれに対応することが、到達可能な範囲内の世界に関しても言えるのである。私は電話をかけることができるし、別の大陸で起きている出来事を、それが実際に生じている最中にテレビ画面をとおして見ることもできる。そこに生じているのは、明らかに技術の発展による経験可能な範囲の質的な飛躍と労働の領帯の拡大であり、そしてそれはもちろん、弓矢や狼煙《のろし》、火薬などの一連の発明ともつながっている飛躍である。そこに関係しているのは、最終的には行為と経験一般の直接性と間接性とに関わる問いであるが、ここではそうした問いにこれ以上立ち入るつもりはない。もちろん、第一次的な労働の領帯（直接的な行為の領域とそれに対応する第一次的な到達可能な範囲内の世界）と、その領帯のうえに構築され、社会のそのつどの技術状態のなかにその境界を見出す第二次的な労働の領帯（ならびにそれに対応する第二次的な到達可能な範囲内の世界）とを区別しておくことは有意義である。第二次的な労働の領帯（と第二次的な到達可能範囲）に関してはさらに、社会における技術的な知識の状態に応じて可能になる労働（と到達可能範囲）の拡張要因と、類型的な人格が日々の生活のなかで類型的に利用可能で到達可能な労働（と到達可能範囲）の拡張要因とを区別しておくべきだろう。そうした拡張要因には、それを使用することが自明であるもの、場合によって使用されるもの、制度によって厳格に監視されていて例外的に使用されるものといった区別があり、それぞれに接近するチャンスに関しては、類型的な配分のされ方がそれぞれの社会構造に備わっている。それらの類型的な配分のされ方は、生活世界の構造一般の形式を分析する際には考慮に入れる必要はないだろうが、たとえばエスキモーや現代のアメリカ人の生活世界について経験的に分析しようとすれば、必ず考慮に入れなければならないだろう。

ここで明言できるのは、第一次的な到達可能な範囲内の世界のうちの、第一次的な労働の領帯には属していない部分は、第一次的な労働の領帯を超越しているということである。それは、可能な労働からなる領帯であり、そしてその可能性は、いま現在、私の到達可能な範囲の外にある世界が労働の領帯になる可能性よりも類型的により大きい。さらにそこには、回復可能性と達成可能性の段階化と結びついた能力の段階化も関係している。それに対して、第二次的な労働の領帯と第二次的な到達可能範囲とのあいだの関係は、それほど単純ではない。第一次的な労働の領帯は、第一次的な到達可能な範囲にある世界のなかにつねに組み込まれているが、第二次的な労働の領帯と第二次的な到達可能な範囲のあいだには、重なり合いと隠蔽とが存在している（しかもそれらは歴史的に変化する）のである。われわれは、毎晩眺めることのできる月に向けてロケットを打ち上げることはできるが、「まったく同じように」眺めることのできる恒星に向けてはいまだできないのである。

4　日常的な生活世界の時間構造

a　世界時間

i　世界の永続性と有限性

潜在的に到達可能な範囲内の世界が実際に到達可能な範囲内の世界を超越していること

について記述した際にわれわれが何よりも関心を向けていたのは、その超越の空間的な側面に関してであった〔本書第二章B2参照〕。だがすでにそこで、そうした超越に関わる時間的な側面を先取りして指示せざるを得なかった。空間的な超越に根本的に関わっているのは、離脱することと立ち返ることとに関わる時間的な問題だったからである。かつて実際に到達可能な範囲にあった世界（自宅の机の上にある本）は、私がそこから（立ち去り）離脱したことによって、いま私がそこにいる（ショーウィンドウを眺めている）実際に到達可能な範囲内の世界（私が歩いている通り）を超越している。だが私は、かつての到達可能な範囲内の世界に、様ざまな動機に基づいていつでもふたたび対向することができる（私は書店のショーウィンドウを見ながら、友人にある本を渡すつもりだったことを思い出し、その本が自宅の机の上にいまなおあることを想起のうちで確かめる）。私のかつての到達可能な範囲内の世界は、たしかにいまとなっては、もはや私の到達可能な範囲にはない。だが、かつての私の到達可能な範囲内の世界は、想起と予想という形態のもとに作動する私の実際の意識の能動性にとっての主題ではある。その本はいまなお机の上にあるものとして、想起や予想の主題なのである。この予想の基底にある二つの理念化についてはすでに論じた。このように離脱することと立ち返ることを動機づけられながら、私は実際に到達可能な範囲を超越している世界の諸部分を、しかもそれらと私の内的持続との同時性を直接に経験することのない世界の諸部分を、永続するものとみなしている。そうした日常的な超越の体験はすでに、延長としての世界だけでなく持続としての世界にも関係しているのである。

眠りという超越の体験は、さらに明白な時間的基盤をもっている。意識の緊張の根本的な変化によって、私は相互主観的な日常世界から離脱していく。私は「世界」へと関係づけられた意識の能動性を停止する。だが意識流は、引き続き受動性のうちを流れている（限定的な意味構造の諸領域を分析するなかで取りあげた夢のなかでの能動性に関する問題は、ここでは未決定のままにしておく）。目を覚ました時、私の意識の能動性は、眠り込むことによって中断したところから始まる。ここでは、内的持続のうちで生じる受動的な出来事によって意識の能動性が変様を被ることについては触れないでおこう。私は眠りにつく前に、次の日の早朝、目が覚めたらすぐにベッドから飛び起きようと心に決めていた。そしていま私は（眠っているあいだにどんな夢をみていようと）昨晩のその決意に直面している。この意味で、私が朝「見出した」自分自身は、昨晩そこを「離れた」時のままである。一見するとこれは、昨晩「打ち切られた」目覚めた生の時間を、朝になってふたたび引き継いだかのようである。だが、私が日常的な生活世界から離脱し、改めてそこに立ち返るまでのあいだ、「時間が止まっていたわけではない」。朝が来たのである。私は世界を、時を経たものとして経験している（昨日は日曜日であり、今日は月曜日である）。私は世界時間を、「私の」時間を超越するものとして体験している。この超越の体験は日常的なものではあるが、時間構造のなかにある世界一般と関わっているのである。

世界時間の超越は、眠りによって日常的な生活世界から離脱し、目覚めによってその世界へと立ち返るなかで、共在者の存在との関連を欠いたままでも経験され得る。このことは、本質的に相互主観的世界への反省から生じる、それ以外の点では類似している世界時間の超越の経験には当てはまらない。私は自らの意識のうちで、十分に縁取られた体験にまで遡って、初めて体験した際のことをあれこれ想起することはできる。だが、「絶対的な始まり」を反省的に把握できるわけではない。私は、自分が生まれた時のことを誰かから聞いたことがあるので、そのことを「知っている」。私はまた自分の誕生を、自分の知識に依拠した三段論法に基づいて位置づけることもできる（すべての人間は生まれる。私は人間である。したがって私は生まれた）。だが内的持続のうちに自分の誕生を位置づけることは――そこから生じる二律背反は問わないにしても――できない。私が自分の誕生を演繹することができるのは、自分の誕生を超越しており、それゆえ自分の誕生からは独立している世界へと原的に「立ち返ること」によってだけなのである。私はそうした演繹を、自分自身について行うことができる。また、多かれ少なかれ確かな状態にある知識に従うことによって、同様に共在者、国民、恒星などについてもそうした演繹を行うことができる。自分の知識の諸条件を反省することのない自然的態度のうちでは、私が生まれる前から世界があったというのは私にとって自明なことである。そしてそれは、私の子どもが生まれる前から世界があるということを私が知っているのと同様であり、また私の曾祖父が生まれる前から世界があったということを私が疑わないのと同様である。

死とは（生活世界から）最終決定的に離脱することであるが、自分の死に関する予期もまた、私が相互主観的な世界のなかに存在していることから生じてくる。他者たちは時を経て死んでいき、世界（とそのなかの私）は存在し続ける。私が時を経るということは、まさしく私の根本的な経験のひとつである。私は時を経るだろう、したがって私は、自分が死ぬだろうこと、そして私が死んだ後も世界は永続していくだろうことを知っている。私は、自分の持続には限界があることを知っている。こうしたことから、自然的態度のレリヴァンス体系が派生してくる。それは、希望と怖れ、欲求と充足、チャンスとリスクとが相互に多種多様に織り合わさった体系であり、そしてそれが人びとを、自分の生活世界と折り合いをつけ、困難を克服し、プランを企図し実行するよう仕向けるのである。

ii　世界時間の不可避性と「大切なことを真っ先に」

世界の永続性を経験することから、有限性に関する知識が際立ってくる。この知識は、ライフプランという枠組のうちでなされるすべての企図の根本的な契機であり、しかもその契機は生活世界的時間によって規定されている。ただし、具体的な企図を実現すること、すなわち日常的に生を営むことのうちには、それを規定する要因として、生活世界的時間の構造と結びついた他の契機も入り込んでくる。生活世界的時間の構造は、意識流の主観的時間すなわち内的持続、「生物学的時間」一般としての身体のリズム、世界時間一般としての季節、そして「社会的時間」としての暦が重なり合うところに形成される。われわれは、こうした諸次元すべてのうちを同時に生きている。だが、これらの次元のうちで生じる諸々の出来事のあいだには、絶対的な相応性、いわば同時性は存在していない。それゆえ、それらが相応していないことの必然的な帰結として、待つという現象がわれわれに賦課される。哲学や心理学、社会諸科学において十分には注目されてこなかったこの注目すべき現象は、ベルクソンによって探究されている[14]。砂糖水を作りたければ、角砂糖が溶けるまで待たねばならない。私の意識流は、その結末を待たねばならない自然の出来事の継起とは独立して流れ続ける。カレルとルコント・ド・ニューイは[15]、生物学的時間のひとつの側面、すなわち傷病の治癒過程について分析している。人は、傷が治るのをやはり待たねばならない。身籠った女性は出産の時を待たねばならない。農夫は種まきや収穫に適した時が来るまで待たねばならない。待つことのうちで、われわれは自らに賦課された時間構造に出遭うのである。

だが、待つことをその主観的相関項とする様ざまな時間次元の非相応性だけではなく、同時性と継起性という、私の働きかけの外部にある客観的構造もまた、われわれに賦課されている。いくつものプランを実現する可能性、行為を企てる可能性、そして経験する可能性をあらかじめ境界づけているのは、実際、時間だけである。私はひとつのことをすることができるし、場合によっては同時に二つのことをすることもできる。だが、三つのことを同時にすることはできない。私は、自分に賦課されている外的世界の出来事の継起性や自分の身体のリズムに、また社会的な暦に、自分自身を組み込んでいかねばならない。また、ある行いを後回しにして、別の行いを時間的に優先させねばならない。私は行為を企図し、世界のヒエラルヒーに従って選択肢のなかから選択しなければならない。だがそれだけではなく、さらに自分の行いの時間的な継起を、それぞれの緊急度に応じて決めなければならない。世界のヒエラルヒーは、一日の経過よりも高次に位置している――世界のヒエラルヒーは有限性一般によって条件づけられている――けれども、緊急度は、価値の決断を日常の賦課された時間構造のうちで現実化するという側面に関わっているのである。より重要なことがらに対向するためには、何よりもまずこの――その他の点では優先順位の低い些細な――用事を片づけねばならない（その結果が私の人生を左右するかもしれない面談に出かける前には髭を剃らねばならず、それゆえ、まずは湯が沸くまで待たねばならない）。些細な中間段階や部分的行為などはすべて、たとえば白昼夢のなかでは省略することが可能だろうが、それらは、自然と社会がそれらの時間構造を含めて私に「抵抗」を与えてくる限り、日常生活にとって避けることのできない要素なのである。私は、自分の影があった場所を跳び越えることはできるが、自分の影を跳び越えることはできない。口の中を一杯にしたままでは、明瞭に言葉を発することはできない。急いで向かおうとしている場所に辿り着く前に、車に乗り込みエンジンをかけ、そして種々雑多な動きを行わねばならない。まずは髭を剃り、そしてネクタイを結んだりしなければならない。私に賦課された時間構造は不可避のものであり、したがって私は、自分の有限性によって規定されたライフプランに沿うように一日のプランを立てねばならない。だがそうした一日のプランは、有限性によって条件づけられているプラン・ヒエラルヒーによって間接的に規定されているにすぎず、直接的には、「大切なことを真っ先に」という原理、すなわち日常の不可避性によって左右されているのである。

iii　世界時間と状況

ここで次のように述べることができよう。世界時間は私の有限性を超越したものとして経験され、そしてその超越の経験がライフプランの根本的な動機になっている、と。さらにまた、世界時間の不可避性は、継起性と同時性という生活世界的な日常における構造的法則のうちに表現されており、そしてその不可避性が一日のプランの根本的な動機になっている、と述べることもできる。有限性と不可避性とは結びついており、ライフプランと一日のプランも結びついている。これは自明のことである。人は自然的態度にあっては、そうした有限性と不可避性とを、賦課された避けられないこととして、自分の行為がそのなかで可能となる境界として、また自分の現実、先行者たちや共在者たち、後続者たちの現実の時間的な根本構造として経験しているのである。

いずれにせよ世界時間は不可逆的なものとして経験される。私は歳をとるのであって、若返ることはあり得ない。あのフランス革命がもう一度起こることはない。「同じこと」が二度目に生じる時、それはもはや一度目のそれとは違っており、二度目の「同じこと」なのである。たしかに自然的態度にあっては、自然の歴史性と人間世界の歴史性とは区別される。諸々の相対的に自然な世界観は、この区別に関して相互に異なっている。なかには、人間世界の出来事もまた永遠に繰り返されるという信念によって刻印されている世界観があるかもしれない。だが、言語と文化のうちに与えられている人間の世界と自然の世界の区別がどの程度のものであっても、社会的世界は原則的には、もっぱら世代を継いでいく（祖父、父、子どもたち）という主観的な経験に基づいて歴史的なものとして体験される。言うまでもなくこのことは、たとえば西洋の（相対的に自然な）思考において支配的であるような反省的な歴史意識とは必ずしも結びつけられるべきではない。ある家族のもとに生まれた私は、祖父が私とは「別の時代」に生きていたことを知っている。私は「黄金時代」や部族の始祖の時代、アダムとイヴの堕罪の時代、中世などが遠い過去にあったことを知っている。私はそうしたことをも、すなわち他の時代ではなくこの時代に生み込まれたことをも、自分に賦課されたこととして体験している。また私はそのことを、生活世界における自分の現存在の時間的な根本契機、すなわち歴史的状況としても体験する。そして私は、そのことが共在者たちにも当てはまることを知っている。彼らもまた私と同様、死を免れることはできず、同時に二つの場所を占めることもできず、そしてある特定の歴史的状況に生み込まれたのである。これらのことはすべて、世界時間の不可避性と私の有限性と同様に、生活世界における現存在の動かしがたい時間的要素である。だが、両者のあいだには重要な相違が存在している。有限性と不可避性は、動かしがたいだけでなく不変でもある。だが個々の現存在が歴史的状況のなかにあることそれ自体はたしかに変更不可能ではあるが、私にとっての歴史的状況と私の曾祖父にとっての歴史的状況、そして私の子どもにとっての歴史的状況は、それぞれ異なっているのである。

これまで生活世界的時間の三つの側面、すなわち永続性―有限性、不可避性―大切なことを真っ先に、歴史性―状況、について記述してきた。そして、有限性と不可避性と状況は、生活世界的な現存在にとっては変更不可能で賦課的な要素であることを強調してきた。私に賦課された根本構造、すなわち私の経験と行為の変更不可能な「境界」のなかで――そして最終的には自らの有限性によって動機づけられることをとおして――私は努力をし、抵抗を克服し、行為をする。変更不可能なそれらの「境界」は、私の行いにとっての自明視された地盤なのである――ただし私は、自然的態度のうちではそれらについて反省することはほとんどない。日常的な生起事象のうちには、反省するための動機は一般に存在していないからである。われわれは労働の領帯について記述するなかで、行為をとおした周囲世界への介入とその変化の構造について、実際に行為しながら介入することのできる領帯の観点からではあったが、すでに論じてきた。いまやわれわれは、労働の領帯という概念を拡張し、かつて実際的であった労働の領帯のうちでなされた私の経験に基づいて私の知識集積のうちで形成される、もたらし得るものの領域一般について語ることができる。この領域の絶対的な境界は、生活世界の動かしがたい存在論的構造のうちに、とりわけその時間構造のうちにみることができる。だがこの領域は、また相対的にも境界づけられている。すなわちこの領域は、私が生み込まれた社会の技術的-実践的な知識の状態によって（間接には理論的-科学的な知識の状態などによって）、また私に固有の先行経験によっても境界づけられている。したがってもたらし得るものの領域は、まさしく歴史的状況と生活史的状況によって直接的に境界づけられているのである。

b　到達可能な範囲の時間構造

われわれは到達可能な範囲についての分析のなかで、この範囲の時間構造についてすでに若干のことを語ってきた。それゆえここでは、それを要約的に示すだけで十分であろう。実際に到達可能な範囲内の世界は、本質的に、現在という時間性格を備えている。実際の経験は、第一に、過去が沈澱することによって形成されそのつど手許に存在している知識集積と関係しており、第二に、解釈が未来へと進展していくなかで実際化され得る経験の地平とも関係している。

潜在的に到達可能な範囲内の世界は、さらに複雑な時間構造を備えている。回復可能な範囲内の世界は、過去と関係している。すなわちかつて到達可能な範囲にあったものと関係している。またそれは――「以下同様」と「私は‐それを‐繰り返し‐行うことが‐できる」という理念化に基づいた想定によって――実際に到達可能な範囲へふたたびもたらされ得るものとも関係している。座標体系の交点が移動することによって、かつてのここはそこへと変わっているのである。しかし私は、すでに述べた二つの理念化をとおして、この実際のそこ（かつてのここ）をふたたび実際のここへと変えることができると想定している。私の過去の到達可能な範囲内の世界はそれゆえ、実際化され得る世界という性格をもっている。したがって、たとえば私のかつての労働の領帯もまた現在にあっては、そこという様態にある潜在的な労働の領帯として引き続き機能し、そしていまやそのような領帯として、同様に時間次元を備えた回復可能性の特有のチャンスをもっているのである。

潜在性の第一の領帯が過去と緊密に結びついているのと同じように、潜在性の第二の領帯は未来を先取りすることに基礎を置いている。私の潜在的に到達可能な範囲には、それまで一度も私の実際に到達可能な範囲にあったことはないが、それにもかかわらず「以下同様」という理念化のもとで遅かれ早かれ達成可能なものとして位置づけられる世界もまた存在している。そうした潜在性の第二の領帯のなかでもっとも重要なのは、私の共在者の労働の領帯である。われわれは、共通の（空間的－時間的－社会的な）状況のもとにいるけれども、彼の労働の領帯は私の労働の領帯と部分的にのみ重なり合っているか、場合によってはまったく重なり合っていないかのいずれかである。彼の労働の領帯は、私にとってはそこという様態にある労働の領帯なのである。ただしその領帯は、もし私がしかるべき空間移動によってもたらすことができる彼のいる位置にまさしくいまいるとすれば、（こことという様態にある）達成可能な労働の領帯である。G・H・ミードはこれと同じような結論に到達している。すなわち「現在の現実はひとつの可能性である。それは、もし私がここではなくそこにいるとすれば、いま現にあるものであるかもしれないといったものなのである」[16]。

ある程度単純化して言えば、到達可能な範囲の構造は主観的時間と以下のように相関していると言えるだろう。実際に到達可能な範囲――意識流の現在の位相、そこには実際の主題と、経験の集積に基づけられた解釈可能な諸地平とが伴っている。回復可能な範囲――想起。達成可能な範囲――予期。

c　主観的時間

i　意識流の時間的な分節化

これまで世界時間の主観的相関項について論じてきた。いまや主観的時間そのもの、すなわち内的持続とその分節化を取り扱わねばならない。時間的に構造化された意識流の「統一」は、はたして一般に存在しているのだろうか。存在しているのであれば、それはいかに分節化されているのだろうか。ここで扱われる問題は、内的持続のなかで形成される経験の意味の時間構造という問題ときわめて密接に結びついている。この結びつきは、現代哲学の在り方と問題設定に決定的な影響を与えてきた三人の哲学者たち（ベルクソン、ウィリアム・ジェームズ、そしてフッサール）によって、互いに独立した形で着目され探究されてきた。ここでは、自然的態度の時間構造の記述にとって直接的に重要な論点に限って、彼らの研究を取りあげることにしよう(17)。

フッサールが詳細に論じているように、意識流の統一は、体験の形式としての時間的性格にその基礎を置いている。物事が不可避的に継起していくなかで、いまは、たったいまへと変わっていき、そして過去のいまになっていく。ある経験の実際の印象位相は、連続的な過去把持の、そして同じく連続的な未来予持の極限的な位相であるにすぎない。実際の体験はすべて必然的に、過去と未来の地平を伴っているのである。未来の地平は類型的に予想された体験によって充実される。予想は、それらが印象位相に変わっていくなかで確証されるか裏切られる。印象位相はそのようにして、新たな印象位相が絶え間なく生起していくなかで、新たな予想を伴いながらたちどころに過去把持へと変わっていくのである[18]。

ところで、私が自らの意識作用のうちで「生き生きと」対向しているのは、志向客体に対してであって作用それ自体に対してではない。それは、フッサールが示しているように意識の普遍的な原理である。作用を把握するには反省的に、したがって必然的に事後的に、それに対向しなければならない。デューイが言うように、私は「立ち止まって考え」なければならない[3]。反省している時には、私はもはや意識流と共に推移してはいない。私は実際の位相そのものを「生きている」わけではなく、むしろ意識流の「外側」に立ち、それを「振り返って」いるのである。こうした表現の仕方は、あるいは誤解を招くかもしれない。そこに立てば自らの意識流から脱出できるような、時間を超えた「彼岸」があるわけではない。過去の位相やいままさに現在になった位相に反省的に対向しているあいだも、私は意識流の「なかに」留まったままである。内的持続は連続しており、反省する作用それ自体もまた同様に、意識流のなかに時間構造をもっているのである。ベルクソンがはっきりと示しているように、内的持続に関わる現象を空間的な表現に移し替えようとするいかなる試みも、すべて誤解を招きがちである[19]。だが、そうした留保をつけたとしても、デューイの言葉は、経験の意味構成の時間構造を明確にするうえでなお有益であろう。ある経験の意味は、経験「それ自体」に備わっているわけではなく、むしろ反省的な対向によって付与されるのである。

過ぎ去った経験の意味を「把握」するには二種類の仕方がある。すべての経験は、もともと内的持続のうちで一歩一歩――フッサールがこの過程をそう名づけたように複定立的に[20]――形成される。私は、実際の意識におけるこの複定立的な形成過程を、反省的対向によって追遂行することができる。すべての経験を特徴づけているのは、この複定立的な構成である。それゆえに私は、いずれの経験の意味を把握する際にも、それぞれの経験の複定立的な形成過程を反省的に追遂行することが原則として可能なのである。私は、少なくとも理想的な条件のもとでは、そうすることができる。それに対して、経験の意味が本質的に経験の諸要素の内的持続における複定立的構造に含まれている、そうした経験の意味を把握しようとする場合、すなわち、いわゆる時間客体についての経験の意味を把握しようとする場合には、そうしなければならない。音楽の主題や詩などの意味を問題にする場合には、複定立的に形成されてきたものを複定立的に追遂行しなければならないのである。たしかに、私はある詩の「内容」について、いくつかの（あるいは多くの）言葉でもって語ることはできる。しかしその詩の固有の意味は、複定立的な諸位相をその全体をとおして実際に辿ってみない限り把握することはできない。ある楽曲の意味を把握しようとすれば、その楽曲の最初の節から最後の節まで、少なくとも心のなかで再現してみなければならない。

だが、時間客体とは関係していない経験に関しても、いま述べたのと同様の仕方で接近することはできる。ただしその場合には、必ずしもそうする必要はない。私は、複定立的に形成されてきた経験の意味を一瞥のもとに――フッサールがそう名づけたように単定立的に――捕捉することができるのである。その恰好の例が、狭義の思考一般のような形式的知識と関係している経験である。経験の意味の複定立的把握と単定立的把握の区別は、さらに知識集積の構成とその社会的伝達について記述する際にも、また共在者の行為の理解について分析する際にも、きわめて重要である〔本書第三章および第四章参照〕。

だが、この区別がここですでに重要なのは、何よりもそれが意識の時間的な分節化に関する本質的な論点へとわれわれを導いていくからである。単定立的に把握可能な経験の意味をふたたび複定立的な個々の段階へと分解していく可能性は、いくつかの限界をもっている。体験は限りなく分割可能なわけではないということ、これは意識流のひとつの特徴である。ベルクソンが示したように、内的持続は量的に同質な単位に分解することはできない。それどころか、ある特定の空間的-時間的な現象は、空間化的に分析されることに抗いさえする。それ自体統一された運動と、完全に量化された空間とを同一視した場合には、矢はいつまでたっても的に到達しないだろうし、アキレスはいつまでたっても亀に追いつくことはないだろう。内的持続の「単位・統一」は、空間的延長や、それと類似した世界時間の延長に適用されるような、同質的で量的な単位・統一ではない。内的持続の単位・統一は、むしろ空間的な表現法に囚われている言語によっては記述しがたい時間的な分節化の単位・統一なのである。この問題は、鳥の飛翔という見事なたとえを用いて意識の「飛行区間と休息地点(21)」について語っているウィリアム・ジェームズによってもまた洞察されている。

時間的な分節化についての問いは、それゆえ、時間的「延長」の同質的な構造的単位・統一についての問いではあり得ない。その問いにおいて問題になるのはむしろ、十分に縁取られた経験の意識における構成とその意味の把握の基底にある時間的な準拠枠を提示することである。内的持続の「単位・統一」とは、簡潔に定式化すれば、意味の非同質的で非「量的」な単位・統一のことある。すでに述べたように、孤立した自己完結的な経験といったものは存在していない。現在の経験はすべて、すでに「完結」した過去の経験と、未来の経験についての多かれ少なかれ開かれた予期とからなる経験連関と関係している。したがっていま意識流のなかで実際に形成されつつある経験は、ある意味では、その同一の意識の過去の諸位相のなかですでに予想されていたのである。とはいえもちろん、完全な独自性において進行しているこの特有の経験として予想されていたわけではなく、あれこれの種類の経験として類型的に予想されていたのである。ただし過去の予想が実際に確証されたのか裏切られたのかは重要ではない。「予期せざる」経験——過去の予想を裏切る経験——の意味もまた、予想されてはいたが生起しなかった経験と対照されながら形成されるのである。経験の原的な意味連関、すなわち経験がそのなかで他でもないそのようなものとして構成される意味連関は、実際の経験と過去の経験と予想された経験とのあいだの時間関係を前提にしている。すでに論じた「以下同様」と「私は‐それを‐繰り返し‐行うことが‐できる」という理念化は、この時間的な意味連関の構造に属している。

そうした意味連関への顧慮を欠いた単位・統一へと経験を圧縮することは不可能である。飛翔している鳥を眺めている際には、いまの位相a1それ自体、その次の位相a2それ自体といったように見ているわけではない。それぞれの実際の位相は、たったいま過ぎ去ったばかりの位相についての過去把持を含んでおり、そしてその過去把持もまた、それとの関係でたったいま過ぎ去ったばかりの位相についての過去把持を含んでいる。さらに、実際の位相はすべて、それ以後の類型的な諸位相についての予想をも伴っている。ベルクソンはこれを精神の映画的機能と呼んでいる。[22] 諸位相の経過を互いに孤立した「単位・統一」へと、いわばスナップショット風に人為的に分解した場合、それによって意味連関はばらばらになってしまう。このベルクソンの例は比較的単純であるが、この時間関係は複雑な意味構造を引き合いに出して例証することもできるだろう。その格好の例として、音楽の主題の意味や対話の意味についての記述が考えられる。この二つの例を特徴づけているのは、そこでの印象位相が(主題や文の)始まりを過去把持的に保持しながら、その完結についての予想とも結びついて流動的に継起していくという事情である。

これまでの議論で問題にしてきたのは、意識生の普遍的な特徴についてであった。意識生は（きわめて多くの心理学派がそれを見出そうとしているような）均等で同質的な空間的時間－要素を含んでいるわけではなく、むしろ関係の単位・統一である内的持続の「単位・統一」へと分節化されている。内的持続の「最小単位」は、過去把持、印象、予想に基づいている。しかもそれら過去把持、印象、予想は、特徴的なリズムをもって相互に連結しており、そしてそのリズムはと言えば、それは、そのつど現勢的な意識の緊張によって規定されている。そうしたリズムが、過ぎ去った経験に対する反省的な対向を可能にさせる土台を形作っている。反省的な対向は動機づけられること、そしてその動機づけが、反省のなかで振り返られる射程を規定すると共に、対向から生じる意味の「単位・統一」を規定すること、こうした事実に関しては、今後さらなる論究が必要であろう。したがってここでは、意識の緊張の様ざまな程度――それと相関した様ざまな限定的な意味構造からなる現実の領域――には、それぞれに特徴的なリズムと「テンポ」が備わっていること、そしてそうしたリズムとテンポが主観的な時間体験の「秩序規模」を規定すること、このことを確認しておくだけで十分であろう。

ii　生活史的分節化

意識の緊張は、いずれも限定的な意味構造からなるある現実の領域から別の領域へと移行する場合に変化する。またそれは、日常的な生活世界のうちのある状況から別の状況へと移行する場合にも、程度はより小さくなるが変化する。そして意識流の時間的な分節化を規定しているのが、そうした意識の緊張である。だが、こう述べることによってわれわれが語ってきたのは、一日の経過の分節化に関わることがらであったにすぎない。もちろん、そこで扱われていたのは、あらゆる種類の経験の意味がそのうちで構成される内的持続の時間的な根本構造についてであった。だが意義という点で言えば、一日の経過の分節化よりもより高次に位置している時間的な分節化のレヴェルが存在しているのではなかろうか。われわれがここでさらに問わねばならないのは、このことである。それ自体の時間的な分節化を伴っている一日の経過は、いかにして人生の経過に組み込まれていくのだろうか。人生の経過といったより長い射程のもとにある意味はいかにして構成され、またその意味は、いかにして日常的な意味構造へと時間的に成層化されていくのだろうか。これらの問いに対する満足のいく回答は、主観的な持続経過それ自体についての分析から導き出すことはできない。したがってこの項ではそれを提示することはできない。それらの問いに対する回答は、これ以降のいくつかの章のなかではじめて目を向けるようになる問題、すなわち十分に相互主観的な世界の構造に関わる問題、ならびにレリヴァンス構造、プラン・ヒエラルヒー、そして行為の射程のあいだの複雑な関係を伴った個々人の社会的で生活史的な状況に関わる問題に関わっている。生活史的分節化に関わるカテゴリーは、本来、内的持続に関わるカテゴリーではなく、むしろ相互主観的に形成され、相対的に自然な世界観のうちで確立されるカテゴリーである。それらのカテゴリーは、個々人に賦課され、個々人によって内面化されている。子ども、若者、成人、老人などといった形式的な構造は、その射程に関して社会によって大きな違いを示しているが、それだけではなく、その内容に関しても大きな違いを示している。とはいえ、このように様ざまに異なった仕方で歴史的に形成される、生活史に意味を付与するカテゴリーは、自然的態度にあっては、人生の経過の自明な分節化として経験される。詳しくはのちに述べるような〔とくに本書第二章B6参照。また本書第三章A1と第四章A2参照〕原則的限定をつけたうえで、生活史的分節化についてさらにいくつかのことを付け加えておこう。

一日の経過の時間的な分節化と人生の経過の時間的な分節化とは、お互いが相互関係のうちにある。一方で、生活史的分節化は一日のリズムよりもより高次に位置している。人生の過ぎ去った諸段階をひとまとまりにしたうえでその意味を問おうとしてそれに反省的に対向する時、私は、複定立的に形成されてきた日々の経過の途方もなく長い道のりを、そうした長い射程をもった事後的な解釈のうちで単定立的に把握する（私はいかにして大酒飲みに「なった」のだろうか）。同様に、長い射程をもったプランを企図するとき、私は、日々の経過の長い道のりを「目的に対する手段」として類型的に予想する〔私は諺に関する比較研究をまとめようとしている〕。私は何によって、そうした解釈をし企図をするよう動機づけられたのだろうか。これは、ここでは答えることのできない問いである〔本書第三章Bでのレリヴァンス構造についての分析参照〕。

だが他方、その意味の射程が人生の経過に向けられている解釈と企図は、内的持続の一日の経過のなかに組み込まれてもいる。そのような解釈と企図は、実際の状況によって規定されており、だがそればかりではなく、たとえば鳥の飛翔を眺めるのと原則的に同じように、まったく一般的な仕方で内的持続の分節化にも従っている。したがってそうした解釈と企図は、この点ではいまだ取り扱われていない別の問題なのではない。

生活史的分節化のもうひとつ別の側面は、内的持続における私の経験の継起と沈澱とが独自のものであることに関わっている。すでに詳しく述べたように、生活世界における私の状況は、世界時間とそのなかでの私の有限性という一般構造によって、すなわち世界時間の不可避性と大切なことを真っ先にという原理によって規定されており、そしてまた私の状況の歴史性によっても規定されている。だが私の現在の状況は、また別の意味でも「歴史的」である。私の状況は、私の経験の歴史からなっているのである。私の状況の構造的に規定された要素には、自叙伝的に規定された要素もまた付け加わっている。そうした自叙伝的に規定された諸要素にも、私の経験が社会に埋め込まれていることから派生してくる多くの要素が存在している。だがそこには同時に、伝達することのできない本質的に私的な体験が、あるいは私の経験のいずれにせよ本質的に私的な側面が属している。自叙伝のもっとも重要で絶対的に独自な側面とは——その側面が生活史的カテゴリーの高次から社会的に形成されることによってどれほど「標準化」されているとしても——内的持続における経験の継起である。状況と経験はすべて過去という地平を伴っており、それゆえあらゆる実際の状況と経験は必然的に、経験の継起の独自性と自叙伝の独自性の双方によって共規定されている。きわめて重要なのは、経験はいかなる継起のなかで連結されるのかということであり、またそれと関連して、特定の経験が人生の経過のいかなる「場面」で生じるのかということである。成人であるわれわれが自分の人生の過去の断片に対向する時、われわれは、それ以後の自分の人生を規定したもっとも「決定的な」経験を見つけ出すことができるだろう。そうした経験がしばしば人生にとって決定的な役割を果たすのは、その経験それ自体がある固有内在的な性質を有しているからではなく、むしろその経験がある特定の時期に生じたためである。われわれは、たとえば精神のある特定の発達段階である本を読み、ある「決定的な」時期にある人と知り合い、ある時期に病気になり、あれこれの経験によって満足したり失望したりするのが「早すぎ」たり「遅すぎ」たりした。それらの経験はすべて、私のそれ以外のすべての経験や共在者たちの経験が従っているのと同じ構造的法則に従う経験である。すなわちそれらの経験は、あれこれの種類の類型的な経験である。だがそれらの経験は、持続の経過のなかで特別な場面に組み込まれている。そうであるがゆえにそれらの経験は、独自の生活史的な分節化をもつようになり、そしてそうであることによって特別な意味をもつようになるのである。

5 日常の生活世界の社会構造

a 他者の先行所与性と疑うことなく与えられた世界の相互主観性

生活世界は、はじめから相互主観的な世界であるということ、これについてはすでに確認してきた。われわれが詳しく説明したのは、日常の自然的態度のうちにいる人は、他の人びとの存在を疑問の余地のない所与として受け入れていることについてであった〔本書第一章A参照〕。私が自分の周囲世界のうちに見出す人間の身体は、私の意識と原則的に類似した意識を備えていること、このことは私にとって自明のことである。さらに外的世界の事物は、私にとっても他者たちにとっても原則的に同一のものだということ、そのうえ私は、共在者たちと関係を取り結び、彼らと意思疎通をすることができるということ、そして最後に、すでに編成されている社会的世界と文化的世界が、私にとっても共在者たちにとっても歴史的にあらかじめ与えられているということ、これらのこともまた私にとっては自明のことである。そこで以下では、そのような自然的態度における端的な所与性についてより詳細に探究してみることにしよう。まずは、共在者はあらかじめ与えられているという、共在者の先行所与性についての議論から始めよう。

社会化された自然的態度の根本公理は、第一に、知性をもった〔意識を備えた〕共在者たちが存在しているということ、そして第二に、そうした共在者たちは生活世界の諸対象を——私が経験するのと原則的に類似した仕方で——経験することが可能であるということ、これである。だが、生活世界の空間的編成についての経験〔本書第二章B2参照〕、固有の労働の領帯についての経験〔本書第二章B3参照〕、そして生活史的分節化についての経験〔本書第二章B4参照〕、これらに関する分析から導き出されたのは、第二の公理には変様する契機が必ず含まれているということであった。それらの構造についての経験をとおして、私は、「同一の」客体がわれわれのそれぞれにとって必然的に違ったものに見えているに違いないということを知るようになるのである。というのも、第一に、私の到達可能な範囲内の世界は、あなたや彼といった他の人びとの到達可能な範囲内の世界と同一ではあり得ないからであり、また私のここはあなたのそこであり、私の労働の領帯とあなたの労働の領帯とは同一でないからである。また第二に、レリヴァンス体系やプラン・ヒエラルヒーなどを備えている私の生活史的状況は、あなたの生活史的状況と同一ではなく、したがって私の場合とあなたの場合とでは、対象の地平がまったく違った方向で解釈されるだろうからである。第二の根本公理のこうした変様は、第一の根本公理に基礎を置いている。より厳密に言えば、この変様は、私の周囲世界にいる他の人びとについての私の経験を解釈することから生じてくるのである。だがこれらの変様は、十分に社会化された自然的態度のうちでは、プラグマティックに動機づけられた次のような基本的構成ないし理念化をとおして——日常のあらゆる実践的な目的にとっては——ふたたび脇に置かれることになる。

第一に立場の相互交換可能性の理念化である。もしも私が、彼がいまいるそこにいるとすれば、その時、私は彼と同一のパースペクティヴ、距離、到達可能な範囲のもとで諸事物を経験するだろう。また、私がいまいるここに彼がいるとすれば、彼は、私と同一のパースペクティヴのもとで諸事物を経験するだろう。

第二にレリヴァンス体系の相応性の理念化である。私と彼の生活史的状況の相違に由来する統握と解釈の違いは、彼と私、つまりわれわれの現在の実践的な目的にとってはレリヴァントでないということ、したがって私と彼、つまりわれわれは、実際的ないし潜在的にわれわれの到達可能な範囲にある客体とその性質を、あたかも同一の仕方で経験し解釈しているかのようにして行為し、意思疎通を行うことができるということ、これらのことを私と彼は当然の所与として受け入れることを学んでいる。そして——これは「以下同様」と「私は‐それを‐繰り返し‐行うことが‐できる」という理念化に付け加えられ、それらと結びついているのだが——われわれは原則的に、これから後も引き続き、先に述べたような仕方で進めていくことができるということ、したがってわれわれがすでに一緒に経験している世界が社会化されているばかりでなく、いまは私だけが経験することのできる世界もまた、原則的には社会化され得るということ、こうしたことについても、われわれは所与として受け入れることを学んでいる。

立場の相互交換可能性の理念化とレリヴァンス体系の相応性の理念化は、合わさって視界の相互性の一般定立を形作っている。この一般定立は、(ホワイトヘッドが言う意味での)[23]思惟対象を社会的に形成し言語的に固定化する際の基盤になっている。そのようにして形成され固定化された思惟対象は、私の前社会的な世界における思惟対象に取って代わるのであり、あるいはより適切に言えば、それらを高次から形成するのである。思惟対象は「社会契約」の所産であるというのは誤解である。そしてこの誤解を避けるためには、ある歴史的状況のうちに生み込まれたいずれの個人にとっても、思惟対象はすでに言語のうちに見出されるということを強調しなければならない。ただし、個々人は生活世界一般の言語的な形成、それゆえ社会的な形成を、自分の世界観の基礎として習得することができるというのは、視界の相互性の一般定立に基づいている。すでに述べたように、この一般定立は、自然的態度をはじめから特徴づけている共在者の存在の疑いのない所与性を前提にしている。私によって所与として受け入れられている生活世界は、あなたによってもまた所与として受け入れられており、だがそればかりでなく、われわれによっても、そして基本的にはあらゆる人によっても、所与として受け入れられているということ、このことは、十分に社会化された自然的態度にあっては自明視されているのである。

ここではじめて、さらなる分化の可能性が現われてくる。基本的にはあらゆる人を意味するわれわれは、ここでふたたび限定されるだろう。私はある社会的な出遭いや会話を反省的に解釈するなかで、現在の状況における実践的な目的にとってさえ、あなたは、私とそうした状況を共有していた他の人びとや私と同じように世界ないし世界のある局面を経験してはいなかった、ということを経験する。そこで私は、あなたは私のレリヴァンス体系を、私が視界の相互性の一般定立ないしレリヴァンス体系の相応性の理念化を維持し得るほどには共有していなかった、と結論づける。それゆえにあなたは「あらゆる人」のなかには含まれておらず、それとは別である。ここから基本的に二つの可能性が現われてくる。そのひとつは、私が、われわれというのはあらゆる人のことではない、むしろ人間には、たとえばわれわれとあなたたちといったような様ざまな人びとが存在している、ということをはっきりと認識している可能性である。いまひとつは、民族学的な資料から読み取ることができるように、私が、われわれとあらゆる人びとの同一性にこだわるという可能性である。その場合、あなたは（「通常の」）人ではあり得ない。こうした考察はまさしく、のちの章で取り扱われることになる問題を先取りしている。ここでは、われわれについてのこれら二つの対応のどちらか一方に「自然な」ものという烙印を押すのは、まさしく相対的に自然な世界観であるとだけ言っておこう。

b 他者についての直接的経験

i 汝指向とわれわれ関係

社会的現実についての経験はすべて、他の「私と同じ」人間存在に関する根本公理に基づけられている。それに対して、社会的現実についての私の経験が展開していく形式はきわめて多様である。私は他の人びとを様ざまなパースペクティヴのもとで経験する。また他の人びとに対する私の関係は、様ざまな程度の体験の近さと深さ、そして様ざまな程度の匿名性に従って編成されている。社会的世界についての私の経験は、ある人との出遭いから、制度、文化形成体、「人間一般」に対する漠然とした態度にいたるまで、幅広いヴァリエーションをもっている。ここで、社会的世界が経験のうちで形成されていくその構造について記述してみなければならない。まず、他者についての直接的な経験と、社会的世界についての間接的な経験とを大まかに区別することができる。のちに明らかになるように、間接的な経験は基本的には直接的な経験から派生してくる。それゆえ直接的な経験の分析から始めよう。

私が他の人を直接的に経験するのは、その人が、生活世界的空間と世界時間のある局面を私と共有している場合に限られている。その場合にのみ、他者は私に対して彼自身の身体性のもとに現出してくる。彼の身体は、彼の意識生を私に対して開示する表現領野であり、それゆえ私にとっては知覚し解釈することの可能な表現領野である。また生活世界的空間と世界時間のある局面を共有している場合にのみ、私の意識流と彼の意識流とが真性の同時性のもとに進行することが可能になる。彼と私は、共に時を経ているということである。出遭い（対面状況）は、時間的な直接性と空間的な直接性とによって特徴づけられる唯一の社会関係である。そうした出遭いという状況のなかで生じる社会関係と行為の様式も構造も、直接性という特徴によって本質的に規定されているのである。

出遭いという状況はいかにして構成されるのだろうか。出遭いにおいては、私が自分の注意を他者に向けているということが前提にされている。われわれが汝指向という表現によって指示するこの対向は、他者が「人格」として経験される一般的な形式なのである。これ以降、汝指向において現出してくる他者のことを共在者と呼ぼう。この汝への方向づけは、私が到達可能な範囲内の世界にある何ものかを「私と同じもの」として経験しているという事実によって、すでに端的に生じている。だが、そこでは類比という判断が問題なのではないということが強調されねばならない。汝指向は、もともと前述語的なものである。私は、ここにいるのは（自分と同じような）一人の人間であるということを複定立的に反省しているのではなく、むしろ一人の人間を、自分の目の前に空間的な直接性と時間的な直接性のうちにある彼の存在において、実際に把握しているのである。それゆえ汝指向という概念は、目の前にいるのがどんな人間なのかを（彼の「相存在」において）知っていることを必要としてはいない。ここで論じられているのは、明らかに形式的な概念である。だが「純粋な」汝指向といったものは経験的には存在していない。私がある共在者に出遭っている場合、その共在者はつねに、個別性を伴った特定の人間であるか、それとも、同様に個別性を伴った特定の人間の類型であるかのいずれかである。汝指向はいつも、あなたの統握と類型化に関する様ざまな程度の具体性をもって実際化されているのである。

汝指向は、一方向的なこともあれば双方向的なこともある。私があなたに対向している一方で、あなたは私の現存在に目を向けていないといったこともあり得るだろうし、あなたが私に対向しているのと同じように、私もあなたに対向していることもまたあり得るだろう。双方向的な汝指向の場合には、われわれ関係という表現によって指示したい社会関係が構成される。ここでもまた、先に汝指向について述べたことに対応する――双方向的で「純粋な」汝指向のうちで構成される――「純粋な」われわれ関係について形式的に述べることができる。ただしその際、われわれ関係もまた、他者の統握と類型化に関する様ざまな程度の具体性をもってはじめて実際化されるということを忘れてはならない。

私は、ある人と具体的なわれわれ関係において出遭う時にはじめて、その人の意識生に関与することができる。たとえばあなたが私に話しかける時、私はあなたの話す言葉の客観的な意義（匿名的な記号体系のなかでその言葉がもっている意義）を解釈することができる。そのうえ私は、あなたの発話が一歩一歩、構成されていく過程に、われわれ関係という真性な同時性のもとで関与する。その結果、私は、あなたの発話と言葉があなたにとって位置している主観的意味の布置連関を把握する（多かれ少なかれ適切であったりそうでなかったりするが）ことができる。ただし、目の前にいる共在者の主観的意味の布置連関を把握する解釈過程は、厳密に言えばわれわれ関係には属していない。共在者の言葉は、何よりもまず、ある客観的な意義連関のなかにある記号であり、さらにそれは、彼の実際の発話も含めた彼の経験すべてが彼に対してもっている主観的意味の指標（「徴候」）でもある。だが、客観的意味連関のなかにあり、場合によっては主観的意味連関のなかにある記号を解釈するのは私なのである。それゆえに解釈過程は、われわれ関係を前提にしてはいるが、われわれ関係には属していないのである。

われわれ関係がそのうちで実際化される具体的な経験の経過は、多くの点で私の内的体験の経過と「内容的な」類似性を示している。だがそこには根底的な違いがある。私の体験経過は、私の意識流の内的時間における体験経過なのである。われわれ関係のうちでは、たしかに体験経過の真性な同時性が成立している。だが私が出遭っているのは、彼のここが私にとってはそこである共在者である。われわれは共在者を「直接的に」経験することについて語っているにもかかわらず、この経験もまた、語のもっとも厳密な意味ではもちろん「媒介」されている。私は共在者の動作、表現、伝達を、他の《フレムデ》私の主観的に有意味な経験の指標として解釈することをとおして、その共在者の体験経過をただ「間接的に」のみ把握しているにすぎない。けれども、他の私についての私のあらゆる経験のなかでいわばもっとも間接的でないのは、われわれ関係の同時性における共在者との出遭いである。それゆえ、精確でないとはいえ、引き続き共在者についての直接的な経験について語ることにしたい。

この直接性は、私がわれわれ関係のうちに生きている場合に限って、すなわち私がわれわれに共通する経験の経過に参加している場合に限って、維持され続ける。私は、われわれの経験に反省的に対向している場合には、われわれ関係のいわば外に立っているのである。私がわれわれ関係について考えようとすれば、その生きた体験の位相はそれに先立って打ち切られているか終えられていなければならない。私は、われわれに共通する経験に埋没している時にのみ、われわれ関係のうちに生きて——そしてそれを体験して——いるのである。私は、われわれに共通する経験について反省することはできる。だがそれは事後的に可能であるにすぎない。だが過去の共通の経験は、そこで高い明晰性をもって精確に把握されることもあり得るし、不明瞭で錯綜したままに把握されることもあり得る。それについて考えることに没頭すればするほど、共通の経験のなかで生きる度合いはますます低くなり、われわれ関係の相手はますます疎遠で間接的になっていく。われわれ関係のなかで直接的に経験していた他者は、反省のなかでは思考の客体になる。この点についてはのちに探求することになるだろう〔本書第二章B5参照〕。ただし、社会的出遭いのうちにいながらわれわれ関係から「踏み出そう」と決意することもできる。このことを先取りして言っておこう。社会的出遭いという状況にあっても、私は共在者を類型的な同時代者へと変えることができるのである。

ii 社会的出遭い

双方向的な汝指向のなかで構成される「純粋な」われわれ関係は、他者の現存在についての端的な意識からなっており、その他者に特有の徴表を把握することは、そこでは必ずしも必要とされていない。だが、具体的なすべての社会関係にとっては、まさしくそうした徴表の把握が必要とされる。他者についての私の知識の程度は、言うまでもなくきわめて様ざまであり得る。すなわち、出遭いという性格を有する具体的な社会関係は、たしかに「純粋な」われわれ関係に基づけられてはいるが、私が共在者に対向すること、そして彼が私に対向しているのを私が認識すること、それだけではいまだ十分ではないということである。それらに加えて私は、彼がどのように私に対向しているのかを、多かれ少なかれ精確に把握しなければならない。この把握は、空間と時間を共有するなかで、つまり共在者が身体をもって現在するなかで、直接的な観察をとおして成し遂げられる。反省的に把握された「純粋な」われわれ関係の本質的な特徴とは対照的に、私は実際には他者を一定の規定性のうちで把握するのであり、実際のわれわれについても、われわれという相互関係の規定性のうちでのみ経験するのである。したがって私は、たとえば若者である自分と年長者である彼との友人関係のなかで、あるいは客である自分と売り手である彼とのお決まりの表面的な関係のなかで、われわれを経験するのである。これら二つの事例は、われわれ関係は様ざまな仕方で実際化されるということをはっきりと示している。私が対面している人は私に対して、私の他者経験にある特定の制約を賦課する様ざまな空間的、時間的、社会－生活史的な統握パースペクティヴのなかに現出している。さらに私は、われわれ関係におけるいずれの相手をも、同一の体験の近さと深さにおいて体験しているわけではない。要するに私はわれわれ関係のなかで、相手の経験を注意深く追っていくこともできる、すなわち（たとえば第三者にとっては意味のない恋人たちの会話のように）彼の意識過程と主観的な動機の「なかで生きる」こともできるし、他者の行為とその客観的な帰結に対してただ間接にのみ関心を向けることもできる（われわれが木をのこぎりで引いている時、相手がその共同作業のリズムを保持してさえいれば、「彼がその時に考えていること」など、私にとってはどうでもいい）。あるいはまた（たとえば科学的な議論の場合のように）、彼の報告の客観的意味に注意を集中させることもできるのである。われわれ関係はつねに、いま述べた諸々の次元のうちで実際化される。それら諸次元が様ざまな仕方で結びつくことによって、空間と時間の共有に基づく双方向的な汝指向によって構成されている――形式的な――われわれ関係の内部で、多様な直接性の段階が成立してくるのである。これまでに確認してきたことを、ある事例によって明確にしてみよう。

性的交渉も、二人の見知らぬ者同士の表面的な会話も、いずれもわれわれ関係の例である。これらいずれの場合にも、共在者たちは社会学の用語でいう対面状況のなかで出遭っている。しかし、関係の「直接性」の程度は、両者のあいだでいかに違っていることか。いずれの事例においても、そのつど必要とされる意味の様相の違いによって、内的時間の完全な同調が達成される場合もされない場合もある。だが、そうした事情をまったく度外視しても、なお両者のあいだには、統握パースペクティヴと体験の近さと深さに関してきわめて大きな違いがある。ただし、他者についての私の経験がそれらの諸次元に関してそれぞれの事例ごとに変化するだけではなく、私についての彼の経験もまた――他者をとおした鏡映化のなかで経験するように――同様に変化する。直接性の程度にはヴァリエーションがあるというのがわれわれ関係に備わっている特徴である、と言うことができるだろう。このように言うことによって、われわれはすでに、社会的世界についての主観的経験一般にとって非常に重要な問題に接近している。それは、社会的現実についての経験が直接的なものから間接的なものへと移行していく、その移行を分析する際にさらに入念に取り組まれるであろう問題である。出遭いのなかでは、他者の意識生は、最大限に充実した徴候をとおして接近可能である。彼は私に身体をもって向き合っているがゆえに、私は、彼が意図的に伝えようとしていることがらをとおしてだけでなく、彼の動作や表情、身振り、発話のリズムや抑揚などについての観察と解釈をとおして、彼の意識過程を把握することができる。私の内的持続の各位相は、他者の意識生の各位相と整合的に結びついている。私は共在者の主観的過程の連続的な現われを絶え間なく知覚しており、それゆえに私は、その彼の意識生に絶え間なく波長を合わせているのである。こうした事情のとりわけ重要な帰結は、共在者は私に対して、私が自分自身を把握する以上に「生き生きと」、またある意味ではより「直接的に」与えられているという事実である。たしかに私は、彼についてよりも私自身についてより多くのことを「知っている」。私の生活史は、他の誰にとってよりも私にとって、はるかに詳細な仕方で想起することができるからである。だがそれは私自身の知識であり、私の過去についての想起であり、そしてそれには反省的な態度が必要とされる。それに対して、私が非反省的に生き、実際の経験に埋没しているあいだは、共在者は——私とその共在者とがまさしくわれわれ関係という時間と空間の共有のうちに留まっている限り——私自身に対する私よりも、より豊かな徴候をもって私の前に立ち現われているのである。

われわれはこれまで、共在者についての私の経験の直接性を強調してきた。ただし私は、私が他者と出遭ういずれの具体的な状況のなかにも、自分の知識集積すなわち過去の経験の沈澱物を持ち込んでいる。この知識集積には、類型化された人間一般とその類型的な動機、行為のパターン、プラン・ヒエラルヒーなどといったものからなる集成体が含まれている。またそこには、表現図式と解釈図式についての知識、客観的な記号体系、とりわけ言語についての認識も含まれている。さらにこれら一般的な知識の下層には、たとえば男性と女性、若者と老人、健康な人と病人、農業従事者と都市居住者、父と母、友と敵、アメリカ人と中国人などといった特定の人間類型の動機、行為、表現図式などについての細部にわたる認識が存在している。そして私の知識集積には、やはり何といっても、完全に特定的なこの共在者についての先行経験が含まれている。われわれ関係が経過していくなかで、私は自分の知識を用い、それを吟味し変様させ、そして新たな経験を習得していく。それゆえ私の知識集積の全体もまた、それに伴って同様に変化していく。その変化は、取るに足らないものであることもあれば、決定的なものであることもある。われわれ関係にある共在者についての経験は、多様な意味連関と解釈連関のなかでなされるのである。それは人間を経験することであり、社会的世界という舞台の上にいる類型的な役者を経験することでもあり、また完全に特定的なこの状況のなかで完全に特定的なこの独自の共在者を経験することでもある。

われわれはこれまで、共在者についての私の経験のひとつの層だけを記述してきたにすぎない。他者についての私の経験には、それとは別の本質的な構成要素が含まれている。私は自分に対する彼の態度をも把握するという要素である。その共在者もまた私の行為を、単に客観的な解明連関のなかで経験しているだけではなく、私の意識生の表出として経験している。さらに私は、彼が私のことを、彼の行いを彼の主観性の表出として体験している人間として経験している、ということを把握している。われわれ関係のうちでは、お互いの経験が互いに整合的に結びついているだけではなく、相互に規定され関係づけられているのである。私は、共在者をとおして自分自身を経験し、またその共在者は私をとおして自分自身を経験する。他者経験《フレムト》──より精確に言えば、私についての他者の経験についての私の把握──のなかでの自己の鏡映化は、われわれ関係の構成的要素である。C・H・クーリーがすでに的確に示しているように[24]、相互的な鏡映化は社会化の過程にとって基本的な重要性をもっている。ただし、鏡映化過程が進むにつれて何重もの屈折が生じてくるが、そのことは個々の光のなかでは意識のうちに把握されることはないということを指摘しておかねばならない。われわれ関係のうちでは、われわれ関係もそのうちにいる共在者も、いずれも反省的に把握されることはなく、むしろ直接的に体験されているからである。私に固有の体験経過についての私の経験と、それと整合的に結びついている共在者の体験経過についての私の経験とは統一的である。われわれ関係における経験は共通の経験なのである。

行為の構造の分析〔本書第五章E参照〕を先取りしてここで注目しておかねばならないのは、いま述べた事情は社会関係の構造にとってだけでなく、出遭いにおける社会的行為の構造にとってもまた重要であるということである。私は、共在者の具体的な企図が、彼の行為が進行していくなかで充実されたり無効にされたりするのを目の当たりにすることができる。それに対して私がわれわれ関係の外側にいる場合には、類型的な行為者によって企図されたある特定の行為目標が充実される客観的なチャンスを、自分の知識集積に基づいて測定することができるし、そこに類型的な行為結果を割り当てることもできる。ただし、私が共在者の行為の結果を彼の意識生と関係づけながら直接的に把握することができるのは、共通の経験が進行しているあいだだけである。私はそこで行為の経過を一緒に体験しているからである。

私によって所与として受け入れられている生活世界は、私の共在者によっても所与として受け入れられているという想定こそが、自然的態度を特徴づけている。このことについてはすでに述べた〔本書第二章B5参照〕。また、視界の相互性という基本命題に基礎づけられている自然的態度のこの自明性は、私の到達可能な範囲内の世界にいる他者を経験することにその起源をもっている一方、それ自体は、十分に社会化された自然的態度における疑問の余地のない所与の構成要素であるということも、すでに明らかにしてきた。この自明性は、他者が私と到達可能な範囲内の世界を十分に共有する共在者となっている、そのわれわれ関係が続いていくなかで、継続的に確証されていく。そうした事情は、知識集積の形成一般にとって非常に重要である。私は、共在者の表現図式を把握するための私の解明図式の適合性を、周囲世界にあるわれわれに共通する対象を指示することによっていつでも点検することができる。彼が、少なくともわれわれの前にある対象についての彼の経験を、私がその対象についての自分の経験を解釈するのと類似した仕方で解釈していることが確証された場合、私は、ともかくも私の実践的な目標にとっては彼の表現図式と私の解明図式は十分に合致していることに関して、ひとつの手掛かりを得たことになるのである。

したがって一般的に言えば、生活世界の相互主観性一般が形成され継続的に確証されていくのはわれわれ関係においてである。生活世界は、私の私的な世界でも、あなたの私的な世界でも、それら二つを足した世界でもない。そうではなくて、生活世界はわれわれに共通する経験からなる世界である。ここでついでに言っておけば、この世界のそうした特徴の継続的な確証が、相互主観的世界が通常どおりに形成されている際に打ち切られたり根本的に制限されたりするだけで、そこには重大な帰結が生じるだろう。慣れ親しんでいる生活世界を支えている自明性は、たとえば独房のなかではその存続が危うくなり、しばしば解体したりする。洗脳の技術は、こうした事情をじつにうまく利用しているように思える。

c　社会的世界の間接的経験

i　他者の直接的経験から間接的経験へ

出遭いは、その直接性において、たしかにもっとも原的で発生的にもっとも重要な社会関係ではある。だがそれは、単にひとつの社会関係であるにすぎない。これまでみてきたのは、われわれ関係という時間的、空間的な直接性の内部に、すでに他者経験の直接性に関する相違が現われており、そしてその相違は、統握パースペクティヴならびに体験の深さと近さと強さによって規定されているということであった。経験の直接性のそうした段階化は、社会的世界における経験一般にまで及んでいる。直接的には体験されることのない社会的世界の主たる領域は、同時代者たちからなっている。ここでそれらの人びとについて、私は彼らと実際にわれわれ関係にあるわけではないけれども、彼らの生がそのなかで経過している世界時間の現在時は私の生が経過している現在時と同一である、そうした人びとのことであると特徴づけておこう。直接性の段階化は、共在者が単なる同時代者へと変わっていく簡単な事例をもち出すことによってうまく辿ることができるだろう。いま私は、ある知人と対面している。彼は私に別れを告げ、握手をし、私の前から立ち去っていく。彼は振り返り、私に声をかけている。彼はもう一度私に手を振り、角を曲がって姿を消していく。われわれ関係が終わったのはいつなのか、直接的経験において私に与えられていた共在者が同時代者になった、すなわち彼についてのあれこれが、大なり小なり蓋然性という性質をもった知識集積に基づいて推測したり主張したりすることができるだけの（「おそらく彼は自宅に辿り着いているだろう」）同時代者になったのはいつなのか、これを一般に有意味な仕方で精確に確定するのは難しいだろう。だが、どの時点で変わったと考えるにせよ、彼についての私の経験は、いずれにせよ質的に変化している。経験の直接性の段階化は、この事例とは別の仕方で、たとえば出遭いにおける会話から電話での会話、手紙の遣り取り、第三者を介した伝言などにまで及ぶ、類型的な意思疎通の諸形態を記述することによっても明確に示すことができるだろう。いずれの例にあっても、私がそれをとおして他者の意識生に接近することができる徴候充実性が次第に減少しているのは明らかである。他者についての直接的経験と間接的経験とは区別する必要があろう。ただし、そこでは単なる量的な相違を超えたことが問題なのである。そうである以上、そこでの直接性と間接性とは、そのあいだに多くの経験的な移行形態が存在している二つの極だということをつねに念頭においておかねばならない。このことはより精確に基礎づけられる必要があるだろう。

日々の生活における自然的態度にあっては、通常、他者についての直接経験から間接経験への移行がはっきりと認識されることはない。われわれは日常のルーティンのなかでは、自分の行動と他の人の行動の双方を、実際の経験のいまとここからは相対的に独立した意味連関のなかに組み込んでいる。そうであることが、経験あるいは社会関係の直接性や間接性は問題にならず、日常にあっては解釈をする必要もないその理由のひとつである。だがそこには、さらに深い理由もある。共在者についての直接的経験は、彼が単なる同時代者になってもなお、その構成的な特徴を保持し続けるという事実がそれである。実際の直接的経験は過去のものになっているが、いまや改めて想起された直接的経験になるのである。一緒に話をしたり、愛したり憎んだり、このようであってあのようではなかった共在者が、いまそこにいないというただそれだけの理由で、なぜ急に「別人」になってしまうだろうか。そのようなことは容易には理解できない。われわれは、依然として彼を愛したり憎んだりしている。彼についてのわれわれの経験が、その構造において本質的に変化したことをわれわれに気づかせるものなど、日常的な出来事の経過のなかには何ひとつないのである。ただしそうした事情は、注意深い記述をとおしてはじめて明確に示すことができるようになるだろう。共在者についての想起は、実際——過去の——われわれ関係の構成的な本質的特徴を保持しており、そしてそれは、単なる同時代者に向けられた態度のもつ徴表とは——そして意識作用一般のもつ徴表とも——基本的に区別される。その共在者は、われわれ関係のなかで身体的に現在していた。私は彼の意識生を、最大の徴候充実性において把握することができていた。われわれは、時間と空間を共有するなかで互いに波長を合わせていた。私は彼に鏡映化されていたし、彼は私に鏡映化されていた。彼の経験と私の経験は、共通の経過を形作っていた。われわれは共に時を経ていたのである。だが、彼が私のもとを立ち去るやいなや、ある変化が生じてくる。私は、私の到達可能な範囲にはないが彼の到達可能な範囲にはある世界の局面に彼がいることを知っている。私は、彼の持続は私の持続と同一の世界時間のなかに組み込まれてはいるが、われわれの意識過程は真性の同時性において結びついているわけではないことを知っている。私はまた、彼は時を経ているに違いないことを知っている。そしてそのことに反省の目を向けた場合、彼は新たな経験をするたびに、厳密に言えば変化しているに違いないことも知っている。しかし、日常の自然的態度にある私は反省の目を向けることはなく、それらのことのすべてを考慮に入れないままに、共在者についての親近的な表象をもち続ける。私は、それが取り消されるまでは、生きたわれわれ関係において沈澱してきた自らの知識集積のうちのその共在者に関する構成要素を不変のものと考えるのである。取り消されるまでとは、対立する知識を習得するまでということを意味する。ただしそこで習得される対立する知識は、汝指向によって対向してはいない同時代者についての知識である。とはいえその同時代者は、かつての私の共在者であり、それゆえ私は彼にじかに接した経験をもっている、そうした同時代者である。したがって私が彼についてもっている経験は、単なる同時代者にすぎない人びとについてもっている知識とは根本的に区別される。

このことは、われわれをある論点へと導いていく。日常的な生活世界における空間的経験を特徴づけている達成可能性と回復可能性という形式的構造は、社会的世界における主観的体験にも適用され得ると述べた時にすでに示唆していた論点である〔本書第二章B2参照〕。実際に到達可能な範囲内の世界は直接的な社会的周囲世界つまり生きたわれわれ関係と、また回復可能な範囲内の世界は回復可能なわれわれ関係と、さらに達成可能な範囲内の世界は達成可能性の様ざまなチャンスに応じた下位編成を伴う同時代者の社会的世界と、それぞれ類比的に捉えることができる。この類比について説明するためには――マックス・ウェーバーの表現を用いて言えば[25]――「意味が相互に対応した（と思われ、それゆえにそう予期された）行動がたえず繰り返されるチャンスが存在している」社会関係の本質について検討してみなければならない。われわれは通常、夫婦関係や友人関係を、出遭いという類型の――しかも体験の特別な近さをもった――社会関係とみなしがちである。その理由は、すでに述べた次の事実のなかにある。われわれは行為経過を、より大きな――しかも絶えることのない――意味連関における統一として理解しがちであるが、その際、行為経過の統一性が主観的にも、すなわち当該行為者の企図と解釈のうちでも、そのような仕方で構成されているのかどうかを気に留めることはないという事実である。より詳細に検討してみれば、そのように把握された夫婦関係や友人関係の（意味の）統一性はやはり、一部は生きたわれわれ関係から、また別の一部は同時代者のあいだの関係から成り立っている多様な関係、社会的時間のなかに位置づけられる（「金婚式」や「若い頃の友情」）関係へと解消される。それらの社会関係は、厳密に言えば連続的なものではなく、むしろ「繰り返される」ものなのである。

たとえば友人どうしが二人で自分たちの友人関係について語り合っている場合、そこではいったい何が思い起こされ得るのだろうか。第一に、Bと友人関係にあるAは、Bとのあいだの過去のわれわれ関係を思い出しているかもしれない。そこで思い出されている過去のわれわれ関係が形成しているのは、もちろん中断されることのない経過ではなく、むしろ「一人きりで」なされた体験経過によって中断され、また別の他者との様ざまなわれわれ関係によって中断されていた一連の経過である。第二に、AはBとの友人関係について語っている際に、過去の具体的なわれわれ関係を念頭においているだけではなく、自分の行動一般がBに方向づけられているということ、あるいは自分のある特定の類型の行動のある特定の側面がBに方向づけられているということ、しかもBの端的な現存在に方向づけられ、あるいはBの特定の属性に方向づけられ、さらには可能と思われるBの行為の特定の選択肢にさえも方向づけられているということ、これらのことに思いをよせているかもしれない。このことは、Aは同時代者Bに対してある特定の態度（「彼指向」）をとっていること、すなわち、ある時、直接的な汝指向から切り離され、その後、単なる彼指向によってふたたび充実される諸位相が引き続いて現われてくる態度をとっているということを意味している。最後に、AはBとのわれわれ関係が基本的には――技術上の障害を度外視すれば――回復可能であると思っているかもしれず、さらにまたAは、Bとの過去のわれわれ関係を特徴づけていた体験の深さや統握パースペクティヴなども、Bとの未来のわれわれ関係のうちで同様に回復可能であると、主観的な確信をもって予期しているかもしれない。

これまで述べてきたことから、ある一般的な結論が導かれる。本質的には生きたわれわれ関係の直接性のなかでのみ構成され得る社会関係が存在しているということである。もちろんそこには、たとえば両親と子どもの関係のような、生活史的に私に賦課され、生物的・社会的な役割を必要とする関係もあれば、恋愛関係や友人関係のような、ある特定の体験の近さと深さが構成的であるような選択的な関係もある(後者の場合、手紙を用いた知的なルネサンス風の「友人関係」や、映画スターに――もちろん一方向的に――熱中するなどといった現象は、別個の研究を必要とするだろう)。それらの社会関係のもともとの形成についてはは問わないことにすれば、それらの社会関係において重要な役割を演じているのは、生きたわれわれ関係の回復可能性のチャンスである。人は、離れたままでどれくらい長く、たとえば父親、夫、友人であることができるだろうか。明らかにここでもまた、時間の社会的・陶冶が大きな意味をもってくる。

だが、たとえば支配者と家臣の関係(ここではその歴史的なヴァリエーションが考慮に入れられねばならない。たとえば封建時代の主従関係にあっては、封建制度が衰退するまではもともとの——そして原則的に回復可能な——われわれ関係が要請されていた）や生産者と消費者の関係のように、まずは生きたわれわれ関係のうちで形成されるということを必ずしも必要としない社会関係も存在している。ここでは、「ゲマインシャフトとゲゼルシャフト」「機械的連帯と有機的連帯」「第一次集団と第二次集団」といった対概念に関して、今日にいたってもいまだに経験的な社会学において十分厳密には規定されていない問題が、いま述べたような社会関係から立ち上がってくるということを指摘するに留めておこう。それに加えて、社会関係のどちらか一方の類型が優勢ななかで生じてくる長期的な社会歴史的変化は、どの程度、人格の構造に影響を与えるのか、生きたわれわれ関係の規則的な反復は、社会関係がそれとは別の経過を辿っていく場合と比較して、どの程度、人格の構造に影響を与えるのかといった問いも、ここでは開かれたままにしておかねばならない。

われわれはこれまで、生きたわれわれ関係から同時代者間の社会的領域への移行についても同時に探究してきた。また、直接的な他者経験と間接的な他者経験のあいだの境界領域についても検討してきた。同時代者間の社会的領域に接近すればするほど、他者経験を特徴づける直接性の程度は減少し、匿名性の程度は増大してくる。それゆえ同時代者の世界は、次のような様ざまな層に区分することができる。いまは同時代者にすぎないが、生きたわれわれ関係を回復することが——大なり小なり蓋然性をもって——可能な、以前のわれわれ関係の共在者。われわれ関係を回復することがもはや不可能になっている、以前のわれわれ関係の共在者(死者)。いま私とわれわれ関係にある相手の以前の共在者で、その相手にとってはいわば「回復可能な」共在者であり、私にとっては「達成可能な」共在者である同時代者(いまだ私の知らないあなたの友人X)。個人として存在していることを知っていて、近いうちに対面するであろう同時代者たち(その著作を読んだことがあり、来週会う約束をしているY)。その存在については「一般的に」知っている同時代者、すなわち社会的世界についての知識に基づいて、類型的な社会的機能の準拠点としてその存在を導き出すことができる同時代者(私の手紙を配達してくれる郵便局員)。その構造については知らされているが、その構成員は匿名的であり、だがその構成員を見つけ出すことは可能な制度的現実(ドイツ連邦議会)。本質的に匿名的であり、それゆえ決して出遭うことのできない制度的現実(資本主義経済システム)。社会的に形成された客観的意味連関(フランス語文法)。そして最後に、その証しとして未知の産出者、利用者、観察者の主観的意味連関を遡及的に指示する最広義の人工物。これらはすべて、匿名性の程度が次第に増大していく同時代者の社会的世界における諸層の例であり、また直接的な他者経験から間接的な社会的世界の経験への移行の例でもある。

ii　類型としての同時代者と彼ら指向

空間的な直接性と時間的な直接性、すなわち汝指向とわれわれ関係が成り立つための前提は、同時代者についての経験には欠けている。同時代者は身体的に現在してはいない。したがって同時代者は、個別的で独自の人間として前述語的経験のうちで私に与えられることはない。私は、彼らの端的な現存在を直接に経験することすらない。私が知っているのは、同時代者たちが、あるいは特定の同時代者たちが、世界時間のうちに私と共存在していているということだけであり、彼らがある特徴を示しているということだけである。しかも私はそれらのことを、自分の先行経験と自分の知識集積に基づいて知っているのであり、それゆえ様ざまな生活世界的な理念化の助けを借りて知っているのであり、ただし大なり小なり確信と蓋然性をもって知っているだけなのである。要するに、私は共在者に関しては、社会的出遭いのなかで具体的にその現存在と相存在について直接的に経験しているけれども、同時代者についてはその現存在と相存在を、派生的に導き出された類型化を介して把握しているにすぎないのである。類型化に関わる一般的な問題については、のちにより詳細に探究されるだろうが〔本書第三章C参照〕、社会的世界についての経験について記述しようとすれば、類型化の分析を先取りせずに済ますことはできない。それゆえここで一定の制約のなかで、同時代者の把握を可能にする類型化について探究してみなければならない。

同時代者を経験し得る仕方のひとつは、共在者についてこれまでになされた直接の経験から推論するなかで構成される。そうした構成の様態についてはすでに記述してきた。そしてそこで、直接的な他者経験のなかで形成される知識は、その共在者が同時代者になった後でも、さらなる気づきが生じるまでは変わらずに保持され、妥当な知識とみなされるということを明らかにしてきた。同時代者を経験するもうひとつの仕方は、いま述べた第一の仕方と類似している。私は、実際の共在者にとってのかつての共在者を、われわれ関係のうちにいる私の相手が示す事例に従うことによって、それゆえその私の相手が直接の経験のなかで獲得し、いまも変わらずに保持しているその他者についての知識をその相手から引き継ぐことによって把握する。ただしその場合には、自分に固有の——過去のものであっても——直接的な経験を引き合いに出すことはできない。私は、相手から第三者について伝達されたことに含まれている知識を妥当なものとして受け入れるに先立って、まずはその伝達されたことを解釈しなければならない。

　これら二つのケースにあっては、同時代者についての経験は、直接的な経験であれ間接的な経験であれ、いずれにせよ自分に固有の過去の他者経験によって基礎づけられているか、それとも他者から第三者について伝達された表出によって基礎づけられているかのいずれかであった。共在者から伝達された知識はすべて、明らかにその共在者のもともとの直接の経験を遡って指示し、その直接の経験によって基礎づけられている。

　だが、これまで述べた二つの仕方とは別の仕方で同時代者についての知識を習得することも可能である。生活世界における事物と出来事についての経験、また最広義の道具と人工物についての経験は、社会的世界——同時代者の世界と先行者の世界——を指示している。私はその指示をいつも、別の「私と同じ」人間存在の意識生を示す証しとして、つまり記号や指標や行為結果として解明することができる。そうした解明もまた同様に推論されるものであり、しかも特定の共在者についての私の経験から推論されるものである。私は、ある共在者の行動はいかにして複定立的に形成されたのか、彼は自らの行為企図をいかにして一歩一歩実現していったのか、彼はある道具をいかにして製作したのか、彼はある人工物をいかにして生み出し、それをいかにして鑑賞していたのか、彼はいかにして記号を措定したのか、といったことを、彼との出遭いのなかで自分の持続との真性の同時性において目撃していた。いまや私は出来上がった道具や工芸品を、また彫られたり書かれたりすることによって、またはそれ以外の方法で外的世界に措定された記号を、それらに込められて一歩一歩進んでいく主観的過程を示す指標として解釈することができる。このように遡って指示する可能性、すなわち原的に基礎づける可能性がない場合には、道具や記号などは自然的世界のなかにある単なる対象でしかなくなるだろう。

したがって同時代者についての経験は必然的に間接のものであり、媒介されており、もともとの経験との結びつきに依存している。だがこのことは、同時代者に対して一定の態度をとったり、彼と社会関係を取り結んだり、彼に向けて行為をしたりすることはできないということを意味しているわけではない。われわれはいずれ社会的行為の問題に取り組まざるを得ないだろう。だが差し当たりは、（社会的な出遭いのなかで共在者と関わっていく）汝指向という概念と類比させながら、（複数または単数の同時代者と関わっていく）彼ら指向ないし彼指向という概念を確定し、そうした指向の本質的特徴を記述したうえで、さらにその指向に基づけられる社会関係について探究してみることにしよう。

単なる同時代者についての経験は、共在者の意識生を把握する仕方とは対照的に、多かれ少なかれ匿名的な過程として私の前に現出してくる。彼ら指向の準拠点は、類型的な同時代者の意識過程に関する類型であり、具体的かつ直接的に経験される他我の現存在でもなければ、一歩一歩形成される主観的意味連関を伴った他我の意識生でもない。彼ら指向の準拠点は、社会的世界一般についての私の知識から派生してくるのである。したがってそれは必然的に、ある客観的な意味連関のなかに位置している。のちに人格類型について分析する際に明らかにされるように、個々の主観的意味連関への指示は、ただ事後的にのみ解釈に付け加えられる。社会的世界についての知識は、類型的な過程についての類型的な知識なのである。それら類型的な過程がどのような意識のなかで生じ、どのような独自の現存在と結びついているのかということ、これは基本的に開かれたままにしておいていいだろう。類型的な過程――「誰かある人についての類型的経験」――は、内的持続における主観的過程からは切り離されており、それゆえそれらには「以下同様」と「私は‐それを-繰り返し-行うことが-できる」という理念化、すなわち類型的で匿名的な反復可能性についての想定が含まれている。

同時代者の統一は、私の経験の統一のなかで構成される。より精確に言えば、社会的世界についての知識集積を私が解釈する、その解釈の綜合のなかで構成される。そうした綜合のなかで類型的な意識過程が個々の意識に割り当てられ、そして個人化された類型が作り上げられるのである。そうした類型形成が単純であればあるほど、その個人化された類型をかつての共在者についての自分の経験に結びつけることはますます容易になる。だが、主観的意味連関の代わりの客観的意味連関が重なり合って層化し、互いに依存し合っていればいるほど、彼ら指向の準拠点はますます匿名的になっていく。個人化された類型は基本的には表象であり、具体的な他者についての経験ではない。そこでは、類型的な属性は変化しないとみなされており、したがってそうした属性が具体的な他者の内的持続のなかで被る変様は顧慮される必要はない。いくつかの事例を示すことによってこの点を明らかにしてみよう。

私は、手紙を郵便ポストに投函する際には、その手紙に宛名を書き切手を貼ることによって社会的に是認された形で表現している私の願いを、ある特定の同時代者がその実践的な目的に沿った仕方で解釈し、それに応じて行動するだろう、という予期のもとに行為している。いま差し当たり、私の予期はある特定の同時代者と結びついていると述べた。だが、その際の準拠点は、明らかに特定の人間にではなく、むしろある特定の同時代者の類型（郵便局員）にある。貨幣の受領は、マックス・ウェーバーの用語で言えば、同時代者がこの小さな物理的対象を支払金として受け取るだろうという主観的チャンスに基づいている。以上は、類型的な同時代者の類型的な行動と結びついた彼ら指向の事例である。私がある特定の方法で行動をし、そしてある特定の行為は差し控える場合、ウェーバーの用いた別の例を引き合いに出せば、私は、類型的な同時代者（警察官、裁判官）に類型的にあてがわれている行動を避けるために、そのように行動し行為を差し控えたのである。

　これらの事例にあっては、私の行動は、特定の同時代者（郵便局員、商人、警察官）が特定の行動をとるのは蓋然的であるという予期によって導かれている。それらの同時代者すべてに対して、私はある特定の態度をとっている。私は自分が行動するに際して、それらの同時代者たちを考慮に入れている。要するに私は彼らに対して、彼ら関係という表現によって指示される社会関係に立っているのである。その社会関係が関わっているのは、具体的な個々の他者ではなく、私が特定の属性、機能、行動を帰属させている類型であるということが、ここで強調されねばならない。同時代者たちは、彼らがそれぞれの類型化に――多少なりとも「十分に」――対応している限りで、私にとってレリヴァントである。私は彼ら関係のなかでは、「類型的な」郵便局員や「類型的な」警察官といった人びとが存在しているという社会的世界についての自らの知識に基づいて行動する。私にとって彼らの行動は、基本的にある客観的意味連関のうちにある。彼らが実際に郵便局員や警察官などとして行動している限り、彼らが「行動する際に考えている」ことは、私にとって問題ではない。すなわち彼らの主観的意味連関は、私にとって――また彼ら関係にとっても――レリヴァントではない。彼ら指向における私の相手は類型なのである。

ここで汝指向とわれわれ関係の分析に関して、ある重要な点を補足しておかねばならない。類型性は、彼ら指向と彼ら関係にとっての本質的な特徴である。だがこのことは、類型性は彼ら指向と彼ら関係だけに限定されるということを意味しているのではない。単なる同時代者は、たしかに類型化をとおしてはじめて経験することができる。だがのちにみるように、それと同じことが先行者や後続者にも当てはまるのである。何よりも重要なのは、社会的世界一般についての知識集積は類型化からなっているということである。知識集積は、共在者とのいずれの直接的な出遭いにもすでに持ち込まれており、したがって類型化は必然的に汝指向とわれわれ関係にも入り込んでいる。対面的に向かい合っている独自の共在者を把握する際にも、類型化が援用されるのである。

だがそこには重大な相違も基本的に認められる。共在者についての類型化は、生きたわれわれ関係のなかで直接的に把握された彼の独自性へと持ち込まれ、その独自性によって変様される。類型化は、共在者に適用されるなかで「生気を与え」られ、生きた現実に組み入れられ、そこに順応していく。ただし、ある人が共在者に出遭っている場合であっても、そこでの生きたわれわれ関係には「関わらない」ままに、それをいわば彼ら関係によって置き換えるという可能性はもちろんあるということを、ここでついでに述べておこう。たとえば客と店員のような制度化された行為パターンの場合には、このことがその双方にある程度、当てはまる。そうした事情のなかのどこに、他者を物象化する端緒が横たわっているのかという問いについては、ここでは探究することはできない[26]。ここでは、ある単純な例を手掛かりに、その問題が生活世界的な他者経験のなかに現われてくるその前提だけを辿ってみることにしたい。

私がある他者と対面状況にいるとしよう。われわれの経験は、中断されることのない共通の経験経過として私に現出している。だが、私は自らの注意を個々の経験経過に向けることもできる。すなわち「われわれ」を私と彼とに分解することもできるのである。私が三人の相手とトランプ遊びをしているとしよう。私は自らの注意をある一人の相手に向けることもできれば、また別の相手に向けることもできる。私は、注意を向けているその相手の言葉、表情、手の動きなどを手掛かりにして、彼の意識過程を汝指向のなかで一歩一歩把握することもできるし、トランプ遊びと彼の行為とが彼に対して現出している主観的意味連関に没入することもできる。私は、トランプ遊びをしているすべての相手に、そうした汝指向という態度をもって次々と対向することができるのである。だが私は、私心のない観察者としてある転位を企てることもできる。観察している状況を、共在者の直接性から類型化された同時代者の世界に置き換えることができるのである。私は自らの知識集積に基づいて、この三人（あるいは、私は自分自身をもこの意味で「観察」することができる以上、四人）はブリッジをしている、と状況を解釈する。この種の確認は、類型的行為——ブリッジをする——がプレーヤーにとっての類型的な意味連関に結びつけられており、しかも私がそうした類型的な意味連関を個々のプレーヤーの意識生に整合的に結びつけることができる場合に限って、個々のプレーヤーの意識生に対して当てはまる。私はまたそれとともに、ブリッジの過程はいずれの個人にとっても主観的意味連関のなかにあると想定することもできる。それぞれのプレーヤーの行動は客観的意味連関——ブリッジのルール——に対して何らかの仕方で主観的に方向づけられているに違いない、という公準を立ててさえすれば、基本的にはそれでよいのである。もちろんこの公準は、ブリッジをしている人が誰であろうと、またいつどこでブリッジをしていようと、「ブリッジをしている人」に対してなら一般に妥当する。したがってこの公準は、類型化された高度に匿名的な公準であり、目の前のプレーヤーに限定されることは決してない。たしかにAの具体的な経験は、個々の生活史的な分節化のなかにいる独自の人間の意識流に属しており、それゆえ、そうしたAの具体的な経験が客観的意味連関のなかでも妥当するほどに類型的であるとしても、Bの具体的な経験と同一であり得るわけはない。具体的な経験は繰り返すことはできない。繰り返され得るのは、「経験に備わった」類型的なものだけである。具体的な共在者A、B、Cを括弧に入れて、「彼ら」はトランプをしているという限りで、私は彼らのなかに類型トランプ・プレーヤーの代理表象を把握することができるのである。ただし私はそうすることによって、共在者A、B、Cを匿名化する解釈を行っている。

これに対して、A、B、Cは結局のところ、トランプ遊びをしている時でも「依然として」私の友人カスパー、メルキオール、バルタザールである、という異論が出されるかもしれない。この異論が、自然的態度のうちですでに構成されている体験経過に向けられているのであれば、それは正当なものであろう。とはいえ、生き生きした過程の匿名化と客観的意味連関への置き換えは経験が統一的であるための前提であるということを「私の－友人－カスパー－メルキオール－そして－バルタザール－が－ブリッジ－を－している」という日常的経験の構成に関連して言っておかねばならない。私の知識集積とそれに固有の公理、理念化、類型化に基づいて形成された客観的意味連関は、主観的意味連関のうちへと二次的に送り返され得るのである。私は自らの類型的知識を、共在者たちが関わっている状況においても使用している。私は共在者たちを「……のような人びと」として把握する。だがそれと同時に私は彼らをわれわれ関係のなかで、彼らの意識生が目の前に現われている独自の人間としても把握するのである。したがって彼らは二重の性格をもっている。彼らは「……のような人びと」であると同時に、またあなたでもある。共在者のこの二重の性格に基づいて、さらに第三の転位が生じてくる。類型として経験されている単なる同時代者に、共在者のような意識生が付与されるのである。とはいえここで確認しておかねばならないのは、私は同時代者の意識生を直接的に経験しているわけではなく、むしろ彼ら指向の準拠点すなわち類型に、私の側からの解釈作用をとおして意識を「吹き込んでいる」ということである。それゆえそこで付与される意識もやはり、依然として類型的で匿名的な意識である。ここで触れてきたのは、明らかに社会諸科学にとって重要な問題、すなわち、いわゆる理念型の生活世界的基盤に関わる問題であった。以下では、生活世界の分析にとって重要な類型化と匿名性の関係を、それが社会的現実の経験にとってもっている意義に注目しながら探究してみることにしよう。

iii　社会的世界における匿名性の段階

彼ら指向の基本的契機は、類型的な特性や徴表などを準拠点にしてその存在が想定されたり推測されたりする他者を表象することにある。だが、そうした基本的契機を別にすれば、彼ら指向に特有の他者経験は様ざまな点で分化している。そのもっとも重要な変数は匿名性の程度である。同時代者の世界は匿名性の諸層に従って編成されているということができるだろう。ある同時代者がそれをとおして経験される類型が匿名的になればなるほど、その他者に割り当てられる意味連関はますます客観化される。

ここで（個人化された社会的）類型の匿名性について、さらに詳しく説明しておかねばならない。われわれは先に、「純粋な」汝指向は、共在者の端的な存在に向けられた直接的な注意のなかにあり、また共在者の相存在の把握は、そうした「純粋な」汝指向に基礎づけられていると述べた。だが彼ら指向には、これらのことは当てはまらない。彼ら指向は基本的に、特定の類型的な特性を表象することのなかにある。私はそのように表象するなかで、そうした特性を存在するものとして、すなわちいま、あるいはかつて人びとに客体存在したものとして共措定する。とはいえその客体存在性を、ある特定の時にある特定の場所にいるある特定の他者に関して措定する必要はない。類型的な特性は、いかなる人とでも関係する匿名的なものなのである。それゆえ、すでに述べたように、そうした類型化をとおしてはじめて把握され得る同時代者もまた同様に、いま述べた意味で匿名的である。同時代者の現存在は、単に推測されたり想定されたり、あるいは疑問の余地のない所与として措定されているだけであって、直接的に経験されているわけではない。同時代者は私の実際の経験のうちでは、ただ類型的な諸特性の交点という地位を占めているだけである。同時代者の現存在は、私からみれば主観的チャンスという性格のもとにある。他方、以上のことから、同時代者と関係する行為のリスクは、基本的にはチャンスという性格をいずれにせよ備えている社会的な出遭いにおける行為の構造のリスクよりも、はるかに大きいということが導かれる。こうした事情は、同時代者間の社会関係の構造にいかなる帰結をもたらすのだろうか。このことは、いずれ明らかにされねばならないだろう。

だが、個人化された社会的類型化の匿名性については、さらに別の意味で語ることもできる。類型化の匿名性は、その内容充実性と逆比例する。そして内容充実性はと言えば、それは、変化しないものとして措定された類型的特性に関する知識集積の一般性の程度によって、あるいは詳細さの程度によって左右される。彼ら指向の基底にある解明図式は、かつての共在者についての直接的経験から派生することもあるだろう。だがまたそれは、社会的現実一般の一般化と関係することもあるだろう。前者の場合、そこでの類型つまり人格類型は比較的詳細であり、また内容も充実している。後者の場合、そこでの類型化は比較的、内容が空虚であり一般的である。個人化された社会的類型の内容充実性は、類型がそれに基づいて構成された経験の相対的な直接性に対応していると言うことができよう。

とはいえ、それぞれの類型化は、それ自体で完結し孤立した解明図式なのではなく、むしろ相互に結びつき、重なり合って段階化されている。個人化された類型は、より多くの類型化に基づいて形成されればされるほど、ますます匿名的になり、その類型のなかで自明なものとして前提されている解明図式の適用領域はますます広くなる。その際、類型化の基層ないし類型化的な解明図式の基層は、意識によってはっきりと把握されてはいない。それは、多かれ少なかれ曖昧な仕方で、疑問の余地も問題もないものとして共措定されているにすぎない。このことを説明するのは容易であろう。たとえば「世界市民」「葡萄栽培業者」「左翼知識人」「兵士」「アメリカ人」といった類型化が、いかに多くの自明視された不明瞭な解明図式をその基底にもっているかを考慮に入れるだけでよいのである。

個人化された社会的類型の匿名性の程度は、それゆえ、類型によって構成された関係（あるいは類型と共に構成された関係）がどの程度、容易にわれわれ関係へと変わり得るのかという、その容易さの程度によって左右されると言ってよいだろう。「誰かある人」の類型的な特徴が、ある共在者の特性として、つまり彼の意識生の構成要素として直接的に経験されるようになればなるほど、当の類型化はますます匿名的でなくなるのである。このことを、二つの例によって具体的に示してみよう。

私が、ある困難な決断を迫られている、いま目の前にはいない友人ハンスについて考えているとしよう。私は、沈澱している彼についての直接的経験に由来する「私の友人ハンス」という個人化された類型をもっており、そしてそれが私の現在の彼指向の準拠点になる。私は実際、「困難な決断を迫られている私の友人ハンス」を準拠点に、そこから、「ハンスのような人びと」はそのような事情のもとではしかじかの行動をしがちである、といったように行動類型を定式化するかもしれない。この例が関わっているのは類型化である。だがそれにもかかわらず、過去の直接的経験から派生的に導き出されたこの類型は、ごくわずかに匿名的であるにすぎず、その内容は高い程度に充実されている。そのうえ私の同時代者ハンスは、いつでもふたたび共在者ハンスになり得るのである。

もうひとつの例を取りあげよう。私の友人ハンスが、彼が先頃知り合った私の知らない

X氏について私に話しているとしよう。ハンスはX氏について説明する。ハンスがそこで行っているのは、X氏の特性について彼自身が経験したことを、彼自身の知識集積の言語カテゴリーを用いて固定し、それを不変のものと措定することによって、X氏についての類型化を構成することである。したがってX氏の特性を選択することと、それを言語によって確定することとは、ハンスがX氏と会った時の彼の知識集積と生活史的状況、動機とプランによって左右され、また同様に、X氏について私に話している時の彼の動機とプランによっても左右される。X氏についてのハンスの説明に耳を傾けているあいだ、私は、自分の言語的な解釈図式を手掛かりにしながら、自分の知識集積を用いて、また「X氏のような人びと」への私の関心とも関わらせながら、ただし友人ハンスに関する私の知識にも準拠して、彼の説明を解釈している。友人ハンスにとっての個人化された社会的類型Xと、私にとっての個人化された社会的類型Xとは、完全には同一であり得ない。そのうえ私は、ハンスについての私の――類型化的な――知識（友人ハンスは興奮しやすく、また「X氏のような」人に関して盲目的であるなど）をもとに、彼によるX氏についての特徴づけを、あるいはその一部を疑問視して考慮の外におくこともできる。

これら二つの事例にはある共通点が見出される。両者の例における類型化は、共住者についての直接的な経験から一次的に、あるいは二次的に導き出されたものであり、したがってそれらは比較的、内容が充実しており、さほど匿名的ではないという共通点である。

実際にある共在者の代わりをする類型化には、生き生きしたその共在者についての想起が浸透しているのである。このように個人化された類型のことを、ここでは人格類型と名づけておこう。

これとは別の、いわば低い程度に個人化された類型形成は、同時代者を特定の類型的機能との関係だけで把握する。ふたたび郵便局員の例を取りあげてみよう。郵便局員に対する私の関係は、ある人格類型に対する私の関係よりもはるかに匿名的である。その関係に関わっているのは、私がかつて共在者として経験したことがあったり、いま経験していたり、あるいはいずれ経験することが見込まれたりする特定の他者ではないからである。私と郵便局員とが実際に出遭っている時でさえも、状況が制度化されている場合には類型的に必ずそうであるように、私と郵便局員の双方はきっとこの状況のなかに「持ち込まれた」彼ら指向に基づいて行動するだろう。私は、個人化された類型「郵便局員」にとって彼の行動は個々の主観的意味連関（給料、上司、監督員、胃の不調――これらはすべてハンス・ミューラーに関わるものである）のなかにあるということを、少なくとも反省的にはその類型「郵便局員」に負わせることができる。だが手紙を投函する際には――厳密に言えば――そうした個人化された類型「郵便局員」と関わる必要さえない。私が関わっているのは、それよりもむしろ純粋な行動類型（手紙の処理、消印、輸送、配達に関する標準化された手順）であろう。そのうえ、この行動類型にまさしく他でもなくそのように行動する

（「誰でもいい誰か」）ある人を割り当てるということは、さほど重要な意義をもってはいない。純粋な行動類型ときわめて類縁的な関係にあり、すでに高い程度の匿名性に達しているそうした類型化のことを、ここでは機能者類型という用語でもって指示することにしよう。

機能者類型は、人格類型にくらべてかなり匿名的である。とはいえ、これら個人化された類型は共に、機能者類型でさえも、それ以外の社会的現実にとっての類型化的な解明図式と対照した場合には、かなり内容充実的である（そして体験と近い関係にある）。たとえば、いわゆる社会集合体の類型化は、いまだ個人化を含んでいるにもかかわらず高度に匿名的である。そうした類型化はそれ自体、直接的には経験され得ないからである。とはいえそうした一群の類型化もまた、様ざまな匿名性の層に応じて編成されている。「ドイツ連邦議会」「ロックフェラー財団監査役会」「ボーリング協会」は、これらの一群のうちにあっては、比較的低い程度の匿名性を示している類型化である。それらは、少なくとも原則的には直接的な共在者経験へと移し替えられ得る個人化された機能者類型あるいは人格類型のうえに形成されているからである。そうした共在者経験への移し替えは、たとえば「民衆の敵」といったような、その個人化された基体が不明瞭で流動的な境界に支えられている集合体が問題である場合には、（制度的には操作可能であるが）より困難になる。「国家なるもの」「経済なるもの」「社会階級なるもの」などといった類型化が問題である場合には、共在者の生ける現実への移し替えは完全に不可能である。そのような類型化のなかで把握されるのは、高度に匿名的な客観的意味連関と行動連関である[27]。われわれはいずれ次のような問いに取り組まねばならないだろう。社会集合体、あるいはそこに帰属している客観的意味連関は、共同体を形成していく方向に作用するシンボルにどの程度具現されているのか、そしてそれらのシンボルはいかにして、個々人がそのなかに生み込まれる社会的世界と文化的世界の疑問の余地のない所与になるのか、という問いである〔本書第六章B、C参照〕。

iv　同時代者間の社会関係

共在者間の社会関係は汝指向に基づけられており、同時代者間の社会関係は彼ら指向に基礎をおいている。すなわち、社会的な出遭いは、直接的な他者経験における双方向的な鏡映化のなかで進行するのに対して、同時代者間の社会関係は、他者を（人格または機能者）類型として把握することのなかにある。そのため、同時代者間の社会関係は、基本的にただチャンスという性格をもっているにすぎない。ある同時代者との社会関係のうちでは、私が方向づけられている当の同時代者もまた私に方向づけられており、しかも意味適合的で相補的な類型化をとおして方向づけられている、と予期する見込みがあることで満足しなければならない。ある事例によってこの点を具体的に説明してみよう。

私が列車に乗り込む時、私のその行動は、ある特定の人びとがある特定の行為をし、そしてそれらの行為が高い程度の蓋然性をもって私を目的地まで運んでくれるだろう、という予期に方向づけられている。私はそれらの人びとと同時代者間の社会関係に立っている。あるいは彼ら関係にあると言ってもいい。そこで同時代者間の関係が成り立っているのは、第一に、私の知識集積には、「鉄道員」という機能者類型（「私のような人びとが……するのに必要なことのすべてをする人びと」）が含まれているからであり、第二に、ある特定の目的と結びつき状況とも結びついた事情のもとにいる私は、自らの行動を「鉄道員」という機能者類型に方向づけているからである。そして第三の理由は、事実的な生活世界的関係にある私と「鉄道員」という二人の同時代者が、一方が自らの行動を「鉄道員」という特定の類型に方向づけ、他方が自らの行動を、その特定の類型と相補的な「旅客」という類型に方向づけているということにある。このことは、私が、自分自身を類型として含む予期図式と解明図式を、私の社会関係の相手に帰属させるということを意味している。この例から、機能者類型はかなりの程度、匿名的な性格をもっていることが明らかになる。私と同時代者はそれぞれ自分の行動を、個人化された類型にというよりは、むしろ類型化された行動に、あるいはこう言ってよければ、行為経路類型に方向づけているのである。同時代者間の社会関係は、相手が用いている類型化が意味適合的に相補的であることについての主観的なチャンスによって規定されている。われわれ関係における直接的経験にあっては、予期は双方向的に確証（あるいは変様ないし反証）されるが、同時代者間の社会関係ではその代わりに、相手の行動をおそらく方向づけている類型化に関する意識作用（反省、表象）が介在してくる。類型化図式が標準化（類型Xという事情のもとでは、類型Aの人びとは類型Bの人びとに対して類型Zという仕方で行動する）されればされるほど、同時代者間の関係にあるそれぞれの相手にとって、自分の予期が確証される主観的チャンスはますます大きくなる。主観的チャンスには、単なる推測（彼は私をXあるいはZとみなすかもしれない。私をXとみなした場合には、彼はa、b、cといった仕方で行動するかもしれないし、私をZとみなした場合には、d、e、fといった仕方で行動するかもしれない）から、主観的な確信（彼は住所録のなかに切手商として名前があがっている。私が彼に注文票を送れば、彼はきっとこれの仕方で行動するだろう）にいたるまで、様ざまな段階が存在している。類型化図式は、さらに取り組まれるべき論点を切り出すために様ざまな仕方で標準化され得るだろう。類型化図式が適用される領域と方法は制度によって保証されているかもしれない（私が旅客運賃を支払わずに乗車した場合、鉄道警察官という類型の人びとは、法律で定められた旅客運賃詐欺罪を私に適用するかどうかはともかくとして、私がそうした類型の人間であるという事実に方向づけられた類型的な行為をするだろう）。さもなければ、類型化図式は伝統的に確立されているかもしれない。すなわち私は、類型化図式が適用される領域と方法は一般に社会的に配分されていることを知っているかもしれない。あるいは、「合理的な」手段—目的図式に割り当てられる行為経路類型が重要であるということに基づいて標準化がなされているかもしれない。

同時代者間の社会関係のこうした本質的特徴は、いくつかの重要な帰結を伴っている。第一に、われわれ関係における共在者についての私の経験は連続的に蓄積していくのに対して、彼ら関係における経験の蓄積に関しては、根本的な限定がついている。私の同時代者経験は、なるほど社会的世界についての私の知識集積を変化させるし、彼ら関係の基底にある類型化もそれによって変様してくる。ただし、そうしたことは、類型のもともとの適用を規定していた関心状況が変化しない限り、ほとんど認識できない程度のごくわずかな規模で生じるにすぎない[28]。

同時代者間の社会関係に関して言及されるべき第二の点は、視界の相互性の一般定立についての分析と関連している。われわれ関係にあっては、生活世界についての自分の経験とあなたの経験とが相応しているのか否かを、いつでも——そして繰り返し何度でも——確証することができる。すでにみてきたように、この想定は、われわれ関係にあるあなた以外の人びとにまで、自明なことのように拡大される。だが、単なる同時代者に関してそうした確証をすることは不可能である。そこでの確証は、かつて共在者であり、また共在者として「回復可能」である同時代者に関して、ただ間接になされるにすぎない。ここでふたたび、完全な孤立と相対的な孤立からの帰結が参照されるべきだろう。

彼ら関係の構造からは、さらに二つの論点が生じてくる。ただしここでは、社会的行為の分析と記号体系の分析を先取りするなかでそれらについて示唆するだけに留めよう。第一に、社会関係は主観的チャンスという性格を帯びており、それゆえ、特定の同時代者と私とのあいだに私が想定する社会関係が実際に成立していたのか否かは事後的に確認され得るだけである。私が自らの行為を企図するにあたってある同時代者の動機を考慮に入れることができるのは、その同時代者の動機が、彼に帰属されている類型にはっきりとした形で属している場合、すなわち予期された彼の行為経路にとって十分な類型的動機である場合に限られている。手紙を投函する際には、私は推測上——この場合には主観的な確信をもって——郵便局員たちと彼ら関係に立っている。しかも私は、ふたたび推測上、あるいは主観的な確信をもって彼らに対して「差出人」としての役割を果たしている。このケースにあっては、私はそれと同時に、「郵便局員になっている人」は、郵便局員としての行為をするのに十分な程度に動機づけられているということを考慮に入れている。それは、郵便局員の側でも、同じく主観的な確かさをもって、「手紙を郵便ポストに投函する人」は手紙を先方に届けたいという目的を追求しているということを考慮に入れているのと同じである。私にとっての手紙を書くことと、郵便局員にとっての郵便配達業務とが、どういった主観的意味連関にあるのかということは、われわれ双方にとってレリヴァントではない。彼の動機は、この意味で私の動機とはまったく関係がないのである。われわれはのちに、こうした状況が出遭いにおける社会的行為の構造といかにして区別されるのかについて論じるだろう〔本書第五章E2参照〕。

彼ら関係の構造から生じてくる第二の論点は、コミュニケーションに関わっている〔本書第六章C参照〕。私は、社会的な出遭いのうちで相手と意思疎通をはかる場合、記号体系をも用いている。それに対して彼ら関係のなかでは、もっぱらと言っていいほど記号体系に頼っている。さらに、彼ら関係の相手が「匿名的」であればあるほど、記号体系をますます「客観的に」用いなければならなくなる。このことから、社会的現実の経験の匿名性の程度と、主観的意味連関を体系的に客観化された意義によって代替することとが、いかに密接に関係しているかがふたたび明らかになってくる。それゆえ、私と彼ら関係にある同時代者は、私の強調や顔の表情（また、それらはいかに解釈されるべきか、それらは私の生活史的状況やその時点での気分などといかなる関係にあるかといったことに関わる、直接的経験のなかで獲得された「知識」）などが生み出す言明のニュアンスを適合的に統握するだろうということを前提にすることはできない。そうしたニュアンスを同時代者に伝達したいという意図をもっているのであれば、それらを客観的な意義のカテゴリーに転換させねばならない。ただし、そうした転換によって、ニュアンスという性格は不可避的に失われてしまう。さらに私は、同時代者に伝達したいことをその全体性において措定しなければならない。したがって、彼の反応についての私の前もっての解釈が的中しないリスクは、その全体性と結びついている。それに対してわれわれ関係のなかでは、相手が私を正しく理解しているのか間違って理解しているのかということは、一歩一歩直接的に経験される。

最後に、彼ら関係とわれわれ関係のあいだの関係を、ここでふたたび思い出しておくべきだろう。かなり低い程度の匿名性によって特徴づけられる彼ら関係は、様ざまな中間段階を経てわれわれ関係へと移し替えられ得る。また逆に、特定の直接性と体験の深さをもったわれわれ関係は、低い程度の匿名性をもった彼ら関係へと変換され得る。こうした事情は、直接性と間接性の構造から相対的に独立した社会関係にとっての堅固な意味(たとえば友人関係の体験の深さ)が形成される、その際の重要な要因のひとつである。結局のところ、日常の自然的態度のうちで生じる直接的経験から間接的経験への移行は流動的であり、またすでに述べた諸々の理由から、通常はその移行が意識にのぼることはないのである。

v 先行者の世界、歴史、世代

私がこれまで、われわれ関係や彼ら関係を生きてきたのであれば、それらの関係のなかで自分がしてきた様ざまな経験を、想起しながら段階を追って再生することもできるし、回想的なまなざしのなかで単定立的に把握することもできる。それらいずれの場合にも、経験の構成的な徴表、すなわち経験の直接性や間接性は保持されたままである。だが、それがなされる時点では実際の意識の経験であったそれら想起され回想されている経験は、ある点で本質的に変化している。それらは歴史性という位置価をもつにいたっているという点である。それらの経験は完結しており、終了しているということである。実際の経験の生ける位相には、開かれた未来地平が伴っていた。だがそうした地平は、いまや存在していない。社会関係のうちで主観的チャンスという性格をもっていた、たとえば相手の未来の行動に関する私の予期は、いまや絶対的に確定している。予期はすでに充実しているか無効にされているのである。経験の時間構造、たとえば行為に固有の時間構造〔本書第五章A5参照〕は、なるほど場合によっては想起のなかでそれ自体として再生されることが可能であろう。しかし、私の意識の現在の位相を充実させている想起はそれとは別の構造をもっており、私の生活史的状況の別の場所に位置づけられている。現在の生活史的状況は、想起された経験の現時点での地平なのである。「私は、まずこれを手に入れようと思った。そこで、その目標を実現するための手段を探し、次いでこれをし、そしてあれをした……」――だが、そこで想起されているいずれの位相のなかにも、「私は事実としてこれだけは成し遂げた」という響きが入り込んでいる。

同時代者の世界と先行者の世界とを区別する境界線は曖昧である。私は自分の他者経験についての想起をすべて、結局は過去の社会的現実についての経験とみなすかもしれない。もちろん、経験の構成的な徴表は、先に述べたように、そのような想起のなかに保持されたままである。他者が私の目の前に私の生と同時性のもとに与えられていた、という経験である。私は、他者の意識生の過去の諸位相と、私自身の意識の過去の諸位相とを整合的に結びつけることができる。このことは、何よりも次のことを意味している。私は、彼が内的持続のなかで段階を追って形成していた主観的意味連関に向けていた私自身の注意を、回想的なまなざしのなかで辿っていくことができるということ、これである。

だがこのことは、より狭い意味での先行者の世界には当てはまらない。先行者の世界は最終決定的に完結しているのである。先行者たちが生きてきた経験が終わっているだけではない。個々人の経験が組み込まれていた生活史的分節化もまた、最終決定的に出来上がっている。先行者の世界に関しては、もはや予期されることは何もない。先行者たちを自由な人として経験することができないのはそのためである。彼らが行為をすることなど、もはやあり得ない。だが、単なる同時代者たちの「自由」もまた制限されている。私は彼らをそのように経験している。私は、動機と行為経路を恒常的なものとして措定する類型化をとおして同時代者たちを把握しているからである。同じく先行者たちについても、私はただ類型化をとおして把握している。ただしその場合には、いずれにせよもう変えることができないものだけが恒常的に保持されている。先行者の世界全体を特徴づけているのは不変性なのである。

私は先行者の世界に対して（私の祖父やナポレオンに対して）、類型化をとおしてある態度をとっている。だが、先行者の世界に向けて行為することはできない。また、先行者に対する私の態度も、汝指向や彼ら指向とは異なった性格をもっている。私は自分の行動を先行者たちの行動に方向づけることができる。ただしそれは、彼らの行為は私の行為の理由動機〔本書第五章A6参照〕になり得るけれども、私は先行者たちに対しては何ももたらすことができないという限りにおいてである。私は先行者たちと、本質的に相互的な社会関係を打ち立てることはできないのである。たとえば祖父の遺言状の但し書きのような(高度に匿名的な類型である「後続者」としての)私に方向づけられている先行者の行為に対して、私はその祖父に向けられた態度をもって対応することしかできない――先行者の行為は私の行動の理由動機になり得る(私は祖父が選択した大学で学ぶ)という、すでに述べた事実にはここでは触れないでおこう。

先行者の世界についての経験は、もちろん間接である。それは、共在者や同時代者たちからの報告をとおして伝達される。しかもその報告はと言えば、それは、それを伝達した彼ら自身の直接的な経験に基づくもの(父の幼い頃の記憶)であったり、それ自体が派生的なもの(父が私に伝える、彼の大叔父の内戦体験)であったりする。これらの例は、同時代者の世界と先行者の世界とを区別する境界線が、日常的経験においてはいかに曖昧であるかを改めて示している。父は私とのわれわれ関係のなかに現在している。父自身の幼い頃の経験は、私が生まれる以前の時代と結びついており、それは私にとっては「歴史」である。それにもかかわらず、その経験はひとりの共在者による経験である。したがって私は、私にとっては「歴史」である父の経験を、私に対して現在している共在者の主観的意味連関に割り当てることができるのである。

　共在者と同時代者たちによる伝達という事情は別にしても、先行者が制作した作品は、先行者の世界を経験する際に決定的な役割を果たす。それらの作品は、先行者の意識生が表出したものなのである。われわれはここで様ざまな可能性を区分することができる。ある先行者の作品は、その先行者が彼の同時代者に向けた伝達物でもあり得ようし、後続者に向けた伝達物でもあり得よう。またその受取人は、特定の人でもあり得ようし、高度に匿名的な類型でもあり得よう。伝達物それ自体に関して言えば、それは、いずれにせよある客観的意味連関すなわち記号体系のなかにあり、それゆえにその本質からして匿名的である。だが記号は、その記号を措定した人の意識生の現われでもあり、したがって記号をそのようなものとして解釈しようと試みることができる。それは、自らの態度を変化させることによって、歴史的主観とのある種の疑似－同時性のなかに身を置くことである。歴史研究は、たしかに歴史的主観の意識生に直接、関心を向けることはめったにない。だが忘れてならないのは、歴史的な資料や文書などは、記号を措定した主観による社会的現実の経験を前提にしており、またそれらの経験を伝達しており、それゆえにこの種の遡及的指示がつねに可能だということである。先行者の世界は、先行者たちにとっては同時代者の世界であった。先行者の世界は、同時代者の世界と同様に、直接性や匿名性などを基準にした、社会的世界における主観的経験の基本的編成を含んでいるのである。

先行者の世界は、同時代者の世界と同様、類型化をとおして経験される。だが両者のあいだには重要な違いが存在している。先行者は、私の世界とは根本的に異なった世界に生きていたのである。生活世界の社会化の基底にある視界の相互性の一般定立は、われわれ関係のなかで確証され、いくつかの限定つきで同時代者の世界にまで拡張して適用することができる。だがそれは、厳密に言えば先行者の世界には適用され得ない。この一般定立は、世代の重なり合いによる同時代者の世界と先行者の世界との連鎖をとおして、たしかに過去にまで拡張して適用されがちである。過去は、日常の自然的態度において反省的－理論的に対向されることはない。だが、一般定立を過去へと拡張適用することに伴うリスクがはっきりと認識されることは、日常的実践のうえではあり得ない（私が古代ゲルマン人に出遭うことは——同時代の中国人に出遭うことは十分にあり得るようには——あり得ない。それゆえ、「誰でも」が私やあなたと同じように世界を経験するわけではないということは、私にとって明らかである）。だがそれにもかかわらず——そして現代の相対的に自然な世界観には歴史的な態度が浸透しているという事情をまったく度外視して言えば——自然的態度のうちにいる人もまた、先行者の経験が位置していた意味連関は同時代者のそれとは決定的に異なっていると推測し始めることは、十分にありそうなことである。そうした推測をし始める根拠は、世代によって世界の観方が違っていることを経験することのなかに見出される。

もちろん、先行者の世界がもともと「私の世界と同様の」社会的世界として構成されるのは、まさしく年長者についての私の経験を媒介にしてのことである。先行者たちの経験はすべて、内的持続すなわち主観的意味連関のなかにあった経験である。だがそれらは、他者との出遭いや間接的な社会関係のうちで構成されてもいる。私はいま父とわれわれ関係にあり、父はかつて彼の父とわれわれ関係にあった。そうしたことが以下同様に、内容が充実した類型化によってはもはや把握できないまったく漠然とした過去にまで及んでいる。ただし、そのような漠然とした過去もまた、ひとつの社会的な過去として統握されてはいる。だがそれと同時に、視界の相互性の一般定立におそらくもっとも重大な変様が生じてくるのも、まさしく年長者についての経験においてである。年長者は共在者であり、彼と接することによって立場の相互交換可能性とレリヴァンス体系の相応性が確証される。だが年長者は、彼と接することによって一般定立に含まれている自明性に伴うリスクが経験される共在者でもある。彼はあれこれについて、私が考えているのとは別の仕方で考えている。私は彼と接することによって、レリヴァンス体系は生活史的状況に依存しているということがわかるようになる。もっとも近しい関係にある人（「私の父」）でさえも「私とは別の仕方で考えている」のである。私が、同時代者の世界のうちにある生活史的－歴史的な相違を意識せざるを得なくなるのもまた、まさしく年長者についての私の経験を媒介にしてのことである。自分が生活史上で占めている場所にいる私にとってはいまだ開かれた地平を伴っている多くのことがらは、共通の状況のうちにいる共在者としての年長者にとっては、すでに完結している(結婚、職業選択、長子の誕生)。私の実際の経験においては予想や予期と関係していることがらは、彼にとってはすでに充実され、記憶のなかに沈澱している。彼は「私がいまいる場所」にかつていたことがある。すなわち類型的な若者の類型的な状況のなかにかつていたことがある。彼は、いまの私の予期と類比的な特定の予期をもってこの状況に入ってきたことがある。そしていま彼は、「それがどうなったのか」をすでに知っている。彼は、自分の「生活経験」を引き合いに出してくる。彼には、それを私に伝達することができないことがわからないのである。

社会がいかに静態的であろうと、そこには世代を経験するための糸口と、社会的世界の歴史性に素朴な洞察の目を向けるための糸口とが必然的に備わっている。とはいえ明らかに、そうであることによって——歴史の観方は言うまでもなく——歴史意識が発達していくための社会的条件に関してそこで何かが語られているわけではない。だが先行者の世界は、世代の連鎖をとおして構成され、それと同じように視界の相互性の一般定立もまた、「後方に向かって」変様していく。先行者たちのわれわれ関係の「内容」は、違った在り方をしていたに違いないのである。先行者たちのわれわれ関係は、別の意味連関のうちにあったということであり、「同一の」経験は、別の意味連関のうちでは「同一」ではあり得ないということである。先行者の世界の類型化が内容充実性を減少させ、匿名性を増大させていくにしたがって、先行者たちの経験は、人間によってなされた経験であり、それらは「誰かある人」の主観的意味を伴っていたに違いないとしか言えなくなってしまう。程度の差はあれ内容が充実している類型化を先行者たちに適用することに伴うリスクは、それを同時代者たちの社会的世界に適用することに伴うリスクよりもはるかに大きい。このことは、過去に蓄積された客観的な記号体系を解明する際にも当てはまる。記号体系は、言うまでもなく不変である。それらは、生ける意識過程が伴っている「開かれた」地平を伴っていない。だが私は、記号体系についての私の解明図式と、それに対応する先行者たちの表現図式との同等性を直接、点検することはできない。私にできるのは、重なり合って段階化された解明と想定に基づけられている「内的」証拠の助けを借りて、両者の同等性を間接に点検することだけである。社会的世界の歴史的時間に関する言明を証明することにくらべれば、世界時間に関する言明を証明すること（たとえば考古学の発掘品に関する炭素年代測定法）のなんと単純なことか。

vi　後続者の世界

後続者の世界は基本的に「開かれて」おり、決定することは不可能である。後続者の世界についての私の経験は、高度に匿名的な類型化によってのみ成立する。厳密に言えば、後続者の世界に個人化された類型を適用することは正当とは言えない。後続者の世界に機能者類型を適用することはきわめて容易であるが、そこには高いリスクも伴っている。私はまた、世代を主観的に経験することをとおして、後続者の世界とある接点をもつようになる。私は、この子は、あるいはたとえこの子はそうでなくても別の子は、私が死んだ後も生き続けるだろうと想定することができ、また、私が現在、直接的に経験しているその子の意識生の特性は、未来においても保持されるだろうと想定することができる。さらに私は、後続者たちが存在している限り、彼らは自分の体験に主観的意味を結びつけるだろう、そしてひとつの世界のなかで生きていくだろうと想定することだけはできる。だがそれはいかなる世界なのだろうか。この問いには、歴史的な生活世界における様ざまな相違がたしかに関係してくるのであって、今日のわれわれには、未来に向けられたこの問いに答えることはできない。他方、同時代者の世界に当てはまる類型化が後続者の世界にも適用可能であるということは、静態的な社会に由来するひとりの人間の自然的態度にあっては、少なくとも原則的には疑問の余地のないことである。

6　人生の経過――存在論的境界、生活史的分節化の主観的条件、社会的形成

われわれは、生活世界の経験について記述するなかで、あらゆる人に賦課されているその経験を枠づける条件に逢着した。それらの条件は、生活世界の主観的経験がその内部で特定の構造へと編成されるいわば境界を形作っている。それらは主観的には、日常世界に備わっている超越として体験され得る。主観的な持続を境界づけているのは世界時間である。人は世界時間のなかで時を経ているのであり、それゆえ世界時間は、ライフプランの絶対的な枠組を形作っているのである。主観的行為を条件づけているのは、世界時間の不可避性である。世界時間の不可避性は、「大切なことを真っ先に」という原理を一日のプランに強いているのである。世界の歴史性は、世界における主観的状況の歴史性を条件づけているのである。

われわれは、内的持続の本質的法則について記述するなかで、内的持続が身体の在り方と結びつくことによって生活世界のあらゆる経験の構造を条件づけていることを確認してきた。人は誰もが、実際に到達可能な範囲と潜在的に到達可能な範囲に応じた編成と、実際の労働の領帯と潜在的な労働の領帯に応じた編成を示す座標体系の中心として位置づけられる。個々人は他者たちに出遭うということ、これが最終的には生活世界の現存在の変わることのない条件である。他者はいかにして直接的に、また間接的に経験されるのか。

社会関係の特定の構造は、いかにしてそうした経験から形成されてくるのか。歴史的な社会的世界はいかにして構成されるのか。そればかりかさらに、生活世界全体はいかにして社会化されるのか。われわれがこれまで記述してきたのはこれらのことであった。

　それとともにわれわれは、個々の人生の経過を枠づける条件と、その経過のなかでなされるどの経験にも備わっている基本構造についても記述してきた。いまやわれわれは、さらなる問いの前に立っている。それら枠づける条件の範囲内で、人生の経過は経験構造のなかにいかに刻印されるのかという問いである。先に生活史的分節化について述べた際に〔本書第二章Ｂ４参照〕、われわれはすでにこの問いを提起していた。しかしその際には、生活史的分節化の主観的に条件づけられた側面、すなわち内的持続の本質的特徴に由来する側面に考察を限定しなければならなかった。そこでは、生活史的分節化は一日のプランよりも高次に位置しているということが明らかにされた。すなわち、存在論的に境界づけられた人生の経過にまで意味の射程が及んでいる経験の地平、解釈、企図が、一日のリズムにおける内的持続の分節化を高次から形成し、それゆえにそれらが一日のプランの意味づけを規定するということである。ただし、そうした経験地平、解釈、企図はまた他方で、内的持続の一日のリズムのうちに必然的に組み込まれているということも明らかにされた。生活史的分節化の本質的に主観的な第二の側面は、すでに述べたように、経験が内的持続のなかで辿る継起はそれぞれ独自であり、それに応じて、経験が知識集積に沈澱していく成り行きもまた独自であるということである。だがすでに述べたように、生活史的分節化のカテゴリーは、本来的には内的持続のカテゴリーではなく、むしろ相互主観的に形作られ相対的に自然な世界観のうちで継承されたカテゴリーなのである。ここでようやく、主観的側面だけに考察を限定するというもともとの制約を解消し、これまで目を向けてこなかったことがらを取り戻すことができるようになった。そうしたことがらには、もちろん経験的な民族学や社会学の課題が含まれている。それは、社会的に形成された生活史的カテゴリーの具体的な「内容」を記述し、特定の生態学的要因、人口統計学的要因、制度的要因と特定の形式との連関に関する因果仮説をうち立てるといった課題である。それに対してここで取り組まれるべきは、人生の経過の社会的なカテゴリー化に備わっている一般的な側面は、はたして確定され得るのか否かという問いであり、したがって、生活史的分節化の社会的カテゴリーと生活世界の経験一般とのあいだに、はたして特定の基本的関係が存在しているのか否かという問いである。

生活史的分節化のカテゴリーは、相対的に自然な世界観の構成要素として個々人にあらかじめ与えられている。このことを最初に述べておかねばならない。それらのカテゴリーは諸々の類型化からなる体系に属しているということであり、しかもその体系は歴史的に客体存在していた体系であり、彼らに先立って存立し、彼らに対して妥当する客観的な社会的現実の構成要素として、個々人に賦課されている体系であるということである。生活史的分節化のカテゴリーは、それゆえ個々の現存在の状況の変わることのない歴史件を構成する要素である。だがここで、ある区分がなされねばならない。状況の歴史性は個々人に賦課されている。したがってその歴史性は、現存在を存在論的に枠づける条件である。それに対して、相対的に自然な世界観、あるいは相対的に自然な世界観のなかに保持されている生活史的分節化の社会的なカテゴリーは、個人によって生活世界のなかで対処すべき何ものかとして経験される。したがって生活史的分節化のカテゴリーは、生活世界的な状況を枠づける条件ではなく、むしろその状況の内部で生を営むことに関わる可能性である。生活史的分節化のカテゴリーは、たしかに相対的に自然な世界観の構成要素として高度に匿名的な類型化という性格をもっている。しかしそれらのカテゴリーは、主観的なライフプランにとって意味付与的な主題として作用するのであり、それゆえにそれらは、自己統握と他者統握の際に自明視される具体的なことがらのうちに溶け込んでいるのである。

第二に、生活史的分節化にとってレリヴァントな類型化の性格について、より詳細に記述してみなければならない。いましがた述べたように、そうした類型化は相対的に自然な世界観の構成要素である。相対的に自然な世界観は、生活世界一般に関する伝達可能な類型化、しかも社会的に客体化され、記号体系とりわけ母語のうちに確立されている類型化からなる体系である。生活史の社会的な形成にとっては、生活史それ自体の類型化だけがレリヴァントなわけではない。類型化の体系のうちで生活史それ自体の類型化よりも高次に位置づけられている社会的世界の評価的解明もまた、その形成にとってはレリヴァントである。この評価的解明は、社会制度や法、また行為の処方箋に関する正統化のうちに表現されており、またそれは、様ざまな匿名性のレヴェルで社会的行為を統制している。さらに、生活史の社会的な形成にとっては、社会構造の類型化に含まれている「社会的位置」の評価もまたレリヴァントである。それらすべての類型化が、歴史的にきわめて個別的な内容でもって社会的世界を充実させているのであり、そして個々人はそれらの個別的な内容を、自分の人生の経過にとって可能なことや自明なこと、また不可能なこととして習得していく。個々人は、相対的に自然な世界観のうちに客体化されて自分にあらかじめ与えられている社会的世界を、自分に関係している主観的チャンスの諸段階として、すなわち義務、達成するのが易しい、あるいは難しい目標、そして可能性の配列として経験する。別の言い方をすれば、社会構造は、個々人にとって類型的な生活史という形式において開かれているということである。したがって社会構造とは、個々人の時の経過とライフプランとが、それゆえに彼らにとっての優先度構造と一日のプランとが、そのうちで具体的な形式を獲得する堅固な枠組のことである。

この点に関しては注釈が必要だろう。社会構造は個々人に対して類型的な生活史という形式において開かれていると言う時、この「開かれている」という表現は多義的である。たとえば端的に、ある社会ではある特定の人生の経過がある特定の人間の類型に対して開かれている、ということを意味している場合があるだろう。コマンチ族にあっては、健康に生まれた男性であれば、「自明なこととして」馬泥棒と戦士になることだけはできた。「開かれている」はまた、客観的な達成可能性の程度は様ざまである代替可能な生活史が、主観的にみれば選択に付されているということを意味することもある。人は農民のままであり続けることもできるし、手に職をつけようと試みることもできる。要するに、様ざまな客観的な達成可能性の程度をもった、ほとんど数えあげることができないほど多数の可能な類型的生活史が選択に付され得るのである。このことは、ある所与の歴史的状況における社会構造の性格によって左右されるのであり、またその社会構造の性格が相対的に自然な世界観のなかで形成されることによっても左右されるのである。様ざまな人生の経過を選択する際の「自由度」は、それぞれの社会構造ごとに（たとえば封建制下の社会と工業社会とでは）大きく異なっている。さらに、ある社会構造の内部にあっては、生活史の「自由度」は社会的に配分されている。ある社会にあっては、中産階級の子どもは王族の子どもよりも高い程度の経歴選択の自由をもっているだろう。「経歴」という意味での類型的な生活史について述べたことは、他方で、より限定された特定の行為パターンにも当てはまる。バラモンは、より下位のカーストの成員よりも性的快楽に関して選択の自由がより制限されているだろう。

これらの事例は、さらにもうひとつの論点を具体的に説明している。類型的な生活史は、

「経歴」のすべての側面においても、また限定された行為パターンとの関連においても、個々人の社会的状況と関わっているばかりではなく、個々人の生に備わった特定の基本的条件とも交差しているということである。少なからぬ経歴（戦士）や行為パターン（少年愛）は男性だけに「開かれて」おり、また別の経歴や行為パターン（母親や女性の婦人参政権論者）は女性だけに「開かれて」いる。さらに、ある特定の経歴とある特定の行為パターンの実践は、存在論的に規定された変わることのない特定の継起（物知りの老人になるためには十分に長く生きなければならない）や、あらかじめ社会構造によって指示されている継起（大学入学資格試験の後ではじめて博士の学位）を経た後ではじめて可能になり達成できる。まさしくそれゆえに、「転職」や「改心」は、ある継起にあっては可能であるが別の継起にあっては不可能なのである。

　ただし、いま述べた「客観的な自由度」には明確な主観的相関項が対応しているわけでは必ずしもないということが、先の説明にさらに付け加えられねばならない。自明なことに従うことは、必ずしも強制として体験されるわけではない。強制と自由についての主観的意識の形成は、それ自体、複雑な社会－歴史的な原因によって左右されるのである。個々人は、十分に自律した意識のうちである経歴を選びとったのかもしれないし、あるいは両親によって何かを強制されたという意識のうちでそれを選びとったのかもしれない。そしてその選び取られた経歴は、社会構造に「客観的に」精通している人が高い蓋然性をもって予測できる経歴だったのかもしれない。こうした事情は、特定の共在者によって類型的な生活史が伝達されるという事態について検討する場合には、これとは別の連関において見出されることになろう。だがここでは差し当たり、人生の経過に関わる類型化が、これとは別の意味での可変的な徴表をもっていることについて述べておきたい。人生の経過に関わる類型化は、明確で互いに連関している生活史へと（若者から戦士、物知りの老人へと、また実業高校から工科大学、地下工事技師へと）組みあげられていることもあるし、比較的漠然とした形で示され、緩く連関している人生の航路（金持ちから紳士へ）を形成していることもあるということである。こうした可変性は、事実としてある社会構造（たとえばノマド民族、工業社会）によって左右されるし、また同様に相対的に自然な世界観の特定の要素（たとえば心情倫理、職業倫理など）によっても左右される。

第三の論点は、個々人が特定の類型的な生活史へと社会化されることに関係している。社会構造とそれに対応した相対的に自然な世界観は、はじめから、客観的で高度に匿名的な所与としてその全体性のうちで個々人の前に立ち現われてくるわけではない。むしろそれらは、選定的に個々人と出遭い、また特定の共在者たちによって伝達されるのである。まずは特定の先行者たちである。彼らにとって妥当し、また彼らによって「生きられて」きた相対的に自然な世界観の特定の側面と断片が、彼らからの伝達をとおして継承される。(29)客観的な社会的現実との最初の出遭いにとって決定的な共在者は、もちろん年長者であり、そしてなかでもとりわけ、また類型的にいっても、社会的に定義された両親である（必ずしも「生物学上の」両親である必要はない）。いかなる年長者に出遭うかというのは、もちろん個々人がそのうちに自分自身を見出す変わることのない歴史的状況のひとつの要素である。出遭いのなかで年長者たちによってもたらされた多かれ少なかれ匿名的な類型化（「行儀の良い子はそのようなことをしない」）の妥当性が、最初期のわれわれ関係の連鎖のなかで個々人に対して形成される。他者たちが個々人に適用した類型化は、最初期のわれわれ関係のなかで鏡映化過程[30]を経由して自己類型化へと——もちろんある選択と変様をとおして——行きつき、人格の構造を刻印づけることになる。このようにして伝えられ内面化されたカテゴリーのなかでもっとも重要なのは、個々人の内的持続をいわば覆っている社会的な時間カテゴリーである。生活世界の相互主観的な性格もまた、もともとは最初期のわれわれ関係のなかで形成される。だが個々人は、われわれ関係の連鎖において伝達される、また場合によっては彼ら関係においても伝達される高次の社会的形成（祖国のために死するは甘美なるかな、「あの世」での報われなど）のなかで、自分の現存在の限界にも出遭うことになる。個々人はまた、そうした限界の範囲内でいったい何が、自分が置かれている状況をとおして賦課されている自分の人生（鉄道運転手、軍事指導者、貧しいけれども誠実な人間）において追求するに値するのか、いったい何を我慢しなければならないのか（男の子はそんなことでは泣かない）、「堪えられない」ことはいったい何なのか（夫として黙っている筋合いはない。そうした状況なら挫折したとしても理解できるなど）、といったことをも学習する。しかし人はわれわれ関係と彼ら関係のなかで、単に何がだけではなく、どのように（新米鉄道運転手の研修課程、馬術、弓術、歯をくいしばること、泣きじゃくることなど）をも、多かれ少なかれ精確に学習する。個々人は、自分の同時代者の社会的世界に備わった直接性と匿名性の構造という枠組のなかで特定の他者たちからライフプランを伝達され、そしてそれを学習し、また、そのように伝達されることによって本質的に条件づけられている特定の選択のなかでそのライフプランを実現する、そのための一日のプランをも学習するのである。

類型的な生活史は、いかなる社会のいかなる人にも与えられている。人生の経過は社会的カテゴリーのなかで分節化されねばならない。これは、いかなる人生の経過にとっても変わることのない条件である。

原註

（1） William James, *Principles of Psychology*, New York: Henry Holt & Co, 1890, Vol. II, Chapter XXI, pp. 283–322.

（2） Edmund Husserl, *Ideen I*, Den Haag: Nijhoff, 1950, § 55, p. 106.〔渡辺二郎訳『イデーンI－I』みすず書房、一九七九年、第五五節、二三八―二三九頁〕の以下の箇所を参照のこと。「ある意味で、そして言葉を用いる際にしかるべき慎重さをもって、われわれは次のように言うことができる。現実の統一とはすべて「意味の統一」である……絶対的な現実などといったものは、丸い四角といったようなものと同じだけの妥当性しかもたないのである。現実とか世界とかといったものは、ここでは、ある種の妥当する意味統一を表わす名辞に他ならない。つまり、そうした「意味」の統一とは、絶対的な純粋意識のある種の連関に関係づけられたものであって、この連関は、その本質上まさに他ならないこれこれしかじかの仕方で意味付与をなし、かつ意味の妥当性を証示するものなのである」〔傍点はフッサール〕。

（3） ここにはさらに「飛び地」の問題がある。たとえば日常的な生活世界のうちで行為を企図することはすべて、科学的態度とは言わないまでも、ある種の反省的態度を必要としている。

（4） Henri Bergson, *Essai sur les données immédiates de la conscience*, Paris: Alcan, 1889, pp. 20ff., 94–105.〔竹内信夫訳『意識に直接与えられているものについての試論』ベルクソン全集第一巻、白水社、二〇一〇年、三四頁以下、一二一―一三五頁〕; *Matière et Mémoire*, Paris: Alcan, 1897, pp. 189–195, 224–233.〔竹内信夫訳『物質と記憶――身体と精神の関係についての試論』ベルクソン全集第二巻、白水社、二〇一一年、二三五―二四一頁、二七三―二八四頁〕; *L'Energie spirituelle*, Paris: Alcan, 1919, pp. 15–18, 80–84, 108–111, 129–137, 164–171.〔竹内信夫訳『精神のエネルギー』ベルクソン全集第五巻、白水社、二〇一四年、二六

一二九頁、九八—一〇三頁、一二九—一三四頁、一五〇—一五六頁、一八八—一九五頁〕

（5）もちろんここでわれわれは、意識の緊張それ自体の分析から、行為する私がそのなかで自分に固有の行為を体験する時間次元の分析へ、さらには行為の理論に関わるその他の諸問題へと話を進めている（この件に関しては本書第五章を参照のこと）。

（6）Herbert Spiegelberg, "The 'Reality-Phenomenon, and Reality," in *Philosophical Essays in Memory of Edmund Husserl*, ed., Marvin Farber, Cambridge: Harvard University Press, 1940, pp. 84–105.

（7）フッサールの言い方を用いれば次のように言うことができよう——*Ideen I* および *Ideen III*, Den Haag: Nijhoff, 1952.〔渡辺二郎訳『イデーンⅠ-Ⅰ、Ⅱ』みすず書房、一九七九年、一九八四年〕〔渡辺二郎・千田義光訳『イデーンⅢ』みすず書房、二〇一〇年〕——空想的想像はすべて「中立的」である。すなわちそれは定立的な意識による個別的な定立性を欠いている。

（8）この問題の精確な分析に関しては以下を参照のこと。Husserl, *Ideen I*, §103.〔渡辺二郎訳『イデーンⅠ-Ⅱ』みすず書房、一九八四年、一〇三節〕, *Erfahrung und Urteil*, pp. 99ff., 370ff.〔長谷川宏訳『経験と判断』河出書房新社、一九七五年、七九頁以下、二九三頁以下〕

（9）William James, *Principles of Psychology*, Vol. II, p. 289.

（10）Edmund Husserl, *Erfahrung und Urteil*, §74a, pp. 359ff.〔長谷川宏訳『経験と判断』河出書房新社、一九七五年、第七四節（a）、二八五頁以下〕

(11) *Erfahrung und Urteil*, § 74a, p. 360.〔長谷川宏訳『経験と判断』河出書房新社、一九七五年、第七四節（a）、二八六頁〕

(12) *Erfahrung und Urteil*, §§ 39–42.〔長谷川宏訳『経験と判断』河出書房新社、一九七五年、第三九—四二節〕

(13) G・H・ミードの次の文献を参照のこと。*Philosophy of the Present*, Chicago: Open Court, 1932, pp.124 f.〔河村望訳『デューイ＝ミード著作集14』人間の科学社、二〇〇一年、一二三頁〕; *Philosophy of the Act*, Chicago: University of Chicago Press, 1938, pp. 103–106, 121 ff., 151 f., 190–192, 196–197, 282–284.

(14) Henri Bergson, *L'Évolution créatrice*, Paris: Alcan, 1907.〔竹内信夫訳『創造的進化』ベルクソン全集第四巻、白水社、二〇一三年〕

(15) Alexis Carrel, *Man, the Unknown*, New York: Harper, 1939.〔渡部昇一訳『人間——この未知なるもの』三笠書房、一九八六年〕; Leconte du Noüy, *Human Destiny*, New York: McKay, 1947.〔渡部昇一訳『人間の運命』三笠書房、一九九四年〕

(16) "The Objective Reality of Perspectives," in *Philosophy of the Present*, p.173.

(17) Alfred Schutz, "William James' Concept of the Stream of Thought Phenomenologically Interpreted," in *Collected Papers III*, Den Haag: Nijhoff, 1976, pp. 1-14.〔渡部光・那須壽・西原和久訳「ウィリアム・ジェームズにおける思惟の流れの概念——その現象学的解釈」『アルフレッド・シュッツ著作集第4巻——現象学的哲学の研究』マルジュ社、一九九八年、

三七—五四頁〕

(18) ウィリアム・ジェームズの「見かけ上の現在」(*Principles of Psychology*, Vol. I, pp. 608 ff.) という概念と比較されたい。

(19) Henri Bergson, *Essai sur les données immédiates de la conscience*, Paris: Alcan, 1889, pp. 136 ff., 142 ff., 174–180.〔竹内信夫訳『意識に直接与えられているものについての試論』ベルクソン全集第一巻、白水社、二〇一〇年、一七二頁以下、一八〇頁以下、二一九—二二八頁〕

(20) Edmund Husserl, *Vorlesungen zur Phänomenologie des inneren Zeitbewußtseins*, Halle: Niemeyer, 1928, § 11.〔立松弘孝訳『内的時間意識の現象学』みすず書房、一九六七年、第一一節〕

(21) William James, *Principles of Psychology*, Vol. I, Cap. IX.

(22) Henri Bergson, *L'Evolution créatrice*, Paris: Alcan, 1907, pp. 340–343.〔竹内信夫訳『創造的進化』ベルクソン全集第四巻、白水社、二〇一三年、三六五—三六九頁〕

(23) Alfred North Whitehead, *The Organization of Thought*, London: Williams and Norgate, 1917, Chapter 7, "The Anatomy of Some Scientific Ideas," p. 143.[4]

(24) *Human Nature and Social Order*, New York: Schocken, 1964, pp. 152–163.〔納武律訳『社会と我——人間性と秩序』日本評論社、一九二一年、一七一—一八五頁〕

(25) Max Weber, *Wirtschaft und Gesellschaft*, Tübingen: Mohr, 5 Auflage, 1976, p. 14, Punkt

4.〔清水幾太郎訳『社会学の根本概念』岩波文庫、一九七二年、四四頁〕

(26) この点については、マルクスによる疎外の概念と社会学における役割の概念の双方を端緒として、いまもって数多くの研究がなされている。

(27) 客観的意味連関と行動連関は、意識流に割り当てられて主観的意味連関へと変化させられ得るかもしれないというこうした見解は歴史的である。あるいは知識社会学者であれば、それをイデオロギー的な構築物と言うかもしれない。「国家なるもの」「民衆の意志なるもの」の活動は、場合によっては客観的意味連関——たとえば歴史科学のそれ——のなかで解釈され得るだろう。ただしその際、それらの用語には固有の危うさがつきまとっている。さもなければ、このことによって意味されているのは、単に、客観的意味連関のあれこれの側面が、国家的な機能者や民衆の代表といったものの主観的意識過程に関する類型的契機となっているということだけである。後者の主観的意識過程に対して人は、彼ら指向のなかで、機能者類型を用い、また原則的には人格類型をも用いることによって自らを方向づけることができる。「国家なるもの」の「活動なるもの」は、意識や主観的意味連関を適合的に下支えすることはできない。社会学、とりわけ社会化の理論が今後、対処すべき課題は、集合的な社会的現実の基体についてこれまでよりも詳細に分析することと、直接的な他者経験と間接的な他者経験のうちにあるその起源を明示することである。社会集合体の意味連関を、その機能者——それとともに、その機能者の責任——についての主観的意味連関へと変えていくことに伴う可能性と限界とを探究していくことは、法学や政治科学にとってとりわけ重要な問題である。

(28)「対人接触」が社会的「ステレオタイプ」に与える影響はわずかなものでしかないことを、少なからぬ研究がいくぶん素朴な当惑をもって立証している。

(29) この問題のさらに別の側面は、知識の社会的配分と知識集積の社会化についての分析のなかで論じられるだろう。本書第四章のとくにＡ１と２、Ｂ３のｂとｃを参照。

(30) クーリーの鏡映効果についての議論を参照。

訳註

〔1〕 ここで「空想的想像物」という訳を充てたもとの語はPhantasierenであり、これは「空想的想像作用」と訳されるべき語である。だが前後の文脈から判断してこのように訳出した。ここで参照されているフッサールの*Erfahrung und Urteil*の該当箇所（p. 360）でも、この箇所はPhantasierenではなくPhantasierte（空想的想像物）となっている。

〔2〕 実際には論じられていない。

〔3〕 John Dewey, *Human Nature and Conduct*, New York: The Modern Library edit., 1930, pp. 197.〔東宮隆訳『人間性と行為』春秋社、一九五一年、一六五頁〕

〔4〕 原著ではAlfred North Whitehead, *Process and Reality*, New York: Free Press, 1969, p. 67.〔山本誠作訳『過程と実在』松籟社、一九七九年、一一四頁〕が指示されているが、内容から判断して修正した。

第三章　生活世界についての知識

生活世界の成層化について分析するなかで、経験集積あるいは知識集積にしばしば言及してきた。生活世界についての主観的経験の構造に関する記述は、多くの箇所で中断せざるを得なかった。あるいは知識集積の役割を示唆することで満足せざるを得なかった。しかし、疑いなく与えられたものと問題的なものとを分析した際にその重要な箇所で言及してきた問いは、知識集積の構造と発生、レリヴァンス構造、類型化について詳細に探究するなかではじめて十分に答えることができるだろう。そのことはまた、経験経過の記述に対しても当てはまるし——先取りして言えば——様ざまな現実領域の構成の分析と、それら諸現実の連関に対して言語の果たす役割の分析に対しても当てはまる。さてそこで、知識集積とレリヴァンス構造、類型性の体系的な記述へと向かうことにしよう。それらについて記述するなかで、一方で、生活世界の時間的、空間的、社会的な成層化についての主観的経験に関するこれまでの分析を引き合いに出すことができるだろうし、他方で、知識集積の分析によって呈示されたパースペクティヴのもとで、それらの分析を中断せざるを得なかった箇所からさらに先へと進めて補足することができるようになるだろう。

A　知識集積——その状況関係性と発生、構造

1　知識集積と状況

a　知識集積の第一の基本要素——状況の境界性

生活世界的な知識集積は、経験する主観がおかれている状況と多様な仕方で関係している。それは、状況と結びついたかつての実際の諸経験の沈澱物から成り立っている。逆に実際の経験はいずれも、知識集積のなかにある類型性とレリヴァンスとに応じて体験経過と生活史のなかへと組み込まれていく。そして最終的には、いずれの状況も知識集積の助けを借りて定義され対処される。したがって知識集積は、発生的にも構造的にも機能的にも、状況ないし状況と結びついた経験に関係づけられているのである。それゆえ知識集積の発生と構造の記述へと向かう前に、知識集積の状況関係性について詳細に探究しておく必要があるだろう。ここで、先に行った生活世界の成層化に関する分析〔本書第二章B参照〕を広範に引き合いに出すことは可能であるが、まずはそこでの分析結果を当面の問題

のために要約して利用できるようにしておくべきだろう。そこでは状況の境界性と、生活世界についての主観的経験の空間的、時間的、社会的な編成とが、それぞれ知識集積の基本要素であることが明らかにされるだろう。それらの基本要素は、知識集積の内容の一部になる個々の経験が果たすのとは別の、より基本的な役割を知識集積の形成において果たしているのである。さらに、経験の生活史的分節化が、知識集積の形成を決定的に規定するひとつの要因である一方で——それ自体が生活史的に分節化されている——そのつどの知識集積が、状況における方向づけに入り込んでその状況への対処を可能にするということが明らかにされるだろう。

私は、自分の意識生のあらゆる瞬間において、ある状況のうちにいる。しかもその状況は、その具体的な内容に関して限りなく可変的である。それは状況が、一方で先行するあらゆる状況のいわば「産物」として生活史的に分節化されているからであり、また他方で相対的に「開かれて」いるからである。すなわち状況は、そのつどの知識集積に基づいて様ざまに定義され、また対処され得るという意味で「開かれて」いるのである。だが状況は、内的持続がそれを超越する世界時間のなかに埋め込まれることによって、また身体が、体験する主観に賦課された生活世界の構造のうちに組み込まれることによって〔本書第二章B、とりわけ2、3、4節参照〕、変わることなく「境界づけられる」ことになる。

世界時間の超越性は、様ざまな主観的相関項を伴っている〔本書第二章B4参照〕。私は、世界時間の永続性に対して自分自身の有限性を体験する。私は待つことのなかで、また自分の行為を「大切なことを真っ先に」という原則のもとに従属させることをとおして、世界時間の不可避性を体験する。さらに世界時間の歴史性から、私の状況に特有の歴史性が際立ってくる。そうした世界時間の超越性の主観的相関項は、具体的な経験のなかで互いに重なり合っているが、それは、私の内的持続が世界時間と社会的時間に同時に組み込まれており、また身体の生物的時間とも結びついているからである。苦くないコーヒーが飲みたければ、砂糖が溶けるまで待たねばならない。スキーがしたいのであれば雪が降るまで待たねばならず、あるいは骨折が治るまで待たねばならない。様ざまな部門別勘定の合計額を知りたければ、まず個々の費目を部門別勘定のなかで合計してみなければならない。医師になりたければ、まず医学の勉強をしなければならない。私が夫であるなら、同時に独身男性であることはできない。ひとたび夫になってしまえば、独身男性になることができるのは離婚するか死別する場合だけである。私は、自分が生まれたある時代の特定の国の国民として、特定の国の入国許可証を手に入れることができない。ドン・キホーテが生まれる時代を間違っていたら、彼を騎士だと認めることができたのはサンチョ・パンサだけだっただろう。

それゆえに状況は、世界時間、生物学的時間、社会的時間、内的持続のあいだの「相応性の欠如」によってもまた、その構造へと具体的に編成され得るけれども、世界時間の超越性によって絶対的に境界づけられている。その結果、世界時間の超越性の主観的相関項は、生活世界的な知識集積のなかで特別な位置を占めることになる。それら主観的相関項は具体的な経験にあっては、状況に応じてその時どきに利用され得る知識集積の単純で「潜在的な」内容の一部をなしているわけではない。それはむしろ、あらゆる状況とあらゆる経験に共に与えられている知識集積の基本要素なのである。ただし、それらが反省的に意識されるのは理論的な態度においてだけである。それらは自然的態度にあっては、それぞれの経験の地平を必然的に構成している要素であり、それ自体が経験の核になることはない。それゆえ世界時間の超越性の主観的相関項は状況の境界性として、あらゆる状況における方向づけがそれに基づいている知識集積の基本要素なのである。

状況はいずれもそれと類似した意味で、あらかじめ与えられている私の身体によっても「境界づけ」られている。身体とその習慣的な機能は、必ずしも経験の核の一部であるわけではないが、あらゆる状況とあらゆる経験において前提にされているからである。私の身体に抵抗する諸対象が属している世界と私の身体との境界、そしてその世界のうちにある身体の習慣的な機能は、知識集積の第一の「自明性」の基礎をなしているのである。ちなみに、ここで「正常な」機能ではなく「習慣的な」機能という言い方をしていることには十分な理由がある。私が生まれつき目が見えなかったとしたら、生活世界についての私の経験にとって、たとえば色彩は自明な所与の一部ではないからである。もちろん私は、色というものが「存在している」ことを他者から学ぶことはできる。しかしその場合でも、色というものが「存在している」というのは、ウラル山脈が「存在している」という私の知識と形式的には同じ個別の知識内容である。世界のなかにある私の身体性に関わる特定の不可欠な諸々の基本的所与は、つねに「現に」存在している。わかりやすい例をあげれば、私は同時に二つの場所に存在することはできないのである。私はいかなる状況にあっても、具体的な経験に基づいてそうした判断を一歩一歩「獲得する」までもなく、つねにそうした基本的所与について「知っている」。先の例は、まったくありふれた自明なことのように思えるだろう。したがってここで、食べることと読むことという異なる二つのことをたしかに同時に行うことができるという、同じく「自明な」ありふれたことについて考えてみる必要があるだろう。純粋に理論的には、そうしたことさえも不可能な世界は――われわれの生活世界においてでは決してないが――十分に考えられ得る。私の身体は、メルロー＝ポンティが詳しく述べているように、(1) 空間のうちにあるひとつの対象なのではなく、私が生活世界の空間的な編成を経験する、そのすべての条件なのである。私の身体は、いかなる状況にあっても世界における座標の中心として、上と下、右と左、後ろと前とを伴って作用している。私の身体とその習慣的な機能は、それぞれの状況の基本要素であるということ、このことをまず確認しておかねばならない。身体が形作っているのは、原則的には、知識集積の個別の「潜在的な」内容の一部ではなく、むしろあらゆる経験とあらゆる状況のなかにたえず現在している知識集積の次元なのである。ただしここに、世界時間による状況の境界性と身体境界性との違いをみて取ることができる。身体性はそれ自体、たしかに変わることなく私に賦課されている。それゆえ、たとえば、私は同時に二箇所に存在することはできないという私の「知識」が問題的になることはない。そのことを否定する生活世界的な経験は存在していない。私は生まれつき目が見えなかったけれども、手術によって見えるようになった場合には、私を取り巻いている状況の身体的な境界性は、いわば経験的に強化されるだろう。だが生活世界の視覚的な基本性質は、それ以後の経験すべての基本要素になり、知識集積の内容の一部としての地位を失うことになる。視覚的な基本性質は、いかなる事情のもとでも知識集積の「潜在的な」要素ではない。すなわちレリヴァンスと類型性に応じて状況に適用されたりされなかったりする、そしてまた具体的な経験によって修正されたりもする、そうした知識集積の「潜在的な」要素では決してないのである。この点を指摘することによって、われわれの議論はすでに、状況の境界性すなわち存在論的な世界構造の変わることのない賦課性から、生活世界についての主観的な経験の構造へと移行している。

b　知識集積の第二の基本要素――生活世界についての主観的経験の構造

われわれはこれまで、状況は「境界づけられて」いること、その境界性は体験する主観に変わることなく賦課されていること、そしてあらゆる状況とあらゆる経験にとって、状況の境界性はつねに現在するその基本要素であること、これらのことを確認してきた。またさらに、そうした状況の境界性のなかでなされる経験は、その基底に時間的、空間的、社会的な編成を伴っていることも、すでにその概略を示すことができただろう。そして――ある意味では状況の境界性に由来する――それらの編成もまた、体験する自我に賦課されている。生活世界についての主観的体験の編成もまた「自明な」ものである。生活世界は、その編成に基づくことによってはじめて経験され得るのである。それゆえにそうした編成は、知識集積の個別的な内容の一部（たとえばクジラは哺乳類であること、合州国の大統領は合州国生まれの市民でなければならないけれども、上院議員はその限りでないことなど）なのではない。それは、いずれの経験地平にも含まれているつねに現在する知識を形成しているのである。

そうした編成についてはすでに詳しく記述してきたので〔本書第二章B参照〕、ここではごく簡潔な要約を示すだけでいいだろう。いずれの状況にあっても、世界はある特定の部分においてのみ私に与えられている。世界のある断片だけが、実際に到達可能な範囲のうちにあるということである。だが、その領域の周りには、回復可能な範囲内にある領域や、達成可能なだけの範囲内にある領域が層化して連なっており、しかもそれらの領域はそれ自体が時間構造と社会構造を示している〔本書第二章B参照〕。さらに、私が労働することができるのは、世界のほんの一部においてだけである。だが実際の労働の領帯の周りにも、回復可能な労働の領帯と達成可能な労働の領帯が層化して連なっており、それらの領帯もまた同じく時間構造と社会構造を伴っている〔本書第二章B3参照〕。生活世界についての私の経験は、また時間的にも編成されている。内的持続とは、現在、過去把持、未来予持という諸位相からなる、またさらには想起と予期からなる体験経過のことである。それは世界時間、生物的時間、社会的時間と重なり合っており、独自の順序をもって分節化されている生活史のなかに沈澱している〔本書第二章B4とB6参照〕。そして最後に、私の経験は社会的に編成されている。社会的次元は、私の経験の時間的編成と空間的編成も実際「社会化」されているように、すべての経験に伴っている。だが、社会的世界についての私の経験はそれとは別に、ある特有の構造をもっている。われわれ関係にあっては、他者が共在者として私に直接的に与えられているが、社会的世界についての間接的経験は匿名性の度合いに応じて層化されており、同時代者の世界、先行者の世界、後続者の世界についての経験へと区分されているのである〔本書第二章B5参照〕。

これらの議論すべてにおいて問題になっているのは、個別的で具体的で可変的な経験ではなく、生活世界についての経験一般の基本構造である。そうした基本構造は、個別の経験とは対照的に、自然的態度において経験核として意識されることはない。それは、生活世界についての経験すべての条件であり、しかもそれは経験地平に入り込んでいるのである。ここで経験の条件であるとは、血液の循環は脳の血行の「条件」であるとか、脳の血行は思考の「条件」であるという場合の条件と同一の意味で言っているのではない。後者の場合に問題になっているのは、ある歴史的な段階にある特定の科学からある相対的に自然な世界観のうちに入り込み、そして私が自らの生活史的な状況に基づいて知ることになった知識集積の内容の一部である。だが、そうした知識集積の内容は、私のすべての経験の地平に入り込んでいるわけでは決してないし、まして、そのことについては何も「知って」いない他者についての経験の地平に入り込んでいるわけもない。それに対して、変わることのないある空間的、時間的、社会的な編成は、いずれの経験にも「自明なこと」として含まれている。この編成は、人びとがそれについて「知る」のに先立って、ある理論科学から相対的に自然な世界観へと入り込んでいる必要はない。この「知識」は、個別の経験とそれに基づいて積み上げられた知識集積の類型化（クジラは魚の一種である）とは対照的に、問題的になることは決してない。だがそれゆえに、自然的態度において個別の知識集積として分節化されることも決してない。具体的な経験とそれに基づいて積み上げられた類型化であれば、それらがいかに「抽象的」なものであったとしても、新たな経験によっていつでも疑わしいものになり、修正され、完全に「破綻する」こともあり得る。だがそのことは、生活世界についての主観的経験の基本構造には当てはまらない。それにもかかわらずそうした基本構造は、ある意味で知識集積に属している。私はいつでも、ある他者が私に直接的に与えられているのか否か、ある対象が到達可能な範囲にあるのか否か、またあるものが私の労働の領帯に入っているのか否かといったことを「知って」いる。新たな経験はいずれも、同じくそのような「知識」をその経験地平のうちに含んでいる。生活世界についての主観的経験の構造もまた、このように知識集積の基本要素なのである。

知識集積の基本要素に属しているのは、生活世界における個別の状況の内容（Was）だけではない。その様態（Wie）もまたそれに属している。永続する不可避の歴史的な（それゆえにまた社会的な）世界時間における人生の経過と内的持続の複層的な境界性、抵抗する対象的な世界に対する身体の境界性――そして身体の習慣的な諸機能の境界性――、これらは知識集積の基本要素である。さらに経験の空間的、時間的、社会的な基本構造もまた、知識集積の基本要素に属している。知識集積の基本要素は、端的に「手許に存在している（zuhanden）」ということのできる知識集積の個別の部分要素とは違って、「目の前に存在している（vorhanden）」ということを、ここで再度、強調しておくべきだろう。ある事情のもとで経験の核として主題化されるか、主題化において決定的な役割を果たすのが知識集積の部分要素であるのに対して、知識集積の基本要素は、いかなる状況の地平にも、あるいはいかなる経験の地平にも、共に与えられているのである。

c　知識集積におけるルーティン──技能、慣用知、処方知

知識集積の基本要素と個別の部分内容とのあいだの中間的位置を占めているのが、「ルーティン的知識」である。いずれの状況にあっても共に目の前に存在している知識の基本要素と、端的に手許に存在している知識の部分要素とを区別した場合、ルーティン的知識は、一部は前者の類型に、一部は後者の類型に配属されるように思える。ルーティン的知識のこの奇妙な両性具有的位置について、もう少し詳しく考察してみよう。

知識集積のある特定の基本要素とある特定の領域の習慣的知識は、両者のあいだに明確な境界線を引くことができない。前者は後者と結びついているのである。身体性とその習慣的な機能についての知識、ならびにそれらに直接的に基づけられている、生活世界についての主観的経験の空間的編成と時間的編成についての知識、それらはいかなる状況の地平のうちにも、またいかなる経験の地平のうちにも共に必然的に与えられている知識であるが、そうした知識は、身体の習慣的な諸機能についてのより個別的な形式の知識へと移行していく。抵抗する対象的な世界に対して境界づけられている身体性そのものについての知識と、本来的に習得されることはないが経験することは可能な、そして時には「意識

的に」なされることさえある、たとえば呼吸やしゃっくりのような身体の機能についての知識は、知識集積のつねに現在する基本要素とみなすべきであろう。身体の境界すなわち「身体図式」に関する知識が帯びている個々の刻印は、基本要素に基づいてはいるが、ある程度までは習得することが可能である。しかもその刻印は、習得可能性の程度に応じて様ざまである。このことは民族学的な文献から、またトラウマ的な四肢欠損が身体図式に及ぼす諸帰結についての研究からみて取ることができる。

この点については、日常的な例をあげることもできる。抜歯をした後、いかにして「口の中のすきま」に慣れるかを考えてみよう。そのすきまは、はじめのうちはとても奇妙で、舌でひっきりなしに触れたくなるだろう。そのすきまは、身体の自明性に対して「際立っている」のである。しかし時が経過していくなかで、それと折り合うことを「習得する」ようになる。そのすきまは、完全にルーティン化された習慣的知識の要素になるのである。いま述べたことは、すぐれて身体運動の習慣的な機能単位に当てはまる。それら機能単位は、キネステーゼ的な経験の「習得されたわけではない」基本要素に基づいて段階的に積み上げられたものではあるが、それ自体は習得することが可能である。歩行は習得されねばならない。水泳は習得されねばならないし、食器を使って食べることも習得されねばならない。テニスの試合を見ることさえも、ある意味では（ゲームのルールという客観的な意味の習得は考慮に入れないにしても）習得される必要がある。これらはすべて、かつて「問題的な」経験ないし活動であったが、その問題は経験や活動をとおしてすでに「解決された」、しかも「最終決定的に」解決された経験ないし活動の例である。ここで言われているのは、明らかに単なる経験的‐相対的な「最終決定性」である。それゆえそこでの私の知識は、たしかに自明なままではあるが、そうした活動がふたたび「問題的に」なることもあり得るのである。もちろんそれは、その活動が実行された場合に限られてはいるが。ずっとベッドに寝ていなければならない状態が続いた後、私は歩くことをも「忘れて」しまう。そこで私は、それをふたたび新たに習得しなければならない。同じことは、極端な事例ではあるが、水泳にも当てはまる。ある人が十五年ぶりにふたたびアイススケートをしようとする場合、その人は、自分のもっている「知識」とその実行とが一致しないことに気づくだろう。このように身体の習慣的機能という基本要素に基づいて段階的に積み上げられた（最広義の）身体運動の習慣的な機能単位のことを、ここでは技能と呼ぶことにしよう。

技能に依拠してはいるが、もはや本来的には身体の習慣的機能には属していない領域にある習慣的知識のことを、ここでは慣用知と呼ぶことにしよう。日常生活には、より精確に言えば日常世界の労働の領帯には、もはやいかなる問題をも提示することのない特定の行為目標、ならびにそれに属する「目的のための手段」が存在している。それらの行為目標と手段は、たしかにもともとは「問題的」であった。だが「最終決定的に」解決されたのである。そうした行為目標にとって、もはやいかなる固有の動機づけも目の前に存在してはおらず、また「目的のための手段」に関しても、それに代わる選択肢があるとは意識されていない。それらの活動からは、行為という性格さえすっかり失われている。私はたしかにそれらを習得したにちがいない。だが、その行為目標の不断の実現可能性とその「手段」の独占的な有用性がたびたび確証され、しかもそれらが依拠している技能がきわめて自明であったために、それらの活動は最高度の親近性（と主観的な確信）を獲得しているのである。われわれには、あれこれのことが「できる」。これは、われわれにとってまったく自明のことである。そこでは、「私は－それを－繰り返し－行うことが－できる」という理念化が当てはまらない可能性は、もはやない。そうした慣用知に関しては、それを形成する活動に注意を向ける必要はもはやないのである。われわれはそれを「自動的に」行っており、そしてそうした活動は「標準化」されている。いまだ技能と近しい親縁関係にある慣用知の例として、たばこを吸う、木を切る、ひげを剃る、書くなどといった活動を差し当たりあげておこう。技能との境界は明らかに流動的である。さらに、ピアノを弾く、馬に乗る、足し算をする、話す（とりわけ印象的なのは外国語を話す場合であろう。その場合には、ルーティン化の過程が大なり小なり意識的に観察できるだろう）といった例、また、ストーブに火を点ける、卵を焼くなどといった例をあげることもできよう。

最後に、習慣的知識のいまひとつの形式、すなわち処方知を区別することができる。この知識もまたたしかに、慣用知と明確に境界づけられてはおらず、多くの点でそれと重なり合っている。だが慣用知と同一であるわけではない。たしかに処方知は、もはや技能を経由して直接的に知識集積の基本要素と結びついてはいない。だが処方知は、「自動化」され「標準化」されている。このことは、処方知は、かろうじて状況における地平のなかに自明な含意として、主題化されることなく共に目の前に存在し得るということを意味している。たとえば、猟師にとっては動物の足跡を読み取ること、漁師や登山家にとっては天候の変化に対応すること、通訳にとっては決まり文句を「自動的に」移し替えることなどがそれにあたる。処方知は、慣用知と重なり合っている部分から離れれば離れるほど、より狭義の知識集積に、すなわちその個別の部分内容からなる「体系」にますます近づいていく。

習慣的知識のすべての下位形式が知識集積の基本要素と共有しているのは、それが単に事情に応じて目の前に存在しているわけではなく、状況のなかで共に目の前に存在しているということである（このことが当てはまる程度は、技能から処方知へと移行するにつれて次第に低くなる）。習慣的知識は、もちろんあらゆる状況の地平ないし経験の地平のうちに必然的に共に与えられているわけではなく、単に、たえず「手の届くところに」あるというだけである。習慣的知識は、それが主題化されることなく状況と行為のうちに自動的に共に取り込まれている限りで、より狭義の知識集積とは区別される。習慣的知識が示しているのは、体験の経過に組み入れられて注意を払う必要さえない問題に対する「最終決定的な」解決法である。その解決法が「最終決定的」であるというのは、それらの解決法は経験の核に、そしてとりわけ現勢的な行為に従属させられ得る、あるいはそれらと並列させられ得るということを意味している。私は歩き*ながら*数学の問題について考えているあいだも、ある曲を口笛で吹くことができる。私は、書きながら煙草を吸うことができ、言葉を探しながら書くことができる。私は、指のおき方に注意を払ったり「意識的に」楽譜を読みとったりすることなく、楽器を演奏することができる。その際、私は演奏している曲の意味（主題的に分節化されたもの）に「すっかり」集中しているのである。このような例はもちろん、さらに恣意的に続けることができる。これらすべてにおいて重要なのは、技能、慣用知あるいは処方知の組み合わせである。当の習慣的知識の形式に伴う地平についての可能な解釈は、当面の問題のために、そしてさらなる気づきが生じるまで、単に「一時的に」打ち切られているわけではなく、「きっぱりと」打ち切られているのである。ルーティン化された知識とそれと結びついた「自動化された」活動は、絶対的に親近的で疑いなく実行可能である、あるいは利用可能であるとみなされている。それゆえにまたそれらは、自明でいつでも手の届くところにある要素として、個々の「問題」を解決する際に考慮に入れられたり、疑いのない「目的のための手段」として、「開かれた」行為企図を実現する際に取り入れられたりする。この疑いのなさをとりわけ強調しておくことがここでは重要である。たとえば、私が誰かのためにプレゼントを買おうとする場合、私は、その人は何が気に入るだろうか、いくらのものを買うことができるだろうか、それはどこで手に入れることができるだろうかなどについて、いろいろ考えるかもしれない。だが技能から処方知にいたる習慣的知識の「完全に自動化された」要素、たとえば、店まで行くためには片足をもう一方の足の前に必ず踏み出さねばならないこと、買いたい商品を指し示さねばならないこと、話さねばならないことなどは、私がプランを立てる際に考慮されることはない。レリヴァンス構造の分析〔本書第三章B参照〕を先取りするまでもなく、すでにここで、習慣的知識がある逆説的なレリヴァンス構造を示していることを確認することができる。習慣的知識は最高度にレリヴァントであるが、いわば従属的にレリヴァントなのである。ルーティンの決定的な徴表は、それらに注意が向けられないままに、それゆえ経験核において主題化されないままに実行され得るという点にある。ルーティンは、本来的には個別に意識されることのないままに、たえず手の届くところにある。習慣的知識はたえずレリヴァントではあるが、周縁的にレリヴァントなのである。

ここでもうひとつの論点を詳しく説明しておかねばならない。習慣的知識はまた別の意味においても、知識集積の基本要素とより狭義の知識集積との中間的位置を占めている。知識集積の基本要素は、たとえば目の見えない人の世界にとっての基本要素と「通常の」人の世界にとっての基本要素は絶対的に同一であるわけではないというすでに述べた限定をつけたうえで言えば、普遍的であり原則として変わることはない。知識集積の基本要素は、人びとがいかなる相対的に自然な世界観のなかで社会化されていようと、すべての人にとって等しく目の前に存在している。相対的に自然な世界観は、知識の基本要素がどこまで主題化され言語的に客体化されているのかというその程度に関しては、いずれにせよ様ざまである。これに対してより狭義の知識集積は、相対的に自然な世界観ごとに異なっており、そのうえ社会の内部で多かれ少なかれ複雑に配分されている。習慣的知識はそれらの中間にある。いずれの人の知識集積にも、一定程度の習慣的知識が――技能にせよ慣用知にせよ処方知にせよ――備わっている。そうした知識の「内容」は、たしかに条件つきで変わってくる。ただしそれは、知識集積の内容の一部が社会ごとに違っている、またある社会の内部で違っているのと同じ意味で変わってくるのではない。知識集積の基本要素とルーティン的知識の境界領域には、あらゆる社会のあいだで同一ではなく、同じ社会の内部においてさえも同一である必要はない、自らの身体に関する知識の形式がすでに存在しているのである。身体の境界は、また統一体としての身体についての経験さえもが、同じ仕方で社会的に（なかんずく言語的に）客体化されているわけではなく、同じ程度に社会的に客体化されているわけですらないということである。(2)

社会ごとに、また社会の内部ですら様ざまであるということに関しては、技能がよりいっそう当てはまる。歩かない人びとからなる社会を思い描くことはたしかに難しいけれども、理論的には不可能なわけではない。相対的に自然な世界観ごとに歩行のスタイルが異なっているというのは、豊富な記録資料によって証明されている事実である。ローマ人はフン族のようには歩かないし、エスキモーはアメリカ人のようには歩かない。すでにこの例によって、さらに高度に分化した社会内での配分に気づかされる。軍人は一般市民とは違う歩き方をし、船乗りは陸の者とは違う歩き方をし、娼婦は年配の婦人とは違う歩き方をする。それでもなお歩行は、身体の習慣的機能という基本要素にもっとも近いルーティンとみなさなければならない。運動のそれ以外の機能単位とそれに結びついた知識は文化間で、また社会内でますます分化していく。そうした機能単位に属しているのは、仕事に特有の活動、弓を射る、ピストルを撃つ、ピアノを弾くなどといった（単に「手先の器用さ」ともみなされる）戦争用、スポーツ用、芸術用の技能などである。技能から慣用知へ、慣用知から処方知へという移行は、識別することはできない。思い浮かぶのは、「処方箋」めいたことわざ、あるいは農耕や乗馬の際の、またやはり調理の際の作業方法くらいなものである。ここでふたたび、より狭義の知識集積に行き着くことになる。たとえば料理教則本は、もはやわれわれの意味での処方知ではない。そこではすでに個別の知識が主題化され、社会的に客体化されているのである。

たしかにいずれの人の知識集積にも、ある程度の習慣的知識が含まれている。また習慣的知識の多様性に関する経験的な類型論を作り上げることも可能であろう。歩かない人びとからなる社会などは、まさしくただ理論的に考えられるだけで、経験的にはあり得ないだろう。そのような類型論の理論的な境界事例についてそれでもなお言えることは、ルーティン的知識が内容的に規定されてどのような形式をとるかは、そうした事例にあっては個々人によって様ざまであるということであろう。私にとってルーティンであるものが他の誰にとっても「問題的」であることもあり、またその逆もあり得るということである。基本的には、われわれが知識の基本要素（この文脈ではとりわけ身体の習慣的機能と結びついた知識として理解されるべきである）から離れれば離れるほど、習慣的知識の間文化的な刻印と内社会的な配分はますます分化してくると言うことができよう。

習慣的知識に関して、技能と慣用知は日常の生活世界に属しているということを最後に指摘しておかねばならない。このことは、たしかに大部分の処方知にも当てはまるが、処方知一般に当てはまるわけではない。ルーティン化は、日常の生活世界以外の限定的な意味構造の領域でも生じるだろう。たとえば、ある――非常に限定された――意味においてではあるが、夢のルーティンについて語ることができる。様ざまな空想的想像の世界のなかにも、様ざまな形式の習慣的知識はたしかに存在している。ただしそれらの知識のなかには、いわゆる強迫観念とほとんど等しいものもある。それらは、空想的想像の過程の諸要素のうちの、さらなる解釈に対して――それゆえ変異に対して――閉ざされている「自明な」要素である。同様に、科学的思考のなかにも習慣的知識は存在している。ただしそれらの習慣的知識は、科学理論的に正統化されることはないだろうが。さらに、宗教的－象徴的な現実領域にも習慣的知識は存在している。そこでの習慣的知識は、類型的には儀礼的要素の形式をとることになる。ただし——社会的に主題化され客体化された意味をもっている——儀礼それ自体を単純に慣用知あるいは処方知と同一視すると、誤解を招きかねないだろう。

d　知識集積の生活史的刻印

知識集積と状況は、共にそれぞれの歴史をもっている。知識集積とは、そのうちに沈澱している諸経験の「産物」であり、状況とは、先行する諸状況の「帰結」なのである。われわれは知識集積の発生についてさらに詳しく探究しなければならないけれども〔本書第三章A2参照〕、ここでは、知識集積の状況関係性と直接的に結びついている側面、すなわち知識集積の生活史的な刻印について考察することにしたい。まずは一般的に次のように述べることができる。状況の境界づけは、個人の存在が世界の存在論的構造のなかに組み込まれることによって規定されているが、それは、絶対的な境界〔有限性、身体性等〕として「知られている」だけではなく、人生の経過において諸状況が継起するその条件としても経験され、また状況のなかで行為がなされる場〔労働の領帯〕としても経験される。

実際の経験はいずれも前史をもっているが、それだけではない。現在するいずれの状況も、私にとっていま可能なことと対処すべきことからなる領域として、その「知られている」境界性の内部で生活史的に分節化されている。現在する状況の生活史的刻印は、この意味で私の知識集積のひとつの要素を形作っている。このことについてさらに詳しく論じることにしよう。

現在する状況は生活史的に分節化されている。このことは、私が、現在する状況は先行する諸状況の「帰結」であることを多かれ少なかれ適切に「知っている」ということを意味している。さらに私は、その私の状況はそれゆえに絶対的に「独自の」ものであるということも「知っている」。現在する状況を私が規定する際に用いている知識集積は、それ「独自の」生活史的分節化を伴っているからである。その知識集積は、そのうちに沈澱している先行する諸経験あるいは諸状況すべての内容すなわち「意味」だけでなく、それら諸経験の強度（体験の近さと深さ）、持続、順序をも指示している。こうした事情はきわめて重要である。個々人の知識集積（それゆえまた実際の状況）に独自の生活史的分節化は、そうした事情によってはじめて本来的に構成されるからである。

二人の人間が厳密に同じ知識集積をもっていると想定してみよう。この想定は何を前提にしているのだろうか。そこでは、二人が同じ経験、すなわちその「内容」に関して同じ経験をしてきたことだけが前提にされているわけではない。それらの経験が、二人の意識流のなかで同じ長さで持続し、同じ体験の深さと近さをもっていること、さらには、なかんずく個々の経験の継起がその二人にとって同一であったということ、これらのこともまたそこでは前提にされている。ベルクソンが明らかにしたのは、二人の人間の意識内容が同じであるという想定が成り立つためには、それらのことすべてが前提にされていなければならないということ、しかしその場合には、もはや二人の人間について語ることはできないということ、これであった(3)。そのような想定は、個々人の状況のもともとの歴史性をまったく考慮に入れていない。アリストテレスという、歴史上のアリストテレスと同一の「素質」を備えたひとりの子どもが、プラトンよりも先に生まれていたと想像してみるだけでよい。その時その子どもは、依然としてアリストテレスであり得るだろうか。あるいは、もしプラトンとアリストテレスが一卵性双生児として生まれていたとしたら！

経験は基本的に「社会化」されており、また高度に匿名的で理念化され——とりわけ言語によって——客体化された意味連関に組み込まれてもいる。さらに経験はとりわけ、個々人の知識集積のなかにそれ自体として入り込んでいる。だが経験は、そうした事情にもかかわらず、その生活史的分節化に関しては原則的に独自である。知識集積の諸要素は、それがいかに客体的、匿名的、理念的であろうと、その構成は生活史的に分節化されている。知識集積はつねに「私的な」成分を含んでいるのである。

とはいえ、あらゆる経験が同じように社会化されているわけではない。すでにみてきたように、経験領域のなかには、ただ間接的に、そしてほんの「わずかばかり」、しかも断片的に社会化されているだけの領域も少なからず存在している。だがそうした経験もまた、たとえ高度に社会化された日常生活の経験と同じ仕方ではなく、むしろ「夢での経験」「空想」などといった添字を伴っているにせよ、私の知識集積のなかに入り込んでくる。このような本質的に「私的な」経験もまた、知識集積にとって基本的な意義をもっており、さらに日常的な生活世界の状況においてたとえば可能な行為を空想的に企図する際に知識集積を利用することに対しても基本的な意義をもっているのである。

最後に、知識集積の生活史的刻印に備わっているもうひとつの側面について述べておこう。私の習慣的知識は基本的に生活史的に分節化されているということである。私は、他のすべての人が習得する様ざまな技能（歩くこと、話すことなど）を、人びとが習得するのとおおよそ同じ順序で習得していく。その取得の順序は社会的にカテゴリー化され、あるいは社会的に指示すらされており、個々人がその順序を踏み外した場合には、生活史的に深刻なことになるかもしれない。慣用知の広範な領域もまた、多かれ少なかれ同じように社会的に配分されている。同じことは処方知の広範な領域にも当てはまる。しかし、「私的な」経験において個別に構成された技能や慣用知、処方知なども存在している。それらは、生活史的に分節化されたきわめて個別的な要素として、私の実際の状況の規定に入り込んでくる。そしてもちろん技能、慣用知、処方知の組み合わせは、それらが習得される順序を別にすれば、生活史的に分節化された「独自の」ものである。

要するに、「内容的には同じ」経験であっても、それらの順序、そこでの体験の近さと深さ、またそこでの体験の持続が、知識集積の独自の生活史的分節化を規定するのである。このことは、たしかに「高度に社会化された」経験にも当てはまる。だが、そのことがとりわけよく当てはまるのは、やはり本質的に「私的な」経験であり、また様ざまな形式のルーティンの「私的な」配置である。だがその一方で、経験と知識習得の順序、そこでの体験の深さと近さ、そこでの持続は、社会的に客体化され社会的に規定されているということを、ここで再度、強調しておかねばならない。別の言い方をすれば、生活史的な分節化に関わる社会的カテゴリーが存在しているということである〔本書第二章B6参照〕。

e　状況の規定

人生の経過とは一連の状況のことである。私はつねに〔実存主義哲学が明言するように〕「状況内に」存在しているというのは、たしかに的を射ている。だが状況はそれと同時に、W・I・トマス以来、社会学で市民権を得た概念を用いて言えば、「定義される」(4)。ではこのことは、いったい何を意味しているのだろうか。われわれはすでに、状況は部分的には賦課され、また部分的には個々人によっていわば「もたらし得る」と述べた〔本書第二章

B6参照〕。状況に備わっているこうした二つの次元の関係について、それがいかに状況の規定に影響を及ぼすのか、より詳しく考察してみることにしよう。

世界の存在論的構造は、いずれの状況にあっても私に賦課されている。状況は絶対的に境界づけられている。そうした状況についての知識は知識集積の基本要素に属しているということである〔本書第三章A1参照〕。さらに生活世界についての主観的経験の構造もまた、私に賦課されている。すなわち、いずれの経験も、固有の体験様式を伴った限定的な意味構造の諸領域へと編成され、さらにまた空間的、時間的、社会的な構造へと編成されている。状況はそうした編成によって、変わることなくあらかじめ構造化されている。そうした状況についての知識もまた知識集積の基本要素に属しているということである〔本書第三章A1参照〕。この意味で状況は、はじめから境界づけられ編成され、あらかじめ規定されているのである。

さらに、いずれの状況も生活史的に刻印されている。状況はそれ特有の前史をもっており、そして私はそれについて「知っている」。さらに私は、生活史的に分節化された個別的な習慣的知識の集積、すなわち技能、慣用知、処方知〔本書第二章A1参照〕の集積を携えて状況のなかに入り込んでいく。私の生活史は、たしかに世界の存在論的構造と同じ意味で私に「賦課」されているわけではないが、同じように変わることなく「賦課」されている。私はたしかに、あれこれのことを行うことができただろう。そして、もしそれらのことを行っていたら、現在する状況は「別のもの」になっていただろう。だが私はそれを行わなかった。それゆえに現在する状況は別のものではなく、いまあるようにある。

ここでわれわれは、状況の賦課的な要素から「開かれた」要素への移行に直面している。たしかに状況の前史はもはや変えることはできないけれども、現在する状況のなかには、働きかけることのできる要素、変えることのできる要素が存在している。だが、働きかけ変えることによって、私はふたたび既成事実を未来の状況にもたらしている。このことは、私が自然的態度において「知っている」もうひとつの事情である。

状況のなかで行為し得るためには、状況を規定しなければならない。だが状況は、すでに述べたように、状況の境界性についての知識と、状況における主観的経験の構造化についての知識とによって、また状況の生活史的分節化についての知識によって、あらかじめ規定されている。それらの知識はすべて、知識集積の基本要素に属しており、しかもそれぞれの状況の規定のなかに「自動的に」入り込んでいる。とはいえ状況はまた、「開かれて」もいる。では、この「開かれた」要素はいかにして規定され得るのだろうか。

それら「開かれた」要素は、基本的にはいかなる制約もなしに解釈可能である。状況はいずれも、無限の内的地平と外的地平を伴っており、それぞれの前史と未来について、他の状況や経験などとの関係に応じて解釈することが可能なのである。それと同時に、状況はいずれも、それを構成している個々の単位へといかなる制約もなしに分解して解釈することが可能である。とはいえそれらのことは、ただ原則としてそうであるにすぎない。いずれの状況も、実際にはそれを解釈する必要性は制約的なものでしかない。人生の経過のプラン・ヒエラルヒーに由来するプランに規定されている関心が、状況を規定することの不可欠性を境界づけているのである。状況は、それに対処するのに不可欠な限りで規定されねばならない〔本書第三章A1参照〕。プランに規定されている関心は、あらかじめ規定されている（あるいはあらかじめ構造化されている）状況の要素を背景に、「開かれた」状況の要素のうちのより詳しく規定されるべき要素を選択する。それと同時にプランに規定されている関心は、状況を規定する解釈の過程を、「実践するうえで不可欠なもの」、すなわち状況に対処するうえでレリヴァントなものに限定するのである。

私は、状況が知識集積の基本要素によってあらかじめ規定されていることを「自動的に」知っている。だが「開かれた」状況の要素は、その状況にあわせて持ち込まれるそのつどの知識集積によっても、もちろんそれとは別の仕方で規定される。状況の規定は、様ざまな類型に区別することができる。第一に、状況は習慣的知識によって、プランに規定されている関心を満たすように規定される。あらゆる「開かれた」状況の要素は、ルーティン的に規定され得るのである。状況はその際、いまだ規定されていない要素に関してさえも非問題的である。この種の状況のことを、ここではルーティン状況と呼ぶことにしよう。第二に、「開かれた」状況の要素のなかには、ルーティン的に規定することのできない要素も目の前に存在しているだろう。そのような「新たな」要素が状況のなかに現われてきた場合、私は「思案」しなければならない。すなわちそれらの要素を、自分の知識集積に意識的に関連づけようと試みなければならない。まず、まったく新たな要素が問題になっている場合を想定してみよう。その場合には、その状況に対処するために、その状況に応じてまったく新たな解明図式、類型化などを企図しなければならない。しかしそれは理論上の境界事例である。「新たな」要素もまた、プランに規定されている私の関心にとっては十分でないにしても、すでに目の前に存在している解明図式と類型化によって解釈されているのである。その「新たな」要素に関係する私の知識は、実際の状況を処理するのに十分なほど「明晰」でも「親近的」でもないし、十分に無矛盾的でもない。そこで私は、「開かれた」状況の要素を、それらがプランに規定されている関心の求める明晰性、親近性、無矛盾性の段階にいたるまで、さらに解釈しなければならない〔本書第三章A3参照〕。そうした状況のことを、ここでは「問題的状況」と呼ぶことにしよう。問題的状況にあっては、ルーティン状況とは対照的に、新たな知識要素を習得するか、以前からもってはいるが現在する状況にとっては十分に明晰でない知識要素を、より高い明晰性の段階にまで高めなければならない。

ここでは、状況の規定に含まれている社会的次元についてのより詳しい記述には立ち入らずに〔第三章A1と第五章E参照〕、状況は二重の意味で社会的に規定されていることを先取り的に確認しておこう。第一に、いずれの状況も、生活世界についての知識一般と同様に広く社会的な起源をもっているカテゴリーによって規定されている。それらのカテゴリーは、また広く社会的に客体化されており、とりわけ高度に匿名的な意義体系としての言語へと客体化されている〔本書第四章BとC参照〕。第二に、より狭い意味で社会的である状況は、その状況にいるパートナーたちによって双方向的に規定されている〔本書第五章E参照〕。

f　状況への対処

プランに規定されている関心は、レリヴァンス構造の分析と関連づけることによってはじめて詳細に記述することができる〔本書第三章B4と5参照〕。とはいえ、ここでもこれまでの形式的な指摘で満足するわけにはいかない。プランに規定されている関心は状況の規定のなかに入り込むということによって、いったい何が意味されているのだろうか。それは差し当たり、状況の要素のうちの、解釈を必要としているけれどもルーティン的に規定することはできない「開かれた」要素の選択は、プラグマティックに動機づけられているということを意味している。原則的にはいずれの状況にも、実際の状況に対処することにとってレリヴァントでないがゆえに追求されることのない無限の規定可能性が存在している。例をあげて説明してみよう。私が薪割りをしている場合、状況はルーティン的に規定されている。プランに規定されている関心は（たとえば「やせること」「コンディションを調整するためのトレーニング」などでもあり得るが）「薪作り」にあったと想定してみよう。知識集積のあらゆる基本要素は、もちろん「自動的に」状況のなかに入り込んでいる。すなわち私は、薪割りに使えるのは限られた時間だけであることを知っており、疲れるだろうことも知っている。また、薪割りをすることによって、別の作業をする可能性あるいは別の経験をする可能性がなくなってしまうこと、斧によって怪我を、しかも致命的な怪我をするかもしれないことも知っている。また薪——外界にあって私に抵抗してくる対象——を割るためには様ざまな動きをしなければならないといったことも知っている。私は状況のなかに特定の技能を持ち込んでいく。私はすでに何度も薪を割ったことがあり、上手に薪を割ることができるのである。これらはすべて、あらかじめ規定されている状況の要素であり、そしてその一部は私に賦課されており、また一部は生活史的に分節化されている。状況の「持続」もまた、プランに規定されている関心によってあらかじめ規定されている。ある量の薪ができたら（あるいは一時間薪を割ったら、汗をかいたら、やせたら）、私は薪割りを中止することができるのである。それは、類型としてのルーティン状況に完全に当てはまる状況である。さて次に、斧を力いっぱい打ち付けても割れない薪に出くわしたとしよう。その場合には、「新たな」要素が姿を現わしてくる。ただし、木目に節がある、手許がくるって石を叩いてしまい斧の切れ味がなまった、といった場合には、そこでの状況はなおルーティンからはみ出してはいないだろうから、ここでの「新たな」要素はルーティンによって規定することができないと想定しよう。状況は、その場合にはじめて「問題的」になる。私は、その薪を割ることができないのはなぜなのか、「思案」しなければならない。とんでもなく堅い種類の木なのだ、他の薪は普通の松の木だったのに、「偶然」別の木が紛れ込んでいたのだなどと、自分の知識集積を引き合いに出すことになる。問題になっている薪をよく見ると、その薪はたしかに他のものとは違うように見えてきた。私にとって、問題はそれで解消する。私はその薪を脇によけ、他の木をさらに割り続ける。その堅い木は何という種類の木なのか、いかなる「偶然」によってそれが他の薪に紛れ込んだのか、などといったことは私の「関心」を惹かない。そうしたことは、状況に対処することにとってレリヴァントではなく、それゆえに私は、そのことを「根底にまで遡って」究明しようとはしないのである。したがってルーティン状況のなかに現れたこの「新たな」要素は、明晰さの度合いが非常に低いままで規定されることになる（たとえば、ああ、これはマホガニーだ、知り合いの材木屋が、自分の妻が気に入っているマホガニーの机をのこぎりで切るぞと脅していたことがあったが、錯乱状態になってそれを実行してしまったのだ、といった知識とくらべてみよ）。だがプラグマティックには、この程度の明晰さで十分なのである。

あるいは、たとえば見覚えのある人に出会い、その人が私に親しげに話しかけてきたが、私にはその人の名前もそれ以上の詳しい事情もなかなか思い出せないという問題的な社会的状況を例に取りあげてみよう。この状況もまた先の例と同じように、ある程度まではあらかじめ規定されており、ここでもまた社会的な状況一般や個々の相対的に自然な世界観などの私に賦課された自明な側面が特別な役割を果たしている。だがこの状況は、より一層「開かれて」いる。すなわち私は、その人を状況に「位置づける」ことができず、状況をさらに詳しく規定するよう努めなければならないのである。私は自らの知識集積を用いて状況内の諸要素をさらに解釈するだろう。その人は私に親しげに挨拶をし、そして私はその顔に見覚えがある。いずれにせよ親しい知人なのだろう。私は、まず開かれた可能性を狭めようと、その人の年齢や社会的地位について見当をつける。次にその相手がしゃべるように仕向ける。ひょっとしたら、誰か共通の知人のことを話題にし、私の生活史に関する何か特定の事情について尋ねてくるかもしれない。そうこうしているうちに、ようやくはっきりとわかってきた。友人Xの弟じゃないか。これで、その人は明らかに私のことを良く知っているのに、私はその人のことを思い出せないと認めざるを得ないことによって、その人を傷つけることはしたくないという私の関心が満たされることになる。状況は十分に規定され、いまやルーティンへと移し替えられる。ここでもやはり、原則的に規定可能な様ざまな状況の側面が未規定のままに残されている。この状況に対処することにとって、それらの側面はレリヴァントでないからである。

これまでいくつかの例を手掛かりに、プランに規定されている関心はいかにして規定されるべき諸要素を選択するのか、またいかにして解釈が中断され得る地点、すなわち状況が十分に規定された地点を決定するのかを具体的に明らかにすることができた。プランに規定されている関心は明らかに状況に取り込まれたり、状況によってある程度「かき乱されれ」たり修正されたりもする。だがその一方で、そうした関心は、あるプラン・ヒエラルヒーのなかに組み込まれている。このことは、その関心が「課題」として、あるいはある緊急性の段階にある「目標」として、主観的に体験されるということを意味している。その緊急性の段階は、人生の経過における優先性の体系に由来しており、そしてその優先性の体系は、一日の経過、労働と余暇、日常とその他の意味領域（たとえば宗教に特有の勤《ごん》行《ぎょう》）などといった下位体系へと分解されている。このことについては、薪割りの例を思い出すだけで十分である。私は薪を割る、それは自分の仕事部屋のストーブで火を焚くためである、そしてストーブで火を焚くのは、書こうと思っていた原稿に健康上の心配をすることなく取り組むことができるようにするためである、そしてその原稿に取り組むのは……と、以下同様に続いていく。他方、薪割りが、やせることへの関心によって動機づけられていたのであれば、その関心もまた同様に、それに見合ったプラン・ヒエラルヒーのうちに組み入れられているのである。

さらにもうひとつの見解を付け加えておこう。プランに規定されている関心は、もちろん先行するあらゆる状況のなかにも、それらを規定しながら入り込んでいる。そうした関心は、この種の「類型的な」状況に対してはこの知識要素、技能などといったように、知識要素、技能などのルーティン化を動機づけてきたのである。したがってプランに規定されている関心は、単に問題的状況を規定し解釈する際の直接的な要因であるだけではない。それはまた、ルーティン状況を形成し、それらをルーティン的に規定する際にも、そのなかに自明な仕方で入り込んでいるのである。

2 知識の習得

a 知識習得の条件

知識の習得とは、実際の経験がレリヴァンスと類型性に従って、それ自体が実際の状況の規定と実際の経験の解釈に入り込んでいる意味構造のなかに沈澱していくことである。このことはなかんずく、「原的経験」といったものに還元され得る知識要素など、あり得ないことを意味している。知識集積を形成することになる沈澱過程を分析すると、先行する経験につねに行き当たるが、その経験には、ごくわずかなものであれ一定の知識集積がすでに必ず付随している。知識集積の形成に対してレリヴァンス構造と類型化が果たす役割については別個に探究するつもりであるが〔本書第三章BとC参照〕、その分析をある程度先取りして、内的持続における事象としての知識習得について記述することができる。知識の習得は、経験の沈殿として状況のなかで生じ、生活史的に分節化される。知識習得の条件については手短かにまとめることができるので、それについての記述から始めることにしよう。そこで問題になってくるのは、基本的には、すでに探究してきた一日の経過と人生の経過における状況と経験経過の条件である〔本書第二章B4と6、第三章A1参照〕。

知識習得は、内的持続における事象として主観的時間の構造のうちに分節化されている〔本書第二章B4参照〕。経験は、意識の緊張とそのリズムによって規定された「時間単位」のうちで——すなわち意識の流れの「飛行区間と休息地点[5]」のうちで——注意の対向を通じて構成される。意識の流れの実際の位相は、その地平のうちに想起と予期を含むだけでなく、隣接する位相についての過去把持と未来予持をも含んでいるが、それらの射程は状況に関係づけられた関心によって規定されている。経験は複定立的に形成されるのである。だが経験の意味は、まなざしの対向——これ自体もまた「動機づけられた」ものである——によって単定立的に把握される。このことは、経験が知識集積のなかに沈澱する過程にとってきわめて重要である。経験の複定立的な形成は、一般的には「手繰り寄せてまとめられ」、その類型的でレリヴァントな意味のみが単定立的に把捉され、「最終決定的に」

注目に値するものとして知識集積のうちに入り込むことになる。複定立的形成への遡及は、原則的にはたしかに共に与えられているが、経験的には複定立的な諸段階が「多少」再構築できるだけである。このことは、本質的に複定立的な意味構造を伴っている経験（たとえば音楽的主題）に関しては、もちろん同じようには当てはまらない。とはいえ基本的には、ある知識要素の明晰性の度合いと規定性の度合いは、当の経験が知識要素のなかに沈澱していった複定立的な諸段階を再構築する可能性によって決定的に影響されている、と言うことができよう。知識要素の親近性もまた、部分的にはそうした事情によって左右される。

ある問題的な経験ないし状況の内的あるいは外的地平が明示化される解釈過程は、もちろん同様に内的持続における事象であり、それゆえ主観的時間の構造のうちに分節化されている〔本書第二章B4と第一章B参照〕。このことは、単に状況のルーティン的な規定と経験のルーティン的な継起だけに、それゆえ意識の緊張が相対的に低いことを前提にしている、いわば「自動的」に生じる事象だけに当てはまるわけではもちろんない。それは、より狭い意味での解釈、すなわち措定、判断、推論などに対しても、したがって、少なくとも原則的には形式論理学のカテゴリーを用いて遂行される思惟に対してもまた当てはまる。どの述語化もすべて内的持続における事象である。ウィリアム・ジェームズがそうした経験について具体的に記述しているように、「Sはpである」という判断を実行することは、「机の上－にある－カードの－小箱」という統一的で「自然な」経験を複定立的に分解することである。(6) 判断を実行するなかで、そうした経験が個々の要素に一歩一歩分解され、そのうえで互いに関係づけられる。「Sはpである」という判断は、なかでも「Sはpであると同時に、qやrなどでもある」ということが考慮されたうえでなされた解釈過程の帰結である。当面の問題についての状況と結びついた関心からみて、Sのpという性質が注目に値する（また記憶に値する）ものとして選択されたのである。こうした解釈過程の後で、私は「Sはpである」という関係をふたたび単定立的に把握することができる。そしてその際、Sのq、r、sなどといった性質は、もはや把捉されることはない。

知識習得の複定立的―単定立的な構造は、学校での例をあげれば、なお一層、はっきりさせることができる。われわれは学校で、ユークリッドの公理と定理から、ピタゴラスの定理を導き出し、$a^2+b^2=c^2$という公式を得たことがある。いまでは、直角三角形の斜辺の長さの2乗は直角を挟んだ2辺それぞれの長さの2乗の和に等しいという公式の意味を、定理を導き出すためのひとつひとつの段階を繰り返し追遂行するまでもなく理解している。たとえ定理を導き出す仕方を「忘れてしまった」としても、原則的には、それはいつでも再構築することが可能である。とはいえ、いまや明らかなように、ピタゴラスの定理に関する私の知識の明晰性の度合い、そしてある意味ではその知識に対する親近性の度合いも、定理を導き出す複定立的な諸段階を私が「多かれ少なかれ」追遂行することが可能であるか否かによって本質的に影響される。この意味で、経験の沈澱の時間的な分節化は、知識習得のひとつの条件とみなすことができる。さらに、状況において経験が構成されるための条件もまたすべて間接的に知識習得の条件である、と言うこともちろんできるだろう。ただし経験の沈澱、つまり本来的な知識習得は、言うまでもなく状況のなかで生じるのであり、したがって状況の諸条件は、また同時に知識習得の直接的な条件でもある。それゆえ状況の境界が同時に知識習得の境界なのである。すでに述べたように〔本書第三章A1参照〕、こうした事情についての知識は、つねに目の前に存在している知識集積の基本要素に属している。知識習得もまた「大切なことを真っ先に」という原則のもとにあり、その原則を一日の経過に、また人生の経過に適用しながらなされるのである。それは、疲れによって中断されたり、「ふさわしい」時期を待つことを要請されたりする。ある項目を事典で調べる時、対象への関心から「誘惑に駆られて」次々と他の項目を参照することがたしかにあるが、その場合には、まさしく自分が一日のプラン――とライフプラン――のなかである論文を書くためにあらかじめ見込んでいた時間を「犠牲に」せざるを得ないのである。

　状況において賦課されるそれ以外のあらゆる要素のうちの、生活世界についての主観的経験の構造もまた、知識習得の条件である。実際の経験の形式を規定する空間的、時間的、社会的な編成は、原則的には経験が知識集積のなかに沈澱する際にも、単定立的な意味の複定立的な要素が保持されるのとある点で類比的な仕方で保持され続ける。ただし経験は、それが知識集積のなかに入り込む際には変化する。すなわち理念化され、匿名化され、類型化される。そうした変容によって、実際の経験が構造との関係で帯びていた「予兆」は「中立化」されたり、あるいは高次から形成されたりするようになる。それゆえそうした予兆は把捉されることはなく、通常、知識要素の構成要素になることはない。だがそれは、原則的には想起のなかで――「多かれ少なかれ」精確にという程度においてではあるが――再構築され、そして再構築されることによって、理念化され匿名化された当の知識要素の親近性の度合いを「支える」のである。

さらに、生活世界が限定的な意味構造の様ざまな領域へと編成されていることは、経験が沈澱する「条件」ではないにせよ、ひとつの要因ではある。沈澱しつつある実際の経験がそうした諸領域の編成との関係で帯びていた「予兆」は保持され続ける。それらの予兆は、日常的経験として、空想として、また夢での経験として、それぞれと結びついた知識集積のうちに入り込んでいくのである。

そして最後に、知識習得は、知識が習得されるそれぞれの状況と同様、生活史的に刻印されている。知識習得は、それ自体の歴史をもっている。それはより狭い意味では、知識要素の継続的な習得の歴史をもっているのである。だが知識習得の歴史は、それと同時に個人の人生の経過の「理念史」として、より広い意味で捉えることもできる。いずれにせよ知識習得は、生活史全体のなかに確固として組み込まれているのである。

b　様ざまな形式の知識習得による知識集積の構造化

われわれは、生活世界的な知識集積は理論的態度による合理的な思考過程の結果ではないという事実から出発しなければならない。生活世界的な知識集積の要素は、一般性のヒエラルヒーのうちに体系的に配列された、明晰で矛盾のない命題などではない。生活世界的な知識集積の構造は、たとえば代数学のような非経験的科学の論理的体系性になぞらえることはできないし、また経験科学における解明図式、分類学、法則、仮説の組み合わせになぞらえることもできない。生活世界的な知識集積の構造とそれらのあいだにともかくも類似性があるとすれば、その類似性の起源は、理論科学的態度が自然的態度に基づけられていることにある。だが、生活世界的な知識集積を記述するにあたって、歴史的、社会的、文化的に境界づけられた科学的理念から出発するなら、たとえその理念が、生活世界を精密に分析しようという努力を決定的に規定しているとしても、その記述は誤った道に迷い込みかねないだろう。

われわれはむしろ、生活世界的な知識集積は生活世界についての主観的経験が沈澱したその結果であるということから出発しなければならない。知識集積の構造が異質な要素を含んでいる場合、それは基本的に、生活世界的な知識が習得された過程の多様性に帰することができる。ここでは差し当たり、生活世界的な知識という概念を広く捉えたうえで、知識集積には、限定的な意味構造の様ざまな現実領域での経験に由来する知識領域が含まれていると想定して差し支えないだろう。そこで夢の知識、空想的知識、宗教的知識、そして日常の知識について語ることができるようになる。だが、日常の生活世界は至高の現実である以上——またとりわけ知識を客体化するもっとも重要な手段である言語はそこを本拠地にしている以上、日常の生活世界と結びついた知識を、生活世界的な知識集積の中核領域として捉えることができる。ここで詳細に分析したいのはこの領域であり、それ以外の諸領域と関係している知識要素に関しては、場合に応じて指示することにしたい。

　生活世界が様ざまな現実領域へと編成されていることを別にすれば、知識集積の構造化にとってもっとも重要な事情は、自然的態度の構成済みの「単位」として知識集積のうちに疑いなく入り込んでいる経験と、問題的状況のなかにあり、知識要素として沈澱するには解釈しなければならない経験との違いである。知識集積の構造についてはのちに詳細に探究するつもりであるが、ここですでに、それら両経験の違いは、知識要素の沈澱化を決定的に規定し、それゆえにまた知識集積の構造を決定的に規定するひとつの要因であると言うことができる。それらの違いは、信憑性の様ざまな度合いに応じた知識要素の配列と関連しており、知識集積に備わっている類型性と結びついて知識要素の規定性の度合いを条件づけており、さらに知識要素間の無矛盾性の基礎にもなっているのである。知識集積の構造分析へと向かう前に、まずは知識習得の諸形式について探究しなければならない。

何よりもまず、広義と狭義の知識習得を区別しなければならない。知識習得とはそれ自体、あらゆる実際の経験が「相互に連関した」意味構造へと沈澱していくこと、すなわちレリヴァンスと類型性に従って組み立てられた意味構造へと沈澱していくことに等しい。だが、「疑いなく」経過し、解釈されることのない経験は、知識集積に対して「何ひとつ新たなもの」をもたらさ「ない」。そうした経験は、すでに知識集積のなかに備わっている類型性に組み込まれるのであり、したがってそれは、すでに存在している知識要素を確証するだけである。それゆえ文脈によっては、「新たな」解釈の沈澱から生じてくるより狭義の知識習得について語るほうが有用かもしれない。ただし忘れてならないのは、疑いなく経過していく経験もまた、知識集積の内容に対して、あるいは知識要素の確定に対して一定の寄与をしているということである。さらに、実際の経験の疑いのなさは、もちろん先行する解釈に起因するということを付け加えておくべきだろう。ともあれ、いかなる実際の状況においても、疑いのない経験と問題的経験の違いを確認することはできる。そしてこの違いは、より狭い意味での知識習得を規定するのに役立ち得るのである。

知識習得の進捗は、それゆえ経験の経過と同一である。経験経過の進捗を規定していることが、同時に知識要素の継続的な沈澱をも条件づけているのであり、経験経過の中断を規定していることが、同時に知識習得の中断をも条件づけているのである。ここで確認してきたことは、いまやとりわけより狭義の知識習得という観点から精緻化されねばならない。

c 知識習得の進捗

経験構造と解釈過程に関するこれまでの分析によって、当面の問題の解決にとって本質的な論点のうちの、レリヴァンス構造と類型性の役割そのものについての詳しい探究に立ち入らなくても扱うことのできるすべての論点がすでに出揃っている〔とくに本書第三章A2、また第三章のA1参照〕。ここでは、それらの論点を簡潔に要約するに留めていいだろう。

「疑いのない」経験経過にせよ解釈過程にせよ、それらは主観的時間の構造のなかで生じてくる。それらは内的時間のリズム、すなわち意識の緊張におけるリズムの緩急などに従っているが、他方、経験の意味は、生活世界的に分節化された高次の意味構造に組み込まれている。その際とくに重要なのが、経験を複定立的に形成することと、経験の意味を回顧的なまなざしにおいて単定立的に把握する可能性とである。

「疑いのない」経験にせよ解釈にせよ、それらは状況のなかでなされる。ある経験が疑いなく経過するのか、あるいは解釈が必要になってくるのかは、そのつどの状況と結びついた、プラグマティックな動機と生活史的に刻印された関心ヒエラルヒーの具体化に応じて決まってくる。状況は多様に境界づけられており、そしてこの境界性についての主観的知識は、生活世界的な知識集積の基本要素になる。この境界の内部でルーティン状況が形成される。ルーティン状況は、ルーティン的に規定され、そしてルーティン的に対処される。ルーティン状況にあっては、経験は「疑われることなく」経過し、解釈は「不要」であり、「新たな」知識要素が知識集積に加わることもない。経験が問題的になるのは、習慣的知識がそこでは不十分と思われる状況、あるいはその「新奇さ」が世界によって賦課されてくる状況においてである。そうした状況のなかで、プラグマティックな動機に規定されて解釈が開始される。そしてその解釈は、状況の要請が満たされるまで、あるいは解釈の中断が「賦課」されるまで続けられる。この点については、知識習得の中断について分析する際にさらに詳しく探究することにしよう。

さらに、すでに示唆しておいたように、生活世界が限定的な意味構造の様ざまな現実領域へと編成されていることは、知識習得の進捗にとって——またそれと相関する知識習得の中断にとっても——決定的な意義をもっている。実際の経験あるいは解釈において現実のアクセントが付与されている領域の体験様式あるいは認知様式が、その領域でなされる経験と解釈の推移が疑いないものであるのか問題的なものであるのかを規定する。のちに明らかにされるように、ある現実領域から別の現実領域へと「動機づけ」られて、あるいは賦課されて移行（ないし飛躍）することが、主題的に結びついている経験経過と解釈過程の中断を条件づけており、したがってまたそれが、知識習得の進捗における中断を条件づけているのである。

こうしてわれわれは問いをさらに反転させ、主題的に統一的な経験経過と解釈過程において中断はいかにして生じてくるのか、またそのような中断は、知識集積における知識要素の沈澱に対していかなる結果をもたらすのかを問うことができる。ここでもまた、解釈過程の段階に関わる見解を体系的に拡張することによって、先に行った分析を部分的に参照することができる〔とりわけ本書第三章A2および第一章B参照〕。その際に必要なのは、それらの分析結果について、知識習得の問題と明確に関係づけながらその有効性を評価することだけである。そこでの問いは、ある問題的状況において開始された解釈が、いまだ問題は「解決されて」いないにもかかわらず中断されるというのは、いかにして生じるのかということである。解釈がただ「一時的に」中断されるのは、どのような事情のもとにある時なのだろうか。すでに一度「解決された」問題が新たな解釈を必要としていることが判明してくるのは、いかなる事情においてなのだろうか。

d　知識集積の中断

i　「最終決定的な」中断（経験経過の打ち切りと主題の隠蔽）

経験経過に伴っている主題や解釈過程上の問題は、完全に「消滅する」こともあり得る。そのような中断が、本来的な意味での打ち切りである。そこには、主題や問題をふたたび取りあげようという意図が伴っていないのである。打ち切りにいたるもっとも重要でもっともしばしばみられる原因のひとつは、ある限定的な意味構造の現実領域から別の限定的な意味構造の現実領域へと、主観的には「飛躍」と思える仕方で移行することと結びついている。別の体験様式ないし認知様式へと移行する際には、元の様式に固有のレリヴァンス構造は「置き去り」にされる。

たとえばある問題的状況を夢にみている場合、その問題の解決は夢の世界のレリヴァンス構造によって動機づけられ規定されている（たとえば、比較的緊急度の高い問題を夢にみていて、それを解決することができない場合には、夢にうなされることになる）。夢のなかで問題を解決できないうちに目覚めてしまった場合、その問題は、目覚めている私にとって「理解可能」であるかもしれない。だが、その緊急性はもはや完全に失われているだろう。自分がみた夢について回想している際には、夢のなかでの関心は中立化されている。その夢に属していたレリヴァンス構造は、夢のなかでは緊急性の度合いや解決可能性などとして現われていたが、いまやそのレリヴァンス構造と共にある夢の主題は日常生活のパースペクティヴのうちに現出しているのである。私が自分の夢を解明しようとする場合、そこでの解釈過程を動機づけ制約しているのは日常生活のレリヴァンス構造と認知様式なのであって、状況と結びついた夢のなかでの関心ではないのである。私がことのほか大切にしているある高価な物を誰かが盗んだという夢をみたとしよう。私はその人物を追いかけようとする。だが、それができない。私は夢のなかでは——自分でそれに気づいて驚いたのだが——走るという技能をもっていないからである。朝になってその夢を想起する時には、自分は走ることができるというのは自明であるけれども、私にとってその技能が役立つ夢のなかでのいかなる問題も、もはや存在していない。ただし、夢のなかでなくて困ったのが、さほどルーティン化されていない知識要素であった場合には、自分がそれをもっていることは目覚めている私にとってもさほど自明ではないだろう。そこで、それをもっているか否か確かめようとするかもしれない。

ある現実領域にとっての問題は、別の現実領域に「飛躍」した場合には、問題としては「消滅する」。だがそれは、ある特定の意味で、後に「間隙」を残すことになる。私は、もはや問題などではなく、その解決にいたるいかなる解釈をも必要としない問題を、なお「想起する」ことができる。そのような「間隙」、すなわち中立化された問題に関係している解釈とは、日常的な生活様式の意味構造との一貫性を保ちながら夢の「意味」を解明することである。夢のなかでの問題によって後に残された「間隙」は、「その夢にはどのような意味があるのだろうか」という新たな問題によって埋められることによって、まったく別の意味構造の現実領域のなかにいわば飛び地を形成することになる。そうした飛び地は、ある特定の意味で両方の現実領域に属している。それは、ある現実領域のうちに「所在し」ていながら、別の現実領域とも「関係している」。このように二つの現実領域にまたがっている主題のことを、ここではシンボルと呼ぶことにしよう。この定式によって、シンボルというものが十分に把握できたわけではないが、シンボルの発生にとって重要な事情は明らかにされているだろう〔本書第六章B5参照〕。

われわれはこれまで、打ち切りをとりわけ明快に示すことのできる例を選んできた。だがそこで示されてきたことは、ある現実領域、すなわちある体験様式ないし認知様式から別の現実領域へと飛躍することと結びついた、すべての経験経過の中断あるいは知識習得の中断に一般に当てはまる。中断によって「間隙」が後に残され、そしてその「間隙」は、原則として別の現実領域のレリヴァンス構造のなかで解釈することができるのである。ある演劇の主題や宗教的経験の主題は日常世界のうちに飛び地を残し、そしてその飛び地は、日常生活の認知様式のなかでは「シンボルによって」のみ表わすことができる。日常のレリヴァンス構造は、それ以外の現実領域によって後に残された飛び地を解釈するには「不十分」なのである。その不十分さは、主観的には畏怖やよそよそしさ、あるいはまた人をみくびった無思慮に対する感情とさえ結びつくかもしれない。逆に日常的な現実の主題が、他の現実領域のうちに「間隙」を残すこともある。ただし両者のあいだには違いがある。たとえば、解決されていない日常の問題は、空想的想像の世界の領域ではレリヴァントではない。だがそれらの問題は基本的に、たとえばゲームにおける未解決の問題がそれに背を向けてしまえば「消滅」するようには「最終決定的に」「消滅」することはない。日常的な生活世界は、そこでの私の状況を形作っている基本要素は変わることなく存在している ことによって、そしてそれらの基本要素と関連している問題は「遅かれ早かれ」解決されねばならないことによって至高のものなのである。それゆえここで取り扱われているのは、知識習得の単なる一時的な中断であるにすぎない。

経験の経過の中断は、いますでに述べようとしているように、賦課されているか動機づけられているかのいずれかである。すなわち世界における私の状況に直接的に由来しているか、あるいは内的持続の自生性によって規定されると同時に、生活史的に刻印された意味構造によっても間接的に規定されているかのいずれかである。たとえば、夢をみたあとの目覚めは賦課されたものである。それに対して悲劇の世界、書物の世界への飛躍は動機づけられたものだろうし、同様に日常世界への帰還もまた、動機づけられたものであろう。ただし、賦課された中断と動機づけられた中断との区別は、ある限定的な意味構造の現実領域を離れることに結びついた中断だけに限定されるわけではない。その区別は、同じ現実領域の内部で生じる中断にも当てはまる。このことをさらに明らかにしてみよう。

ここで、ある現実領域を離れたわけでもないのに問題が「消滅」するという際に生じている解釈過程の中断について、ひとつの例を用いて説明してみよう。私は、部屋で椅子に座って手紙を書いている。突然、通りで爆発音がする。銃声だろうか。何かが爆発したのだろうか。窓辺に行って通りを見るが、とくに変わった様子はない。そこでふたたび手紙を書こうと椅子に座る。私は「問題」を解決したわけではない。ただ、諸可能性のなかには自分にとってレリヴァントであり得るもの（誰かを助けに駆けつけなければならない、避難しなければならないなど）は、おそらく何もないということを、多少の確信をもって確認しただけである。レリヴァントであり得る何らかの可能性が考えられる限りで、状況は私にとって問題的だったのであり、レリヴァントであった選択肢が排除されたことによって、私はそれ以上の解釈を中断したのである。いったい――レリヴァントな可能性以外の――何が、爆発音の本当の原因だったのか（たとえば自動車の特別ひどいバックファイア、隣の家の地下室で落下した金属板など）は、私の「関心」を惹かないからである。その場合には、解釈されるべき問題的な主題が後に「間隙」を残すことはない。そこでの問題は、厳密に言えばただ仮定的にのみレリヴァントだったからである。私の知識集積からすれば、またおそらくは私の習慣的知識の領域においてさえも、爆発と銃声は「重要な」出来事であり、それに対処することが必要だけれども、バックファイアに関してはその必要はない。レリヴァントな解明可能性とレリヴァントでない解明可能性とを区別するのに必要な場合に限って、私は自分に賦課された活動の中断について解釈しなければならない。そしてそこで問題が解決した場合には、それで十分である（爆発か銃声かバックファイアかの可能性しかなかった場合には、いずれにせよ爆発と銃声の可能性が消去されるまで解釈しなければならない。そしてそれらの可能性が消去された場合、爆発音はバックファイアだったことを知ることに「関心があった」わけではないけれども、私はそのことを知ったのである）。他方、そこで問題が解決しなかった場合でも、それでまた十分である。私は、それが自分にとってレリヴァントな問題ではないことを知ったからである。この仮定的レリヴァンスの問題は、知識集積のレリヴァンス構造の分析へと向かう際に、ふたたび取りあげねばならなくなるだろう〔本書第三章B2参照〕。ここでは、この種の仮定的レリヴァンスとそれによって条件づけられた解釈の諸段階が、「もし……であれば……である」という類型的な様式によって特徴づけられ、多かれ少なかれルーティン化されてもいる、日常生活における大部分の行為のうちに入り込んでいることを指摘しておくだけでいいだろう。

経験の経過あるいは知識の習得が「最終決定的に」中断される、もうひとつ別の形式がある。それは、ある問題が新たな問題によって隠蔽されることによって特徴づけられる。この形式のとりわけ典型的な事例は、ある行為の目標が、その行為の経過中に形成された新たな目標によって隠蔽されるという事例である。[7] ある目標を視野に入れている——つまりある行為の結果を企図している——時、私は、その目標を実現するまでの諸段階をもあわせて企図しなければならない。そして実際にそれらの段階を順次、辿っているあいだに、もともとの目標が私にとってレリヴァントでなくなってしまうこともあり得るだろう。その原因は様ざまである。

第一にあげられるのは、私がいま実際に辿っている個々の「段階」は経験の地平を伴っているということである。それらの地平が体験経過のうちに取り込まれることによって、予測していなかった結果をもたらすのである。そこでもたらされた結果は、たとえば、以前はもともとの目標に従属していた個々の「段階」に対して、もともとの目標を隠匿してしまうような意義を与えるかもしれない。「手段」は「目的」になり得るのである。

第二に、行為の経過中に、もともとの目標は——一日のプランやライフプランのなかでは——それを新たな目標に従属させた場合にはじめて意味をもつということが判明するかもしれない。そこで私は、その行為を打ち切ることもできる。あるいは、新たな目標と関係づけてその行為をさらに実行することもできる。だがそこでは、「目的」は「手段」に格下げされている。その場合には、もともとの目標は消滅してはいないけれども根本的に変様しているだろうし、その目標はもはや新たな行為連関のなかでレリヴァントであるしかない。

第三に、行為の経過中に、もともとの企図に向かうのに必要な段階はもたらし得ないことが判明するかもしれない。目的のための手段が、もたらし得る領域にはないのである。その場合には、行為は打ち切られるか、それとも新たな手段が企図されて古い手段が隠匿されるかのいずれかである。もともとの目標は、それによって一定程度、変化する。

最後に、行為の経過中に、もともとの企図に向かうのに必要な諸段階をもたらすことはできるけれども、それらが実現された場合にはすぐさま、予測していなかった帰結がもたらされるだろうということが判明するかもしれない。そうした事態が生じる可能性は、経験的にはとりわけ重要である。そこでもたらされるであろう行為の帰結は、企図された目標とは必然的に異なっている――ルーティン化された活動の場合には、レリヴァントでない程度にごくわずかに異なり、それ以外の場合にはしばしばかなりの程度、異なっている――からである。ここで注目に値するのは、そうした場合にはしばしば意味の反転が生じるということである。私は、行為を回顧的なまなざしのもとで捉えたうえで、もたらされるであろう行為の帰結をもともとの行為の企図のなかに引き入れて読み取り、その帰結はもともとの行為の目標に含意されていた、あるいは隠されていた、と言ったりする。私はそこでは回顧的なまなざしのもとに、その事象を隠蔽としてではなく、むしろ発見として統握するのである。こうした事態は、私に賦課されてはいるが予測されてはいなかった状況の要素が行為の推移のなかに入り込んでくる場合に、とりわけしばしば生じてくる。発見と発明の歴史がこの事例を豊富に提供してくれる。黄金の精製を試みる錬金術師たちによる冶金学上の発見、インドにいたる新たな航路を探していたコロンブスによるアメリカの発見などである。日々の生活においても、そうした事例には事欠かない。手紙を書く際、あらかじめどんなに考えを明確に企図していたとしても、それを実際に書くにあたって新たなアイデアや新たなニュアンスがいわば筆に宿り、書き上げた手紙は、企図していたのとは違ったものになるかもしれない。たとえルーティンどおりにイヌを調教したとしても、結果は、予測していなかったそのイヌの特性によっても規定されることになるだろう。これら以外の現実領域もまた、たとえば芸術家による造形（「素材からの抵抗」を受ける）、ゲーム（チェスにおける私のプランは相手の一手ごとに継続的に変様していく）などにみられるように、こうした事情によって特徴づけられている。

最後の例は、われわれにさらに別の示唆を与えてくれる。社会的行為において、共在者の目標はある意味で〔本書第五章E参照〕われわれに賦課されている。私のもともとの目標は、共在者の目標を必ず考慮に入れねばならない企図によって隠蔽され、共在者のもともとの目標についてもまた、それと同じことが言えるということによって、社会的行為の相互性は構成されるのである。軍隊の統率者によるプランの策定と再策定（さらにそれらを先取りしようとして参謀本部が行う「机上演習」、機動演習など）や、競合相手の行為によって影響を受けるビジネスマンの振る舞いなどについて考えてみればよい。まさしく社会的行為の領域には、そうした隠蔽を主観的相関項として伴う予期せぬ出来事がはっきりと刻印されており、しかもそれは、まったくルーティン化されている行為にあってさえも、すべてなくなることは決してないのである。

ⅱ 「一時的な」中断

経験の沈澱は、経験の経過が中断されたところからそれをふたたび開始するという意図をもって、あるいは解釈過程をさらに先へ進めようという意図をもって、中断されることもある。その場合、経験の主題もしくは問題の核は、消滅もしないし完全に隠蔽されることもない。むしろ経験の進捗、問題の解釈が延期されるのであり、レリヴァンスはただ一時的に中立化されるだけである。すなわち「延期されるのであって、廃棄されるのではなく」、問題はふたたび取りあげられる機会を、レリヴァンスはふたたび活性化する機会を待っているのである。そうした中断の原因は、すでに先に示したように、「最終決定的な」中断と同じく賦課的なものでも動機づけられたものでもあり得る。まずは賦課的な中断についての考察から始めることにしよう。

たとえば問題的状況と経験を解釈する活動のいくつかがそうであるように、ある特定の活動は、世界が状況のなかに賦課的に与えられていることによって、最後までそれをいっきに成し遂げることはできない。知識習得の進捗は、主観的には身体性、注意、「意志力」の境界側面として現われてくる意識の緊張の変化と内的持続のリズムによって、とりわけそのように条件づけられ境界づけられている。ある行為の射程が、そうしたリズムの個々の位相の持続よりも長い場合、その行為はのちにふたたび開始するために中断されねばならない。世界時間、季節、社会的時間などに組み込まれている行為のなかには、待つという期間を必要とするものがある。そうした行為は、待つという期間が「過ぎた」のちにふたたび開始するために、「ふさわしい」時期がくるまで打ち切られねばならない（暗くなって遊びを中断しなければならない時の子どもの悲しみ、冬を待ちわびるスキープレイヤー、農作業のリズムなどについて考えてみよう）。行為の射程は、それ自体が賦課された状況の要素を、とりわけ経験の空間的、時間的、社会的な構造を指示している（ニューヨークからロンドンまで行くには一連の段階を踏まねばならない――ただしそのあいだに、本を読んだり食事をしたり、眠ったりなどすることができる。もし数学の教師になりたいのであれば、なかんずく、体系的に編成された知識領域を一歩一歩習得し、特定の知識形式をルーティン化するなどしなければならない――ただし、そのあいだに私は食事をしたり眠ったりしなければならないし、父親になるかもしれないし、五〇回映画に行ったり合唱団に入団したり、骨折してそれが治ったりなどするかもしれない）。

状況のなかにある賦課された要素は、すでに示したように相互に結びついている〔本書第二章B4およびB6参照〕。私はそれらを、主観的には現在の経験経過の進捗に対する障害として、または克服されるべき行為の障壁として、さらには中断された活動をふたたび開始できるまで待つ必要性として体験する。ところで経験経過の中断は、単に直接的に賦課されているだけではない。それはまた動機づけられていることもあり得る。私は仕事をさらに続けることもできるだろうが、休憩しようと自分で決めたのである。私はその問題を一挙に解決することもできるだろうが、解釈の進捗を先に延ばそうと自分で決めたのである。とはいえ、動機づけられた中断もまた最終的には、状況のなかにある賦課された世界構造の要素によって、とりわけ一日の経過と人生の経過には「大切なことを真っ先に」という原則がはっきりと刻印されていることによっても規定される。私の有限性によって動機づけられているプラン・ヒエラルヒーが、中断をするための動機づけを規定しているのである。中断が続いているあいだ、中断された経験経過の主題ないし先送りされた問題に何が生じているのだろうか。直接的に賦課された中断と動機づけられた中断のいずれの場合に関しても、この問いに答えておく必要があるだろう。私は今日やめたところから明日ふたたび始めることができるというのは、いかなる意味においてなのだろうか。

単純な例から始めることにしよう。分厚い本を読む場合、私はそれをいっきに読み通すことはできない。今夜一五〇頁まで読んだとしたら、その頁を憶えておくかもしれないし、目印を挟んで本を閉じるかもしれない。私は、自分が明日か明後日、あるいは来月にでも、一五〇頁を開けば話の続きが読めることを知っている。そのあいだに私は眠るし、また目覚めた後、出勤しなければならない。私は新聞を読んだり、その本とは別の小説を読むことさえできる。それらいずれの活動に際しても、注意の前景にあるのはその本とは別の主題である。私は新たな状況に遭遇し、私の経験はルーティン的に経過するか、あるいは問題的になって解釈が必要になる。それらの状況は、それ固有のレリヴァンス構造を伴っている。プランによって規定されているその状況における関心は、仕事の予定や自由時間の予定などに下位区分される私の一日のプランとライフプランに由来しているのである。私の仕事、余暇の活動などは、それぞれに対応するレリヴァンス構造によって動機づけられる。読書のレリヴァンス構造とそれに依拠した解釈の地平は、もちろん仕事に「うまく収まる」ことはない。しかし読書のレリヴァンス構造は、仕事をしているあいだに消滅したわけではなく、ただ中立化されているだけである。ある主題、たとえば風車のエピソードまで読んでそこで中断したドン・キホーテの冒険は、いつでもそこへ立ち返ることが可能である。私は原則的には、プランによって規定されている仕事の状況に伴う関心がそれを「阻害」しない場合には、仕事中でさえもそれを再活性化することができる。ドン・キホーテの話をふたたび読んでいるあいだは、逆に仕事に関連した主題が中立化されている。

この例はとりわけわかりやすいが、それは、そこでの中断が別の現実領域への「飛躍」と重なっているからである。実際、そうした飛躍と結びついて、多くの「最終決定的な」中断が生じるばかりでなく多くの「一時的な」中断もまた生じてくる。しかし、休憩、延期、待ち時間などを伴った一時的な中断は、同一の限定的な意味構造の現実領域に属している状況のうちでも生じてくる。活動ａ１を中断して活動ａ２に取りかかる場合、しかもａ２が終わったあとでａ１を再開しようという意図をもってそうする場合、それ自体の主題的レリヴァンス[8]を伴っている主題ａ１は、それ自体の主題的レリヴァンスを伴っている主題ａ２によって置き換えられている。とはいえａ１は消滅したわけではない。主題ａ１は、それに伴っている主題的レリヴァンスと共に、中立化された形でａ２の経過の地平のうちに入り込んでいる。この中断と、それとは別の、主題が消滅する中断との違いは明白である。この中断にあっては、主題は「消滅」したわけでも「最終決定的に」隠蔽されたわけでもなく、別の主題によって単に一時的に置き換えられ、「変わることなく」ふたたび取りあげられる機会を待っている。主題が「消滅」する場合には、後に間隙が残され、そしてその間隙は、後続する状況に伴うレリヴァンス構造へと編成される。主題が隠蔽される場合には、もともとの主題は、いわば見分けがつかなくなるまで変化してしまう。だが「一時的な」中断の場合には、もともとの主題は、それに伴っている主題的レリヴァンス構造と共に保持される。もともとの主題は新たな主題からは独立しており、両者が結びつくのは、ただ体験経過の統一性をとおしてだけなのである。

　だが、中断されているあいだもａ１は変わることなくあるという見解は、厳密にいえば正しくない。その見解には、「私は‐それを‐繰り返し‐行うことが‐できる」ならびに「以下同様」という生活世界的な理念化が含まれているのである。活動ａ１は、それが中断されたのと厳密に「同じ場所から」再開できるわけではない。中断されている活動ａ１は、中断が続いているあいだはａ２の地平のなかにあり、それゆえａ２から、わずかであるとしてもある色あいを自動的に受け取るからである。たしかにａ１は、ａ２のレリヴァンス構造に規定されたパースペクティヴによって解釈されたり意識的に変様されたりするわけではない。だが、ａ２のレリヴァンス構造に規定された経験が経過しているあいだ、ａ１もそれと一緒に経過している。私がａ１を再開する際には、その活動ａ１は、少なくともａ２の後のａ１という新たな生活史的な刻印を経験している。そうした事情は主観的には、ふたたびａ１を「指向する」ために必要とされるいくぶん大きな努力として経験される。だがａ１の意味にとって決定的であるのは、「私は－それを－繰り返し－行うことが－できる」と「以下同様」という理念化が、中断にも再開にも入り込んでいるということである。まさしくいま述べた留保をつける限りで、ある主題を中断した際に離れた場所から、その主題をふたたび取りあげることができると述べることは正しい。読書の例においてとりわけ明確にみることができたように、ここでは客体化された意味構造の役割、とりわけ（文字、目印などはなおのこと）言語の役割がより大きな経験的意義をもっている。

　動機づけられた「一時的な」中断は、一日のプランとライフプランのなかに広範に組み込まれている。すでに示唆しておいたように、個々の状況と活動のなかでプランによって規定されている関心を規定する高次のレリヴァンス構造は、活動や解釈過程、経験経過を中断する際の、また再開する際の「動機」でもある。別の言葉で言えば、そうしたレリヴァンス構造は、経験の進捗と経験の中断とからなる体系として分節化されるということである。この体系はそれ自体、広範にルーティン化されており、したがって私は、「始めるべき時とやめるべき時」がいつなのか、多かれ少なかれ「自動的に」知っているのである。

動機づけられた中断の体系は、その規則性によって習慣的知識になる傾向がある。だが中断一般、とりわけ賦課された中断は、様ざまな体験の質を伴い得るだろう。中断は、驚きをもたらすかもしれないし、快いかもしれないし、しかしとりわけ煩わしいかもしれない。経験の進捗と中断が十分にはルーティン化されていないことによって、あるいはまたルーティン化されたそれらの連鎖が分解することによって、精神病理学的な現象が引き起こされることさえある。そうした精神病理学的な現象は、状況からの要請がいかなるものであろうと、ある活動を中断するための「能力の欠如」として顕在化することもあれば、それが中断された場合にはショックをもって対応される不可避の行為経過と表象経過として顕在化することもあり、あるいは逆に、「わき道にそれる」ことなく活動に「集中する」ための「能力の欠如」として顕在化することもあるだろう。

3　知識集積の構造

a　状況の基本要素に関する知識と知識集積における習慣的知識

これまで、知識集積の構造は本質的には知識習得の形式から、それゆえ経験の沈澱過程から派生し得ることをみてきた。このことは知識の親近性の段階に関しても、明晰性ないし規定性、そして無矛盾性に応じた知識要素の編成に関しても、さらにまた知識要素に与えられる信憑性の度合いに関しても、同様に当てはまる。これらについて個別に探究していくに先立って、知識集積の二つの領域、すなわち知識集積の基本要素と習慣的知識は、こうした次元に端的に当てはまるわけではないことを確認しておこう。

知識集積の基本要素〔本書第三章A1参照〕は、個別的な経験の沈澱から生じてくるわけではない。それは、それらの経験すべての境界条件に関する知識、すなわちいずれの経験にも多かれ少なかれ自動的に共に与えられている境界条件に関する知識のなかにある。たとえば高山の天候状況や友人の性格などについての私の知識は、個別の経験のなかで生まれ、のちに個別的な経験のなかで修正されたり確証されたりするけれども、知識集積の基本要素は、個々の経験によって確証されたり修正されたり反証されたりすることはない。世界内にある人間的状況の内容と様態に関する知識は、状況の地平ないし経験の地平のうちにある所与として、個別的な仕方であるにせよいずれの経験にも与えられている。内的持続の境界性についての知識、世界時間内にある個別的な状況の歴史性と有限性についての知識、身体性の境界についての知識、そして経験の空間的、時間的、社会的な構造についての知識は、いずれの具体的な状況をも規定するその基盤である。それに対して知識集積の個別的な要素は、個別的な経験から沈澱し、ある経験の核として主題化され、また主題化に際しては、いずれにせよ直接的な役割を果たすことになる。こうした事情を顧慮すると、知識集積の基本要素の「親近性」は、習得された個別的な知識集積の内容がもつ親近性の段階とは本質的に別種のものであると言えよう。

習慣的知識〔本書第三章A1参照〕もまた、知識集積の部分内容がそのうちに配列されている親近性の諸段階のうちに安易に並べ入れることはできない。ここで思い出さねばならないのは、知識集積の特定の基本要素と習慣的知識の特定の領域とのあいだに明確な境界線を引くことはできないということである。とりわけ技能は、知識集積の基本要素である身体性についての知識が具体的に刻印されたもの、あるいはそれが「拡張」されたものとみなすことができる。すでに述べたように、習慣的知識は知識集積の基本要素と知識集積の内容との中間に位置している。基本要素は普遍的であり、経験の沈澱から生じてくるわけではない。それに対して、技能から慣用知、処方知にいたる、多かれ少なかれ変更可能な習慣的知識は、もちろん経験が沈澱したその結果である。だが習慣的知識は、基本要素と同じようにつねに目の前に存在しており、そしてそのことによって知識集積の明示的な部分要素とは区別される。習慣的知識は、自動的に遡ってそれを捉え返すことができるのである。習慣的知識の要素は、知識要素として、すなわち独立した経験主題として把握されることはもはやなく、経験経過の地平のうちに共に与えられている。その点をここで再度、明確にしておきたい。私が外国語を学習する場合、語彙や文法、発音などは、私の知識集積の個別的な部分内容であり、私はそれらをひとつひとつ学んだのである。しかもそれらは、経験経過における個別的な主題として、個々の経験のなかで準現在化することができる。このことに関しては、親近性の段階について述べることには大きな意味があるだろう。私には、他の語彙にくらべてより親近的な語彙が少なからずある。あるいはフランス語は、私にとってロシア語よりも親近的である。さて、その言語を用いて「思考」し始める時がやってきた。その言語に関する私の知識は習慣的知識になったのである。その場合でもなお、親近性の段階について語ることが意味をもっているのかどうかは疑わしい。私は、様ざまな目的のために言語を用いるのであり、しかもそれを自動的に用いるのである。外国語の代わりに母国語を例にとってみると、事態はまったく明瞭になる。母国語であっても、たしかに学ばなければならない。それは、様ざまな仕方でルーティン化され、最終的には技能や慣用知、処方知から構成されるようになる、長期にわたる沈澱化の過程である。親近性はここでは、その段階について語ることがそこを超えるとほとんど意味をなさなくなる、そうした閾《いき》をいわば超え出ているのである。

それゆえに知識集積の基本要素も習慣的知識も、知識集積の構造のなかで特異な地位を占めている。それらはつねに目の前に存在しており、知識集積の内容のように場合に応じて手許に存在しているわけではない。それらは共に「自動的に」与えられており、経験の主題として分節化されることはない。もはやそれらは、親近性の段階に応じて知識集積の編成のなかに組み入れることができないほど、自明な仕方で「親近的」である。知識集積の明晰性の段階と信憑性の段階についても、明らかに同じことが言える。それらもまた、本質的に知識習得の形式に由来している。たとえば有限であることとの信憑性や歩行することとの明晰性と規定性について語ることは意味をなさないのである。

だが最後に、知識集積の基本要素と習慣的知識はその起源を異にしているということを、再度、強調しておかねばならない。両者のあいだには先に述べたような共通点があるとはいえ、習慣的知識は、普遍的で「自律的な」知識集積の基本要素とは異なり、習得された個別的な知識要素から生じてくる。習慣的知識は、知識集積の親近性の段階に——基本的には明晰性の度合いと信憑性の度合いに応じて——もともと組み入れられている諸要素から成り立っているのである。だがそれにもかかわらずそれら諸要素は——ルーティン化されるやいなや——知識集積のそのつどの構造のなかで、知識集積の基本要素が占めているのと類似した地位を占めるようになる。

b　知識要素の親近性

i　親近性の段階

親近性という言葉は様ざまな、そして異質の事態を指示することができる。それゆえ、まずはここでの用法を確定しておこう。ウィリアム・ジェームズは『心理学原理』のなかで二種類の知識を区別し、それらを「に関する知識」と「直接の知識」と名づけている(9)。この区別は、われわれがあることについて知っているという場合、それの何について知っているかは様ざまであるという洞察に基づいている。われわれは、たとえば「そのようなもの」があることを知っており、「それについて聞いた」ことがあり、それに関する多かれ少なかれ不明瞭な表象をもっている。だが他方、われわれにとってまったく親近的であるものも、少しばかりではあるが存在している。われわれは、それがいかなる性質をもち、他の対象や事象とどのように関わっているかについての洞察をもっているのである。ジェームズによるこの区別は、たしかに知識の明晰性の次元にすでに入り込んでいる。しかも彼の二分法は、親近性の微細な諸段階を規定するには適していない。だがその二分法は、いずれにせよ親近性の高い知識と低い知識の第一次的な区別にとっては有益である。それに対して、少なくない心理学者たちがそうするように、「既知性という性質」について、あたかもそれがいわば第三性質として対象と事象に備わっているかのように語ることは、誤解を招きかねない。たしかにわれわれは対象と事象を、多かれ少なかれ親近的なものとして経験する。だが、いかなる意識過程がそうした親近性の基底にあるのかが詳細に探究されねばならない。まずはいくつか例をあげながら、そうした事態について明らかにしてみよう。

これまでに卵を調理したことがある人なら誰でも、沸騰したお湯に卵を入れると、おおよそ三分ほどで「半熟」になり、さらに何分かゆでると「固ゆで」になることを知っている。この知識は高度の親近性をもっている。だがそれにもかかわらず、たいていの人は、そのような結果が「そもそも」いかにして生じてくるのかについて、明晰な表象は何ひとつもっていない。冬には葉を落としている木々も、春になればふたたび葉で覆われることを、私はもちろん知っている。ただし、そうした変化をもたらす過程は親近的であるわけではない。ボタンを押してスイッチを入れると、その結果、何が起きるのか、すなわち明かりがつき、エレベーターが三階に止まるなどといったことを知っている。手紙を出すと、それが数日後には受取人のもとに届くであろうと知っている。これらの例の知識要素に付与されている信憑性の度合いは、たしかに同一ではない。私は、たとえば木々が緑になることについては「確信をもって」知っているが、手紙が受取人に届くことについては、「きわめて大きな蓋然性」をもって知っているにすぎない。さらに、知識要素の明晰性の度合い、あるいは規定性と無矛盾性も当然、同一ではない。それでもなおこれらの例を選んだのは、それらがすべて、さらなる知識を得ることが原則的に可能だからである。私は、特定の温度で卵白と卵黄に生じる化学上の過程について情報を集めることができる。また木々が芽吹くことに関する、その生物学的、宗教的、呪術的説明について調べることもできるし、技術的な事象については、その物理学上の説明を追求することもできる。また郵便局や郵送業務、郵便局員などについて、きわめて詳細に照会することもできる。ところで先の例では、自分にとって親近的である事象に関する「より詳細な」説明が存在していることを私が知っており、さらにそうした知識を私に伝えることができる特定の「人」、たとえば科学者、郵便局員、技師、シャーマンなどが存在していることさえ私は知っているとみなされていた〔本書第四章BおよびC参照〕。もっとも私は、そのことを知っているからといって、それらについてさらに知識を得ることに関心があるわけではない。私にとってそれらのことは、「自分自身の欲求」からみて十分な程度に親近的なのである。ここで問題になっている関心は、知識の習得と中断とを規定するもっとも広い意味でのプラグマティックな関心である。私はことによると、原則的にはそれらのことがらについてもっと知ることに「関心」があるのだけれども、「大切なことを真っ先に」という原則のもとで、それに割く「時間がない」のかもしれない。私は、自分にとってよりレリヴァントな知識を「真っ先に」得なければならず、あるいはより重要な、もしくはより緊急度の高い経験のための「余地」を残しておきたいからである。特定の知識要素が原則的に達成可能でないことを私が知っている、これとは別の事例については、生活世界の不透明性について記述する際に考察することにしよう〔本書第三章A3f参照〕。

われわれは、生活世界のあらゆる領域に、そしてまたそこに現われてくる諸々の対象と事象に、同じ程度に関心を向けているわけではない。このことは一般的に妥当する。プランによって規定されている状況関連的な関心は、世界を（生活史的に刻印されている知識習得のなかで）より高次のレリヴァンスの層とより低次のレリヴァンスの層へと次第に編成していく。私の実際に到達可能な範囲にある世界と潜在的に到達可能な範囲にある世界から、何よりもまず、私のプランの遂行にその目標や手段として、また障害や条件として関与してくる対象と事象が選択され、あるいは単に比較衡量しているだけのプランを実行する際に考慮されることになる対象と事象が選択される。このことはもちろん、一日のプランに基づく生活史的な分節化とライフプランに基づく生活史的な分節化のどちらの水準にも当てはまる。世界の「レリヴァントな」要素と側面は、私にとって状況に対処するのに必要な限りで親近的になる。もっとも、いま確認されたことは、原理的なプラグマティズムの意味で、ましてや行動主義の意味で理解されるべきでない。そこに関わっているのは、日常的な生活世界における状況だけではなく、それとは別の現実領域において生じる状況もまた、そこに関わっている。ましてやそれは、何らかの「生物学的な欲求」を満足させることだけに関わっているのではない。

日々の生活において重要なのは、もちろんそれだけではないが、何よりもまず類型的で反復的な状況に対処することである。目標、手段、条件、障害などからなる広範な領域がわれわれの前に繰り返し立ちはだかる。そのもっとも重要な理由は、われわれはあらゆる状況において、変わることなく賦課されている普遍的な状況の要素に遭遇するということにある。プランはもちろん生活史的にも分節化されており、そして生活史的に刻印されたレリヴァンス構造と関心のなかへと入り込んでいる。プランを遂行する際に必要な特定の目標、手段、条件、障害の解釈は、それぞれに応じた仕方でルーティン化され、習慣的知識の領域へと移行していく。それ以外の行為は、完全にはルーティン化されていないまでも、繰り返し親しまれて十分に親近的になっている目標と結びつき、同様に親近的な手段を用いて同様に親近的な抵抗を克服する。親近的になっている以上の解釈をすることは不要であることが、繰り返し確証される。そのような行為に関与している知識要素が合わさって、行為複合体と知識複合体の親近性の度合いが形成されるのである。同じことは——ここで再度、強調しておくが——半熟卵や郵送業務などの例で示されたように、明晰性の段階をまったく異にしている諸々の知識要素にも当てはまる。

親近性の段階を実際の経験を起点に規定してみると、ある一般的な区別が確認できる。第一に、以前の経験において遭遇したものと同じであると認識される対象と事象が存在している。第二に、以前に経験したものと本質的な特徴において類似したものとして把握される対象と事象が存在している。だが第三に、かつて経験した対象と事象とは、いくつかの特徴に関して類似しているだけで、それ以外の点では類似していないと統握される対象と事象も存在しているだろう。最後に、レリヴァントなすべての側面において直接の知識がないものとして現出している対象と事象が存在している。要するに親近性の段階は、基本的には知識集積に備わっている類型性と結びついているのである〔本書第三章A参照〕。ここでさらに、親近性を特定する際にもまた、実際の経験客体を起点に主観的な知識習得を遡って指示しているということを明らかにしておくべきだろう。対象の親近性の程度は、先行する諸経験にその対象がどの程度、合致しているかに応じて様ざまなのである。

そこで、親近性の段階分けの起源、すなわち様ざまな形式による知識習得へと立ち返ることにしよう。ある知識要素の親近性の度合いは、知識集積のなかに入り込んでいる経験の内的地平と外的地平がそのつど、どの程度、解釈されているかによって左右される。親近性の度合いは、厳密に言えば知識習得の過程においてすでに構成されているのである。親すでにみてきたように、知識を習得している状況のなかでは、プランによって規定されている関心が状況の規定と経験の解釈を動機づけ、解釈の水準を指示し、そしてそうすることによって、どの時点でその解釈が中断され完結されるのかを確定する。別の言い方をすれば、状況ないし経験の解釈は、一般に、解釈において構成された知識が状況に対処するのに十分である場合に中断される。それゆえ、様ざまな解釈可能性がレリヴァントにならないままである。さらに多くの解釈が可能ではあるが、それらは明らかに不要なのである。このことは、明晰性と信憑性のじつに様ざまな段階で解釈が中断ないし完結され得ること、そしてそうした中断ないし完結にもかかわらず、状況と結びつきプランによって規定されている関心は「充足させ」られることを意味している。一般に状況にふさわしい解釈はいずれも、その状況にとって十分な親近性の度合いをも構成している。そのようにして構成された知識要素はそれゆえ、同一の、また類似の状況にとって、十分な程度に親近的である。このことは、「疑いもなく」同一であると統握されたすべてのルーティン状況（ないし経験）に当てはまるだけでなく、完全にはルーティン化されていないが、類型的に繰り返される状況（ないし経験）にも当てはまる。それらの状況に含まれている知識要素は、その明晰性の度合いがどの程度のものであれ、その状況の前史に基づいていることによってきわめて親近的である。さらに実際の経験ないし状況の親近性に関してもまた、それと同じことが言える。ところでこの点は、類型性と親近性の度合いとの関係についての分析をすでに先取りしている〔本書第三章A参照〕。

知識要素の親近性の度合いが、知識習得の過程、すなわち状況にふさわしい解釈に由来しているとすれば、依然として残っているのは、すべての知識要素が高い親近性を示しているわけではないというのはなぜなのか、という問いである。それには三つの理由がある。

第一に、われわれはたえず新たな状況に遭遇するということである。新たな状況は、親近的な知識要素をもって規定しようとするわれわれの試みに「抵抗する」。そこでわれわれのプランは、望まれた帰結にはいたらなくなる。もっぱら手許に存在している知識集積をもって新たな状況を規定した場合には、その状況に対処することはできないのである。こうしたことをきっかけに、われわれは、もともと完結しているとみなしていた解釈にふたたび取り組むようになる。その解釈は、実際の状況を問題にふさわしい仕方で規定し、結果的にその状況に対処できるようになるまでなされる。親近的でないことが判明した状況は、そこで親近的になる。それまできわめて親近的であったレリヴァントな知識要素が、新たな状況に適用されるなかで十分には親近的でないことが判明し、そして新たな解釈をとおして新たな親近性へと移行していくのである。親近性の次元と、明晰性の次元あるいは規定性と無矛盾性の次元とは、それらの本質から言えば違っているけれども、いま述べた点に関しては接近してくるということが明らかになっただろう。

われわれは、新たな状況を親近的なものとして規定しようと試みる。それらの状況がそうした規定に抵抗する時にはじめて、われわれはその新たな状況を「問題的」なものとみなす。状況の抵抗はそれ自体、状況のなかでわれわれに賦課されている要素に帰属させることができる。こう述べることによって、われわれはすでに知識要素が親近的でないことの第二の原因に触れている。ただしここでは、この第二の原因については次のことを述べるだけに留め、それについては後で個別に取りあげることにしよう。すなわち生活世界は基本的に不透明であり、それはある意味で私の状況の要素として私に賦課されているということである〔本書第三章A3参照〕。

ある知識要素が私にとって親近的でないのは、第三に、プランによって規定されている関心が状況のなかでいまだ充足していないにもかかわらず、もともとの解釈を中断してしまったからである。もともとの状況に対処することができる前に、新たな状況が押し寄せてきた。そこで私は解釈を中断せざるを得なかった。私は――「大切なことを真っ先に」という原則のもとで――新たな問題に対向したりしなければならなかったからである。知識を習得している状況のなかで賦課されている要素と、ライフプランと一日のプランの生活史的な刻印とが、知識習得の中断とどのように結びついているかについては、すでに記述してきた〔本書第三章A2参照〕。

ところで、知識習得の中断だけが賦課されたり動機づけられたりするわけではない。その進捗もまた、ある意味では賦課されたり動機づけられたりする。われわれは、「自らの意志に反して」知識習得を中断することはできず、むしろ特定の知識要素がわれわれにとって新たに親近的になってくる、そうした状況のなかにいる。知識習得の進捗とそれに付随している親近性の度合いの高まりは、それ自体をとってみれば、一次的に動機づけられたものではない。そこで動機づけられているのは、むしろ知識習得の中断を差し控えること、である。われわれは、知識習得がそのように間接的に、いわば二次的に動機づけられて進捗していくきわめて重要な事例に社会的状況のなかで遭遇する。私がある社会的状況の「囚われ人」になり、情熱的なサッカーファンがブンデスリーガのサッカークラブの昨シーズンの成績についてとめどなく語るのに、「興味もないのに」耳を傾けるといったこともあるだろう。そのようにして、自分から親近的になろうと「意志していた」わけでもない領域が私にとって親近的になる。だがその場合でも、そこで親近的になった知識は「しみついた」ままである。そのような知識習得は、状況と結びついた実際の関心によっても潜在的な関心によっても動機づけられてはいない。知識習得がそのなかでなされている状況に対処できるのは、知識習得を中断しない場合（たとえば先の例で言えば、そのサッカーファンがよりによって自分の上司だった場合）に限られている。いずれにせよ、知識習得の賦課された進捗と動機づけられた進捗の区別も、賦課された中断と動機づけられた中断の区別も、それぞれが互いに独立しているかのように理解してはならない。それらの双方向的な結びつきは、とりわけ社会的状況において、またとくに双方向的な社会的行為においてて明瞭である。状況のなかでは、一方の動機が相手に賦課され、またその逆もあり得るからである〔本書第五章E2参照〕。

ii　親近性と類型性

すでにみてきたように、親近性と類型性は緊密に結びついている。知識集積に備わっている類型性についてはより詳細に探究されねばならないだろうが、この親近性と類型性との結びつきに関しては、すでにここでより細かく記述することができる。実際の経験はいかにして、多かれ少なかれ親近的であるということになるのだろうか。

人はある対象に対して、またある意味では諸対象の結びつきに対して、また他の人びとに対しても、それらの「自己同一性」を知っているということによって親近的であることができる。ある対象やある人についての実際の経験は、その同じ対象や同じ人についての以前の経験を指示している。その対象、あるいはその人が再認されるのである。この再認は、必ずしも以前の経験と同じ程度の明晰性ないし規定性の段階と結びつけられるわけではない。私は、毎日通る道を再認するのと同じように、何年も前に一度通ったことのある道を再認することができる。また、たまにしか立ち寄らない街角で物乞いを再認することもあるだろうし、ずっと以前から何度も一緒にいたことのある友人を再認することもあるだろう。それらの再認における、経験客体の明晰性と規定性の段階、経験客体を体験する近さ、自分の生活史への埋め込まれ方などは、もちろん以前の経験とは根本的に異なっている。そして、それら経験の諸次元と結びついた親近性の度合いは、たとえ様ざまであるとしても、そこにはある共通点が存在している。それら様ざまな親近性の度合いは、それぞれが対応している状況にとって適合的であり、そして同一のものと再認された経験客体と関係している、という共通点である。このような高度に個別的な要素は、知識集積のある重要な局面、おそらく記憶領域と名づけるのがもっともふさわしい局面を形成している。

だが、新たな状況への対処にとっては、とりわけこれとは別の局面、すなわち知識集積に備わっている類型化の領域の方がより重要である。この領域は、個別的な対象と人びとに関係する知識要素を含んでいるわけではなく、むしろ対象、人びと、事象の類型的な側面と属性とに関係する知識要素を含んでいる。ところでわれわれはこれまで、記憶領域の要素としての事象については故意に言及してこなかった。それらの事象は、あらゆる哲学的考察に先立ってすでに日々の生活の自然的態度のなかで、ただ類型的に反復可能で同じ種類のものとして、だが「現実には」同一でないものとして経験されている。それとは逆に対象と人びとは、事情によって変化するにもかかわらず同じものとして経験される。ただしここでは、対象と人びとに関しても同一性をめぐる哲学上の問題は存在しているということを考慮に入れる必要はない。自然的態度にあっては、対象と人びとに関する同一性は疑われることなく与えられているからである。

以前の経験のなかで私に実際に与えられていたわけではなく、それゆえ私には再認することのできない対象、人びと、事象に遭遇した時、それらについての現在する経験は、たしかに「新たな」経験ではあるが、必ずしも「新奇な」経験であるわけではない。このように言いきることが何を含意しているのかを探究するために、手始めに単純でわかりやすい例をみていくことにしよう。その際、のちの類型性の分析〔本書第三章C参照〕を先取りせざるをえないが、理解するうえで是が非でも必要な場合に限ってそうすることにしたい。

通りで一匹のイヌに出遭ったとしよう。そのイヌは、私にとって親近的であるわけではない。それが何という種類のイヌなのか、飼い主は誰で何歳なのか、咬みつくイヌなのかなどについて、私は何も言うことができない。私はとりあえずイヌの体型、大きさ、動作、またそのイヌの大ざっぱな「雰囲気」を知覚する。それらの規定可能性はすべて、親近的な経験単位すなわちイヌに当てはまる。私は、この個別のイヌをこれまで一度も見たことがない。だが、私が実際に経験しているその動物と同じ規定可能性をもった別の動物は無数に見たことがある。自らが動いて鳴き声を発するものすべてを含んでいる類型「ワンワン」は、知識習得が進捗していくなかで——様ざまな中間段階を経由して——ある特定の大きさの動物だけを含む類型へと狭められてきた。それをさらに狭めていくなかで、私は、ネコ、キツネ、オオカミなどとは区別されるイヌだけを含んだ類型に到達したのである。実際に知覚されているその動物は、先行する経験のなかで沈澱してきた類型イヌと両立可能な規定可能性（体型、動作など）に対応している。同時にその動物は、レリヴァントな仕方でそれではないことに対しても、「ネガティヴな」際立ちのなかで対応している。その経験客体は雪の結晶でも木でもなく、またゾウでもないといったことは、私の実際の知識状態から言えば、私にとってレリヴァントではない。それに対して、その経験客体は通りを人懐っこくうろついており、したがってそれは、きわめて高い蓋然性をもってオオカミではないということと、それはネコのような動きをしていないのでネコではないということは、いずれもレリヴァントである。要するに、実際の経験客体は、私にとって親近的な状況のうちでは、そして私にとって親近的な仕方で類型的に規定可能であるという点で、私にとって親近的なのである。

その動物は、私にとって「イヌ」として親近的である。しかも高い程度に親近的でさえある。だが別の観点から言えば、その動物は私にとって親近的ではない。この例によりながら、親近性の段階が知識集積の類型性とどのような関係にあるのかを明らかにしてみよう。その動物は、それが属している犬種という点で、すでに私にとって親近的ではない。私は、そのイヌを規定している徴表と疑いなく両立可能ないかなる類型化をも、自分の知識集積のなかに見出すことができないのである。したがってそのイヌは――状況によっては――私の関心を惹かないかもしれない。その場合には、私はそのまま歩き続け、そのイヌは「イヌ」としては私の状況から「消滅する」。しかし、もし私がより詳しく規定することに関心をもっているなら、そこで解釈の過程が始まる。その動物はたしかに、私の知識集積のなかで目の前に存在するイヌの種類のどの下位類型にも当てはまらない。知覚された規定的徴表をそれら下位類型の規定とつきあわせた場合、認識できるのは、それらがただ断片的に合致することだけである。そのイヌの大きさと毛並みはシェパードのようであるが、顔つきと垂れ耳はセッターのようである。そこで私は、その動物はこれらの犬種の交配種であると想定するかもしれない。あるいは、私にとっては親近的でない犬種であると想定するかもしれない。私がイヌの種類に精通しているのであれば、後者の可能性は除外され、問題はすっきりと解決する。それは交配種なのである。このようにして私はそのイヌについての経験を、そうした解釈過程に基づいて新たな親近性へと移行させ、同時により個別的な規定性の段階へと移行させる。私は、そうすることが私にとって重要であればさらに先へと進んで、別の規定可能性を類型性の知識要素と関係づけることもできる。だが最終的には、私にとってそのイヌはその特性において親近的ではなく、もはや私は、知覚にとってレリヴァントで知覚と相応しているいかなる類型的な知識要素をも見出すことができないという地点に到達する。

この地点に到達した場合、私は状況によっては、経験客体に関して新たに獲得された親近性の段階にふたたび満足することができるだろう。だが、状況のうちで（たとえば、近所のイヌすべてについて、「嚙みつき癖があるかどうか」という観点のもとで知りたいと思う郵便配達員のように）そうすることが動機づけられる場合には、そのイヌの「固有性」が親近的になるよう努めるだろう。場合によっては、かなり長い時間をかけてそのイヌの行動を観察しなければならない。あるいは、そのイヌの飼い主を捜してそのイヌについて訊ねたりするかもしれない。ただしその場合でも、私はそのイヌをつねに新たな類型化（嚙みつき癖がある、首に白い紋がある）によって把握するということを、ここで強調しておかねばならない。それら新たな類型化の独自の布置によって、次にこのイヌに出遭った時には、それがこの個別のイヌであると再認できるようになる。そのイヌ、つまりこの個別のイヌは、私にとっていまや親近的になったのである。

「イヌ」の例によりながら、親近性の段階と類型性との関係について、さらにまた親近性の段階と知識集積の明晰性ないし規定性の段階との関係について、具体的に示してきた。いまや、類型性の分析を先取りして一般化することによって、次のように言うことができるだろう。類型は多かれ少なかれ匿名的である。類型が匿名的であればあるほど、また——それに対応して——記憶という局面から離れれば離れるほど、経験のますます多くの側面が類型によって把握され得るようになる、あるいは類型と両立可能になる。ある匿名性の段階にある類型は、それと同じ匿名性の段階で規定されねばならない対象、人びと、事象がそのうちにある状況に対処するには、十分に親近的である。より精確に言えば、その場合には、実際に知覚された対象、人びと、事象は十分、親近的に現出している。類型が匿名的であればあるほど、経験客体は、類型にとってレリヴァントでない（また場合によっては没類型的な）特徴をますます多く示すようになる。だが、それらの特徴を規定することが状況に対処するうえで必要な場合、たとえば対象、人びと、事象を「完全な」具体性において把握しなければならないけれども、それに対応するきわめて個別的な類型が知識集積のなかで目の前に存在していない場合、それらの特徴は私にとって親近的でないものとして現出してくる。そうした状況は、私がそれを新たな親近性に移行させ得るまでは問題的であり続ける。通りを横切っていくイヌも、「イヌ」であることに変わりはないだろう。だが私が郵便配達員であるなら、少なくとも咬みつき癖のあるイヌは覚えておかねばならない。もしイヌを飼っているなら、おそらくは他のあらゆるイヌのなかでもそのイヌを再認しようとするだろう。要するに、あるものが十分に親近的であるとは、そのあるものを、知識集積のうちで手許に存在している類型化を用いて、プランによって規定されている状況の要請を満たすのに十分な程度「具体的に」規定することができるということを意味している。

それゆえ親近性は、先行経験のなかで構成された類型を用いて新たな経験が規定され得ることによって、しかもその規定が状況に対処するのに役立つことが証明されることによって特徴づけられる。親近性の段階には、相対的な疑いのなさが対応している。すなわち、状況ないし経験の――もちろんすでに「選定的に知覚されている」――規定的徴表は、疑われることなく状況類型ないし経験類型の類型的単位になるという、相対的な疑いのなさである。このことは、とりわけ習慣的知識を適用する際の、完全に受動的な再認の綜合のなかで生じてくる。類型による把握は「自動的」なのである。経験客体は解釈過程を経ることなく、類型的なものとして、すなわち先行経験の類型的な側面と同一の、類似の、あるいは相似のものとして現われてくる。実際の経験の規定的徴表と類型との合致が疑わしければ疑わしいほど、それらの規定的徴表は私にとってより親近的でないものとして現出してくる。実際の経験が、状況の規定と状況への対処にとって「十分に類型的」であるとはまったく思えない場合には、解釈の過程が始まり、そのなかで別の規定性の段階にある新たな類型化が新たな親近性へと移行させられるのである。

c 知識要素の規定性

知識集積の様ざまな次元のあいだには、多様な結びつきが存在している。このことは、すでに親近性と類型性との結びつきについて記述した際に確認してきた。それら様ざまな次元が結びついている根拠は、それらが知識習得の状況のなかに共通の起源をもっていることに求められるだろう。とはいえ、主観的な知識集積のそのつどの構造にあっては、親近性、明晰性、規定性、信憑性は決して同じではない。またそれらは、ただ同じ事態の異なった側面と関係しているだけでもない。きわめて親近的な知識要素は、同時にきわめて非明晰的でもあり得るし、また、明らかに明晰的な知識要素が、さほど信憑性をもたないこともあり得るだろう。これらのことは、解釈はどこまで進んだのか、知識習得のそもそもの状況を規定していた関心は何だったのか、知識習得はいかなる事情のもとで中断されたのか、といったことによって左右される。

われわれは知識習得を分析した際に、また親近性の段階について記述した際にも、すでに知識要素の明晰性の次元と出会っていた。だがそれについては、詳しく探究してこなかった。したがってここで明晰性について改めて論じてみたい。何よりもまず、これまで一緒に語ってきた明晰性と規定性とを区別することが重要であろう。明晰性と規定性は、生活世界的な知識集積の特性として、おそらく相互にとりわけ密接に結びついている。だが、自立した知識集積の次元を形成しているのは知識要素の規定性である。それに対して明晰性は、知識要素の「合成された」側面である。それは規定性の度合いに直接、基づけられており、しかしまた知識諸要素間の相互の無矛盾性とも関係している。ここで無矛盾性とは、知識要素に備わっている属性ではなく、それら相互の関係性に関わっており、これについては個別に探究されねばならない。それゆえ、まず規定性の度合いと無矛盾性とを分析し、その後、それと切り離すことなく知識集積の明晰性について記述することが必要である。われわれはここですでに、ある規定性の度合いを帯びており、しかも他の知識要素と多かれ少なかれ無矛盾的な関係にある知識要素は、それに相応する明晰性の段階に組み入れることができるということを、前もって述べておいていいだろう。

規定性の度合いとは何かを問う場合、親近性の段階との一定のアナロジーを指摘することができる。絶対的な親近性が存在しないのと同じように、絶対的な規定性もまた存在していない。類似した状況における経験経過がある程度、類似している場合には、もはや「いかなる予期せぬ出来事」も生じ得「ない」というほど、ある経験客体に対して高度に親近的であるということは可能である。だが、非親近的なものは経験客体のうちにはもはや何ひとつ見出せないというほど、経験客体に対して完全に親近的であることは、基本的に不可能である。見かけの上で親近的なものを異他的なものにすることにおいて新たな状況が果たす役割についてはまったく考慮に入れないとすれば、いま述べた事情は、規定性の度合いの相対性と結びついている。このことは何を意味しているのだろうか。

経験客体はいずれも経験の地平を必ず伴っている。経験の地平は、解釈されたもの、規定されたものをすでに含んでおり、経験経過の次の段階では、気にも留めずにそれらに対向することができる。だが地平は開かれている。地平は、いまだ規定されていないものをも含んでいるのである。基本的に規定不可能なものに関わる問題については、のちに注意を向けることにして、ここではそれには目を向けずに、未規定ではあるが潜在的に規定可能なものについてだけ問うことにしよう。

経験客体はいずれも内的地平を伴っている。内的地平の個々の部分は、まったく規定されていないも同然に不精確にしか規定されていないか、それとも精確に規定されているかのいずれかである。それゆえ知覚客体は、たとえばテーブルクロスの模様が装飾的な個々の部分へと分解され、森が木々へと分解されるように、順次、細部へと分解できるのである。経験客体の内的地平は、そのつどいくつかの、もしくは多くの要素に関して、すでに複定立的に経験されているだろう。それに応じて——実際には単定立的に把握される——ある客体の内的地平は、多かれ少なかれ規定されている。われわれはすでに、知識習得の複定立的な形成が知識集積の構造に対してもっている意義を浮きぼりにしてきた〔本書第三章A2参照〕。単定立的に把握された知識要素を、その意味の複定立的な構成にまで遡って追跡できるかどうかが、知識要素の規定性の度合いにとって決定的なひとつの条件なのである。

経験客体はまた外的地平を伴っている。外的地平もまた同じく、すでに規定されたものと、いまだ規定されてはいないが規定可能なものとを含んでいる。規定可能性は、一方で経験の主題と本質的に結びついたものと関係しており、他方で、経験客体が「偶然にも」状況に埋め込まれることと関係している。経験客体に関して言えば、「偶然である」のは、何よりも、経験がそのつど内的持続に組み込まれることと、経験が生活史のなかに位置づけられることである。私が七歳の時にジフテリアにかかってベッドに寝ていた時にアンデルセンの童話を読んだことや、吃音の数学教師にピタゴラスの定理を習ったことなどは、経験客体にとっては「非本質的な連合」である。経験客体にとって本質的なのは、むしろ、それが世界の構造のなかに埋め込まれること、そして経験連関のなかで主題的に解釈されることである。それに見合った規定可能性に含まれているのは、それゆえ経験客体と他の客体や事象との関係についての解釈であり、さらに経験客体と「必然的に」結びついた体験の質についての解釈である。それらの規定可能性は、経験客体がそのなかで類型的に現出している、あるいは現出していた空間的、時間的、因果的な構造と関係している。たとえば「木」という主題には、木の種類、地理学上の分布、生態学的な地位、木の色、成長、繁殖などが属している。(10) 内的地平と同様に外的地平もまた、一部はすでに規定されたものを含んでおり、一部は未規定のものを含んでいる。外的地平の規定可能性は、直接的に納得できるように、原則的にはいかなる制約も受けることはない。「因果連関」の解釈だけでも、無限に続けることができる。だがそれにもかかわらず、実践上の規定性に関しては、いつもは普通に行われるある現実領域への組み入れから、経験客体にとってレリヴァントな関係の正確な規定にいたるまで、様ざまな規定性の度合いが区別できる。ある経験客体は、境界事例にあっては、単に夢に出てくる客体、外的世界にある対象などと規定されることもある。その経験客体は木であり、かなり大きく、見たところ針葉樹のようであり、たしかに植物の一種であり、おそらく何らかの仕方で繁殖可能であり、おそらく何らかの土を必要としているなど――あるいは、それは「オウシュウトウヒ」であり、とりわけ砂状の乾いた土でよく育ち、一シーズンでマツカサと種子が実るなどと――規定されるかもしれない。この例に惑わされて、科学の体系だけが高度の規定性を備えていると思い込んではならない。同じことは、「原始」社会における分類体系にも、しばしばさらに高い程度で当てはまる。だが、経験の規定性の度合いには大きな違いがあることは、主観的にも見て取ることができる。たとえば心気症の患者は、様ざまな身体的徴候を高度に規定し、それを様ざまな病的症状に照らして解釈するけれども、その一方で、自分が住んでいる街の地形については、漠然としたイメージしかもっていない。また、自分については、気分が「良い」か「悪い」かしかわからないけれども、自分の故郷の街については、あらゆる小道を知っている、といった人もいるだろう。

これまで、経験客体の規定性と規定可能性について論じてきた。ところで、相対的な規定性をもってなされる客体についての経験は、知識集積のうちに知識要素として入り込んでくる。たしかに「偶然的な」規定性は、経験が知識集積へと沈澱していくことにとっては原則として重要でない。経験の主題に対して本質的に現出しているものだけが、知識集積にとってレリヴァントな規定可能性なのである。このことと関係しているのが、状況において必要とされ、しかも類型的に類似したのちの状況にとっても必要であろうと予測される解釈である。だがここでもまた、規定性の度合いの相対性が突破されるわけではない。何が「本質的に」に相当し、何が「偶然的な」に相当するかは、そのつどの知識状態の関数なのであり、したがってそれは、幼少期から成人の知識状態にいたるまで変化するのであり、どの相対的に自然な世界観のもとにあるかによっても異なっており、さらにある社会の内部においても社会的に配分されているのである。

それゆえ規定性の度合いを定義するための絶対的な基盤は存在していないけれども、知識要素の規定性の度合いに関する経験的な違いを確認することはできる。このことは、ある意味では生活世界的な主観的知識集積の構造にも当てはまる。もちろん、たとえば動物の世界に関係している知識要素の規定性は、宗教的表象に関係している知識要素の規定性といかにして比較可能なのかという問いは、開かれたままである。親近性は、とりわけ主観的に有意味に定義することができる——状況に対処するのに十分であるものが私にとって親近的である——のに対して、規定性の度合いには、社会的な要素もまた関わっているのである。相互主観的な生活世界にいる私は、「他の人たち」（先行者や「エキスパート」など）によってすでに的確に捉えられ、私もまた基本的にそれを習得することができ「事実にかなった」規定があることをはじめから知っている。規定性の度合いを経験的に定義するには、まず、知識要素と知識領域の規定性の度合いを、相対的に自然な世界観のうちにある規定可能性と関係づけることから始めなければならず、さらに知識の社会的配分をも顧慮しなければならない〔本書第四章B3、C2参照〕。

それに対して形式的には、経験経過の単位としてただ漠然と際立っている経験はそれに応じて規定性の度合いも低いけれども、その当の経験の内的地平と外的地平の解釈が進むにつれて、知識要素の規定性の度合いは高くなる、と言うことができる。規定性の度合いもまた、親近性の度合いと同じく知識を習得する際の解釈過程のなかで構成される。このことはすでにみてきた。だが、規定性の度合いの構成と親近性の段階の構成との違いは知識習得のなかにすでに認められるのか否かという問いには、いまだ答えていない。この問いは、ある程度単純化すれば肯定的に答えることができる。親近性の段階は、類型的状況に主観的に対処することとの関係のなかで、そうした対処にとって類型的に「十分な」解釈をとおして構成される。それゆえ親近性の段階はプラグマティックな動機によって、また狭義のプラグマティックな動機によってさえも条件づけられている。規定性の度合いは、たしかに「客観的な」規定可能性と関係している。しかしこの「客観的な」規定可能性は、基本的に「歴史的」で相対的である。したがってそれは経験的には、相対的に自然な世界観における知識の状態に応じてそのつど定義されるのであり、さらに——問いの立て方によっては——個々人がある所与の知識状態に「接近する類型的なチャンス」に従ってさえも定義されるのである。

それゆえ親近性の段階と規定性の度合いの違いは、すでに知識習得のなかにその起源がある。それにもかかわらず——親近性の「きっかけ」でもあり規定性の「きっかけ」でもある——知識習得の状況は、明らかに同じものである。知識習得の賦課された契機と動機づけられた契機について述べたことは、知識集積の構造のあらゆる次元の起源にも当てはまる。状況が、経験客体の地平を詳細に規定することを必要としたのかもしれないし、あるいはそのような解釈が「押し付けられた」のかもしれない。たとえばワインの利き酒を仕事にしている人は、ブドウの種類、土壌の組成、地域、発酵、貯蔵などについて、高度に規定され細部にいたるまで確定されている知識を習得せざるを得ないことに気づいているが、ときおりワインを飲む人であれば、赤ワインならキャンティ、白ワインならモーゼル、などといった程度の規定でおそらく満足するだろう。規定性の度合いをそのように異にしているそれぞれの知識要素は、それにもかかわらずそれら両者にとってそれぞれ高度の親近性をもっている。ときおりワインを飲む人間としての私は、ワインに対して親近的ではあるが、それはただワインをビールから区別したり、赤ワインを白ワインから区別したりするといった程度の規定性の水準で親近的であるにすぎない。

規定性の度合いもまた――親近性の段階と同じく――知識習得の進捗と中断をもたらす賦課された要素と動機づけられた要素とが合わさって作用するなかで構成される。私は、たとえばモーツァルトの弦楽四重奏について、高度に規定された知識を習得することができる。ただしそれは、私が音楽家や批評家のようにそのことに個別に動機づけられているからではなく、四重奏のレコードをプレゼントとしてもらい、レコードを少ししかもっていないためにそれを繰り返し聞いているからなのである。

われわれはすでに、経験客体の規定は知識集積の類型性へと堆積していくことを指摘した。逆に、経験客体の規定はいずれも、知識集積に備わっている類型性に依存している。規定性の度合いと親近性の段階との結びつきは、そうした事情に基礎をおいている。ある動物に出遭ったとしよう。それは「イヌ」として規定され、「イヌ」として親近的である。このことは第一に、知識集積のなかで目の前に存在しているレリヴァントな類型化に基づいて知覚し注意を向けた規定的な徴表が、類型「イヌ」と両立可能であったことを意味している。第二に、そこでの状況は、この類型を超え出るいかなる規定も必要としていない。だがその動物は、私もつねにそのことを知っているように、より詳細に規定することが可能である。私が、さらなる規定を促されていることに気づき、しかも知覚可能な徴表がすでに目の前に存在している類型と重なり合わない場合に限って、その動物は私にとって、規定が不十分で親近的でもない動物として現出してくる。そのような状況にあっては、類型をより詳細に規定したり、類型を変化させたり、あるいは下位類型を形成したりするのに適したさらなる知識を習得するよう動機づけられることになる。より詳細に規定することによって、(類型の)知識要素の規定性の度合いはより高くなり、同時に実際の経験もまた、親近性のより高い度合いにふたたび移行していく。

経験の統一、あるいは経験経過におけるそのつどの経験客体の際立ちを条件づけているひとつの要因は、類型である。類型はそれ自体、経験の地平が解釈されるなかで構成される。すなわち類型はある意味で、規定されたものと未規定なもの、親近的なものと非親近的なものとのあいだに線引きをする〔本書第三章A3、B、C参照〕。類型の規定性は、その類型のなかに沈澱している諸経験の規定性に基礎をおいている。その一方で、類型の規定性はまたそれ自体、その類型がそのつど入り込んでいる実際の経験の規定性の度合いを条件づけている。そうした事態は、経験の内的地平のうちに与えられた規定可能性を考慮に入れるなら、直接的に納得できる。内的地平の規定性の境界は、何よりも、経験のなかにそのつど引き入れられる類型によって確定されているからである。

だが、ある経験の規定性の度合いは、知識集積のなかに沈澱しているその経験の外的地平についての解釈によってもまた、条件づけられている。それゆえ経験の規定性の度合いは、経験客体が別の経験客体との関係のなかで規定されることによって、より精確に言えば経験客体類型との関係のなかで、しかも同一かあるいはより高度の規定性の段階にある経験客体類型との関係のなかで規定されることによって左右される。ここで、その内的地平が多様で複定立的な「部分経験」においてあらかじめ規定され得る、高度に複雑な経験客体を例にとってみよう。私はモーツァルトの弦楽四重奏の旋律、編成、構成などについて、非常に多くのことを、しかも高度の規定性をもって知っている。私はまたこの四重奏とモーツァルトの他の室内楽曲、交響曲、オペラなどとの関係について、また同時代のイタリア人による弦楽四重奏やハイドンの弦楽四重奏との関係について、さらにはモーツァルトの生活史のなかでこの弦楽四重奏が占める位置などについても、多くのことを、しかも高度の規定性をもって知っている。そのうえ、第一のグループの規定可能性については多くのことを知ることができ、第二のグループの規定可能性については少ししか知ることができないかもしれない。あるいはその逆かもしれないし、両方について多かれ少なかれ知ることができるかもしれない。経験客体がさほど複雑な構造をもっておらず、また歴史的な事態も様ざまな現実領域に由来する経験の側面も伴っていない場合には、ことは本質的により単純である。とはいえその場合でも、知識要素の規定性の度合いが、内的地平と外的地平の規定性に依存しているということは、基本的に確認しておくべきだろう。

以上で述べてきたことから、経験客体に伴う外的地平についての解釈もまた、知識集積に備わっている類型性と必ず関係しているということが導かれる。何よりもまず経験の統一が、それゆえにまた実際に外的地平であるものと内的地平であるものとの境界が、実際にレリヴァントな類型によって条件づけられる。「モーツァルトの弦楽四重奏全体」――という複定立的に形成された複雑で経験の「射程の広い」意味統一――ではなく、その一節を、たとえば「弦楽四重奏のためのアダージョとフーガ・ハ短調（K.546）」の一節のアダージョを、実際の経験客体とみなして差し支えないだろう。その場合、フーガは、その実際の経験客体に対してすでに外的地平に属している。だがより重要なのは、単に類型的な経験客体だけが知識集積の類型性のうちに沈澱しているのではなく、客体間の類型的な関係もまた、同じくそこに沈澱しているという事実である。ここですでにわれわれは、知識集積の新たな次元、すなわち知識要素のあいだの無矛盾性という次元に触れている。それはたしかに別種の次元に属している。それが関わっているのは、知識要素の属性ではなく、知識要素間の関係だからである。そうした知識要素のあいだの関係は、それゆえ形式的には、知識集積のうちに沈澱している類型的な客体間関係からは区別されねばならない。だが事実としては、知識要素のあいだの関係は、その知識要素が関係している経験客体のあいだの関係に関する知識に直接的に基づけられているのである。

d 知識要素間の両立可能性

すでに述べたように、無矛盾性は、親近性と規定性が関わるのとは別種の知識集積の次元に関わっている。親近性と規定性に応じて段階化されるのは個々の知識要素であるが、無矛盾性の場合に問題になるのは、知識要素のあいだの関係なのである。生活世界的な知識集積は、経験もしくは経験客体からの規定だけでなく、互いに一貫性が欠けている経験客体のあいだの関係からの規定もまた受けている。知識要素のあいだに一貫性が欠けていることの一般的で形式的な根拠については、知識習得の分析からすでに明らかになっている。知識要素は、様ざまな状況のうちに沈澱しており、そして様ざまな種類の状況に対処することと関係づけられている。ただし個別的な知識要素は、状況の基本要素に関わる知識と狭義の習慣的知識のように「いつも目の前に存在している」わけではない。むしろそれは、単に「手許に存在している」のであり、実際の状況に対処することにとってそれがもっているレリヴァンスに応じて、事例ごとに適用されるのである。自然的態度にあっては、知識要素のすべてを基本的に一貫させようという動機づけが成立することはない。知識要素が「理論的には」互いに矛盾し合っているとしても、すなわちそれらが形式的‐論理的に秩序づけられた閉じた知識体系の内部で互いに矛盾に陥っているとしても、それらの知識要素は、自然的態度においては必ずしも衝突するわけではない。衝突が起きるのは、ある状況においてこれまで疑うことなくレリヴァントであるとみなされていた知識要素が、その状況に対処するには十分でないことが判明し、それゆえ、これまで「さほど」レリヴァントでは「ない」と思われていた知識要素が引き合いに出される場合に限られている。新たに引き合いに出された要素が、その意味からいって、もともと適用されていた要素と両立可能でない場合には、どちらの知識要素も問題的になる。その場合には両方の知識要素に、いわば試しに、仮の信憑性段階が割り当てられる。状況に含まれている経験客体と経験客体間の関係にはどの程度の相対的な信憑性があるのかを考慮したうえで、また場合によっては、それらの経験客体と経験客体間の関係についてさらに解釈し規定したうえで、ある決断がなされる。すなわち、ある要素の信憑性を認めて別の要素の信憑性を廃棄するという決断がなされるか、あるいはその意味からして先行する要素の高次におかれ、状況の解決にとって十分な信憑性の段階にある新たな知識要素を形成するという決断がなされる。状況のなかで露呈してきた知識要素間の矛盾は、そのような仕方で無矛盾性へと移行していく。だが、知識要素間の矛盾がある状況のなかで意識に把捉されているにもかかわらず、その状況に対処するのに、いかなる矛盾の解消も必要とされないといったこともまたあり得る。その場合には、意識された矛盾もまた、知識集積の構造のなかに存続し続けることになる。

それゆえ、「理論的には」相互に矛盾し合っている知識要素であっても、自然的態度においては必ずしも衝突するとは限らないということが基本的に確認されるべきだろう。「理論的な」矛盾の起源は、知識習得の状況の多様性にまで遡ることができる。それに対して生活世界的な知識集積における「理論的な」矛盾性の存続は、知識要素がそのなかで適用される状況の多様性にまで遡ることができる。知識要素が「互いに無関係である」場合、すなわち知識要素が相互にレリヴァントでない場合には、たとえそれらが「理論的には」互いに両立可能でない場合でも、それぞれの妥当性（そのつどの規定性、そのつどの信憑性）が取り消されることはない。このことが次により詳細に説明されねばならない。

まず何よりも、ここで取り扱われているのは生活世界的な知識集積であって、科学の構造や論理体系ではないということを改めて強調しておこう。ここで重要なのは、生活世界の前述語的経験という観点から、またそうした経験に基づけられている「思考」の観点から、知識習得について記述していくことである。前述語的経験に基づけられている思考は、日々の生活の認知様式に固有の解釈過程から成り立っているのであって、形式論理学における述語化、判断、推論などから成り立っているのではない。フッサールの関心は、形式論理学のカテゴリーが前述語的経験の諸構造に基づけられていることを明らかにすることにあった。だが、ここでの探究の目的にとっては、形式論理学のカテゴリーの基底をなしているのはある特別な段階にある知識であるということ、またそのカテゴリーは、異なる相対的に自然な世界観のもとでは、互いに異なる刻印づけがなされているということ、あるいは異なる言語のもとでは同一に客体化されることはないということ、これらのことを確認しておけば十分である。ここでは、知識習得の主観的形式と生活世界的な知識集積一般の主観的構造とを取り扱うことにしたい。したがって、多種多様な文化的あるいは言語的な高次の形成については、ひとまず脇に置いておくことにしよう。

ただし、こうした考察方法は単純化をその基底にもっているということを、ここではっきりと述べておくべきだろう。知識はすべて、たしかに主観的に習得される。だが知識習得は、必ずしも主観的な解釈過程を辿るわけではない。のちに明らかになるように、知識のうちの経験的にきわめて重要な部分は、単に社会的に伝達されるだけでなく、すでに相対的に自然な世界観のなかで、またとりわけ言語の類型性のなかで、あらかじめ解釈されているのである〔本書第四章A1およびB2参照〕。だがここで問題になっているのは、論理学の系譜ではなく、また経験的な知識社会学でも歴史的な意味論でもない。自然的態度がいまや「科学的」世界像や「呪術的」世界像のなかで高次から社会的に形成されているとしても、知識習得の基本形式と生活世界的な知識集積の基本構造に関する所見は、自然的態度一般に当てはまるはずである。

さて、知識要素が「互いに関わりをもたない」ためのもっとも主要な構造的条件は何だろうか。それぞれが限定的な意味構造をもつ異なった現実領域での経験をもとに形成された知識要素は、とりわけ互いにレリヴァントでないことによって、そして基本的に特徴づけられている〔本書第二章A参照〕。異なった現実領域でなされる経験が依拠している体験様式ないし認知様式は、互いに根本から相異なっている。経験は、体験様式ないし認知様式に対応する「予兆」を伴って知識集積のなかに沈澱し、その結果――「飛び地」という特例を別にすれば――互いに重なり合うことのない意味構造のうちに埋め込まれるのである。異なる現実領域と結びついた知識要素が、互いに意味上の関係をもたずに存在していているというのは、一般にあり得ることだろう。したがって知識要素間の真性の矛盾も無矛盾性も、言葉の本来の意味で問題になることはない。例をあげて具体的に説明してみよう。私は空を飛んだ夢を何度も見たことがある。私は（時々、しばしば、つねに）空を飛ぶことができるというのは、夢という現実に関して蓄えられた私の知識に属している。日常的な生活世界にあっては、私は空を飛ぶことはできない。私はそのことを、たとえば子どもの頃にそれを試して失敗して以来、よく知っている。これら二つの知識要素は、互いに真に矛盾し合っているわけではなく、互いにレリヴァントではないということである。

異なる現実領域に由来する知識要素は、基本的に互いに関わり合うことはない。それに対して、同一の認知様式の「予兆」を伴っている知識要素は、原則的に互いに関係づけることが可能である。だがそれらは、関係づけられねばならないわけではない。われわれはすでにその理由を示してきた。異なる状況で習得され、異なる状況に適用される、潜在的には矛盾している知識要素は、互いに接点をもっていないというのがその理由である。状況が変化して新奇なものになった場合にのみ、異質な知識要素どうしが出遭い、潜在的な矛盾が実際化してくる。そしてそこで、知識要素間の関係それ自体が意識されるようになり、知識要素とそれらの相互関係が問題的になる。そのようにして知識習得を続行していくきっかけが生じてくる。すなわち、これまで疑いのないものとみなされてきた知識要素をさらに解釈したうえで、それを変更するか廃棄するようになる、そのきっかけが生じてくるのである。本来ここで問題になっているのは、経験ないし状況そのものの解釈ではなく、それらにとってレリヴァントな知識要素とそれら要素間の相互的な関わりについての解釈なのではあるが、知識習得一般について言われてきたことは、ここにも当てはまる。知識習得を続行するこうしたきっかけは、もちろんある状況の内部で、しかも当該の知識要素がレリヴァントであるとみなされる類型的状況への対処がめざされている場合にも生じてくる。このことは、経験客体と結びついている知識要素にもまた同様に当てはまるし（「これはモミの木で、これはトウヒの木だ、しかしまてよ、これらは、松かさも同じで葉の並び方なども同じだから、おそらくこれもやっぱりモミの木だろう」）。そこで解決への動機づけが生じてくる。「これもまた、きっと同じだろう」あるいは「今度、森林局の試験を受けるので、これは絶対に区別できなければならない」）、経験客体と事象のあいだの関係にもまた当てはまる（「吠えるイヌは咬まない。ここにいるそのイヌはひっきりなしに吠える。そのイヌはいま私を咬んだ」）。

同じ現実領域の内部で構成される知識要素に関して言えば、それらが互いに関係づけられる蓋然性は多かれ少なかれある。その蓋然性の度合いは、知識要素に含まれている類型の規定性の度合いによって直接的に左右される。ある場合には、一般性の度合いがより低い知識要素が、同じ経験に関係している一般性のより高い知識要素を修正したり、その信憑性を低下させたりすることがある。また逆に、一般性のより低い知識要素が「例外」として括弧に入れられることもある（「吠えるイヌは咬まないというのは間違いである」、あるいは「それは一般的にはおそらく正しいだろうが、個別のケースについてはわからないものだ」）。ここに関係してくるのは、明らかに、形式的な帰納がそれに基づいている解釈過程である。だが、解釈過程はプラグマティックに動機づけられているということ、そして解釈過程に対応する信憑性の度合いは、科学的な規準ではなく主観的な関心のヒエラルヒーと関係しているということ、このことのなかに本質的な違いがある。

また、実際の問題的経験を解釈するにあたって、同じ程度の一般性をもった知識要素が互いに「競合」することもあるだろう（「霧に包まれたそこにあるものは、道路の端の木なのだろうか、それとも道路の真ん中にいる歩行者なのだろうか」）。だがこの場合に関係しているのは、本来的には知識要素のあいだの矛盾それ自体ではない。そこで問題的になっているのは、知識要素間の関係ではなく、実際の経験である。すなわち、それをさらに詳しく規定しようとすると、「仮定的に」レリヴァントな二つの異なった知識要素がすぐさま同じ信憑性を示してくる、そうした実際の経験が問題的なのである。そのような事例は、知識集積における無矛盾性として扱うのは適切ではない。それは信憑性〔本書第三章A3参照〕とレリヴァンス構造〔本書第三章B参照〕についての問いに属しているのである。

要約しよう。あらかじめ与えられている世界の構造と経験の主観的構造に応じて、そしてとりわけ生活史的に刻印された知識習得の諸形式に応じて、知識要素のあいだの関係はより緊密になったりより疎遠になったりすると同時に、特定の知識要素どうしが互いにレリヴァントでなくなるように条件づけられる。関係が緊密であればあるほど、潜在的な矛盾が実際の状況において意識されるようになる蓋然性と、それを——そのような動機が与えられている場合には——無矛盾性に移行させようとする蓋然性は、ますます高くなる。後者の場合には、知識要素Aはその「意味」（規定性、類型、信憑性など）に応じて、知識要素Ｂに関係しているものとして把握される。またその逆もあり得る。状況からの要請に応じて、矛盾は括弧に括られたり（この矛盾は「重要でない」）、ＡとＢの両方が、あるいはいずれかが変更されることによって解消されたり、あるいは極端な場合には廃棄されたりする（たとえば「私は思い違いをしていたに違いない」「私はそれを間違えて把握していた」「人生という学校では、少なからぬ机上の知識は修正されねばならない」、あるいはまた「それに関しては二つの意見が存在している」「それはあれかこれかのいずれかである」など）。

e　知識要素の信憑性

親近性と規定性、知識諸要素間の無矛盾性は、知識集積の構造の本質的な次元である。とはいえ知識要素の信憑性が、ある意味ではもっとも重要な次元である。他の諸次元にくらべて信憑性は、生活世界における行為とはるかに直接的に絡み合っている。信憑性は、行為企図の実行可能性に関する比較衡量を規定するからである（本書第五章Ｂ２、Ｃ２参照）。さらに知識要素の信憑性は生活世界的な知識の構成要素として、他の諸次元よりも主観的に把握されやすい。親近性は、これまで親近的であると思っていたものが突然「破綻」した際に起こる「異化効果」によって、たいていはただ否定的に把握できるだけである。規定性は非常に繊細に段階化されており、また経験ごとに変更可能であり、さらには言語の類型性のなかで疑われることなく活性化される。そのため規定性は、ほとんど把握されることはないか、もしくは述語化的な解釈が意識的になされる比較的まれなケースにおいて把握されるだけである。それに対して信憑性は、自然的態度にあるわれわれの前に知識要素の徴表として現出している。われわれは、知識集積のうちのある要素にはどのような重みを付与されるのがふさわしいのか、たいてい難なく言い当てることができる。言語は、きわめて高い信憑性（「私は間違いなくそれを知っている」）から、様ざまな中間段階（「非常に蓋然的に」「おそらくは」「もし私に間違いがなければ」）を経て、ごくわずかな信憑性（「私にはそう思える」「そうかもしれないが、あるいはまたそれは……」など）にいたるまで、この次元の段階を特徴づける多くの言い回しを提供している。少なからぬ言語において、言明による信憑性の示唆が述語化の形式的規定のうちにさえ組み込まれていることは特筆すべきである。

知識要素の親近性と規定性を分析した際に、また知識諸要素間の無矛盾性について記述した際に、それらの次元と知識要素の信憑性との結びつきについて言及する機会があった。そしてそこで、信憑性が遡るその起源は、それら諸次元の起源と共通していることを確認してきた。だが、そうした一般的な意味での確認を、信憑性の度合いの起源という観点からより精密なものにするという課題が、いまだ残されている。

知識集積のうちには、多かれ少なかれ解釈されていない諸経験から疑われることもなく沈澱してきた要素が少なからず含まれている。そうした要素の信憑性は、それらの経験が端的に与えられていることと、それらの経験がさらなる経験経過のなかでも無矛盾的のままであるという事情とに基づいている。われわれは、ある経験がいかなる解釈もなされないままに知識集積のうちに入り込んでくるという事態を、仮定的な境界事例として想定することができる。そうした要素の信憑性の度合いは、サンタヤーナが言う「動物的信」と同じであろう。さらに、いずれの知識集積のうちにも、解釈が（たいていは非常に低い規定性の段階でという意味で）早々と打ち切られ、そのため、すでに定着している他の知識要素との（潜在的な）矛盾が生じようもない多くの知識要素が存在している。そうした状況にあっては、ほとんど解釈されていない経験もまた、いずれにせよ十分に親近的であるかのようにみえる。そこでは、より高度の親近性に対する関心は目の前に存在していない。あるいはそうした関心は非常に弱いために、他の諸関心によって「ただちに」隠蔽されてしまう。ある経験のなかで、状況においてレリヴァントですでに定着している別の知識要素と少なくとも一時的にであれ合致しているようにみえた、そうした経験から沈澱してきた知識要素には、いくぶんより高度の信憑性が付与される。だが、信憑性の度合いのニュアンスはすべて、知識要素のもともとの沈澱は同様のさらなる経験によって疑わしいものにされることはない、ということをその特徴としている。そうした信憑性の度合いの領域全体を特徴づけることができるのは、せいぜい「さらなる気づきが生じるまでは信憑性がある」という表現によってである。そうした知識要素は、比較的高い親近性の度合いをもっている場合であっても、その信憑性は一時的で低いままであり続ける（たとえば、輝くばかりの青空のもとで遠くに雷の音を聞いたとしても、他のことに気を取られていて、その出来事をより詳細に規定することにはさほど関心が向かないかもしれない。私は、別の実際の経験主題の地平に留まったまま本来的によく考えることもしないで、あれは気象学的な事象ではなくて、ひょっとしたら何かの爆発か射撃訓練かもしれないなどと「推測する」。ただし、それらの可能性にはっきりと目を向けているわけではないし、それらを互いに比較衡量するわけでもない。そのような事象は、わりと頻繁に繰り返し生じるだろう。それでも私は依然として、その事象については何の「説明」もできない。またそれについて探究しようともしない。けれども、その事象に対してある程度、親近的になっている。そうした出来事が繰り返し生じ、それをただ中途半端に心に留めているだけの場合でも、それがまた繰り返されるだろうとおぼろげに予期してさえいる。とはいえその繰り返しが予言できるわけではない。私は、その出来事自体については何も「説明」できないからである。私はそれを説明することにも予言することにも、何ら関心をもっていないのである。だがこれまでのところ、私がもともとぼんやりと目を向けてはいたが現実にはっきりと解釈していたわけではなかった考え得る原因には、いかなる矛盾も生じていない。したがってそこでは、その出来事はまた繰り返されるだろうという、関心があるわけではないぼんやりした「推測」のなかに表われている知識要素が、たとえ弱いものではあれ一定程度の信憑性を伴って沈澱している)。

さらに、もともと疑問視され、一定のところまで解釈が進められた経験から沈澱してきた知識要素も存在している。そうした知識要素の信憑性の度合いの違いは、解釈の「完全性」の違いによって規定される。そこで、先に述べた信憑性の度合いの領域には、真の選択肢が形成される前に解釈が中断されたケースが隣接している(私は、森のなかで何かがさっと通り過ぎるのを見かけた。場合によっては、それが何であったのかを知ることは私にとって些細なことではないかもしれない。ただしそこには多くの可能性がある。そこで私は、風が何かを吹き飛ばしたのだろう、あるいは何か動物、ひょっとしたらシカかイヌ、キツネか何かだったのだろうと想像するだけである)。私が、もともとの状況にあってはその何かに関心をもっていたにもかかわらず解釈を中断したその理由は、問題が「消滅」したこと、あるいはその問題と関係した経験対象が「消滅」したことにあるのかもしれない(まさにいま示した例においてはそうである)。だが、状況によって条件づけられた新たな関心がもともとの関心を隠蔽することによって、解釈が打ち切られることもある(私は、たとえばTimbuktuを事典で調べようとしている。私がもともとそれについて知っているのは、どうやら「何かアフリカと」関係していそうだということだけである。しかし事典の頁をめくっていて、Tibetという見出し語が目にとまった。いずれにせよ私がTimbuktuに関心をもったのは、いつかクロスワードパズルを解くのにその言葉が使えるかもしれなかったからであり、あるいは「一般教養」などのためだったのである。これと同じことは、またTibetにも当てはまる。そこで私は、まずTibetの項を読むことにした。その後、私は約束があって急がねばならなかったので、「Timbuktu」問題は解釈されないままになってしまった。それが「何かアフリカと」関係しているということには、高度の信憑性があるだろう。だが私にとって、そのような規定では十分でなく、場合によってはすでに念頭におかれている「都市か川か山か」などといったさらに詳しい規定可能性は、いまだ高度の信憑性をもっていない)。「早々と」――そのつど努力して得られた知識要素の規定性の度合いでもって――打ち切られた解釈は、それに見合った低い度合いの信憑性しかもっていない(「それはこれだったのかもしれないし、あれだったのかもしれない。だがひょっとすると、それらとは別のことだったかもしれない」「それについては確信をもって言うことはできないのだが……」)。

解釈はさらに、真性の選択肢は形成されているけれども、知識集積に備わっている類型化を用いて決断するには経験客体が示している根拠では十分でないという地点まで進めることができる(これはたしかにキノコであるが、食用キノコか毒キノコかについては確信がもてない)。このケースは、先に述べたことへとふたたびつながっていく。真性な選択肢がすでに形成されている場合には、問題が「消滅する」かもしれないし(持ち帰ったキノコがリュックサックのなかで崩れてしまい、同じキノコをもう見つけることができない)、何か新たな関心によって問題が隠蔽されるかもしれない(帰宅するとある重要な報せが待ち受けていて、キノコの本で調べるのを「忘れて」しまった)。この種の知識要素は、特異な信憑性の度合いをもっている。ここでの選択肢は、互いに結びつくことによって、きわめて高度の信憑性をもっているのである。それらとは別の選択肢の可能性が、それまでの解釈経過をとおしてすべて排除されているからである(毒キノコか食用キノコかのいずれかである。Timbuktuは、南スーダンか西スーダンいずれかの都市である。オウシュウトウヒなら、トウヒかモミのいずれかである。もし誰かが、私が見つけたのはジャガイモだ、TimbuktuはTibetの山の名前だ、オウシュウトウヒは北ドイツではアカマツと呼ばれている、などと別のことを主張するなら、私は一カ月分の給料を賭けてもいい)。いずれの選択肢の信憑性の度合いも、それ自体として単独では比較的低く、またいずれの場合にも、主観的には一時的なものとして受けとめられている。どちらの選択肢を選ぶか決断するのに何も根拠がない以上、それでも決断することは可能であろうと想定しながら、個々の選択肢の信憑性についての判断はとかく回避しがちである。もし信憑性について言うべき何かをすでに実際に手にしている場合には、事情に応じてどちらか一方の選択肢に決断することができるだろう。

だが、すでに定着している他の知識要素と関係づけながら、個々の選択肢が示している根拠を比較衡量したうえである決断がなされた場合には、その選択肢はきわめて高い信憑性をもった要素として知識集積のなかに入り込むことになる。もともとどちらの選択肢も、多かれ少なかれ信憑性をもっており、どちらを優先させるべきか迷っていた。しかし「最善の知識と良心」に従って決断がなされた後では、一方の選択肢の信憑性が、両方の選択肢の組み合わされた信憑性と同じになるまで高められる。それと同時に、もう一方の選択肢の信憑性は廃棄される。このような信憑性の段階（「私はまったく確信している」「これについては揺るがない」）もまた、ただ「取り消されるまで」有効であるにすぎないということは、自然的態度においてはほとんど意識されることはない。そんなことが起きようとは、私にはまったく思えないことではあるが、そうした信憑性の段階にある知識要素が、新たな経験とさらなる解釈によって変更されたり、極端な場合には廃棄されることさえある。この段階の信憑性は、フッサールが厳密化した「経験的確実性」[11]のケースに対応している。この確実性は経験的に生じ、経験的に確証されるが、それゆえまた経験的に打ち消されることも基本的にはあり得るのである。

信憑性の度合いの主要な違いが、こうして知識習得という事象にまで遡って関係づけられてきた。だが比較衡量と決断の過程は、それらを規定しているレリヴァンス構造を分析したのちにはじめて十分に理解できるようになるだろう〔本書第三章B参照〕。ただし信憑性を類型的な段階に応じて区分するには、これまで述べてきたことで十分である。だがそれらの段階が関係しているのは、主観的な解釈過程における知識習得だけである。ここでもまたふたたび、信憑性の段階の構成にとって決定的に重要な事情が見過ごされていたのである。主観的な解釈過程のなかで習得されるのは、主観的な知識集積のほんの一部だけなのである。知識要素のより広範な領域は、社会的に伝達される。ただし、社会的に伝達された知識のうちで、解釈過程をとおして主観的に「再点検される」のは、そのほんのわずかな部分だけであるにすぎない。社会的に伝達された知識の大部分は、単定立的な意味形成体から成り立っている。そしてその意味形成体の複定立的な形成は、人びとが「学習」してきた「処方箋」、思考マニュアルと行為マニュアルなどのうちに疑うことなく与えられているとみなされている。そのような知識要素は、主観的な解釈経過に「根ざした」選択がなされる真性の選択肢も伴っていなくても、高度の信憑性をもつことができる。社会的に伝達された知識の信憑性の度合いを本質的に規定している要因のひとつは、むしろその出所のもつ「権威」なのである。知識集積、知識習得、社会のあいだの関係に関わる問題については、のちに別途、取りあげることにしよう〔本書第四章参照〕。

f　非知の構造について

i　知識集積の制約と生活世界の相対的不透明性

知識集積の広範な領域がルーティン化されている――そしてそうであることによって生活世界の大部分の領域が親近的で自明である――にもかかわらず、知識習得が完結することは基本的にない。生活世界的な知識集積は、主観的に予見可能な多くの、いやほとんどの状況に対処するには十分かもしれないが、決して「完全なもの」にはなり得ない。過ぎ去ったことを新たに解釈する能力と新たなものに対する開放性に関しては、たしかに個々人の「素質」によって経験的な違いがあり、また異なった年齢層などのあいだにも経験的な違いがある。近代的な世界観にくらべていくつかの相対的に自然な世界観は、比較的、閉鎖的な要素、とりわけ神秘的な要素と宗教的な要素を含んでいる。その一方で、生活世界における個人的状況に基づく限り、完全に硬直化している世界、あるいは知識習得の最終決定的な完結というのは、通常の人間にとってはあり得ない。生活世界における個人的状況には、生活世界の相対的な不透明性ばかりでなく、生活世界の絶対的な不透明性もまた賦課されているのである。ここでより詳細に示されねばならないのはこのことである。

知識習得それ自体は、基本的には完結し得ない。だがその一方、個別的な知識要素を十分に親近的なものとして知識集積に編成することは可能であり、当の経験客体と状況についての解釈を「最終決定的に」完結したとみなすこともまた可能である。だが、解釈が状況によって条件づけられている問題に選定的に向けられているというのは、解釈の本質に属することであり、解釈がプラグマティックな動機によって規定されているというのは、自然的態度におけるあらゆる解釈の本質に属することである。人は自分が知っていることを、それを知りたかったから、あるいは知らねばならなかったから、知っているのである。知識集積とは、ある人がこれまでに「関わってきた」ことのすべてが、そしてまた人が取り組まねばならなかったことのすべてが沈澱したものである。しかし逆に、人の知らないことのすべてを知識習得の歴史から導くことができる、ということもまた成り立つ。このことを次に明らかにしていこう。

非知と知識習得の歴史との関係は、ある知識要素に関しては明白である。知識集積に取り入れようとしていたけれども、十分に規定され親近的になる前に解釈を中断「せざるを得なかった」、そうした知識要素である。解釈が中断される場合には、問題は「未解決」であるという事実と、状況あるいは経験客体の背後にはいまだ認識されていないものが隠れているという事実は、日常生活の自然的態度においても意識されている。不十分に親近的なものは非親近的なものを、不十分に規定されたものは未規定なものを指し示しているのである。ただし非親近的なものと未規定なものは、基本的に親近的なものと規定可能なものとに移行可能であるとみなすことができる以上、中断された解釈が直面しているのは、単なる相対的な不透明性、すなわち「偶然的に」、また「一時的に」いまだ見通しのついていないものの不透明性から成り立っている生活世界の領域である。

それと同じことは、主観によって「最終決定的に」完結したとみなされた解釈にも当てはまる。生活世界的な知識集積には、知識が習得されたもともとの状況にあってはたしかに十分に解釈されたと思えていた知識要素、すなわち解釈が「最終決定的に」完結している知識要素もまた、つねにいくらか含まれている。だがそうした知識要素にあっても、それに続くその後の状況のなかで、さらに解釈が必要であることが明らかになる。そうした知識要素については、もともとの解釈の「最終決定性」を取り消さざるを得ない。それゆえにまたそこでは、生活世界の相対的な不透明性が主観的に把握可能になる。だがその一方、「最終決定的に」完結した解釈は打ち切られた解釈と基本的に類似しているかもしれないという疑念が、自然的態度にあっては一般化されることはない。ただしある解釈結果にすでに信憑性の度合いを弱める別の動機が存在している場合には、そうした疑念は、おそらくその解釈結果に向けられるだろう。だがそこでも、知識集積には基本的な制約があること、そして生活世界は絶対的に不透明であることにまで認識が及ぶことはない。

個別的な知識要素がそのなかで構成される解釈は、基本的には不完全であると言うことができよう。解釈が関係している経験の内的地平と外的地平は、原則的には無限であり、だが解釈それ自体は基本的に制約されている。このことは、見通しのついていなかった残余がレリヴァントなもの、あるいは潜在的にレリヴァントなものとして現われ、生活世界の相対的な不透明性が意識に上ってくる、中断された解釈にも当てはまる。そのことはまた、見通しのついていなかった残余がレリヴァントでないものとして現われ、生活世界の不透明性は解釈のはるか遠くの地平のなかに他のことと一緒に与えられる、「最終決定的に」完結した解釈にも当てはまる。前者の場合には、認識されないものによる残余が経験客体ないし知識要素の親近性の度合いを「脅かす」けれども、後者の場合には、そうした残余がそれらの親近性を低下させることはまったくない。

知識習得の歴史に由来するさらに別の事情が、生活世界の相対的な不透明性、あるいは一時的な不透明性を主観的経験に指し示している。A、B、Cについて比較的完全な知識を習得した人なら誰でも、その知識の習得は、自分が同時にX、Y、Zについてのより完全な知識を「断念する」ことによってはじめて可能になったことを知っている。生活世界的な状況の圧力のもとでは、また「大切なことを真っ先に」という原則のもとでは、さらには生活史的に刻印された主観的関心のヒエラルヒーに基づけば、X、Y、ZよりもA、B、Cのほうがより重要だった、あるいは緊急度がより高かったのである。X、Y、Zが重要でないわけではなかった場合でも、「利用可能な」時間を、A、B、Cについての知識とX、Y、Zについての知識のどちらを完全にするために費やすか、決断しなければならなかったのである。こうした事情が示唆しているのもまた、自然的態度にあっては知識集積の「偶然的な」制約（たしかにX、Y、Zを選ぶこともできた）であり、それゆえ生活世界の相対的な不透明性（「そのことにこれ以上、関わりあっている時間はない」「それについては、まだ十分な関心がもてない」「私はもともと、生物学の研究と神学の研究のあいだで揺れ動いていた」など）であるにすぎない。

だが、打ち切られた解釈と「最終決定的に」完結した解釈だけが、生活世界の不透明性を指示し、それを意識に上らせるわけではない。過去の解釈を打ち消すことによってもまた、同じことがもたらされる。先行する解釈が問題的になり、新たな解釈が開始される様ざまな状況のなかで、もともとの解釈が明確に確証されることもあり得るだろう。もともとの解釈の信憑性の度合いは、それによって強化される。だが、もともとの規定が経験客体の知覚と他の知識要素とに基づく実際の新たな規定と矛盾するにいたった場合には、もともとの規定の信憑性の度合いは完全に廃棄されるかもしれない。そのもともとの規定に関係している知識要素の妥当性は廃棄され、その知識要素は新たな知識要素によって隠蔽される。私が以前、クジラは水中に生息しているのだから魚であると思い込んでいたとしよう。私はこの間、動物の身体構造とそれに基づいた動物の分類についていくつかのことを学んできた。そしていままでは、魚はすべて水中に生息しているが、水中に生息しているもののすべてが魚であるわけではないことを知っている。類型「哺乳類」が新たに定着してくるなかで、クジラはそれに属するものと規定されなければならない。このようにして、もともとの知識要素の信憑性の度合いは廃棄され、規定は否定されて新たな規定によって隠蔽される。もともと魚として規定され、魚として親近的であった経験客体が、いまや哺乳類として規定され、哺乳類として親近的になる。しかしその際、かつて親近的であった規定「魚」は一時的に存続し、いわば否定的な予兆を伴って地平のうちに維持される。クジラはまずは「魚－ではない——哺乳類」として経験され、次に「哺乳類——愚かな－人－だけが－言う－ような－魚－ではない」として経験されたうえで、最終的に「魚－ではない」という規定が「完全に」隠蔽される。それ以降は、廃棄された規定「魚」を実際の経験の地平のうちに「発見する」ためには、この知識要素の習得を注意深く解釈することが必要になってくる。非知の構造にとって重要な意義をもっているこうした事情は、より厳密に考察しなければならない。われわれはここで、生活世界の相対的な不透明性は、単に知識集積の「肯定的な」側面から、すなわち信憑性をもって規定された知識要素から読み取ることができるばかりでなく、そうした知識要素の地平のなかに保持されている「否定的な」規定からも読み取ることができるということを、とりあえず確認しておきたい。知識集積の制約は、いずれの側面に関しても主観的に把握可能なのである。

われわれの議論はこれまで、その言葉のより狭い意味の知識習得、すなわち個別的な解釈の歴史を扱うにとどまっていた。しかし知識習得は経験の沈澱一般として、より広い意味で捉えることもできる。その場合にもまた、個々人にとっての生活世界の不透明性に直面する。生活世界についての個々人の経験は、時間的、空間的、社会的に編成されている。言い換えれば、それは時間的、空間的、社会的に境界づけられている〔本書第二章B参照〕。過去把持と未来予持を伴った実際の意識の位相を起点に、想起と予期とが広がっていく。到達可能な範囲内の世界という局面の周りには、回復可能な領域、達成可能な領域、達成可能ではない領域が段階的に配置されている。また直接的に与えられた社会的周囲世界の周りには、同時代者の社会的世界、先行者の世界、後続者の世界が層をなして連なっている。いかなる実際の経験ないし状況にも備わっている時間的、空間的、社会的に編成された地平は、一般に親近性、規定性、信憑性が逓減していく方向で広がっている。それらの地平は、相対的に不透明で疎遠な地平を指示している。それらが指示している時間的、空間的、社会的に編成された生活世界の諸領域は、これまでの知識習得に基づく限り非親近的で未規定な領域である。このことは基本的にあらゆる経験の内的地平と外的地平に当てはまる。したがって、「自然な単位」として非問題的に継起していく「自明な」経験もまた、その地平において生活世界の不透明性を指示している。「自明のうちに」境界づけられている経験もまた、この意味で「開かれている」のである。

そのような「自明な」経験の単位は、個々の解釈についての記憶は隠蔽されているとしても、やはり過去の解釈過程の結果である。解釈過程と生活世界の不透明性との関係について述べてきたことは、「素朴な」経験単位にもまた原則的に当てはまる。ただしそうした経験単位からは、生活世界の不透明性を主観的に把握することはできない、という違いはあるが。それらの経験単位が問題的状況において「破綻し」、「新たな文脈」が開かれた場合にのみ、すなわち個別の解釈がなされ始めた場合にのみ、知識集積の制約性が自然的態度においても意識され得るようになる。新奇な状況に一般に当てはまることが、この場合にも当てはまる。人はもともと親近的でなく未規定だった対象と事象がより詳細に規定され、親近性に移行し得ることを、これまでの知識習得の歴史に基づいて知っている。したがって、実際には「いまだ」見通しが得られていない状況の側面も、原則的には見通し可能なものとして経験され、知識集積に備わっている類型性を用いて吟味される。生活世界の相対的な不透明性もまた、生活世界の主観的経験の編成のうちにすでに備わっているのである。そうした不透明性は、経験地平が親近性の度合いと規定性の度合いを次第に逓減させていくことから読み取ることができる。素朴に境界づけられた経験単位が問題的になり、その内的地平と外的地平が新たに解釈されねばならなくなるたびに、生活世界の相対的な不透明性が主観的洞察の前に立ち現われてくるのである。

だが、生活世界の不透明性と知識集積の制約性がもっとも切実に洞察されるようになるのは、未来を予言しなければならない時、すなわち行為を企図し、それらの企図の遂行可能性を比較衡量し、その帰結を推し量る時である(12)。自然的世界と社会的世界における状況と経験過程、事象が、手許に存在している知識集積に基づいて、またとりわけそこに備わっている類型性を手掛かりに前もって企図され、自らの行為がそれにあわせて調整される。ただし繰り返し指摘しているように、知識集積は、未来を規定するには十分とは言えず、きわめて制約されている。予見できない状況がわれわれに迫ってくる。また比較的新しい状況要素が繰り返し現われてくる。さらに、まったく新奇な状況あるいは新奇な状況の要素もまた、われわれを驚かせる。知識習得の歴史は、そうした驚きの歴史である。未来の不透明性は、ある意味では現在の生活世界の、また過去の生活世界の相対的不透明性と類似している。驚きのなかには、大雑把な類型性の枠のなかに組み込まれているために、いまだかなり穏やかなものもある。付け加えれば、未来は「絶対的に」不透明なものとして把握されねばならないわけではなく、ただ「一時的に」不透明なものとして把握されるべきである。生活世界の過去、現在、未来は、ある意味では単に「技術的」「偶然的な」理由から不透明にみえるだけである。Xをより詳細に知ろうと努める場合、人はXについてより精確な情報を得ようとするだろう。事後的にそれを行うことも、原則的には可能である。Xが未来のことであれば、必要なのは、Xが生じ、それについての情報を得ることができるようになるまで「待つこと」だけである。ここで指示されているのはもちろん、知識集積の単なる「偶然的な」制約にまで主観的に遡って関係づけることのできない不透明性の新たな次元である。「技術的な困難」は、いまや別種のものである。過去が事実性の連鎖を共に措定された様ざまな可能性のもとに描き出すのに対して、未来が描き出すのは純粋な可能性の領域である。それら純粋な可能性は、それが知識集積に備わっている類型性にともかくも組み入れられる限りは、たしかに様ざまな「重み」をもっている。行為をする可能性は、また予想の正しさを確認したり驚きを抑えたりする可能性も、たしかにその「重み」に基づいている。だが根底からの驚きもまた繰り返し生じてくる。そうした事態についての知識は、知識集積の単なる生活史的に「偶然的な」制約を指示しているだけではなく、生活世界的な状況の境界性一般を指示している。根底からの驚きの体験が、生活世界の原則的な不透明性を強烈に指示しているのである。

ii　生活世界の基本的な不透明性

すでにみてきたように、知識集積のなかに入り込んでくる経験は、いずれも知識習得の状況によって境界づけられている。いずれの解釈も、それと同じ程度に可能な別の解釈を指示しており、「最終決定的に」完結した解釈でさえも、さらに解釈される可能性を含んでいる。かなりの信憑性をもっている知識要素でさえも、打ち消されるかもしれない。いかなる状況のなかにも、新奇な要素が立ち現われてくる可能性は存在している。いかなる経験にも、(原則的には)無制約に解釈可能な内的地平と外的地平が伴っている。それゆえ、解釈の過程それ自体は必ず生活史的に分節化され制約されているけれども、親近的なものの背後には非親近的なものが、規定されたものの背後には未規定なものが、いつでも浮き出てくる。生活世界の不透明性は、いかなる知識要素についても証明することのできるこの不透明性の「残余」のうちに示されている。生活世界の不透明性は、知識習得が生活史的で「偶然的に」分節化されるという知識集積の制約から派生してくるのである。それゆえこの不透明性は、自然的態度にあっては単に相対的であるようにみえる。生活世界は——そのつどの知識状態との関わりで——単に相対的に見通すことのできないものとして、だが原則的には見通すことができるものとして体験されるのである。だが、生活世界的な知識集積に伴う「偶然的な」制約は、知識習得が生活世界的状況によって本質的に境界づけられていることによって規定されている。そうした「偶然的な」制約は、生活世界の原則的な不透明性に遡って関係づけられねばならないということが、さらに明らかにされるだろう。

生活世界の相対的な不透明性は、自然的態度においてさえも、いつでも主観的に把捉することができる。個別的な解釈過程のどれもが、そのきっかけになり得るのである。しかし個別的な解釈の不十分さを体験することが、生活世界的な知識集積一般の本質的な境界線を洞察することと結びつくには、理論的な反省をまたねばならない。個別的な解釈において不十分であるという疑念が生じてきた場合、自然的態度にあっては、その疑念を一般化するためのいかなる動機も目の前に存在していない。だが他方、いずれかの個別的な解釈をそうした「疑念」から免れさせるいかなる根拠も、理論的には存在していない。不十分であるという疑念は、いずれの知識要素にも当てはまるのであり、それゆえ知識集積の総体にもまた当てはまるのである。人は、自分は生活世界の「内容の一部」を知っているだけであり、しかもそれを「部分的に」知っているだけであること、そしてそのことは、生活史的な「偶然」(「私はチェスの名人だが、農業には明るくない」)ではなく、生活世界的な状況によって生活世界的な知識一般に与えられた条件であること(「すべてを知ることは不可能だ」)、これらのことを理論的には知っているのである。

生活世界的状況の有限性と歴史性は、知識習得の生活史的な刻印を条件づけ、境界づけている。いずれの実際の状況も、知識習得のいずれの位相も、生活史的に分節化されている。いずれの状況も、無数の単なる可能性のなかから立ち現われてきた過去の一連の事実性の結果である。人生の経過――とそれに伴う知識習得――は、比較衡量され望まれ怖れられ、しかしいまだ生じていない条件と経験に対して、それらから際立っている。このことは、自然的態度のなかにいるわれわれにも、たやすく納得できる。だが理論的態度のなかにいるわれわれは人生の経過を、比較衡量されても望まれても怖れられてもいない可能性、すなわち主観的にはそのようなものとして現われてくることのない可能性（「もし私がシュメール人であったとしたら、私の人生の経過はどのようなものだっただろうか」「別の太陽系に旅行できたとしたら、何が経験できるだろうか」）を背景に、それとの対比によって把握し得るだろう。主観的経験が生活世界的状況一般の境界に直面する場合には、相対的な不透明性の領域は、基本的な不透明性の領域と合流する（「それは私の理解力を超えている」）。主観に賦課されている状況の境界性は、その知識‐相関項を生活世界の基本的な不透明性のうちに見出すことができると言ってよい。知識集積が「偶然的に」負わされている生活史的な制約も、状況の境界性の本質的な要素である。このように捉える限り、個々の主観にとっての相対的な不透明性は、あらゆる人にとっての生活世界の基本的な不透明性に由来しているということになろう。

それゆえ理論的な観点からすると、生活世界についての知識は、知識の制約が主観的には「偶然性」の結果であると思える場合ですら、必然的に断片的である。生活世界の基本的な不透明性は、自然的態度にあっては「問題」になることはない。生活世界についての知識集積は、状況に対処するなかで確証され、相対的に不透明な生活世界の領域は、その領域がレリヴァントである限り、一歩一歩、明解にされる。ただしそうしたことは、プラグマティックに動機づけられた関心が及ぶ限りで、また「大切なことを真っ先に」という原則のもとでなされる選択のなかで、まさしく一歩一歩なされるのである。別の言い方をすれば、生活世界的な知識集積は基本的に不十分であるという「疑念」は、自然的態度においては生じない、あるいは生じたとしても、そこで確証されることはないということである。日々の生活において自明なことがらはルーティン的に対処することができ、新たな状況は規定し類別することができる。知識集積は、たとえ個別的な知識要素はそうでなくても、総体としては十分に有効であることが実践的に確証されるのである。

ただし、不十分であるという「疑念」が、生活世界一般の相対的不透明性を表わしている様ざまな契機との関係で（たいていは、容易に対処することのできない「危機」によるショックのもとで）生じてくる場合には、そうした「疑念」は、非日常的な現実領域への「飛躍」を動機づけるかもしれない。それらの現実領域からみれば、生活世界的な知識集積はまったく不十分なものにみえるかもしれない。世界は、日常よりも高次におかれた――宗教、哲学、科学といった種類の——知識をとおしてはじめて見通すことができる神秘になり得るのである。生活世界一般の基本的な不透明性が意識される場合には、「より高次の」「形而上学的な」洞察をとおしてその不透明性をふたたび明解にしようとする欲求が生じてくるように思える。

iii　知識集積の間隙

われわれはこれまで、知識集積の制約の諸条件について記述し、さらに生活世界の相対的な不透明性と原則的な不透明性は、個別的な状況の境界、主観的経験の編成、解釈が変わることなく負わされている制約、これら三者に遡って関係づけられることを示してきた。そこで次に、知と非知が知識集積の構造のなかで互いにどのようにつなぎ合わされているのかを示すことが重要である。

すでにみてきたように、知識要素はすべて、肯定的な規定の他に否定的な規定をも含んでいる。ある経験客体に親近的であるというのは、その経験客体でないものにも親近的であることを意味している。否定的な規定に対する親近性もまた、解釈過程にまで、それゆえ知識習得の状況にまで遡って関係づけることができる。そうした親近性は、したがってレリヴァンスによって条件づけられている(「クジラ」という知識要素の親近的な地平にとって、たとえば「魚ではない」という否定的な規定と「木ではない」という否定的な規定は、形式的にはどちらも正しくどちらも原則的には可能であるが、類型的にみれば、その知識要素の親近的な地平には、前者の規定は含まれているが、後者の規定は含まれていない）。知識集積に備わっているそのつどの類型性に基づいて、事情によって経験客体になり得るものだけが、まず解釈をする際に、次いで知識要素を適用する際に、意識的に把握されるのである。ここで、近い類縁関係にある二つの可能性を区別しておくことが必要である。もともとの解釈に際して、信憑性をもつという性格を仮定的に与えられた複数の規定が互いに比較衡量され、「最善の知識と良心に従って」ある決断がなされる。ある選択肢が肯定的な規定（正の信憑性度合いをもつ規定）として、また別の選択肢が否定的な規定（信憑性の度合いが廃棄された規定）として知識集積のうちに入り込む。しかしまた、もともと正の信憑性度合いをもって知識集積のうちに取り込まれた規定であっても、のちに適用されるなかで問題的になることがある。それらがのちの解釈において信憑性の度合いを失い、新たな肯定的規定によって置き換えられた場合には、その信憑性を失った規定は、否定的な規定として知識要素のなかに留まり続けるのである。

肯定的な規定は、知識要素の核を構成している。それらは、一般性のより高次の、あるいはより低次の段階にある他の規定とは結びつくけれども、同じ一般性の段階にある別の肯定的規定は排除する。このことは、否定的な規定には当てはまらない。否定的な規定はレリヴァンスが低下する方向へ進んでいくと一般的に言うことができる。否定的な規定に関しては、それらがいかに習得されたかによって、とりわけ肯定的な規定と関係づけながら、区別することができるだけである。そこで、否定的な規定はまず、もともと信憑的で肯定的な規定であったが、のちに個別的な解釈作用のなかで廃棄された規定であるかもしれない。否定的な規定はまた、もともと単に仮定的な解釈可能性であったが、それが、もともとの解釈作用においてすでに別の規定との兼ね合いで否定された規定であるかもしれない。最後に、もともとの解釈の地平にただ漠然と現われていただけで、実際に妥当している規定に対抗する真の選択肢にはならなかった規定可能性もまた、否定的な規定に関係してくる。ここでさらに、肯定的な規定は、のちに適用されるなかで類型的に「確証され」強化され、場合によっては完全にルーティン化されるかもしれないということ、だが否定的な規定は、通常は、そのようなものとして（すなわち明確に否定的な規定として）「確証」されることはなく、知識要素あるいは経験客体の未規定の地平へとますます追いやられるということ、このことを指摘しておこう。

知識集積は、単に肯定的な規定だけでなく否定的な規定をも含む知識要素から成り立っている。それらの規定は、共に知識習得の状況に由来し——いま述べた区別を伴ったままで——知識集積の構造のうちに組み入れられている。生活世界は、単にそれが何であるかという観点からだけではなく、何ではないという観点からも把握されているのである。それらどちらの把握の仕方にも、知識集積の制約とその制約の起源について先に詳しく述べたことが、もちろん当てはまる。それゆえ、知識集積の否定的な側面は、生活世界の相対的な不透明性を指し示しているにもかかわらず、本来的に知識集積における間隙として捉えられることはない。だが、知識集積が潜在的に間隙をもっているということは、肯定的な規定においてよりも、知識集積のこの否定的な側面においての方が、より一層、明瞭になる。先に詳しく述べたように、個別的な規定を把握する際には、いずれの規定の背後にも不透明な「残余」が隠されているという事態に直面する。個別的な否定的規定を把握する場合には、さらに別の事情がそれに付け加わる。肯定的な規定も廃棄され得るということ、すなわち肯定的な規定が一片の未知を覆い隠しているかもしれないことが意識されるようになるということである。実際の否定的な規定は、間違った知識集積によって覆い隠されている間隙を指示している。逆に言えば、否定的な規定とは以前の未知についての知識のことである。否定的な規定には、基本的に「復権」の可能性が残されている。そうした可能性は、ある経験のなかで新たな解釈に基づいて、負の信憑性度合いを伴った規定にふたたび正の信憑性度合いを与えざるを得なくなるという、そうした経験を手掛かりに明らかにされる。この意味で、否定的な規定が描き出しているのは、肯定的な規定によって隠蔽されてはいるが、ふたたび発見され得る知識である。このことについては、すぐ後で述べることになろう。

要するに、われわれは否定的な規定を手掛かりにして、知識集積が潜在的に間隙を伴っていることを一般的に洞察できるようになる。だが個別的な間隙についての主観的知識は、それとは別のもうひとつの起源をもっている。知識集積の構造に関する先の分析の結果、知識要素の内的地平と外的地平、あるいは知識要素が関係している経験の内的地平と外的地平が広がっていくにつれて、親近性、規定性、信憑性は次第に逓減していくことが明らかになった。親近性、規定性、信憑性の度合いに応じた知識要素それ自体の編成、それゆえにまた知識要素の意味－核は、そうした事実に基づけられている。われわれはまた、個別的な知識要素はいかにして修正され完成され補完されるのか、またその信憑性の度合いは、いかにして確証され高められ低められ、あるいは廃棄されるのかについても探究してきた。十分に規定されているようにみえる多くのことが、より詳細に規定されねばならなかったり、比較的低い度合いの信憑性で満足していた多くのことが、より高い度合いの信憑性へと移し替えられねばならなかったりする。われわれはさらに、知識集積の構造に備わっているそれらの契機が、知識集積の制約はそれらの契機をとおして意識に把握されるようになるという、生活世界の相対的な不透明性についての主観的洞察の起源であることも明らかにしてきた。人は、自分がすべてのことを知っているわけではないことを、理論的な反省をすることなく知っているのである。だが、知識集積の構造に備わった同じ契機は、知識集積における個々の間隙をもまた、意識にもたらす。これは「比較」という形式のもとに現われてくる。

人は自然的態度においても、自分自身の知識集積に含まれている知識要素ないし知識要素の諸領域を、それらの親近性、規定性、信憑性に応じて互いに比較するよう動機づけられることがときおりある。それゆえ、たとえば「私は動物についてよりも植物についてより多くのことを知っている」とか、「植物に含まれるものすべてについて同じように詳しいわけではない。樹木についてはかなり詳しく知っているけれども、花についてはあまり知らない」などと言う。また、「私はケーキを焼くのは得意だけれど、スープを作るのは、実際、あまり上手ではない」などとも言う。自然的態度におけるこのような比較は、状況のレリヴァンスによって条件づけられている。少なからぬ知識領域が互いに比較される一方、比較の対象にならない領域もある。ともあれ、知識集積の構造についてのある種の知識が、自然的態度においてもこのようにして成立している。人は、自分が何について多くを知っており、何についてはあまり知っておらず、また何については何も知らない、ということを知っているのである。

とはいえ、このような「構造的知識」の成立にとっては、自分の知識集積に含まれている知識要素とその領域を「内的に」比較するよりも、それらと特定の共在者がもっているそれらに対応する知識とを比較することの方が、はるかに有意義である。そうした比較は、様ざまな社会的状況において生じ、共同で行為する必要性によって、あるいは対立をとおしてしばしば動機づけられる。だが、動機よりもさらに重要なのは、「エキスパート」の知識を手に入れるために、あるいは自分がその知識を身につけようとするのではなくそれを「活用する」ために、エキスパートに訊ねるという必要性である。そのようにして、たとえば金銭問題については、あるいはサッカーについては、自分よりも父の方がよく知っているといった洞察を手にする。学校に通って教師からまったく新しい領域に関する知識を教わる。シャーマンやもの知りの老人、医師などに相談することもある。そのような比較に基づいて、自らの知識集積に含まれている個々の新たな間隙がたえず意識に把握される。こうした比較は、明らかに知識の社会的配分と直接的に関係している〔本書第四章C参照〕。

そして最終的に、人は自らの知識集積を「客観的」知識と比較するようになる。「客観的」知識は、自然的態度においては、生活世界のうちにあらかじめ備わっているもの、すなわち「発見」や学習などをとおしてある程度までは身につけることができる所与とみなされている。「客観的」知識は、他者もまたそれを習得することができる、あるいはすでに習得している。それは、先行する世代にはよく知られていたが、いつのまにか失われてしまっていることもある。ことによると、後の世代に残されている発見があるかもしれない。ここでは「客観的」知識の起源には立ち入らずに〔本書第四章C参照〕、それが自然的態度において相互主観的に妥当していること、またそれは経験の主観的編成からも、知識習得において「偶然的に」生じる生活史の分節化からも、広範に切り離されたものとして把握されていることを確認しておきたい。

このように知識要素を「内的に」比較し、自らの知識を他者の知識と比較し、さらに客観的知識と比較することによって、自らの知識集積は間隙を伴っていることを洞察するようになる。それらの比較をとおして、個々の間隙は埋め合わされ、自らの知識集積に関する「構造的な」知識の形成がもたらされる。関心状況と実際の動機連関とに従えば、個々の間隙はレリヴァントではないということもあるだろう。欠落している知識がすぐに必要とされるいかなる状況も予測されない、といった場合である。あるいは欠落している知識はレリヴァントであるとみなされるけれども、それは「エキスパート」に任せることができる、といったこともあるだろう。そして最後に、知識の間隙が脅威とみなされることもあり得るだろう。その場合には人は、実際の状況によってではなく類型的に予測される知識欲求によって、知識を習得することへといわば「構造的に」動機づけられることになる。知識集積における間隙と、それが「充実される」過程は、いずれも主観的なレリヴァンス構造と直接的に関係しているのである〔本書第三章B参照〕。

iv　潜在的知識としての非知

非知と知識との関係は、生活世界的な経験の空間的な編成とのアナロジーのもとに記述することができる。実際に到達可能な範囲にある世界の局面は、潜在的に到達可能な範囲にある局面、すなわち回復可能な範囲内の局面と到達可能な範囲内の局面とに囲まれている〔本書第二章B2参照〕。非知は、それが生活世界の基本的な不透明性と関係していない限りで、それに応じて潜在的な知識として把握され得る。この潜在的な知識は、回復可能な知識と到達可能な知識から成り立っている。

回復可能な知識とは、すでに失われてしまっている、あるいは他の知識によって覆い隠されている、かつての知識のことである。知識を喪失するという場合、そこでは、さらに二つの相異なる事態が示されている。そのひとつは、ある知識要素の「核」は保持されたままで、その知識要素の特定の側面が「忘却」されているという事態である。これに当てはまるきわめて重要な例については、すでに論じてきた。知識要素の単定立的意味は保持されている一方で、その複定立的な構成は忘却されている（たとえばピタゴラスの定理に関する公式）という例である。これには、他に多くの日常的な例もある。たとえば、それが何かということは説明できないけれども、それに「習熟している」とか、「細部のすべて」を思い出すことまではできないけれども、それを見分けることはできる、といった例である。このことは、何よりもまず主観的な知識集積に当てはまる。さらに知識が社会的に伝達されるなかでも、ある伝統（男性が女性の左側を歩く）のたとえば意味は保持され続けるけれども、「細部」は失われる。だが他方、経験客体の個々の規定は保持されたままで、知識要素がそのなかにあるまさにその意味連関が失われてしまうこともある。さらに、知識要素間にいったん成立した「論理的な」結びつき、とりわけ矛盾関係という結びつきと類型的な相互補完性という結びつきが失われることもある。このケースに関しては、日常的な例をあげることもできるが、もっとも印象的でわかりやすいのは、失語症の特定の形式にみられるような、有意味な行為の機能的な統一が——たいていは病的に——崩壊する場合である。

覆い隠された知識としての非知はかつての肯定的な規定から、すなわち、廃棄され、新たな肯定的規定に置き換えられ、覆い隠された結果、知識要素の親近的な地平のうちにもはや与えられていない、そうしたかつての肯定的な規定から成り立っている〔本書第三章A3参照〕。

それに対して到達可能な知識としての非知とは、知識集積のうちでこれまで目の前に存在したことがないという、そうした非知のことである。生活世界の領域のなかには、それについては何も知らない、あるいはほとんど何も知らない、またはごくわずかしか知らないといった領域が存在している。これまで、それについてより詳細に知ろうと動機づけられたことはなく、それについての知識習得は延期されたり中断されたりしている。とはいえそうした非知も、知識集積に備わっている類型性に基づく限り、知識へと移し替えることが可能なものとして現出してくる。このことは、その非知が絶対的に不透明なものの領域にではなく、相対的に不透明なものの領域に関係づけられていることを意味している。

到達可能な知識は、到達可能性の度合いによって段階づけられる。到達可能性の度合いは、第一に、潜在的な知識が基本的に不透明なものの領域からどれだけ離れているかにかかっている。別の言い方をすれば、到達可能性の度合いは、自らの知識集積における個々の間隙を、自らの知識習得の生活史的な偶然性（「関心」や時間などの欠如）にまで遡って多かれ少なかれ直接的に関係づけることができるかどうか、あるいは個々の間隙が事象の「客観的な」障害を指示しているとみなすかどうかにかかっている。第二に、到達可能な知識は、特定の個人にとってだけの類型的な到達可能性によって段階づけられる。あれこれについての知識はたしかに到達可能であること、だがその知識の習得は、類型的な先行経験に基づけば、他の人びとにくらべてある人にとってはより困難であること、これは誰もが知っていることである。知識に「容易に」到達できるかどうか、その程度は、「素質」や「予備知識」などに応じて個人ごとに様ざまなのである。さらに第三に、到達可能な知識は、そのつどの関心状況や緊急性など、要するにその人の実際の主観的レリヴァンスに従って層化されている。こうした編成について、いくつかの例を用いて具体的に示してみよう。

目が見えない状態で、テーブル二十脚を使ったチェスの多面指しのできる人がいるという話を聞いたことがある。そんなことがそもそも実際に可能なのかどうか、私には必ずしも確信はもてない。だが、どれほど口惜しくても、自分にはそんなことができるわけがないことは、はっきりと確信できる。私はまた、優れた登山家が少なからずいることを知っており、そして私自身も高山登山のやり方を身につけることができると確信している。私は必要な技能と素質、たとえば眩暈はしないし、指の力などももっているのである。しかし私は、それを身につけることには関心をもっていない。ピアノを習うことはできただろう、しかしいまではおそらくもう「遅すぎる」と、私はわずかな確信をもって思っている。それでも試しにやってみようかという関心はある。だがそれ以外の関心状況から、それをするための十分な時間はとれない。腕の立つ料理人はたくさんいるが、私は、自分には味覚や嗅覚の神経に欠陥があって、上手に料理ができるようにはなれないことを知っている。しかし私は、自分が来年のうちにアラビア語を学習することになると確信している。私は外国語を習得することができるだろうということは、ただ原則的にそれが可能であるというだけではなく、以前の経験によって確信してもいる。私はまもなくアラビア語圏の国で就職するので、この間隙を埋めることは私にとって最高度の緊急性をもっているのである。

g　自明性の輪郭

われわれはいまや、これまでの分析がそれに向かって進められてきた問い、生活世界は知識集積のうちにどのように現われているのかを問うことができる。この問いに答えるには、知識集積の構造に関する明確な像が必要である。すでに知識集積の個々次元を記述するなかで、それら諸次元は相互に交差し合っていることを明確にしてきた。それゆえにここでは、それらの記述の結果を要約するだけで十分だろう。

個別的な知識要素が形成される前提条件は、生活世界的な状況の境界性と、生活についての主観的経験の編成のなかに与えられている。それらの前提条件は、また同時に生活世界的な知識集積が負わされている制約の原因でもある。それらの前提条件ないし制約についての「知識」は、いずれの経験と解釈にも備わっているその地平のうちに共に与えられており、また知識集積のうちに基本要素として入り込んでいる。個別的な知識要素はそれとは異なり、生活史的に刻印された個々の解釈過程のなかで形成される。それらが知識集積に沈澱していく仕方と、個々の状況において応用されるされ方もまた、同じく生活史的に分節化されている。ある知識要素は、生活史の在り方に基づいてルーティン化される。ルーティン化された知識要素は、知識集積の構造のなかでは技能、慣用知、処方知として、知識集積の「つねに目の前に存在している」基本要素と、個別的な知識要素との中間に位置づけられる。

諸々の個別的な知識要素はひとつの「体系」を形成している。その体系には、親近性、規定性、信憑性の次元が含まれている。知識要素間の(「統語論的」)連関は、無矛盾性の次元のなかに表われている。知識要素の「内容」間の(「意味論的」)意味連関は、経験客体にとってレリヴァントなものとして解釈に「提供される」類型性に根ざしている。それゆえ、生活世界的な知識集積の構造は、多かれ少なかれ親近的で、多かれ少なかれ信憑的で、さらに多かれ少なかれ互いに無矛盾の関係にある類型的規定のあいだの、レリヴァンスによって条件づけられた意味連関から成り立っているのである。

個別的な知識要素は、知識習得のもともとの状況を指示しており、また経験の沈澱が帯びる生活史的な刻印をも指示している。個別的な知識要素は、一方で——それが完全にルーティン化されている場合には——知識集積の基本要素とほぼ隣接するようになる。他方で、個別的な知識は非知へと移行していく。非知の構造もまた同様に、生活世界的状況の境界と生活世界についての主観的経験の編成を指示しており、また知識習得の生活史的な分節をも指示している。

ここで、生活世界は知識集積のうちにどのように現われているのかという問いに対して、差し当たり形式的な回答を与えることができる。生活世界の核にある領域は、比較的規定され、類型的状況に対処するのに十分なほど親近的で信憑的な領域として現われている。これは、生活史的に習得された相対的な透明性からなる領域である。この領域には、生活史的に条件づけされた相対的な不透明性の領域が隣接している。この領域は、原則的には個別的な知識によって明解にすることができる。この領域には、主観的経験が生活世界的状況一般の境界に直面することになる場、すなわち基本的な不透明性からなる領域が隣接している。

だが、こうした形式的な回答では、先に提起した問いに十分に答えたことにはならない。生活世界が、相対的に透明な「領域」、相対的に不透明な「領域」、基本的に不透明な「領域」へと編成されているということは、知識集積の構造から導き出すことができる。だが「構造的」知識、すなわち知識集積に関する知識は、自然的態度においてはほんのわずかしか進展することはない。それゆえさらに、生活世界は知識集積をとおして自然的態度のなかに具体的にいかに現われてくるのかを問わねばならない。

生活世界は、たしかに自然的態度においては、構造化された知識集積という形式で把握されるわけではない。それは、親近的なもの、信憑的なもの、規定されたもの、無矛盾的なものからなる体系として、すなわち、十分に境界づけられた相対的に不透明なものの領域のなかに、同じく十分に境界づけられて組み込まれ、しかも基本的に不透明なものからなる領域によって取り囲まれている体系として根源呈示されることはない。生活世界の客体についてのあらゆる個々の経験と、それら諸対象間の連関についてのあらゆる把握は、それ自体として意識によって把握されることなく、むしろ重層的な構造をもった相対的に透明なものと、相対的に不透明なものとの関係によって規定される。このことは、解釈過程のうちで知識要素として形成された経験客体と状況の輪郭を、親近性、規定性、信憑性の段階に依拠して濃淡をつけられた線影によって表わすことによって、わかりやすく表象することができる。そのような線影に囲まれているのは、相対的に不透明なものからなる「空隙」である——ただし周知のように、この空隙を線影で埋めるには、その箇所を測量しなければならない。生活世界は、自明性の輪郭を引かれた「全体」として知識集積のうちに現われてくる。そうした輪郭は、線影と空虚な平面との関係に応じて、よりはっきりしていたり、よりぼんやりしていたりする。基本的に不透明なものだけが、真性の未開の地を形成するのである。

では、この「全体」とはいったいどのようなものなのだろうか。知識集積は経験単位の沈澱から成り立っており、そしてその経験単位の構成は——内的持続を超越する——世界の抵抗によって、また——自然的態度の「論理」に従う——解釈過程によって規定される。ただしその「論理」は、相対的に自然な世界観のなかで、またそれに対応する言語形式のなかでそのつど客体化されており、それゆえその「論理」は社会的アプリオリの基本要素を形成している。それは個々人に賦課されており、主観的な経験と解釈の自明な単位が形成される際に重要な役割を果たしている。沈澱の継起はそれ自体、たしかに生活史的に、また「偶然的に」刻印される。しかし、経験の単位が人生の経過というパースペクティヴのもとで広範な射程をもった意味連関のなかに組み込まれている限り、そうした沈澱の継起は全体的で体系的な性格をもっている。ここにはさらに、人生の経過に付与された刻印は、類型的で「有意味な人生の経過」という客体化されたカテゴリーによって、社会的にもまた規定されているという事情が加わってくる。したがってここで、生活世界は知識集積のうちに二重の意味で「全体」として現われていると言っていいだろう。それは一方で、主観的な生活史によって「内側から」照らし出された全体として現出してくる。他方でそれは、社会的に客体化された「自然な論理」（農業、錬金術、料理、猟、戦術など）に従う体系的な連関のなかに現われている。したがって生活世界は、単に沈澱した個々の経験ないし経験客体が相互に連なったものとして知識集積のうちに現われているわけではない。またそれは、知識集積の構造の模写として現われてくるわけでもない。そこには——経験の主観的編成と生活史的な分節にはほとんど依存することのない「客観的」意味構造としての——科学のもつ体系性は備わっていないというのは、よりいっそう、確かなことである。

生活世界は、ある土地で地図に頼りながら自分の居場所を知るのとほぼ同じような仕方で、知識集積を頼りに把握される。記号の説明や場所の表示などは、そのつど現勢的な「客観的」地理学から引き継がれる。だが地図の選択、とりわけそのつどの縮尺の選択は、主観的に動機づけられている。日常的に行き来する地域の輪郭がきわめて精確に記載された、散歩用の特別な地図も存在している。そのような地域の輪郭は、散歩をする際にその地図に頼る必要がもはやほとんどないほど、部分的にはすでにきわめて親近的だろう。また、めったに行くことのない地域のための、縮尺が比較的小さい地図も存在している。そうした地域の輪郭も、その概要に関しては親近的であるが、それでも地図に頼らねばならない状況に繰り返し直面する。人はまた、縮尺は混乱している自分で作った地図をいくつかもっているかもしれない。その地図には、自分がかつて行ったことのある地域が書き込まれているだろう。そこには若干の概要が書き込まれているかもしれないし、ことによると様ざまなことが詳細に書き込まれているかもしれない。しかし正しい立ち位置を確認するには、非常に長い時間をそのために費やしたとしても、その地図ではまったく不十分だろう。最後に、縮尺の大きな地図も存在している。個別の地図が用意されている地域との関係のなかに世界という「残余」を位置づけるには、それで十分である。そのような地図には、きわめて大雑把な概要だけが書き込まれており、多くの箇所が白紙のままに残されている。

ではそれらの地図はどこに由来するのだろうか。努力して自分で描いた地図も数多く存在しているに違いない。そこには、詳細なことが数多く含まれており、他の人には理解できない純粋に「私的な」注釈も数多く含まれているだろう。他の人から受け継いだ地図もたしかにあるだろう。ただしそれらは、その信頼性についていずれ吟味されるかもしれない。また、理屈抜きに信頼して他の人から受け継いだ地図もあるだろう。ところで人は、自分がもっている散歩用の特別な地図には、他の人が大縮尺の地図しかもっていない地域のほんの一部だけが表わされていることを知っている。また逆に、自分ではきわめて不精確な地図しかもっていない地域について、もし他の人がいまだにそれを手にしていない場合には、その地域の特別な地図をより高い蓋然性をもって自分で描くことができるということを知っている。自分で描いた地図の縮尺と精確さは、自分がその地域を歩き回って観察した際の注意深さと関係している。ただし、地図上の等高線、境界線、線影などに関する自分の知覚は変化し、そしてその変化は生活世界的な理念化と匿名化を前提にしている——このことを忘れてはならない。

B　レリヴァンス

1　知識とレリヴァンス、カルネアデスの例

知識習得について分析するなかで、また知識集積の構造について記述するなかでも、われわれは分析を中断せざるを得ない論点に繰り返し直面した。そしてそこでは、あれこれの過程は「レリヴァンスによって条件づけられている」と述べるだけで満足せざるを得なかった。経験経過における十分に境界づけられた主題の構成がそうであり、状況の規定もまたそうである。さらに、ある経験が問題的になる過程、また問題的な経験と結びついた

解釈——とりわけ特定の解釈水準における解釈の打ち切り——がまたそうである。そして最後に、解釈の帰結の知識集積への沈澱もそうである。これらの過程はすべて、そのつどの実際の主観的なレリヴァンス体系によって条件づけられているという時、それはいったい何を意味しているのだろうか。

「レリヴァンスの‐うちに‐ある‐生」の態度（レリヴァンスそれ自体は意識によってはまったく把捉されない）と、反省的に（必ずしも「理論的に」というわけではない）「レリヴァンス‐を‐注視すること」との違いは——フッサールによって別の文脈で特徴づけられていたが——生活世界のうちで確認することができる。[13] われわれはすでに自然的態度において、「物事を公正な光のもとで」みているのかどうか、ある所与の問題に「関心」をもち続けるべきなのかどうか、あることがらは自分と「何らかの関係が現実にある」のかどうか、などと自問することがある。そしてそのように自問することによって、自らが自明な主観的所与とみなしている自分自身のレリヴァンス体系を意識的に問うている。知識習得を規定し、それゆえにまた知識集積の構造をも規定しているレリヴァンス構造は、それ自体がまた、そのような仕方で知識集積の構成要素でもある。そこで、人は誰でも自分自身について、「私は自分がそのようなことには関心がないのを知っている」と言うことができるし、あるいはある知人について、「そういう事情だったら、彼はいつもと変わらず、そんなことは自分には関係ないかのように振る舞うだろう」と言うことができるのである。

経験と行為はすべて、レリヴァンス構造に根ざしている。さらに、いかなる決断をするに際しても、行為者は、多かれ少なかれ明示的に一連のレリヴァンスと直面することになる。おそらくレリヴァンス問題は、生活世界を記述するにあたって解決しなければならないもっとも重要な、また同時にもっとも困難な問題である。レリヴァンス構造は、生活世界的状況が構成される際にいかなる役割を果たしているのだろうか。また解釈の経過をどのように規定しているのだろうか。さらにそのつどの知識集積を、どのようにして実際の経験と行為とに関係づけているのだろうか。

レリヴァンス問題と直接的に関わっている問いについては、すでにギリシャの懐疑論者カルネアデスがきわめて綿密な探究を行っている。それは、セクストス・エンペイリコスによる報告（『論理学者に対して』〔『数学者に対して』〕第七巻）のなかにみることができる。ここでの探究を進めるにあたって、まずカルネアデスによる分析から出発し、よく知られた三つの例をとりわけ手掛かりにしながら、彼の分析をさらに展開していくことにしよう(14)。

カルネアデスは蓋然的なもの《ピタノン》（πιθανόν）に関する彼の探究を、ストア学派、とりわけクリュシッポスによるこの概念の用法に対する批判から始めている〔1〕。クリュシッポスは、表象を蓋然的なものとそうでないものとに区別したうえで、それらどちらの表象も真なるもの、真ではないもの、そのどちらでもないもののいずれかであると主張する。カルネアデスは「真なるもの」を把握する可能性を否定し、そのような分類をきっぱりと退ける。彼はむしろ、われわれに知られていないこと（ἀκατάληπτον）と不確かなこと（ἄδηλον）とを区別する。「真なるもの」など存在してはおらず、存在しているのはただわれわれにとっての複数の真理であり、それゆえ必然的に問題的な複数の真理である。人間による表象は「真なるもの」を把握することはできないけれども、問題的な複数の真理は多かれ少なかれ蓋然的であり得る。ある表象の蓋然性は、その人のそのつどの立ち位置によって条件づけられる。ある表象が蓋然的であるのかどうかは、それに加えて、その表象が他の表象と矛盾しているか一貫しているかによって左右される。カルネアデスのこうした基本的見解は、もちろん、表象とは事物をあるがままに把握することであり、それが賢人の行動を導くと考えるストア学派における理解可能な表象（φαντασία καταληπτική）についての所説と鋭く対立する。懐疑論者にとっては、賢人もまたひとりの人間であり、それゆえ賢人が把握する真理もただ人間的な真理であるにすぎない。賢人は石でできた彫像ではなく、運動のなかにある身体と魂をもっている。その印象、知覚、知識は、その人の人間本性によって条件づけられている。それゆえ、本当に賢明な人なら、物事の真なる本性に関する判断を留保するだろう。それゆえまたそのような人は、自らが実践的な行動と行為をする際には、いつまでたっても達成できるはずのない知識を待つことなどしないだろう。たとえば船で旅をする時、その旅がどのような結末を迎えるのか、精確に知ることはできない。しかし、旅がどのように終わるのか当人には知られていない（ἀκατάληπτον）とはいえ、それは当人にとって、まったく不確かなこと（ἄδηλον）であるはずはない。彼は、信頼できる船長が率いている立派な船を選び、天候に恵まれれば、目的の港に無事、到達するだろうと信じている。もしも真なる知識を待たねばならないのだとしたら、彼にはなすすべがない。しかし本当に賢明な人は、そうした多かれ少なかれ蓋然的な表象に基づいて行為をする。そうした表象は、キケロが定式化したように、「行うことと行わないことに関する計画」として役立つのである。賢人は認識論的には懐疑論者であるが、自らの実践的な行動を突き動かす表象や動機について、その信憑性の度合いを吟味することを差し控えたりはしない。賢人は、「確実性」とは信念の一形式であるにすぎないことを意識しており、また同時に、しかしその基底には比較衡量することの可能な一定の動機と原因があることを知っているからである。ここで動機とは、見解を支える理解可能で確認可能な根拠のことである。それに対して原因は、根拠の理解可能性には関係していない。原因において重要なのは情熱、先入観、習慣であり、また社会的な事情に起因する強制である。確実性は不確実性に対置される。しかし十分な根拠のある確実性とまったくの不確実性という両極の形式のあいだには多くの中間段階があり、カルネアデスはその分類を試みている。

同一の「単なる」蓋然性が二つの対立する可能性に当てはまることがある。セクストス・エンペイリコスは次のような例をあげている。私は敵に追われている。そしてある濠を見つける。その濠は、隠れ場所として私の役に立つかもしれない。しかし、私のこれまでの知識に基づけば、別の敵がその濠に潜んでいる可能性もある。私は、自分が最初に抱いた願望と次に抱いた懸念のどちらに十分な根拠があるのか、吟味することはできない。それゆえ、私には両方の可能性がそのまま存在し続ける。私の実践的な行動に関する限り、所与の事情のもとでは、蓋然的にもっとも確実なのは別の隠れ場所を探すことである。

だが表象は、「単なる」蓋然性を超え出ることもある。それは、「歪曲され」（ねじ曲げられ περίσπαστος）たり、あるいはおそらくこう言った方がより適切だろうが、廃棄されたりすることがある。ヘラクレスがアルケスティスを黄泉《よみ》の世界から連れ帰ったことを想起しよう。ヘラクレスは、彼女をアドメトスの前に連れていった。アドメトスは自分の目に映っている証拠を信じようとしない。「生きているアルケスティス」の表象は、アルケスティスがすでに死んでいるという彼の先行知識によって廃棄されるのである。そのような先行知識がなければ、その表象は廃棄されなかっただろうし、比較的高度な蓋然性を与えられただろう。

最終的に最高度の蓋然性をもつようになるのは、確証が得られた表象である。そうした表象は、「単なる」蓋然性を前提にしている。それはまた同様に、その「単なる」蓋然性がいまだ廃棄されていないことを前提にしている。「単なる」蓋然性についての確証がいま得られているのであれば、それについて「確実視する」ことができるためのさらなる根拠が目の前に存在していることになる。蓋然的であることの個々の段階のあいだの関係は、カルネアデスによる第三の例を用いて明らかにすることができる。ある男性が照明の暗い部屋に足を踏み入れ、部屋の片隅にひと固まりのロープがあるようだと思った。だが彼は、その対象を判然としないままに眺めている。そこで、あれは本当にロープの固まりなのだろうかと自問する。とぐろを巻いているヘビではないだろうか。その可能性もまたある（これが、第一の例で示した「単なる」蓋然性に匹敵する第一段階であり、それはフッサールが定義した問題的な選択肢に対応している[15]）。第二の可能性も、第一の可能性と同じ程度に蓋然的である。それゆえその男性は、最初の印象に疑いを抱くようになる。彼は確信がもてなくなり、二つの可能性のあいだを揺れ動く。彼はその対象に近づいてみる。それは動かない。ロープの固まりは動かない。おそらくその対象は、やはりロープの固まりなのだろう。そこでまたその人は、その片隅にある対象とヘビは似た色をしていることを想起し、おまけに、ヘビは冬の寒さのなかではこごえて動かないことを想起する。いまは冬である。そうであるなら、動かないということは、その対象をロープの固まりとみなす十分な根拠にはならない。その人は、自らの表象の周りをいわば巡回査察（περιόδευσις）する。彼はその過程で、両方の選択肢はそれぞれ固有の重さをもち、そしてそのそれぞれの重さは、他方の選択肢の重さと均衡していることに気づく。それゆえに彼は、根拠はもたずにいずれかの選択肢に同意する（συγκατάθεσις）という決断を下すことができる。そのような場合、両方の選択肢のどちらにより大きな信を与えるか、あるいはどちらの選択肢を廃棄する気になるかは、彼が臆病であるかどうかにかかっているということになるかもしれない。だが、より高い確実性を得ようとする場合には、決断するためのさらなる根拠を探し求めなければならない。そのような場合には、彼はセクストスが述べているように、公職につく候補者を吟味する時にアテネの官庁で用いられた方法、あるいは診断を下さなければならない時に医師が用いる方法を用いなければならない。ひとつひとつの「徴候」には固執せずに、すべての徴候の連関、すなわち「症候群」を考慮に入れねばならないということである。症候群がそのうちに対立する表示を含んでいない場合には、その表象は「真」であると言っていいだろう。彼は、棒切れを手にとってその対象に触れてみる。それでもなお、その対象は動かない。そこで彼は、その対象は事実、ヘビではあり得ないという確信をもつことになるだろう。そうした最終的な証拠をもって、彼はあらゆる可能な細部にわたる巡回査察の行程を完了する（ディエクソドス διέξοδος）。いまや彼は、その対象をヘビであると思ったのは間違いなく誤りであったという確信に同意することができる。あらゆる確信にとって唯一妥当な規準は、それゆえ蓋然性（ピタノン πιθανόν）と蓋然性の度合いを方法的に、また徹底して統御すること（ディエクソドス διέξοδος）のうちに存在しているのである。

ピタノンの度合いに関するカルネアデスの理論と、『経験と判断』におけるフッサールの問題的可能性についての分析とはきわめて類似している。このことは特筆しておくべきである。カルネアデスの理論はもっぱら実践的な行為の領域にのみ関係していると一般にみなされてきた。しかしロバン[16]は綿密に吟味したうえで、カルネアデスの理論はあらゆる形式の思惟、判断、知覚に関係していると結論づけている。この点でもまた彼の見解はフッサールの見解と一致している。ただし、カルネアデスは彼の理論において思考作用だけを念頭においているように思えるけれども、フッサールにとって問題的な可能性の構成は前述語的領域に由来し、同一性、類似性などの受動的綜合に基づけられている。いずれにせよわれわれは、カルネアデスによる考察を踏まえたうえで、彼の第三の例を、様ざまなレリヴァンスの形式について分析するための出発点として利用することができるだろう。

2 主題的レリヴァンス

a 強いられた注意（「賦課された」主題的レリヴァンス）

カルネアデスの例をさらに詳しく考察してみると、様ざまな問いが立ち上がってくる。まず、先の男性はいかにして、他でもないヘビとひと固まりのロープという二つの可能性のあいだを揺れ動くようになったのだろうか。片隅にある対象は、はたしてそれ以外のものではあり得なかったのだろうか。この問いに対して、その男性にとってはそれら以外の可能性は「レリヴァント」ではなかったのだと答えるなら、その答えによってすでに、解釈的レリヴァンスの分析〔本書第三章B3参照〕のなかではじめて詳しく論じられる問題が示唆されている。また、そのような状況におかれているのが臆病な人の場合、その人にとって重要なのは、何よりもまず、問題になっているその対象が危険なものであるのか否かについて、また同時に、その対象に見合った措置を講じることができるか否かについて決定できることであると述べるなら、すでにそこで、動機的レリヴァンスの分析〔本書第三章B4参照〕のなかではじめてより詳しく探究される問題について触れられている。

だがここではとりあえず、カルネアデスの例から出発する時にさらに直接的に付きまとってくるある問題に目を向けることにしよう。片隅にある他でもないその対象が、それが何であれその男性の「関心を惹く」ということは、いったいいかにして生じるのだろうか。考えてみると、この片隅にはたしかにそれとは別の対象もある。また別の片隅もあって、そこにも対象はある。そしてそれらの対象は、いずれも同じようにぼんやりと見られてはいるだろう。だがそれらの対象が彼の「関心を惹く」ことはない。それらは彼の知覚野のうちに存在しているにもかかわらず、「目立つことはなく」「際立ってはいない」。それらは「彼の注意を惹かない」のである。このことはいかにして生じるのだろうか。「賦課された」主題的レリヴァンスには主要な四つの形式がある。親近的なものの枠組のなかで非親近的なものが注意を惹きつけるという形式、限定的な意味構造をもつある現実領域から別の現実領域への「飛躍」のなかで新たな主題に遭遇するという形式、同じ現実領域の内部で生じる意識の緊張の変化によって、「動機づけられていない」主題の変更が引き起こされるという形式、注意が社会的に強いられるという形式である。

ある意味では、第一の形式がもっとも重要である。この形式は、その一般的な特徴において理解された場合には、他の形式の基底をなしているのである。では非親近的なものは、いかにして親近的なものの枠組のなかで目立つようになり、際立ってくるのだろうか。カルネアデスの例を用いて説明してみよう。その際、知識集積のひとつの次元としての親近性について先に行った分析の結果を遡って指示することになるだろう〔本書第三章A３参照〕。

たとえば、ある男性が自分の部屋に帰ってきたと想定してみよう。その部屋は、彼の長い間の習慣から、彼にとって完全に親近的である。その部屋の外的地平〔家のなかの部屋の位置など〕も内的地平〔部屋のなかにある様ざまな対象、それらの配列など〕も十分に規定されており、しかもそれらの規定が、長い間の使用と確証とによってその人の習慣的知識の構成要素になっているのである。彼はその部屋のなかで、ルーティン的に自分の位置を確かめることができる。このことから明らかになるのは、その男性にとってこの部屋に帰ってくることは、それ自体、何ら問題的なことではないということである。そこで、何か別のことを考えながら、たとえば少し前に知人と交わしていた会話を想起しながら、部屋に入ってくる。実際の経験経過の主題を形成しているその想起をしながら、彼はルーティン的に一方の足を他方の足の前に出し、ルーティン的に部屋のドアを開ける。彼はその際、その部屋は数時間前に出て行った時と同じ状態にあることを自動的に予期している。ただし、その予期が主題化されることはない。そうした予期の自動性は、すでに様ざまな文脈のなかで取りあげてきた「以下同様」および「私は－それを－繰り返し－行うことが－できる」という理念化に基づいている。

誤解を避けるためには、事態をきわめて精確に記述しなければならない。経験経過の主題を形成しているのは、すでに述べたように友人との会話についての想起である。彼はちょうどいま、たとえば会話のある位相について考えているとしよう。実際の主題核を形成しているのは、いま考えられているその特定の位相である。会話のそれ以外の諸位相、すなわちその男性の表象、たとえば彼が実際のところ言いたかったこと、どうすればもっと上手に言えたであろうなどといったことは、たしかに実際の核には属していない。だがそれらは、アロン・グールヴィッチによって導入された重要な区別を用いて言えば、主題野には属している。(17) 他方、自らが歩行している際の身体上の動きについての意識、疲れについての付随感覚、通りの喧噪についての意識、また同じく部屋と関係する自動化された予期は、明らかに実際の経験経過の主題核のなかにはなく、また主題野のなかにもない。それらは単に、実際の経験経過の地平のなかにあるだけなのである（ここではノエシス分析とノエマ分析の違いには目を向けないことにしたい）。

さて、その部屋には事実、何の変化もないことがその男性にはっきりとわかった時、部屋についてなされた実際の知覚は経験経過の地平のうちに留まることになる。その場合には、彼が知人との会話についてさらに考え続けることを妨げるものは何もないだろう。だがそうでないこともある。親近的でない対象がそこにあるという場合である。その場合には、自動的な予期が部屋についての実際の知覚によって「確証」されることはない。予期していない要素が視野のなかで目の前に存在しているのである。そこで視野の統一性が「分裂する」。その男性はルーティン的に、その部屋のなかに親近的なものだけを予期していたために、予期していなかった要素が知覚されてそれが「問題的」になるのである。その対象は主題化されねばならないということである。その対象は、自動的な予期のなかに組み込まれていた時にとどまっていた経験経過の地平から、経験経過の核へと移行する。それと同時に、それまで主題であった会話についての想起は放棄される。先に知識習得の進捗と中断について探究するなかで強調しておいたように、そこには二つの可能性が存在している。主題が「最終決定的に」断念される可能性と、ただ「一時的に」脇へとおしやられる可能性である〔本書第三章A2参照〕。その男性は、部屋に入る前にたとえば自分にとって重要な問題について考え込んでいた場合でも、差し当たり「大切なことを真っ先に」という原則に従って、新たに問題となったその片隅にある対象に対向せざるを得ない。だが、それまで考えていた問題は、最終決定的に放棄されるわけではない。その問題は、いわばのちに埋めるべき間隙になっている。それに対して、先に取りあげた例にあっては、男性は、いまのところ他に優先してなすべきことがなくて、知人との会話についてただ想起していたのであり、しかもその会話は彼にとって問題的になってはいなかった。そこで彼はその主題を、いまや最終決定的に放棄してしまう。

これまでの論述によって、「賦課された」主題的レリヴァンスのもっとも重要な事例を示してきた。それは、自動的な予期が断絶した結果（より一般的には、生活世界的な理念化が停止した結果）として主題の変化が強制されることから生み出される、「賦課された」主題的レリヴァンスである。新たな主題が、非親近的なものとして浮かび上がる形で押し付けられてくるのである。

動機づけられたわけではない、それゆえ厳密に言えば賦課された主題の変化は、さらに、限定的な意味構造をもつある現実領域から別の現実領域への「飛躍」によって引き起こされることもある。ある経験経過は、意識の緊張と体験様式あるいは認知様式がこの「飛躍」によって根本的に変化することによって主題との関係を絶たれて、新たな主題に直面させられることになる。この「賦課された」主題的レリヴァンスの事例は、そうした「飛躍」によること以外の点では、すでに述べたような、生活世界的な理念化が停止する特別な事例と考えることができる。ある現実領域から別の現実領域への「飛躍」に備わった特徴を示している事象については、すでに別の文脈で探究しているので〔本書第二章A1から4参照〕、ここではそのことについて指摘しておくだけでいいだろう。

主題の変化はさらに、意識の緊張が変化し特定の次元の体験様式あるいは認知様式が変化すること、とりわけ時間次元と体験の深さが変化することによって、たとえその変化が同じ現実領域内の経験経過における変化だったとしても、生じることがある〔本書第二章B1、また第三章A2参照〕。だがここで、先に述べた主題変化の二つの事例についてはっきりと確認しておかねばならないのは、それらについて語った際に考慮に入れていたのは、いずれも厳密な意味では「動機づけられている」わけではない、現実領域間の「飛躍」と、同一の現実領域内部での意識の緊張などの変化だけだったということである。それ以外の点では同一である事象は、もしもそれが動機づけられている場合には、むしろ次節で論究する主題的レリヴァンスのカテゴリー、すなわち「自発的な」対向に属することになる。

最後に、「賦課された」主題的レリヴァンスのもうひとつの形式として、社会的に「賦課された」主題的レリヴァンスについて述べておかねばならない。それは、日々の生活においてはきわめて重要である。ある人にとっての共在者の行為――しかも行為経過と行為結果の双方――は、その人が対向せざるを得ない主題をその人に押し付けてくる〔本書第五章E参照〕。だが、この形式の「賦課された」主題的レリヴァンスは、他の形式のそれと重なり合っている。たとえば行為経過と行為結果は、まったく予期できないだろう。それらは、共在者と結びついているルーティン化された予期のなかに組み込むことはできないのである。そうした事態に関係しているのは、明らかに、非親近的なものが親近的なものを背景に浮かび上がること、あるいは際立つことである。だが共在者は、その行為が後続の解釈において没類型的、非親近的なものとして現出するまでもなく、経験経過に介入し、個々人に新たな主題を強いることがある。

b 自発的な対向（「動機づけられた」主題的レリヴァンス）

i 主題の変更

主題的レリヴァンスのすべてが、これまで探究してきた意味で「賦課されている」わけではない。それとは別のレリヴァンス構造が、ある主題に対する自発的な対向のなかにはっきり示されている。先の例で取りあげた男性は、部屋に入る際に、部屋に入ることとは別のことを考えていた。その男性の体験経過はあらかじめ構造化されてはおらず、「主題を欠いて」いた、と想定するのは背理であろう。すでにそこで主題の変化が語られなければならない。親近的な領野に対して際立っている新たな主題が、その非親近性のゆえに「おのずと」立ち現われてくるのである。だがこの例は、わずかな変更を加えるだけで、主題変更のもう一つの形式、「動機づけられた」主題変更に到達することになる。

カルネアデスの例に登場してくる男性にとって、その部屋はさほど親近的ではなかったと想定してみよう。彼が入ろうとしているその部屋は、彼自身の部屋ではない。だが以前、何かのついでに立ち寄ったことはある。そのことから、彼はそこで自動的な予期を行うだろう、そしてその予期は完全に内容空虚であるわけではなく、その部屋についてのかつての自分の経験に基づいた一定の内容規定性を示しているだろう、ということが導かれる。彼に直接的な知識がまったく欠けているのは、片隅にある対象だけであり、それ以外のものは自動的な予期にたやすく組み入れられる。このように変更された例において、その男性に新たな主題を押し付けてくるのは、彼の自動的な予期の断絶と、非親近的なものの浮かび上がりである。

さてここで、この例の一部をさらに変化させて、その男性はこの部屋にいまだ一度も入ったことがなく、しかもそこの住人からこの部屋について説明されてもいないと想定してみよう。その場合でさえも、彼の予期は完全に内容空虚であるわけではない。その予期は、部屋一般と関係づけられている。彼の予期は、知識集積に備わっている類型性から導き出されているのである。彼は、類型的な部屋にはどのような変種の幅があるのかをおおよそ知っており、類型的な部屋におかれている類型的な対象にはどの程度の変種の幅があるのか、またそれら類型的な対象にはいかなる類型的な置かれ方があるのかについても知っているのである。そうした彼が、いまその部屋に入ってくる。その時、またもや片隅にある対象が彼の「目に飛び込んでくる」。その対象は、すぐ前で述べた彼の知識集積に備わっている類型性からはみ出ているからである。この点については、別の箇所ですでに立ち入って取り扱ったので、(18)これ以上詳しく説明する必要はないだろう。

しかしわれわれは、ここでなおある重要な側面に接近している。ここで語られたのは類型的な予期についてであった。だが、この予期が自動的であるというのは、もはや自明ではない。一般に、ある状況総体の親近性の度合いが小さければ小さいほど、人がそれに対していわば「おのずと」対向していくその際の注意の度合いはますます大きくなる、と定式化することができる。人が接近していく非親近的な状況の総体は、すでにあらかじめ主題化されている。そしてその状況に含まれている様ざまな要素は、それに基づいて順番に下位-主題化され、多かれ少なかれ類型的で親近的なものとして組み入れられ処理されるようになる。別の言葉で言えば、人は、ある状況のなかでルーティン的に自分の立ち位置を確かめることができない場合には、その状況を解釈しなければならない。そしてそうであることをあらかじめ知っている場合には、状況に対してあらかじめ「自発的に」対向する。このことはまた、人は「別の考え」に無制約に耽ることができるわけではなく、状況やその特定の側面に「適宜」対向するよう動機づけられているということをも意味している。ここで「適宜」というのが、「大切なことを真っ先に」という原則と、また知識集積のうちに沈澱している、類型的な状況と問題に対処する際の類型的な緊急性の段階と、それぞれ緊密に関連していることはおのずと明らかだろう。これを先の例の最後の変種に当てはめてみればこうなる。知人との会話についての想起は、男性が部屋に入ってくる前にすでに「自発的に」放棄されており、目の前に存在している状況、すなわち彼には親近的でない部屋、あるいはそこでの自分の位置確認などが主題化されていたのである。それゆえに彼は、主題変更へと「動機づけられて」いた。状況総体についての多少なりとも注意深い解釈によって、片隅にある対象が、すでに詳述したとおり、彼にとってとくに没類型的なものとして目立っていたのである。

ここには、さらによく考えてみるべき余地が残されている。例を様ざまに変化させてみたことから明らかになったように、「賦課された」主題変更と「動機づけられた」主題変更とのあいだにはっきりとした線を引くことは困難である。強いられた注意と自発的な対向の区別もまた漸次的である。様ざまな次元を伴っているいずれの経験経過も、また多様な側面を伴っているいずれの状況も、賦課された契機と動機づけられた契機とが互いに絡み合い、共に作用していることを示している。このことは、主題的レリヴァンスに当てはまるだけではなく、レリヴァンス構造一般にもまた当てはまる。

このような文脈において「適宜」対向するとは何を意味しているかについては、先ほど手短かに述べておいた。ここで問題になっていることは、もちろん「賦課された」対向と

「動機づけられた」対向とを区別する際にも作用している。例に出てくる男性は、少し前に知人と交わしていた会話についての想起にすっかり気を取られていて（その会話は彼に、たとえば人生に関わる決断を迫っていたのかもしれない）、新たな状況に「適宜」注意を切り替えることを「忘れていた」。その場合には、のちになってようやくなされた主題の変更は、「動機づけられた」ものではなく「賦課された」ものであろう。ある主題的レリヴァンスが、主として「賦課された」ものとみなされるか「動機づけられた」ものとみなされるかは、それゆえ、所与の状況における実際の主題がいかなる「重み」をもっているか、実際の状況への対処は、行為者に降りかかろうとしている状況にくらべてどの程度重要なのか、そして最後に、行為者の「人格」、たとえば、その人の生活史的に条件づけられた、新たな状況一般に対する自信のなさとこの特定の類型の状況に対するその人の自信のなさ、これらによって左右される。一般的に表現すれば、主題的レリヴァンスは、「賦課された」レリヴァンスと「動機づけられた」レリヴァンスとを区別することをとおして、動機的レリヴァンス一般の構造と絡み合っているのである。

「賦課された」主題的レリヴァンスを分析する際にすでに明らかにしてきたように、主題の変更は、ある現実領域から別の現実領域への「飛躍」と結びついているだけでなく、体験様式あるいは認知様式、現勢的な時間次元、体験の深さなどのさほど決定的ではない変化と結びつくこともある。このことは、「賦課された」のではない主題的レリヴァンスにも一般に当てはまる。その場合に限って、「飛躍」、すぐ前で述べた様ざまな変化、そしてそれらと結びついた主題変更は「動機づけられる」のである。

ii 主題の展開

これまで「動機づけられた」主題変更として記述してきた「自発的な」主題的レリヴァンスとならんで、もうひとつ別の形式のレリヴァンスが存在している。実際の主題は、意識によって把捉されたままである。それゆえ主題の変更は生じていない。それにもかかわらず、「動機づけられた」主題の変化が生じてくる。実際の主題に含まれている含意を説明することに注意が向けられる場合である。この過程のもっとも重要な側面については、すでに別の文脈で記述しておいた[19]。したがってここでは、そこでの記述の成果を当面の問題に適用することに留めておいていいだろう。

フッサールが明らかにしているように、いずれの主題も、基本的に無限の内的地平と外的地平を伴っている[20]。外的地平には、主題と同時に意識に与えられているものすべてが含まれる。そこには、実際の主題のもともとの構成を遡って指示する過去把持と想起とが含まれている。そこにはまた、主題のさらなる可能な展開をあらかじめ指示する未来予持と予期とが含まれている。外的地平にはさらに、同一性や類似性などの受動的綜合において主題と結びついているすべてのものが属している。それに対し内的地平には、「主題」それ自体「のうちに」含まれているものすべてが含まれている。すなわちそこには、主題を「分解」した時に見出される様ざまな要素、それら諸要素の部分構造、さらに諸要素がそれによってまとまりをもった主題になる要素間の連関の総体が含まれている。ここで、フッサールの思考の道筋をグールヴィッチがさらに展開したその成果を取り入れることにしよう。[21] われわれもまたグールヴィッチとともに、地平の構成要素を、「本質的に」主題に属している構成要素と、「本来的には」主題と関わりをもたない構成要素とに区別する。後者には、たとえば自らの身体についての持続的でたいていは受動的な意識の射映や、「強いられて」はいたが主題化するにはいたらなかった知覚、たとえば部屋で本を読んでいる時に通りから聞こえてきた、さほど大きくはない雑音などが属している。これら地平の構成要素は、グールヴィッチが明確に述べているように、主題との純粋に時間的な関係のなかにある。だが、主題の地平には、実際の経験経過のなかで与えられた主題との知覚連関（統握のパースペクティヴ）、あるいは意味連関（文脈との関係）のなかにある側面もまた含まれている。そうした側面のことを、グールヴィッチに従ってここでも主題野と呼ぶことにしよう。グールヴィッチによるノエシス、ノエマの分析を、その細部にわたって辿ることはできない。ここでは、主題野は主題的にレリヴァントなものから成り立っていること、しかもそれら主題的にレリヴァントなものには、主題に非明示的に属しているものと、もともと過去の経験のなかに位置づけられていたか、あるいはもともと実際の経験のなかに共に与えられているものとがあるということ、このことを確認しておくだけで十分である。

人は主題野に「自発的に」対向することができる。そこでは、その主題核において端的に把握された主題では満足できないように「動機づけられる」。そこで人は、主題の「細部」（内的地平）へと、あるいはその主題と別の主題との関係（外的地平）へと注意を移動させるのである。人が意識によって把捉するのは主要な主題である。だが、あらかじめ主題野のなかにただ非明示的にのみ与えられているものが、いまや対向されることのなかで明示的になる。別の言葉で言えば、主要な主題は、様ざまな下位－主題化のなかでさらに展開していくということである。

ところで、主題の変更と主題の展開の区別もまた、その性質は理念型的である。主題の展開について語ることができるのは、主要な主題が意識的な把捉を逃れることがない場合に限られている。だが、主要な主題が下位－主題のために断念される場合には、主題の展開が多かれ少なかれ目につく形で主題の変更へと流れ込んでいく可能性が生じてくるのは明らかである。辞書で見出し語を探し読みすることが、そのわかりやすい事例を提供してくれる。人はまず、当面の問いに答えるのにもっともレリヴァントであると思える見出し語を調べるだろう。次いで、最初の見出し語のなかにあった参照指示に当たりながら、もともとの問題の含意を辿っていく。そうして新たな見出し語を読み通しているうちに、新たな魅力的な問題を「発見する」。そこで、もともとの問題を、その含意も含めて断念し、その問題とはもはや関わりのない見出し語を読むことに没頭してしまうこともしばしばある。だがそれにもかかわらず、その人は一連の主題的な連関には依然として従っている。この意味でもともとの主題は、ある時点で「断念」されるまでは「さらに展開されている」のである。

注意の対向をとおして主題が主題野のうちで展開していくことを、「自発的な」主題的レリヴァンスのカテゴリーに属するものとして取り扱ってきた。それゆえにここで、ある限定を加えておかねばならない。主題野への対向とその主題野のさらなる展開は、いずれも「動機づけられている」ということ、これはたしかである。それらは「自発的な」作用を要請するのである。だが他方、主題野は「主題」のなかに非明示的に含まれている――逆に言えば、孤立した主題といったものは存在しておらず、主題はつねに主題野から際立っているのである。この意味で主題野は、いわば「賦課された」変わることのない前史をもっている。このことは、主題がさらに展開していく方向性と下位主題化の可能性は、一定程度、あらかじめ与えられているということを意味している。ある主題の地平の総体は、すでに述べたように原則的には無限である。だが「実践的には」、すなわち経験の事実上の前史という観点にたって言えば、主題野は多かれ少なかれ明確に境界づけられているのである。

最後に、主題の展開は解釈過程とみなすことができるということを指摘しておかねばならない。主題の展開は解釈的レリヴァンス構造の領域にまで及ぶのである。

c 仮定的レリヴァンス

ここまで主題的レリヴァンスについて述べてきた。だがそこでは、ただ経験経過の単純な時間構造、実際の際立ち、実際に動機づけられた主題変更などに限って問題にしてきた。男性がそれまでの主題を「適宜」放棄し、新たな主題に対向するようになる、といったように例を変化させただけで、さほど単純ではない時間構造について言及することになった。だが、はるかに複雑な時間構造を示すレリヴァンスの形式がある。それをここでは仮定的レリヴァンスと呼ぶことにしたい。仮定的レリヴァンスの場合には、レリヴァンス構造のすべての主要形式が、すなわち主題的レリヴァンスだけでなく、解釈的レリヴァンスと動機的レリヴァンスもまた、互いにきわめて緊密に絡み合っているということ、このことをあらかじめ述べておこう。だがいずれにせよ、仮定的レリヴァンスは必ず主題的レリヴァンスの構造を伴っている。それゆえ、ここでまずその構造について述べておきたい。

われわれは先に、種々の知識習得の中断について記述した際に、すでに仮定的レリヴァンスの問題に遭遇していた〔本書第三章Ａ２参照〕。そしてそこで、ある例を手掛かりにしながらこの問題について詳しく説明しておいた。私が部屋で椅子に座って手紙を書いているると、突然、通りから大きな爆発音が聞こえてきた。その爆発音は私の注意を強引に惹きつける。私は手紙を書くのを中断する。そのような大きな爆発音は、私の知識集積に沈澱している経験に基づく限り、通りで起きる類型的で「親近的な」出来事、たとえば自動車の騒音や人の声などには属していない。ここまでで問題になっているのは、親近的なものの背景から非親近的なものが目立ってくるといった、すでに論述した種類の主題的レリヴァンスである。そうした出来事に対向した場合、それはどうも銃声か自動車のバックファイアであるようだと思いつく。もしそれが銃声だったら、私は何らかの対応措置を講じるよう動機づけられる。窓に近づき何も異常がないことがわかると、銃声という可能性をありそうもないこととして取り消す。このケースは、ヘビかひと固まりのロープかというカルネアデスの第三の例と明らかにパラレルである。いずれのケースにあっても、私はその主題の周辺を「巡回査察」するよう動機づけられる。この種のレリヴァンスは、どの点で「仮定的」なのだろうか。

銃の発砲は、たいていの場合はある仕方で行動することを要請する類型的に重要な出来事として私自身の知識集積に組み入れられている。この知識要素は、特定の動機レリヴァンスと結びつけられているのである。しかもこの結びつきは、「出来事Xが生じた場合には、YないしZという仕方で行動する」といった、より個別的な種類のものである。すなわち、YないしZは「中立化されて」いるが、Xが生じた際にはいつでもふたたび「活性化」されるのである。だが、Xが生じているのかどうか、主観的な確信をもって言うことができないのがいまの状態である。私はただ、その出来事は類型Xからのものであるかもしれないないという知識をもっているにすぎない。精確に言えば、その出来事によってある「仮定的レリヴァンス」が私に「賦課」されたのである。もしその出来事が発砲であった場合、それは主題的にレリヴァントであり（すなわち強いられた私の対向は「過剰」ではなかった）、また動機的にもレリヴァントである。しかし必要不可欠な解釈の諸段階を経たのちに、その出来事は発砲ではなかったことが判明した場合には、その出来事の主題的―動機的なレリヴァンスは、事後的に廃棄されることになる。

日常の生活世界におけるわれわれの行動を広範囲にわたって導いているひとつの要因が、仮定的レリヴァンスである。われわれの行為はしばしば、仮定的レリヴァンスは「安当な」レリヴァンスに移し替えられるべきか無効とみなされるべきかを確定することのできる状況をもたらすように方向づけられる。そうした仮定的レリヴァンスの確証と廃棄が行為に依存しない場合には、多くの場合、とにかく「待た」ねばならない。さらに未来の出来事についての予期は、その予期を特徴づけているそれ以外のあらゆる意味構造を考慮しないで言えば、仮定的にレリヴァントであると思われていた過去の出来事が「現実に」レリヴァントであったのか否かをつきとめるように方向づけられる。ルーティン的な「安全対策」は、結局その多くが仮定的レリヴァンスに由来している。人には、事情が最終決定的に明らかになるまで対応措置をとらずに待つという「余裕がしばしば欠けている」。仮定的レリヴァンスの構造は、もちろん社会的行為においても、とりわけ制度化された行為においても、きわめて重要である。

仮定的レリヴァンスに関係してくる経験の時間構造について、ひと言、付け加えておきたい。仮定的レリヴァンスは、「仮定」が未来において確証されるかどうか厳密に言うことができないゆえに、実際、「現実に」レリヴァントなのである。非仮定的なレリヴァンスとの違いは、人は実際に主題を把握する際には、いわば未来のなかに、すなわち実際の仮定的レリヴァンスは「過去のもの」になっており、そうであることによってそれが「現実に」レリヴァントであるかレリヴァントでないかがすでに明らかになっている、そうした未来のなかに自分をおいて考えるという点にある。そのような経験の時間構造のことを、ここでは「未来完了時制」という表現で言い表わすことにしよう。それは行為一般の記述において重要な役割を果たすことになる。

仮定的レリヴァンスは、動機的レリヴァンスの構造と多様な仕方で絡み合っている。仮定的にレリヴァントな主題は一定の仕方で行動することを動機づける。このことについてはすでに述べた。だがここで、仮定的にレリヴァントな主題が——未来において——確証される可能性と廃棄される可能性は、同一の主観的な重みをもっている必要はないということにとりわけ留意しておかねばならない。主観的重みは、部分的には、知識集積に備わっている類型性によって左右されるのである。人は実際、「現実に」レリヴァントであることがしばしば判明する仮定的レリヴァンスもあれば、まれにしか判明しない仮定的レリヴァンスもあるという経験をしている。さらに人は、仮定的レリヴァンスが確証されることを懸念したり待望したりするだろう。あるいはそれに対して中立的であるかもしれない。また、生活史と「性格」に応じて、「あり得ることすべてに用心する」人もいれば、たいていのことに「いい加減」な人や、リスクをわざわざ喜んで「引き起こす」人などもいるだろう。

3 解釈的レリヴァンス

a 主題と知識要素のルーティン的な重なり合い（「賦課された」解釈的レリヴァンス）

「賦課された」主題的レリヴァンスと「自発的な」主題的レリヴァンスについて記述した際には、主題が意識を強引に惹きつける過程や、動機づけられた意識作用のなかに主題が取りあげられる過程が問題になっていた。だが、ある主題が「そこに」ある場合には、いったい何が生じているのだろうか。

人は主題に対向するなかで、その主題をいわばその独自性において、しかも他の経験との関係もなしに把握するわけではない。主題が意識に対して構成されると、その主題はすぐさま「レリヴァントな」知識要素と重なり合うことになる。われわれがここで関わっているのは、明らかに主題的レリヴァンスとは別のレリヴァンスである。それをここでは解釈的レリヴァンスと名づけることにしよう。

だが「解釈」という概念は、あまり狭い意味で把捉されてはならない。解釈的レリヴァンスに関しても、主要な二つの形式を区別することができる。そして、その一方だけが狭義の解釈を含んでいる。主題のなかには、十分に親近的で十分に規定的な知識集積の要素とルーティン的に重なり合う主題もあるだろう。ここで十分にとは、所与の状況に対処するのに十分であるという意味である。主題がそのように知識要素と重なり合う場合には、問題が生じてくることはなく、経験はルーティン的に進行していく。主題と知識要素のあいだにこの意味での適合的な重なり合いが成立しない場合に限って、ルーティン的な経験経過は停止し、そこでの主題は問題となる。問題は解決されねばならず、主題は解釈されねばならない。主題と知識要素がルーティン的に重なり合う場合には、「解釈」は自動的になされる。そこでは、明示的に判断しながら解釈しているわけではない。ただし、一方の主題と他方のレリヴァントな知識要素が、意識によって別個に把捉され、相互に「比較」される。この形式の解釈的レリヴァンスは、「賦課された」レリヴァンスというカテゴリーに属している。だが、主題が問題になった場合には、多かれ少なかれ明示的に、そして一歩一歩「判断しながら」解釈をするための動機が生じてくる。その場合には、「動機づけられた」レリヴァンスが問題になってくる。この二つのレリヴァンスの区別もまた理念型的な性格をもっていることは、もはや強調するまでもないだろう。主題と知識要素の完全に自動的な重なり合いから、主題と知識要素の比較がなされる明確で明示的な解釈まで、様ざまな移行が生じ、そして同等性や類似性などについての基づけられた判断がなされ得るようになる。

解釈的レリヴァンスは、このように主題的レリヴァンスと同一ではない。だがそれにもかかわらず、解釈的レリヴァンスは主題的レリヴァンスと緊密に、また体系的に結びついている。このことは解釈的レリヴァンス一般に当てはまる。いかなる解釈も、主題的レリヴァンスの構造を前提にしているのである。こうしたレリヴァンス構造の絡み合いは、主題と知識要素がルーティン的に重なり合う場合に、とりわけ明瞭になる。その場合には、解釈的レリヴァンスは意識によって別個に把捉されるのではなく、すでに主題の構成に際して共に作用しているようにみえるからである。この形式の解釈的レリヴァンスについてより詳しく探究するために、まずはカルネアデスの例にふたたび立ち戻ることにしよう。

男性が部屋に入ると、親近的でない対象が彼の目に飛び込んできた。親近的な周囲環境から非親近的なものとして際立っている対象が、様ざまな視覚的射映のなかで多かれ少なかれ他から区別される形をして現われてきたのである。だがその対象は、はじめから、ただ単に視覚的に把握された非親近的な、いわば「偶然的に」その形をしている何らかのものとして経験されるわけではない。むしろそれは、「片隅にある-おそらくは-ひと固まりのロープである-物体」として、あるいは「片隅にある-おそらくは-ヘビである-物体」として経験される。主題は、その視覚的な射映のなかで知覚の客体として構成されると同時に、特定の知識要素との自動的な重なり合いが生じてくる。それは類型的な何らかのものとして経験されるのである。カルネアデスの例では、考えられ得る二つの類型化が互いに対立し合っていたが、その際、そのどちらが「先に」現われてきたかはとるに足らないことであった。主題が問題的になり、一歩一歩解釈されることが必要になってくる。

この例は、そうした事情から言えば、解釈的レリヴァンスの第二の水準に属している。適合的ないかなる重なり合いも生じていないという事態は、もちろん無視しても差し支えないだろう。ただ、ここでは別の例を選んだほうが、おそらく混乱は少ないだろう。男が暗い部屋に足を踏み入れ、ある硬い物体にぶつかったとしよう。主題的レリヴァンスがふたたび、しかも文字通りの意味で「賦課されて」くる。主題が構成されると同時に、唯一、無矛盾的に現われてくる、知識集積に備わった類型（すなわち家具）との重なり合いが自動的に生じてくる。

解釈的レリヴァンスの二つの水準、すなわち自動的な重ね合わせの水準と問題解釈の水準のいずれにおいても、現われてくるのは特定の知識要素だけである。このことは、知識集積のうちで目の前に存在しているたいていの要素はレリヴァントではないということを意味している。その男性の知識集積からいくつか知識要素を無作為に選び出してみると、彼は、たとえば太陽は東から昇ることを知っており、2かける2が4であること、肉屋ではソーセージが売られていること、カモは鳥であること、甘口のワインはあまり自分の口にはあわないことなどを知っている。それらの知識要素はどれもが、所与の状況のなかで実際化することはない。しかし「ひとりでに」現われてくる別の要素もある。時には、類似した対象についての過去の経験が、それぞれの個人性において実際化することもある。だが、類似した、また極端な場合には同等の延長や形式、色などをもった対象の類型化がとりわけ現われてくる。それらの類型化は、もちろん個々の経験が沈澱した結果である。だがそれらの経験は、もはや別個に呼び起こされる必要はなくなっている。

それゆえ解釈的レリヴァンスは、留意すべき二重の性格を備えている。一方で解釈に対して「現われ」、解釈的にレリヴァントであるのは、知覚された対象の特定の側面であり、より一般的に言えば、特定の主題的な際立ちである。他方で、実際の主題を把握する際に現われ解釈的にレリヴァントであるのは、知識集積の特定の要素であり、しかも、そのつどまさしくそれであってあれではない特定の要素である。主題のすべての側面が、あるいは知識集積のすべての要素が解釈的にレリヴァントなわけではなく、あるいはそれらが同等にレリヴァントなわけでもない。

すべての知識要素が何らかの順序に従って、主題が「的確な」知識要素に到達するまで主題の脇をいわば「通り過ぎていく」、といったことは決してない。経験はその類型性に従って知識集積のなかに沈澱している。そしてそれ自身の規定を伴っているある所与の主題が呼び起こすのは、類型的に類似した知識要素だけであり、それら呼び起こされた知識要素が、ある事象において主題とその規定と重なり合うのである。

さてここで、ルーティン的な重ね合わせということによって何が意味されているのかについて、より立ち入った探究をしてみなければならない。この事象についてわかりやすく言えば、それは、特定の知識要素が「選択」されて主題に「差し出され」、逆に、主題的に際立たされた特定のものが知識要素と「一致」するということである。ただし、主題が知識要素と関係づけられるという事象には必然的に意識作用が関係している、といった想定をしないよう注意しなければならない。フッサールが『経験と判断』において明らかにしているように、[22]この種の事象は前述語的な領域に固有の事象であり、それらが、判断しながらなされる解釈の基礎をなしているのである。実際の知覚あるいは目の前に存在する主題は、知識集積のうちに沈澱している同一類型の主題を呼び起こす。ただし重なり合いが生じるのは受動的綜合においてなのである。

ここで再度、主題と知識要素の重なり合いは「完全な」ものである必要はまったくないということが強調されねばならない。「完全な」重なり合いは、対象がその対象それ自体として再認されること、すなわち同一性の綜合に関わる問題であるということを含意している。これは境界事例であり、意義がないわけではないが、これ以上ここで取り扱う必要はない。さらに主題は、すでに述べたように、同一の類型に属している想起された対象と重なり合うことがあるが、その場合には、その対象はその個人性において呼び起こされている。ただしそこでの重なり合いは、類型的な類似性と関係しているだけである。だがここでもっとも重要なのは、日々の生活のなかで自分の立ち位置を確認する際にきわめて頻繁に生じてくる、主題が知識集積に備わっている類型と重なり合う場合である。このケースにあっては、個々の先行経験との関係は、類型がその先行経験のなかにまさしく沈澱している以上、「間接」である。これらすべての場合に、重なり合いから部分的な重なり合いを経てまったく重なり合わなくなるまで、重なり合いには漸次的な移行段階が存在している。重なり合いの「程度」は、実際の状況に対処するのに十分でなければならないのであり、そしてそうした事情のなかには、解釈的レリヴァンスと動機的レリヴァンスの絡み合いがはっきりと示されている。重なり合いがこの意味で十分な時には、重なり合いの適合性はそれ自体、意識によって把捉されることはない。その場合には、経験はルーティン的にさらに先へと進んでいく。重なり合いの適合性は、重なり合いが否定的な場合にのみ、すなわち重なり合いが不十分である場合にのみ、それゆえ問題が生じた場合にのみ意識されるようになる。いずれ明らかにされねばならないだろうが、そのような場合には、重なり合いの程度と適合性は、重なり合いが不十分であることに基づいてなされる解釈過程の多かれ少なかれ明示的な次元として構成される。

これまで述べてきたことからすでに明らかなように、解釈的レリヴァンスの構造にあっては、一義的にレリヴァントである、また一義的にレリヴァントでないというのは、単なる境界事例を表わしているにすぎない。ルーティン的な重なり合いが生じる場合には、知識要素のレリヴァンスの程度について語ることはもちろん無意味であるように思える。経験経過がルーティン的に滞りなく進捗していく場合には、樹木は樹木として経験される。事実、解釈的レリヴァンスが「多かれ少なかれ」という性格をもっているということは、明示的な解釈過程を分析するなかでより容易に確認できるだろう。

b　問題の解釈（「動機づけられた」解釈的レリヴァンス）

われわれは、問題の解釈について分析するなかで、これまで行ってきた様ざまな探究の成果にまで遡ることができた。したがって、とりわけ主題と知識要素のルーティン的な重なり合いについての記述にまでも遡ることができた。すでに詳しく述べたように、明示的な問題の解釈は、前述語的な領域にある自動的な事象に基づいているのである。さらにわれわれは、問題なく与えられているものと問題的なものとの関係に初めて取り組んだ際に〔本書第一章B参照〕、またその後、知識習得について分析し、とりわけ知識習得の中断について分析した際にも、ルーティン的な経験経過はいかにして中断され、また問題はいかにして構成されるかという問いにすでに遭遇していた〔本書第三章A2参照〕。われわれはそれらの箇所においてすでに、問題が――問題として際立ったあとで――解決されるその基底にある諸事象についての記述を試みていた。だがそれは、それら諸事象の基底にあるレリヴァンス構造を精緻化することなく行われた、限られた範囲でのみ可能な記述であった。ここでそれらの精緻化へ向かう前に、問われるべきこれまでの分析から得られた結果を簡潔にまとめておこう。

実際の経験が、知識集積のうちで目の前に存在している類型に――状況にとってレリヴァントな類型‐規定性の水準で――端的には「うまく収まら」ない時に問題が生じてくる。すなわち問題は、主題と知識要素のあいだにルーティン的な重なり合いが成立しない時に生じてくる。だが、経験は、知識集積のうちで目の前に存在している類型に「うまく収まる」けれども、類型の規定性が状況に対処するには十分でない時、すなわち類型のなかに沈澱している解釈プロセスの中断が「尚早であった」ことが明らかになった時にもまた、問題が生じてくるだろう。最後に、知識集積に含まれている、これまで疑われることなく共存してきた二つの知識要素の両立不可能性（「矛盾」）が、実際の経験に基づきながら意識されるようになった時、すなわち、実際の主題が、レリヴァントなものとして現われていた二つの知識要素と重なり合っており、だがそれら二つの要素は互いに両立不可能である時にも、何らかの問題が生じてくる。ここでカルネアデスの例を手掛かりにしながら、問題の解釈過程をさらに辿ることができよう。

「片隅にある対象」という主題と「類型的なロープの固まり」という知識要素は、いかにして重なり合うのだろうか。この例にあっては、とりわけ対象の知覚された形態が、「ロープの固まり」という類型の形態と合致している。その場合には、知覚された全体のなかの延長と配列という要素もまた、「ロープの固まり」という類型と重なり合っている。しかし諸要素の配列が「同じ」であっても、たとえばその十倍の大きさであった場合には、類型「ロープの固まり」とはもはや両立可能ではないだろう。重なり合いには、類型のなかに沈澱している様ざまな先行経験が明らかに一緒になって作用しているのである。例に登場してくる男性は、たとえば結ばれたロープやほどけたままのロープなど、配列の違ったロープは見たことがあるけれども、固まりになったロープはたまたま見たことがなかったかもしれない。他方、固まりは見たことがあったけれども、それはロープの固まりではなく、綿の固まりだったかもしれない。ロープと固まりという二つの類型化は互いに両立可能であり、さらにそれらは組み合わさって適用される（「ロープの固まり」）ことにおいて、実際の知覚にとって解釈的にレリヴァントなのである。それに対して、同じくその対象について知覚された別の徴表、たとえば色は、この例にあっては、類型ロープの固まりに関して言えばレリヴァントではない。その男性は、様ざまな色をしたロープの固まりを見たことがあるだろう。さらに、他の色にくらべてある特定の色のロープをより頻繁に経験していたかもしれない。だがすべての色が類型ロープの固まりと両立可能である。それゆえ、知覚された対象の色は、直接的には解釈的にレリヴァントではない。片隅にある対象は、その男性がロープの色としては見たことがない色であるかもしれないけれども、そうした事情が解釈「ロープの固まり」と両立不可能になることはないのである。だがここで述べておかねばならないのは、その一方で、もし片隅にある対象の色が、その男性が「きわめて頻繁にロープの色」として経験してきた色であった場合には、そうした事情は解釈「ロープの固まり」を支持するだろうということである。さらにまた、より精確に説明すれば、「ロープの固まり」と「ヘビ」という二つの類型化は、「より重要な」解釈的レリヴァンスに基づく限り「同じ程度の蓋然性」をもっているという場合、「第二級の」解釈的レリヴァンス、たとえば色が、解釈上の決断に寄与し得るのである。そして最後に、その男性がこれまでに見てきたロープの固まりの色はいつも黄色だけだったとしたら、彼にとって色は、類型として規定された「ロープ」に本質的に属しているのと同じく、第一級の解釈的レリヴァンスをもっていると想定しても差し支えないだろう。

それゆえに主題の「呼び起こされた」側面と知識要素の規定は、「賦課された」解釈的レリヴァンスにおいても「動機づけられた」解釈的レリヴァンスにおいても、相互に重なり合っていると一般に言うことができる。主題的にレリヴァントなすべての契機が、解釈的にレリヴァントであるわけではないし、いずれにせよそうである必要もない。また知識集積のなかに沈澱しているあらゆる経験がレリヴァントであるわけではない。その類型的な規定性が主題と両立可能な経験だけがレリヴァントなのである。以上の考察に基づいて、解釈的レリヴァンスは、そのつどの知識集積の関数であり、したがってまた個々人の生活史の関数であると言うことができよう。

だが解釈的レリヴァンスは、ある意味で状況によっても条件づけられている。主題と類型「ロープの固まり」のあいだに差し当たり重なり合いが成立していると想定してみよう。この解釈はいかなる信憑性をもっているのだろうか。それは、いわば「第二級の」様ざまな解釈的レリヴァンスと結びついており、それらのうちのいくつかは状況総体と関係している。その男性が入ったのが船の船室だった場合、類型「船室」は類型「ロープの固まり」とまったく両立可能である。「船室－の片隅－にある－対象」の経験は、「ロープの固まり」として、すなわち「船室の片隅にあるロープの固まり」として、高い信憑性をもって解釈され得るのである。例に登場してくる男性は、そのような経験をすでに頻繁にしていただろうし、そうした経験に対して高度に親近的だっただろう。そのような場合には、片隅にある対象は、たとえそれが最初に知覚された際には——その部屋のなかにある他の対象もまたそうであるように——明確には規定され得なかったとしても、ルーティン的な重なり合いにおいて経験され、主題が注意を強引に惹きつけることもない。このことはきわめて蓋然的である。ただしそうした事例にあっても、何か別の理由でその主題が解釈の必要なものとして際立ってくることもあるだろう。たとえばその男性が子どもを連れていて、その子どもが「あれ何」と尋ねるような場合である。だがその場合でも、「ロープの固まり」という解釈がきわめて大きな自明性をもって現われてくるだろう。だがここでひと言、述べておかねばならない。そうした場合には、最初の知覚においては対象が比較的低い規定可能性しかもっていないために、そこには、経験がさらに進んで、主題がより細かく規定されて、その解釈が取り消されざるを得なくなる可能性がつねに目の前に存在しているということである。引き続いて解釈をするためのきっかけや動機が目の前に存在していないのは、解釈がはじめから高い信憑性をもっている場合に限られているのである。このことは、いまの事例について言えば、もともとの解釈と両立不可能な、主題的レリヴァンスが追加して押し付けられる（「ロープの固まり」がひとりでに動いた）場合にはじめて、解釈が取り消されるということを意味している。

解釈的レリヴァンスは状況によって条件づけられているということを、先の例にさらに変更を加えることによってより詳細に辿ってみることにしよう。男性が足を踏み入れたのは船室ではなく、職業が船員である友人の部屋だったと想定してみよう。その男性は、

――たとえそこが船員の住む部屋だったとしても――そこには机や椅子などの対象があり、またロープの固まりもあるだろうと自らの先行経験に基づいて自動的に予期してその部屋に入っていくわけではない。それゆえにそこでは、いかなるルーティン的な重なり合いも生じてこない。だが、片隅にある対象が彼の注意を強引に惹きつける。主題に対向するなかで、ふたたび特定の知識要素との重なり合いが生じてくる。類型「ロープの固まり」は、実際に知覚され得る、そして解釈的にレリヴァントでもある対象の規定と両立不可能ないかなる規定も含んでいないのである。それと同時に――その解釈に十分な信憑性があるとすれば――その類型の規定性は当面の問題を解決するには十分である（ロープの固まりなど気にする必要はない）。ではそこでの解釈は、いかなる信憑性をもっているのだろうか。その男性は、かつてこの部屋に入ったことがあるが、ロープの固まりは見かけたことがない。しかも彼の経験によれば、通常は船員がロープの固まりを家に持ち帰ることはない。だがその一方、家に持ち帰ることができるものはすべて持ち帰ろうとする人も少なからずいるだろう。そのような人は、ことによるとロープの固まりを時々、家に持ち帰るかもしれない。船員は職業柄、ロープの固まりを扱っており、船員がロープの固まりを家に持ち帰る蓋然性は、おそらく他の人たちにくらべてより高い。要するに、解釈「ロープの固まり」は主題と両立可能であり、しかも類型的な状況総体のなかではある程度の、また事情によっては十分な信憑性をもっている。では「事情によっては」とは何を意味しているのだろうか。いささか作為的ではあるが、唯一可能な別の解釈は「無害なヘビ」であり（そこは毒ヘビのいない地域である）、しかもその解釈はやや信憑性が低いように思える（その家のあたりにはそもそもヘビはまったくいない）と想定してみよう。その男性は、問題になっているものがロープの固まりであることには主観的確信がもてないにもかかわらず、信憑性の程度はいずれにせよそれよりも低いそれ以外のどの解釈可能性をも恐れたりはしない。それゆえ、その解釈は間違いであることが判明した場合でさえも、何か特別な措置を講じる必要は何ひとつない。解釈「ロープの固まり」には、対象がさらに規定されることによって類型「ロープの固まり」との両立不可能性が際立ってくるかもしれない、という但し書きが依然として含まれているにもかかわらず、この最初の解釈の信憑性は、この事情のもとでは十分なのである。

ここでさらに先の例に変更を加え、そこが、その男性には以前から親近的な自分の部屋だったと想定してみよう。状況総体がいまや別のものになっている。彼は絶対的な確信をもって、ロープの固まりを自分で家に持ち帰ったことがないのを知っており、また絶対的な確信をもって、誰かが自分の部屋に入った蓋然性はきわめて低いと思っている。そのようなことはかつて一度だけあった——それは泥棒だった。だから何かを持ち去ることはあっても、ロープの固まりをおいていくことはない。目の前に存在している主題は、その実際の規定性という点では、たしかに類型「ロープの固まり」と両立可能ではある。すなわちそのように解釈することは、原則的に「可能」である。だがそれは、当面の状況総体のなかでは、きわめてわずかな信憑性しかもっていない。ではいったい、そこでどうなるのだろうか。ここでふたたび考えられるのは、基本的には、男性がその問題を未解決のままに放置しておくということである。だがその可能性は、たったいま記述された状況総体のなかの明らかにされた事情（薄暗い自分の部屋に非親近的な対象がある）のもとでは、蓋然性がきわめて低い。カルネアデスとともに、その男性は臆病な性格だったと想定してみよう。その場合には、彼がその問題を放置しておくということは考えられないだろう。「ロープの固まり」という解決はわずかな信憑性しかもっておらず、したがってそれでは問題は解決されない。彼は、その解決と少なくとも同じ程度に実際の規定と両立可能な、だがさらにより高い信憑性をその状況のなかでもち得る解釈を探し求めることになる。薄暗い自分の部屋のなかに非親近的な対象があるのに気づいた臆病な男性がより危険なものと解釈する可能性が主題と両立可能である場合に、それを「ロープの固まり」と解釈することから始める蓋然性など、いずれにせよないだろうが、そのことには目を向けないことにしよう。主題的にレリヴァントなものと「同じ程度に両立可能な」解釈が二つある場合、それらが呼び起こされる順序は、のちに議論されるもうひとつのレリヴァンス構造、すなわち動機的レリヴァンスと関連している。それゆえ、その男性が「ロープの固まり」と解釈する信憑性はきわめて低く、したがって彼がその解釈をもって問題は解決したとみなすことはないと想定しよう。そこで、「ロープの固まり」と同じ程度に主題と両立可能な別の解釈、たとえば「とぐろをまいたヘビ」という解釈が現われてくる。しかしこの解釈も、部屋が締め切られていた以上、信憑性はさほど高くはない。ここでさらに、これら以外に主題と両立可能な解釈はないと想定しよう。そうすると再度、「ヘビ」と「ロープの固まり」という二つの類型化が「可能《ピタノン》」（πιθανόν）であるという状況、すなわち両方の解釈が主題の実際の規定と両立可能であるという状況に行きつく。これは、カルネアデスが「歪曲される《ペリスパストス》」（περίσπαστος）という表現で特徴づけた状況に対応している。ではいったい、そこでどうなるのだろうか。

　主題に関係する解釈的にレリヴァントな規定は、まず何よりも、知識集積に備わっている二つの類型と両立可能である。だがどちらの類型も、その時点までに実際の主題に関して知覚されたこと以上の規定を含んでいる。主題に関する解釈的レリヴァンスは、立ち現われている解釈的にレリヴァントな二つの類型化のあいだで「選択」するには十分ではない。状況総体は考慮に入れないとすれば、二つの解釈は「同じ程度に可能」なのである。知識集積それ自体は問題解決にとって「十分である」とすれば、十分に規定されていないのは経験客体のほうであるということになる。それゆえ、もともとの状況においては直接的には把握されていなかった、あるいはまったく把握され得なかった主題の側面がさらに規定される場合にはじめて、問題は解決され得るだろう。解釈過程《ペリオデウシス》（περιόδευσις）は、解釈的にレリヴァントな類型Aの規定とは両立し類型Bの規定とは両立しない規定が主題に関して見出されるまで、進められねばならない。その男性は、部屋の照明を明るくしたり、棒切れをとって対象をつついてみたりしなければならない。対象には類型的なヘビ皮模様があるということが明るい照明のもとで目に入ったり、対象が「ひとりでに」動き始めたりした場合、そこで、類型「ヘビ」とは両立するが類型「ロープの固まり」とは両立しない別の規定がなされ、それ以降は後者の類型が信憑性を失うことになる。

このように事例を様ざまに変化させることによって、一般化された知見をいくつか導き出すことができる。第一に、同じことが解釈的レリヴァンスにも主題的レリヴァンスにも当てはまる。それらのレリヴァンスはいずれも、孤立して存在しているわけではないということである。解釈的レリヴァンスはさらに連関構造を形成している。このことは、解釈的レリヴァンスの二つの相関項に当てはまる。すなわち主題的に際立っている解釈的にレリヴァントな実際の経験の側面にも当てはまるし、それらの類型的な側面に沈澱している先行経験に基づいて知識集積のうちに形成されてきた解釈図式にも当てはまるのである。そうした先行経験の沈澱——また知識集積一般の構造——は、それ自体が知識習得の歴史（「生活史」）と条件とを示している〔本書第三章A2参照〕。別の言い方をすれば、人は解釈の仕方を「学習」してきたということである。もちろんこのことは、明示的な問題の解決に当てはまるだけでなく、前述語的領域における解釈の過程にも当てはまる。それに対して、解釈図式のそのつどの適用は状況によって条件づけられているが、その際の類型性における状況の把握は、もちろんまたしてもそのつどの知識状態の関数であり、それゆえ解釈的レリヴァンスの主観的構造の関数なのである。

人は、少なくとも自然的態度のうちにいる目覚めた通常の成人である限り、すべてのものを、薄暗い片隅に見えるものでさえも、単に「何かあるもの」として経験しているわけではないが、それはいったいなぜなのかということが、これまでの記述によってようやく十分に明らかになった。主題的レリヴァンスと解釈的レリヴァンスが一緒になって作用することをとおして、際立つものと経験経過は「はじめから」その類型性において把握される。カルネアデスの例に登場してくる男性が、解釈「ヘビ」と解釈「ロープの固まり」のあいだであれこれ揺れ動いている場合でさえも、あれはゾウかもしれない、机かもしれないなどといったことが彼の頭をよぎることは決してない。解釈的レリヴァンスの構造は、一般に両立可能性の原則によって規定されている。実際の主題あるいは「類型的なもの」として立ち現われてきたその主題の規定と、知識集積のうちの解釈図式との両立可能性の原則によってである。だがまたそれは、互いに関係し合っている複数の解釈図式のあいだの両立可能性でもある。しばしば二つ以上の図式が解釈的にレリヴァントなのである。それゆえある対象はアカマツとして、樹木として、また場合によっては「喬木というよりは灌木」として解釈され得るけれども、電柱として解釈されることはあり得ないのである。

図式、類型化、そして知識要素一般が、両立可能性の増減に従って配列されていることについては、知識集積の構造を分析するなかですでに記述しておいた（本書第三章A3参照）。それゆえここでは結論だけを述べておこう。「動機づけられた」解釈作用もまた絶対的に「自由」なわけではない。それは、状況と実際の主題、そのつどの知識の状態、そして知識集積における解釈図式の配列によって「指示されている」のである。

解釈的レリヴァンスについての分析を終えるにあたって、なお明らかにしておかねばならないことがある。疑わしい状況のなかでは様ざまな解釈のあいだで「選択」がなされるということによって、何が意味されているのだろうかということである。それは、異なった二つの主題のあいだを行ったり来たりすることなのだろうか。フッサールを含めた少なからぬ著者たちは、そのように想定しているように思える。(23) だが事情はおそらくそうではないだろう。ある主題が問題的なものとして構成される場合、その主題は依然として意識によって把捉されている。解釈がなされる場合、それまで主題野にあった要素が経験の核のなかに引き込まれる場合に限って、注意の方向が変化する。解釈の過程で様ざまな図式ないし類型化が「差し出される」。しかしその際、注意は、まず図式Aへ、次に図式Bへと向けられるわけではなく、まず主題として保持されている対象と図式Aとの関係へ、次にその対象と図式Bとの関係（範囲と重なり合い）へと向けられる。また、中心的な主題をまず解釈図式Aと「比較」し、次いで解釈図式Bと「比較」するなかで注意の前面に出てくる別個の下位‐主題化について語ることもできるだろう。もちろん、中心的な主題が放棄されることもあり得る。しかしそこに関わっているのは、統一的な解釈過程ではなく、主題の変更である。

4 動機的レリヴァンス

a 行為の企図（目的連関における動機）

第三のレリヴァンス構造、すなわち主題的レリヴァンスと解釈的レリヴァンスの構造と並ぶ動機的レリヴァンスがあることについては、それら両レリヴァンスを分析するなかですでに明らかになっている。主題的レリヴァンスについて記述した際に、主題に「適宜」対向することと主題のもつ「重み」について述べておいた。主題化は状況に対処することと関係しており、また「人格」の生活史的に条件づけられた側面とも関係していることについて指摘しておく必要があった。主題的レリヴァンスと動機的レリヴァンスが絡み合っていることは、仮定的レリヴァンスについて述べた箇所でとりわけはっきりと示しておいた。さらに解釈的レリヴァンスを分析した際に、経験の過程は、それが状況にルーティン的に対処するのに十分である限り中断されることはなく、また主題と知識要素の重なり合いも自動的に維持される、ということを示しておいた。そして最後に、本来的な解釈過程は――問題が「より緊急の」あるいは「より重要な」新たな問題によって隠蔽されない限り――問題が「解決される」まで、すなわち状況に対する実際の「関心」が満足させられるまで進められるということをみてきた。以上で確認してきたことのすべてが、主題的レリヴァンスと解釈的レリヴァンスはいずれも動機的レリヴァンスと結びついているという事実を明らかに示している。

だがさらに、解釈的レリヴァンスと主題的レリヴァンスに共に備わっている「賦課された」形式と「動機づけられた」形式という基底的な区別は、レリヴァンス構造の連関のなかで動機的レリヴァンスが負わされている役割をすでに示している。ただし、ここである問いが浮上してくる。そもそも動機的レリヴァンスは別個の構造として区別されるべきなのか、それとも単に主題化と解釈におけるレリヴァンスの「動機づけられた」水準と「動機づけられていない」水準との区分の基本的側面として語られるべきなのかという問いである。さらに、動機的レリヴァンスは別個の構造として語られるべきだとすれば、そこでもまた他の二つのレリヴァンス構造と同じように二つの水準を区別するというのは、背理ではなかろうか。これらの問いに対してもまた、ふたたびカルネアデスの例によりながら体系的に考察することによってはじめて、ひとつの回答を与えることができる。われわれはここでそうした探究の結果を先取りして、動機的レリヴァンスに固有の構造について語ることは事実、正当であること、そしてその構造のうちにも二つの形式、すなわち「白由な」動機的レリヴァンスと「拘束された」動機的レリヴァンスとが見出されることを、はっきり述べておきたい。前者は、未来に向けての行為の企図によって規定されている動機連鎖のことであり、後者は、沈澱した動機によって規定されている生活史的な「態度」のことである。

カルネアデスの例において、男性は二つの解釈に直面していた。これまで解釈的にレリヴァントであった主題としての素材に基づくかぎり、彼にとってそれら二つの解釈は同じ程度に信憑的であるように思えた。それゆえに彼は、実際の状況では満足することができない（ここでよく考えてみなければならない。先に確認したように、解釈は解釈結果に「同意」できるようになるまで続けられる。このことは原則的にはカルネアデスが区別した信憑性のすべての段階に当てはまる。選択肢「ロープの固まり－ヘビ」のあいだで決断しなければならない時には、選択肢が「ロープの固まり－くしゃくしゃに丸めたスーツ」の時にくらべて、はるかに大きな「関心」が主観的な確実性に向けられるのである）。いま取りあげている例では、男性は、二つの選択肢のうちの一方に主観的確信をもって「同意」できるようになることに関心を向けている。彼にとっては、論拠の確かな決断をすることが「重要」なのである。「関心」そして「重要」という表現は、明らかにここでは主題的レリヴァンスの構造とは関係していない。主題は変わっておらず、主題に関して何か「新たなもの」が際立っているわけでもないのである。それらの表現はまた、解釈的レリヴァンスの構造とも関係していない。利用可能な素材はすべて評価済みであり、まさしくそうであることによって、その男性は、同じ程度に信憑的な二つの解釈に到達しているのである。それら二つの表現は、むしろ動機的レリヴァンスの構造に関係している。解釈上の決断は、男性にとって動機という点からみて重要なのである。このことは、「関心」と「重要」という表現は彼の行動にとって、彼の行為にとって、最終的には彼が人生を営むことにとってレリヴァントであるということを意味している。

その男性は、部屋に足を踏み入れた時にはベッドで寝ようと思っていた。眠ることは、世界のうちにある自らの身体の状況によって彼に賦課されている必要不可欠なことである。眠るにあたって、彼は雨や寒さ、そしてそれ以外の攪乱要因と危険から身を守ろうとする。それゆえに部屋で眠ろうとしていたのである。だが非親近的な対象に遭遇するなかで、自分の――多かれ少なかれ――生命に関わる重要な予定を遂行することが目下のところ妨げられている。それが単なるロープの固まりなら、予定を遂行しない理由は何もない。それは「間違った警報」だったのである。しかし、それが潜在的に危険なヘビであった場合、ベッドに入ることは危険と結びつくだろう。その場合には、彼は予定を変えねばならない。そしてそれに従って、あれこれの仕方で行為しようという彼の行為企図と決断は解釈上の決断を迫られることになる。この例にあっては、解釈上の決断がもっている動機という点からみた重要性は、未来の行為のための企図と関係している。一般的に定式化すれば、動機という点からみた重要性は、プラン・ヒエラルヒーの意味連関のなかでなされる行為の決断にある、ということになろう。動機的レリヴァンスは実際の状況における行動を、ライフプランと一日のプランとの意味上の関係のなかに位置づけるのであり、しかもそのことは、あらかじめなされているルーティン的な決断の場合にも、「通常とは異なる」決断の場合にも当てはまるのである〔本書第二章B6参照〕。

解釈上の決断がもっている動機という点からみた重要性について、ここでカルネアデスの例によりながらより詳細に吟味してみよう。同じ程度の信憑性をもって立ち現われている二つの解釈のうちの一方は、動機という点からみればレリヴァントではない。ロープの固まりは、当面の状況にあっては危険でもなければ、他のいかなる点においても「関心を惹く」ことはない。例に登場してくる男性が十分な根拠をもってこの解釈に同意できた場合には、ベッドで寝るというもともとの予定が妨げられたこと（またルーティン的な経験経過が非親近的な対象によって中断されたこと）は、「過剰な」「正当でない」ことであったということになる。それに対して「ヘビ」は危険であり、その場合にはルーティンの中断は「正当である」。その男性は、もともとの予定を断念するか、あるいは少なくとも変更しなければならないだろうし、それ以外の行為企図も手直ししなければならないだろう。

だが、それらのことはすべて、実際の状況にあっては未来のなかにある。現時点では、どちらの解釈もいまだ同じ程度に可能なのである。(24) 危険は、いまのところ単に仮定的なものである。ここでもう一度よく考えてみなければならない。もちろん、二つの選択肢のあいだで解釈上の決断をする前に、仮定的に措定されただけの危険を回避するよう、すぐに行動することも可能である。その男性は、片隅にある非親近的な対象に気づくとすぐに、部屋を出ることもできるのである。どこかで寝なければならないことは自分がよく知っており、そこで、友人のところで夜を明かす算段をすることもできる。しかし、友人は街の反対側の外れに住んでいて、そこまでは遠い。しかもその友人は、この話を言いふらすだろうと推測できる。そうなれば、皆が自分の意気地のなさを笑うかもしれないなど。例をさらにこのように展開してみれば、単に仮定的であるだけの危険を際限なく避けてばかりもいられないことは明らかであろう。仮定的に措定された危険は、いつかは必ず、仮定的により大きなものとして措定される危険に逢着し、ある回避措置は別の回避措置と衝突するのである。形式的に表現するなら、世界における人間の状況（有限性、身体性など）によって条件づけられている（本書第三章A1参照）緊急性の段階と重要性の段階、また「大切なことを真っ先に」という原則が、一日の経過と人生の経過のなかで行われる行動と行為のためのプラン・ヒエラルヒーを規定しているのである。そうしたプラン・ヒエラルヒーから判断すれば、可能ではあるが単に仮定的なだけの（原則としては無限の）危険はすべて回避できるというわけではない。人は、行動を導く解釈上の決断を下さなければならない。すなわち一方で知識集積をもとにしており、とりわけ、たとえば危険（「昨年は交通事故の犠牲者が非常に多かった」）といった、知識集積に含まれている特定の出来事の蓋然性に関する類型化をもとにしており、他方で上位のプラン（「私は、道路を横切るのが「危険」だからというだけで、部屋にうずくまっているわけにはいかない」）によって規定されている、そうした決断を下さねばならないのである。

それゆえこの種の解釈上の決断は一般に、動機という点からみてきわめて重要である。このことは、個々のいずれのケースにも当てはまるというわけではないにしても（単なる仮定的なヘビを見て逃げ出すことも時にはあるだろう）、いつも日常的に行われている生命に関わるルーティン的決断に対しては、総じて当てはまる（「もう寝る時間ではなかろうか」「このスープには私の口にあわない香辛料が入っているのではないか」「この航空会社はこれまでしょっちゅう事故を起こしているが、ここの飛行機を使って大丈夫だろうか」「この氷河は天候が安定している時にしか滑降できないのだが、天候は安定したままでいてくれるだろうか」など）。ただし、上位のプラン・ヒエラルヒーが「伏在している」ということがはっきり定式化されねばならないわけではない（「食事にしなければならない」「滑降することにしよう」など）。

カルネアデスの例に出てくる男性は、ヘビだという可能性が事実なのかどうか決断しなければならない。これについて十分に根拠のある決断を下すためには、解釈的にレリヴァントな追加の素材を手に入れなければならない。追加の素材を手に入れるためには、状況を変化させる、あるいは状況のなかで自分が観察する可能性を変化させねばならない。そうした目的を達成するためには、疑わしい対象から新たな側面が現われてくるよう、対象に働きかけねばならない。すなわち対象――仮定的なヘビ――に触れてみなければならない。彼は、「現実の」ヘビであればそれに反応して動く習性をもっていることを、自分の知識集積に沈澱している類型化に基づいて知っているからである。その対象に触れるためには――しかもその際、仮定的なヘビに咬まれるという仮定的な危険に晒されないためには――棒切れを使わねばならない。棒切れをそのように使うことができるためには、習慣的に知っているように自分の腕を動かし、また同じく習慣的に知っているように指を開いたり閉じたりなどしなければならない。ここで、いずれの行為の基底にもある個別的な知識要素、技能、処方知は互いに内的に絡み合っていることを明らかにするために、さらに例を継ぎ足していく必要はもはやないだろう〔本書第三章A1参照〕。先のそれぞれの文章のなかの「するためには」という表現はいずれも、動機的レリヴァンスの連鎖における一方の項を表わしている。なされるはずのことが、その前提として「まず」なされなければならないことをこうした連鎖のなかでそのつど動機づけている。したがって動機の連鎖は、いわば「より後のもの」から「より以前のもの」へと「遡及的に」連なっている。それは、行為目標から企図という中間の諸段階を経て行為の着手にいたる連鎖なのである。

それゆえ、行為をその経過の諸位相において動機づけているのは行為の目標〔先の例にあっては解釈上の追加の素材を手に入れること）であると言っていいだろう。だが、ここでの記述の冒頭で、動機という点からみて重要なのは、未来の行動のための解釈上の決断である（ヘビならば—避ける）と述べた。ではこれら二つの言明は、互いにどのような関係にあるのだろうか。経験経過の時間構造のなかで、何が動機づけられ、何が動機づけているのだろうか。時間的な、あるいは「因果的な」優先順位についてあらかじめ決断をしなくても、動機づける要素と動機づけられる要素の関係は相互的であると述べて差し支えないだろう。これまで述べてきたのは、一方の項に対する他方の項のレリヴァンスが、『逆方向の』レリヴァンス関係と「同時に」生じてくる動機の連鎖についてだけであった。だがそうした動機の連鎖は、異なった二つの時間パースペクティヴのもとでみて取ることができる。この点を詳しく論じるためには、もちろん、生活世界における行為についての分析を〔本書第五章参照〕、いくつかの点で先取りしておかねばならない。

先に述べたように、行為の目標が、行為の着手を含むその様ざまな位相において行為の企図を動機づける。行為の目標が事実的な行為に先立っているということである。行為は目標を達成するために遂行される。行為の目標とは行為の帰結のことであり、あらかじめ実際に想定された、すなわち未来完了時制において空想的に想像された、未来の事態のことである。いましがた例によりながら詳しく述べたように、この目標が与えられると同時に、互いに絡み合っている連鎖の項が行為の着手にいたるまで遡及的に辿られる。すなわち解釈上の決断から棒切れをつかむという行為動作にいたるまで、「遡及的に」辿られるのである。定式化して言えば、行為目標が行為を動機づけ、そして厳密に言えばわれわれは、行為の実行に先立つ経験経過のある位相のなかに身を置くことになる、ということである。

遂行された行為に遡及的に目を向け、行為経過を見通す時には、動機づけの連鎖はそれとは別の時間パースペクティヴのなかに現われてくる。このことは、行為目標に到達する前の、行為が推移しているただなかにいわば「とどまったままで」、たったいま過ぎ去った行為経過の位相を遡及的にみている場合にも当てはまる。カルネアデスの例において、男性の知人が彼を訪ねて部屋に入ってきたと想定してみよう。男性はちょうど棒切れを振り上げたところだったけれども、その知人から何をしているのか尋ねられることによって、彼は、しようとしていたことを実行に移すのを中断した。そこでは、おおよそ次のような会話が展開していくだろう。「この棒切れであそこにあるものをつつこうとしているんだ」「なぜそんなことをするの」「あれが動きだすかどうか確かめたいからだよ」「なぜそんなことを確かめるの」「あれがヘビかどうか知りたいからだよ」。要するに、もともと目的命題で記述してきた動機連鎖は、そのすべての連鎖の項について理由命題で表現することができるのである。どちらの命題も、動機づける要素としての行為目標と関係しており、また部分行為ないし行為の個々の位相を、動機づけられる要素として把握しているのである。一方の命題形式は、見かけ上は「目的論的な」印象を、他方は、見かけ上は「因果論的な」印象を与えるけれども、これら二つの言明は意味のうえでは同義である。両者の違いは、ひとえに動機連鎖が観察される際の時間パースペクティヴの違いにある。前もってみた際には「目的論的に」レリヴァントであったものが、後からみれば「因果論的に」レリヴァントなものとして現われてくる。こうした観察によって、動機連鎖における動機づける要素と動機づけられる要素の関係は相互的であるという先の確認へと立ち返ることになる。ここで、この種の「因果」連関についての言明は、基本的に、動機連関についての言明へと移し替えすることができ、また逆に、「自由な」企図についての言明をこの種の「因果論的な」命題に置き換えることができるということを付け加えておくべきだろう。このことが当てはまるのは、もちろん、狭義の人間行為、すなわち企図された行動に関してだけである。

ここでさらによく考えてみる必要があるだろう。動機連鎖は目的命題ないし「仮性の」理由命題（目的命題に置き換えることのできる理由命題をここではこのように呼ぶことにしよう）によって表現できることを、たったいま確認してきた。ではこのことは、当面の動機連関の分析は本質的に、特定の言語の所与性と特定の相対的に自然な世界観の刻印とに依存しているということを意味しているのだろうか。この問いに対しては、限定なしの否ではないにせよ、否と答えることができる。この問いには異なった二つの契機が含まれており、それらは区別されねばならない。分析というものはすべて、それゆえ前言語的な経験構造に関する分析でさえも、言語によって定式化されるというありふれた自明なことには、ここでさらに立ち入る必要はない。だがその自明なことによって、しかも言語「そのもの」が存在しているのではなく、意味論上、統語論上の特性を備えた具体的な言語だけが存在していることによって、いずれにせよ分析には不可避的に一定の言語上の「先入観」が伴っている。だが、よく考えてみるべきさらに重要なことがある。企図された行動としての行為は、すでにみたように統語論的な構造をもっており、それがふたたび「消滅する」のは、完全にルーティン化された行為においてだけなのである。したがって、社会化された人間、それゆえ言語能力を有している人間を引き合いに出すことによってはじめて、行為について、「単なる」行動と対照させながらその含蓄に富んだ意味において語ることができるのである。それは、生活世界的な行為は経験的には――統語論的な企図作用の前提としての――言語「そのもの」と結びついているだけでなく、意味論的で統語論的な形式をもった特定の言語と結びついていることを意味している。だが行為は、形式的にみれば経験経過の時間構造に基づけられている。行為は本質的には、具体的な言語の特性から独立しているのである。このことが、先の問いに否と答えたその根拠である。

だがここで、ある限定を付けておかねばならない。自然的態度における経験の時間パースペクティヴは、様ざまな言語あるいは様ざまな相対的に自然な世界観のなかで様ざまに刻印されている。このことは、言語学的な資料と民族学的な資料によって十分に裏づけることができる。言語的に客体化された時間パースペクティヴは、行為経過と動機連鎖に関する習慣的な思考に決定的な影響を及ぼす。そして誰もが、そうした形式での習慣的な思考へと社会化されている。その結果、経験経過と行為経過に備わっている、またそれらに含まれている動機連鎖にも備わっている時間的な基本構造からはある程度「切り離された」時間パースペクティヴに関する、言語的に客体化された習慣的思考の形式を、誰もが使いこなすことができるようになる。そうした思考の形式を手掛かりに、誰もが自分の行為と共在者の行為を解釈することができる。だがそれとともに、類型的に類似した状況に直面し、類型的に類似した運命を共にしている社会集団と社会のなかでは、行為経過と動機連関に関する類型的な考察様式が形成される、という可能性が与えられる。たとえば、主として「目的論的」な、あるいは主として「因果論的」な、また類型的に「動態的」な、あるいは類型的に「静態的」な考察様式である。そうした考察様式は、ある相対的に自然な世界観から別の相対的に自然な世界観へと歴史的に変異していくだろうし、またある社会の内部においても、たとえば社会階層と制度分野に応じて社会的に配分されているだろう。

b　態度の生活史的条件づけ（理由連関における動機）

これまで、動機連関のひとつの形式についてだけ記述してきた。行為目標によって動機づけられている、相互にレリヴァントな複数の行為経過ないし部分行為の連鎖についてである。すでにみてきたように、この形式の動機連関は目的命題で表現されるけれども、動機連鎖を考察する時間パースペクティヴを転換した場合には、理由命題によってもまた定式化することができる。目的命題に置き換えることができる理由命題を、ここでは「仮性」の理由命題と名づけた。だが、動機的にレリヴァントな連関のあらゆる可能な形態がこれによって記述し尽くされているのだろうか。動機的レリヴァンスを表現するすべての理由命題が目的命題に置き換え可能なのだろうか。

ふたたびカルネアデスの例に戻ることにしよう。われわれは、解釈上の決断（ヘビかロープの固まりか）が行為目標となり、それが解釈的にレリヴァントな新たな素材（対象がみずから動くか動かないか）を調達するのに必要な行為（棒切れをとって対象をつつくなど）を動機づけると述べた。そのような解釈上の決断は、すでに述べたように、その男性の未来の行動にとってレリヴァントである。すなわち彼にとってその決断は、直接的ないし間接的に「生命に関わる」ものである。これらの言明はすべて、明らかにある考察様式によって基礎づけられている。状況を、最終決定的に過ぎ去った完結したものとみなすのではなく、変化し、一定の限界内で「操作可能な」ものとみなすという考察様式である。その男性の行動は、それに対応して、彼自身によって規定可能な、少なくとも彼の生活世界的な状況のもつ限界の内部では共規定可能なものとして現出してくる。行動は潜在的な行為として現出してくるのである。だが同一の状況、男性の同一の行動を過去という側面のもとでみた場合には、状況はもはや「開かれた」ものとして現出してくることはなく、行動もまた、もはや未来への企図として現出してくることはない。状況はむしろ、すでに過ぎ去った経験によって条件づけられたものとして現出してくる。未来の地平との関係で「自由な」ものは、過去という位相のもとでは「拘束された」ものへと変化するのである。

こうした考察をカルネアデスの例に持ち込んだ場合、あの男性はヘビが恐かったから、あの対象がヘビかどうかを知りたかったのだ、と言うことができる。ここで、この言明を目的命題によって表現しようとすると、明らかな背理に行き当たる。男性は、あの対象がヘビなのかロープの固まりなのかをいま決断するためにヘビを恐れている、というのは意味をなさない。そのような移し替えはうまくいかないにもかかわらず、ここで問題になっているのは、なお動機的レリヴァンスである。ただしそれは、これまで記述してきた動機的レリヴァンスとはその構造を異にしている。彼がヘビを恐れていなかったとしたら、解釈上の決断を下すことにはほとんど関心をもたなかっただろう。同様にわれわれは、たとえば通り過ぎていく列車から見える木々の一本がシロモミなのかオレゴンパインなのかについて決断することには、たいていは関心をもたない。だが、いま自分の腕にとまった昆虫は蚊なのか「無害な」小虫なのかについて決断することには、ほとんどいつでも関心をもっている。

では、これまで述べてきた動機連関との違いはどこにあるのだろうか。これまでの論述にあっては、動機連鎖は行為目標によって規定されたものとして把握されていた。だがここでは、行為目標それ自体が動機づけられたものとして現出している。ここでも、基底において関係しているのは時間パースペクティヴの転換である。ただし、そうした転換は恣意的に行えるものではない。ヘビに対する恐れは、行為の企図については何も語らないけれども、いずれにせよ行為経過に「先立って」生じているのである。このことはまた、目的連関への置き換えがここでは不可能であることの根拠でもある。そのような動機的レリヴァンスのことを、ここでは「真性の」理由連関と呼ぶことにしよう。

だがいったい、ヘビに対する恐れとは何なのだろうか。それはいかにして意識のうちに現在するのだろうか。そしていかにして動機として作用することができるのだろうか。さらにそれは、もともといかにして生じてきたのだろうか。

あの男性は部屋に入る前に、かつて友人と交わしていた会話について考えていた。いずれにせよ彼はヘビについては考えておらず、自分がヘビを恐がることなど、考えてもいなかった。ヘビとヘビに対する恐れは、主題としても、また経験経過における他のすべての主題からなる主題野のなかでも、彼の意識によっていつも把捉されているわけではない。あの男性は、非親近的な対象なら何でもヘビとみなすわけではないし、あらゆる経験客体を、いわば「ヘビっぽい」といったように、意味の上でヘビに関係づけるわけでもない。またその男性は、ヘビがいるんじゃないかと部屋の隅々やベッドの下を見て回るわけでもない。そうであるなら、「ヘビ」とヘビに対する恐れは、いかにして彼の意識に「共に与えられる」のだろうか。

「ヘビ」は知識集積に備わっている類型であり、過去の経験が沈澱するなかで形成されたものである。その類型は、主題的に際立っている特定のものに備わった解釈的レリヴァンスによって特定の状況のなかで「呼び起こされ」実際化される。この「ヘビ」という類型も、それ以外の個別的な知識要素と同じように、また知識集積とも同じように、ほとんどの経験にも「共に与えられている」。ただしそれは、「中立化された」形式で与えられている。そしてそれが意識のなかに呼び込まれるのは、類型的には別の対象（たとえばゾウ）によってではなく、実際の主題のなかで類型的に際立っている解釈的にレリヴァントなものとの相互的な関わりにおいてだけなのである。

だがこのことは、ヘビに対する恐れとどのように関係しているのだろうか。恐れは、類型「ヘビ」のような個別的な知識要素ではない。それはむしろ、様ざまな要素からなる「症候群」である。この症候群には、多かれ少なかれ「生命に関わる」ように思える仮定的な出来事についての類型的な予期（「ヘビは私を咬むだろう――私は死ぬだろう」）が含まれている。この予期は、類型的な「情緒の状態」と結びついており、その情緒の状態の強さは、生活世界的な状況の境界性（有限性、大切なことを真っ先になど）によって、また人生を営む上での生活史的に条件づけられたプラン・ヒエラルヒーによって規定されている。したがって「情緒の状態」の強さは、様ざまな重要性と緊急性の度合いと結びついている。仮定的な出来事と結びついている予期は同時に、類型的な行為企図（「すぐに逃げる」）を「誘発する要因」でもある。行為企図はそれ自体、様ざまな技能と処方箋とを直接的あるいは間接的に前提していることは、ここでわざわざ強調する必要もないだろう。「情緒の状態」からなり、また予期、仮定的レリヴァンス、行為企図、技能とそれ以外の習慣的知識の要素からなるこうした症候群のことを、ここでは「態度」という表現で指示することにしよう。ある態度を形成している様ざまな要素は、様ざまな知識集積の次元に属しているが――また主題的レリヴァンスの構造ならびに解釈的レリヴァンスの構造と絡み合っているが――、それらの総体としての態度は動機的に、また習慣的に身につけられるといっていいだろう。このことが何を意味しているのかは、態度が活性化される際の諸事情を探究する際にもっとも明らかになるだろう。

主題と知識要素（類型「ヘビ」）が自動的に重なり合うことによって、あるいは多かれ少なかれ明示的な解釈過程（「この動物はヘビである」）のなかで、解釈「ヘビ」が実際的になり、主観的な確実性を伴って前面に出てくる時には、つねに態度（ヘビへの恐れ）が活性化される。さらにそれは、解釈が仮定的な性格をもっている時にも（「それはヘビかもしれない」）活性化される。すなわち態度は、「いつもすでにそこに」あるが、類型的な事情のもとでのみ活性化されるのである。動機的に、また習慣的に身につけられているものは、明示的な知識要素ないし主題的解釈的レリヴァンスとに結びつけられている。それらの関係は、ここでもまた相互的である。われわれはたったいま、態度は解釈によって活性化されると述べた。しかし逆に態度もまた、ある解釈が必要とする信憑性の度合いにとって、当面の例で言えば、男性が解釈「ヘビ」か解釈「ロープの固まり」に同意する際に必要とする信憑性の度合いにとって動機的にレリヴァントなのである。さらに言えば、態度は、解釈の選択肢が形成される際にすでに動機的にそのなかに入り込んでいる。「ロープの固まり—くしゃくしゃに丸めたスーツ」ではなく「ロープの固まり—ヘビ」が解釈の選択肢として形成されたのである。そこでわれわれは極端な例として、経験客体の主題的な規定性が、自らの知識状態（「家」「ゾウ」）に照らし合わせてその可能性を完全に排除しない限り、いたるところに「ヘビが見えてしまう」人間を思い描くことができる。つまり態度は、主題が構成される際に動機としてそのなかに入り込んでおり、それゆえにとりわけ、親近的なものからなる背景から非親近的なものが際立ってくる際にも、そのなかに入り込んでいるのである。

したがって態度とは、類型的な事情のもとで類型的な行動様式を、それゆえにまた類型的な目的動機連鎖を、まずは「プランを立てて」という必要もなくただちに作動させる構えのことである。たとえば、カルネアデスの例における男性が、ヘビはいないとわかっている地方を旅している場合、それにもかかわらず、かつて類型「ヘビ」を呼び起こしたことのある対象であれば、そこでもまたその対象によって、類型「ヘビ」とそれに結びついた態度「ヘビへの恐れ」とが引き起こされるだろう。だがその類型を適用することによって、上位の類型化（「ヘビのいない地方」）とのあいだで葛藤が生じることになる。それゆえに彼はその後、もちろんこの解釈の信憑性を剝奪し、それと同時にふたたび態度を「中立化する」。この事例によって、態度が個別的な知識要素といかに緊密に結びついているか、また知識集積の構造に含まれているそれ以外の知識要素といかに必然的に関係しているかが、とりわけ明らかになっただろう。

カルネアデスの例に出てくる男性は、戦略的状況Aに対しては戦術的な企図1、2、3を伴う全体プランaを、戦略的状況Bに対しては戦術的な企図4、5、6を伴う全体プランbを用意しておいて、状況に応じてプランaないしbを即座に、ほぼ自動的に作動させる司令官にたとえることができる。だがより詳細に検討してみると、このたとえはちぐはぐである。第一に、総体としての態度は「プラン」ではなく、すでに述べたように重層的な「症候群」である。この「症候群」は、単一の参謀本部が明示的な思惟作用によって立案するものではなく、意識の様ざまな段階において沈澱し、互いに絡み合っている異質な諸経験がもたらす「帰結」である。第二に、カルネアデスの例に登場してくる男性は、司令官が戦争状況に対してそうするのと同じように、ヘビ状況に対処すればいいだけではなく、日常の多彩で異質な状況にも対処しなければならない。その男性はヘビに対しては、ある意味で「いつでも準備万端」ではある。とはいえ彼は、ヘビを恐れているにもかかわらず、「ヘビのいる状況」に対して司令官が戦争に対してそうであるのと同じように「方向づけ」られているわけではない。

これまで、態度はいかにして活性化されるのかを明らかにしようとしてきた。態度はいかにして意識されるのかという問いは、見かけのうえではこれと似かよってはいるが、基本的には異なっている。ここでふたたび、すでにしばしば言及してきた「レリヴァンスの－うちに－ある－生」と「レリヴァンス－を－注視すること」とのあいだの違いが問題になってくる。ある態度が、それ自体として反省的に把握されることなく形成され、そして動機的に作用するということは、基本的に可能である。知識集積の要素はいずれも、もともとの習得状況を指示しており、それゆえその時点での「問題」を指示している。すでに明らかにしてきたように〔本書第三章A2参照〕、知識集積のうちに沈澱している経験は、それに続く諸経験によって隠蔽されることがある。そしてそうであることによって、それら沈澱している経験は反省的意識によって直接的に捕捉することが不可能になる。このことは、とりわけ習慣的知識の要素に当てはまり、また習慣的知識に基づけられて習慣的に身に付けられている態度にも当てはまる。そのうえさらに、態度は類型的には、「ただひとつの」経験のなかで構成されるのではない。それゆえ、想起される態度習得の個別的な状況といったものは存在していない。態度はしばしば、その習得状況についてのいかなる個別的な想起をも含んでいない。しかも態度は、たいていは主題化することが困難であり、また反省的意識によって接近することも困難である。だがそれにもかかわらず態度は、いわば「無意識のうちに」「動機」として、個別的な理由連関という形をとって作用している。

それゆえ、行為者自身は「自分自身の」態度を発見するのに何ら優先的な立場にいるわけではないということになる。このことは、目的連関にある動機連鎖に対しても当てはまる。むしろ理由連関にある動機のほうが、類型的な状況にいる共在者の類型的な行動を注意深く観察することによってたしかに適合的に把握され得る。そのうえ日常の生活世界にあっては、自分自身の理由連関を見出すことよりも共在者の理由連関を見出すことのほうに、よりしばしば動機づけられる。それを知ることに自分自身の行動を実践的に方向づけることができるからである。それゆえに人はしばしば第三者として、当の共在者自身はまったく意識していない種類の動機連関をその共在者のなかに見出すことになる。その種の動機連関を綿密に解釈し、そうした知識を体系的に累積し、一般化的に類型化することによって、ついには人間の動機についての一定の専門的知識を手にする人もなかにはいるだろう。社会科学的思考はそうした準因果的な動機連関を偏愛してきたが、それに関するひとつの重要な根拠は――方法論的な考察にはまったく目を向けないとすれば――そうした事情のなかに求めることができる。

だが、態度（ヘビに対する恐れ）が主観的に主題化され得るようなケースをカルネアデスの例に見出すことができる。あの男性は、なぜ自分がヘビを怖がるのか、差し当たり「説明」することはできないかもしれない。だが、自分がヘビに対して不安を抱いていることは知っている。彼は特定の事情のもとでなら、ヘビに対して自分が抱いている恐れについて反省することができるだろう。また、そのような態度を身につけるにいたった「歴史」を再構築しようと試みることさえできるだろう。習慣的に所有されているすべてのものと同じく、また知識集積一般のあらゆる構成要素とも同じく、いずれの態度も自らの「歴史」をもっているからである。それは、ひとつの生活史的な所与なのである。いま扱っている例を具体的に示すために、ここで態度の歴史を共‐再構築し、またそのことによって同時に、冒頭で提起した態度の起源をめぐる問いに答えることにしよう。

カルネアデスの例に出てくる男性がまだ子どもだった頃、父親と森に散歩に出かけたとしよう。その当時、子どもはまだヘビについて直接的な知識をもってはいなかった。けれども、彼の知識集積のなかにはすでに類型化が備わっていて、それを用いれば、形態と動作のある徴表に従って、ヘビを、ヘビとしてではないにせよ動物として識別することができた。さらに、動物に対する一般的な態度もすでに発達していた。これまでの自分の人生に登場してきた動物は、いずれも危険ではなく、とりわけ小さな動物は人懐っこいものだ、といった態度である。ただしその頃には、動物を体験することに対しては基本的な好奇心を失っていた。動物についての体験はルーティン化され、一般に非問題的になっていたのである。さて、森を散歩している時、彼はある動物を見かけた。その動物は、自分が知っている動物と部分的には類型的に類似しているが、部分的には新奇に見える動物だった。そこで、彼は注意をその動物に向け、それに近づいていった。父親は驚いて叫び声をあげ、彼を追いかけ、すぐに連れ戻した。そのあと父親は彼に、ヘビには毒があるかもしれないこと、咬まれると危険であることを教えた（父親はすべてのヘビに毒があるわけではないことを知ってはいたが、ヘビに対する一般的な恐れを彼に教え込んだほうがいいだろうと考えたのである）。父親はさらに特定の行動の仕方を彼に教えた。ただしそれは、彼が以前の出遭いから、むしろ逆の形でではあるが（「お前はニワトリから逃げ出す必要はない」）その類型性においてすでに知っていたことであった。このようにして、明示的な知識要素が子どものために目的動機の連鎖、技能、処方知と結びつけられ、また同時に特定の「情緒の状態」とも結びつけられるのである。

態度は、もともとの習得状況によって刻印されている。ここでの例にあっても、それは、

「ヘビはすべて-危険で、もう少しで-それを-踏みつける-ところだったが、父親が-ものすごく-驚き、命の危険が-ある-からと-すぐに-そこから-逃げ出した」から、「毒ヘビは-危険-である、毒ヘビ-なら-近寄ら-ない-ほうがよい」、そして「この地方に-いる-毒ヘビは-一種類-だけだ。その-ヘビは-踏ま-ない-ほうがいいが、それ以外の-ヘビは-無害で-有用で-ある」にまでいたっている。これら様ざまな定式化には、パニック的な不安から散漫な用心にいたるまで、明らかに様ざまな態度が対応している。

　ここでさらに二つの点について、引き続き考察してみるべきだろう。第一に、「孤立した」態度といったものは存在していないということである。もともとの習得状況は、別の態度と関係し別の知識要素とも関係している経験をすでに前提にしているのである。子どもは、たとえば父親が無害だといっていた他の動物について、すでに不快な経験をしていたとしよう。その場合には、父親の警告はより一層あとあとまで効果をもち続ける。それに対して、子どもが父親を必要以上に不安がっていると類型化していた場合には、その警告はまったく別の連関のなかに組み入れられるだろう。第二に、あとに続くレリヴァントな経験から派生してくる態度の変化を考慮に入れる必要があろう。たとえば、その子どもはあとになって、遊び仲間たちから臆病だといってからかわれるかもしれない。もちろんそれは、それらの仲間たちはアシナシトカゲをポケットに入れたのに、その子どもは震えて逃げ出したからである。他方、その子どもは、父親にきつく言い聞かされていたことを守らず、ヘビに咬まれたけれども、すんでのところで死を免れたのかもしれない。もともとの習得状況とそれに続く経験がそのように主題的、解釈的、動機的に変化していくそのすべての変化のなかで、態度「ヘビに対する恐れ」が形成され変様され、実際の状況のなかでそれぞれに応じた仕方で理由動機として作用するのである。

こうしてわれわれは、生活史的に条件づけられた動機的レリヴァンスについての分析の目的地に辿り着いた。ただし、「自由な」企図と「拘束された」態度の分離をいかにして正当化するかという問いだけが、いまだ残されている。これまでは、差し当たりこれらをはっきりと分離してきた。「真性の」理由言明は、すでに述べたように目的命題に置き換えることはできない。そこに関係しているのは、時間パースペクティヴの転換だけではなく、考察方法の根本的な違いなのである。だが、これまで取り扱ってきたのは同一の現象ではなかったのだろうか。

行為目標にとって、すなわち「ロープの固まり」と「ヘビ」のあいだでの解釈上の決断にとって、ヘビに対する恐れは「真性の」理由動機である。この言明を目的連関に置き換えることは背理であるように思える。逆にヘビに対する恐れは、たとえば棒切れを振り回すことにとっての「真性の」理由動機として作用していたと主張することは、これもまた無意味であろう。それゆえわれわれの問いは、差し当たりわかりやすい回答を見出しているように思える。企図は、それゆえにまた行為の推移は行為目標によって動機づけられ、他方、行為目標は態度によって動機づけられるという回答である。ではこのことは、態度、すなわち動機的レリヴァンスの「拘束された」形式の側に本質的な優先性が認められるということ、それゆえ企図の「自由」は考察方法に由来するいわば錯覚であるということ、これを意味しているのだろうか。あるいは、いずれの態度も「自由な」企図の「帰結」であり、それゆえ動機的な「因果性」は人間行為とは何ら関わりがないと、あっさり正反対の主張をすることは可能なのだろうか。

どちらの方向を辿るにせよ、それらはいずれもひとつの考察様式を絶対視している。行為目標は態度によって動機づけられていると述べる時、このことは、行為経過を孤立して把握する場合に限って妥当するにすぎない。だが個々の行為目標はいずれも、より精確にみれば単なる部分目標であるにすぎず、部分目標はいずれも、より上位の目標を伴った目的連関のうちにある。解釈上の決断（へビーロープの固まり）は、何の心配もなく寝ることができるためであり、寝るのは、翌日に向けて疲れをとるためであり、疲れをとるのは重要な仕事を手際よく片づけるためである。要するに、プランはプラン・ヒエラルヒーのなかに埋め込まれており、プラン・ヒエラルヒーは最終的には、生活世界における人間の状況の境界を指示しているのである。このことは、行動はすべて、「自由な」動機的レリヴァンスの連関のうちに直接的に、あるいは少なくとも間接的に組み入れることができるということを意味している。だが逆に、いずれの行為も、また行動はすべて、原則的にそれぞれの「歴史」をもっている。「最初の」企図を思い描くことは——われわれが生活世界について記述することで満足する限り——不可能である。それゆえ、行動はすべて、またいずれの行為も、基本的には「拘束された」動機的レリヴァンスの連関のなかで理解されることになる。ただしこのように確認したからといって、先に述べた（観察者にとって、社会科学者にとって接近可能であるという）理由からある意味で「より客観的」な理由連関において、「より現実的な」種類の「因果性」が問題になってくるかのようにみなされてはならない。

5 レリヴァンス構造の絡み合い

主題的、解釈的、動機的レリヴァンスのそれぞれの構造は、すでにみてきたように互いに絡み合っている。それゆえ、それらの構造を別個に記述するなかで、すでにこれら三つのレリヴァンス構造の連関に関する体系的な分析の結果を繰り返し先取りせざるを得なかった。そこで、それらの分析をここで補っておかねばならない。そのための導きの糸として、互いに緊密に結びついた二つの問いを提起することにしよう。レリヴァンス構造は、経験が構成される、すなわち行動が構成されるに際してどのような作用をするのだろうか、またそれはその作用に対応して、すでに目の前に存在している知識集積が実際の状況に対処する際に活性化されるなかでどのような作用をするのだろうか。第二に、ある経験が知識集積の構造のなかにひとつの要素として沈澱する際に、レリヴァンス構造はどのような働きをするのだろうか。

経験はもともと、実際の状況のなかで十分に境界づけられている主題に注意を向けるなかで構成される。これは、一般的に言えば知識習得の状況である〔本書第三章A2参照〕。主題的レリヴァンスについて分析することによって、ある主題が注意を強引に惹きつけることがあるということ、すなわち主題は実際の状況のなかで「賦課される」ということが明らかにされた。こうした主題の賦課は、ある限定的な意味構造の現実領域から別の現実領域へと「飛躍する」結果として、あるいは同じ現実領域内での経験過程のさなかに意識の緊張が変化した結果として、親近的なものからなる枠組のなかに非親近的なものが際立ってくることを基盤にして生じてくるだろうし、あるいは注意が社会的に強いられることによっても生じてくるだろう〔本書第三章B2参照〕。だが他方で、主題への対向は「動機づけられる」こともある。それはとりわけ、接近しつつある多かれ少なかれ非親近的な状況に「適宜」注意を切り替えること、また一日のプランのなかで行為経過をルーティン的に中断し、そして再開すること、さらには「作業計画」の枠組のうちで主題を展開していくこと、これらのことをとおして「動機づけられる」だろう〔本書第三章B2参照〕。

いま述べたことから、三つのレリヴァンス構造は、経験がもともと構成される際にすでに互いに絡み合っているということが明らかになっている。動機的レリヴァンスは、状況が最初に規定される際に態度という形でそれに影響を及ぼし、その後——「動機づけられた」対向は別にしても——注意を「誘導する」。動機的レリヴァンスは、「適宜」予想する際に、また主題を変更する際に、とくに「作業計画」という枠組のなかでルーティン的に主題を変更する際に、とりわけ目的動機の連鎖という形式で重要な役割を果たしている。さらに主題は何らかの類型化によって規定されない限り、それ自体として際立つことは決してないということも明らかである。それゆえ、主題が際立つ際には解釈的レリヴァンスも一緒になって作用しているのである。主題の展開という点では、主題的レリヴァンスと解釈的レリヴァンスの区別は、いずれにせよ分析的な目的のためにだけ維持されるにすぎない。

自己形成的な主題は、現勢的な態度との関わりと行為経過の目的動機連鎖との関わりで十分に規定されている知識要素とは、即座にルーティン的に重なり合うだろう〔本書第三章B3参照〕。他方、十分な規定性と親近性をもって知識集積のうちですでに目の前に存在している知識要素とのルーティン的な重なり合いが成り立ち得ない場合には、実際の主題は解釈の必要がある問題として経験される。別の言葉で言えば、その場合には、実際の主題を解釈するための動機が生じてくるということである。そうした動機は、個別的な態度（ヘビへの恐れ）から派生してくることもあれば、個別的な行為企図の動機連鎖（この木をどうやって切り倒そうか）と関係づけられることもある。だが解釈のための動機はまた、一般的なものでさえあり得る。その動機が生活世界的な理念化の停止にまで遡って関係づけられる場合がそうである。たとえば、経験経過のひとつの位相を特徴づけている自動的な未来予持あるいは明示的な予期が、それに続く位相において根本から裏切られた場合、また同じく根本から「破綻」した場合、それら諸事象の基底にある「以下同様」という生活世界的な理念化は停止することになる。ここで、第一章で引き合いに出したキノコの表側と裏側についての例を想起することができる。（キノコと結びついた）いかなる個別的な態度にも欠けており、また（キノコと結びついた）いかなる個別的な行為企図をも欠いている場合でも、（キノコについての）実際の経験は問題的になる。この理念化が停止する際に動機として作用する非個別的な態度は、「好奇心」という表現で言い表わすのがもっともいいだろう。そうした好奇心の起源にあるのは、生活世界的な理念化の維持に対する関心である。類似のことは、「私は－それを－繰り返し－行うことが－できる」という理念化にも当てはまる。これは技能と関係し、処方知によって規定される行動と関係し、ルーティン化された目的的な動機連鎖一般と関係している。技能を使用する際に、あるいはルーティン化された目的的な動機連鎖を作動させる際に、思いがけない抵抗が立ち現われた場合、すなわち「思っていたようには事が運ばない場合」あるいは「事がうまくいかない場合」、人は――個別的な実際の関心をもって状況に対処することを別にすれば――ルーティンを回復させること、「物事を秩序だてること」に関心を向けるようになる。そのような関心は、問題になっていることに応じて、「実験的な」行動様式を動機づけたり、目的動機の連鎖のなかの特定の項を「元通りにする」よう動機づけたり、あるいは技能の場合には、いわば「コンディショントレーニング」を動機づけることさえある。過去という側面のもとで状況について考察する場合――一般的に言えば――そこでの問題は、個別的な態度あるいは一般的な態度に基づいて解釈が必要なものとして経験される。だが、未来への「開放性」という側面のもとで状況を考察する場合には、それに応じてそこでの問題は、経験あるいは行動を個別的な行為企図や行為能力一般に方向づけるその結果として形成されることを確認することができるだろう。

解釈を必要とする問題は、実際に主題として際立っているものが「現われている」知識要素（以前の問題を解釈したその「帰結」）と「比較される」ことによって解釈される。個別的な「行動上の問題」に基づいて分節化して言えば、人は、「立ち現われている」代替的な技能、処方箋、あるいは「実験的な」行動様式によって、行為経過における抵抗を克服しようと試みるということである。解釈の過程は、一方で主題の展開と下位‐主題化とからなっており、したがってまた、主題が立ち上がる状況においてはいまだ接近可能でなかった解釈的にレリヴァントな素材の「動機づけられた」調達からなっている。解釈の過程はまた他方で、多かれ少なかれレリヴァントな知識要素（類型化、解明図式）を「手探りで調べること」からなっている。解釈は、非親近的なものが十分に親近的になるまで、あるいは思いがけない抵抗が満足のいくように克服されるまで推し進められるだろう。「十分に」とか「満足のいくように」といった表現は、もちろんそのつど実際の解釈動機と関係している。だが解釈過程は、実際の解釈動機が満たされる前に、したがって問題が「解決」する前に、中断されることもたしかにある。経験経過のなかに「より重要な」、あるいは「緊急度のより高い」問題が割り込んできた場合である。ここに関係してくるのは、態度によって誘発された問題であり、あるいは、「旧知の」問題と結びついた態度ないしプランよりも動機的レリヴァンスのヒエラルヒーのなかで上位に位置づけられるプランに方向づけられている問題である。新たな問題は、もちろん「賦課されて」割り込んでくることもあるだろうし、一日のプランと人生の営み方のルーティン化された動機連関と結びついて割り込んでくることもあるだろう。

要するに、解釈を必要とする問題の形成においても、解釈が向かう方向においても、また解釈過程の完結や打ち切りにおいても、そこではっきりと示されているのは、動機的レリヴァンスの構造は解釈的レリヴァンスの構造ときわめて緊密に絡み合っているということである。いずれの解釈も、それに先行する主題化を前提にしているということ、また他方、解釈が推移していくなかで新たな主題が経験経過のなかに引き入れられることがあるということ、これらのことはここで強調する必要はないだろう。

では、知識集積のなかに沈澱している経験は、どのような状態にあるのだろうか。解釈を必要とする問題として立ち現われてはいない経験は、知識集積に新たな知識要素を何ひとつ供給することはない。そうした経験はまた、その構成に関与しているレリヴァンス構造ないし知識要素（類型化、解明図式）を変えることもない。いずれにせよそうした経験は、当該の知識要素の規定をはっきりと変えることはない。その一方でそうした経験は、それら知識要素の類型的な適用可能性を「確証し」、レリヴァンス構造の実効的な作動性を堅固なものにする。これはまず、当該の知識要素の規定（たとえば類型的な徴表）がより親近的で疑いのないものになることを意味している。また他方でそれは、技能がより使いこなされ、処方箋がより自明になり、態度が「より確固としたもの」になり、目的動機の連鎖がより「自動化される」ことを意味している。別の言葉で言えば、知識集積のなかにルーティン的に蓄積されている経験は、明示的な知識要素がルーティン化されること、習慣的知識の領域が拡張すること、すでに存立しているルーティンが強化されること、これらのことに寄与するのである。このプロセスは、最終的にはそうした経験の基底にある主題的レリヴァンスにまで遡って作用するだろう。すなわちそうした経験は、「十分に境界づけられている」という性格をますます失い、経験経過のなかでまったく親近的なものと自明なものとからなる背景のなかに埋没していくだろう。

解釈を必要としている問題的経験は、これとは違った事情にある。そこでの解釈は、完結しようが中断されようが、「最終決定的」であろうが「一時的」であろうが、いずれにせよある「結果」をもたらしている。その結果は、知識集積に「新たな」要素を付け加えるか、すでに目の前に存在している知識要素を変化させる。もっとも、知識状態の「絶対零度」を確定することはできない。したがって「新たな」知識要素にしても、それはもちろん、すでに目の前に存在している知識要素が変化したものとみなされるべきだろう。だがいずれにせよ、一般的に次のように言うことができる。問題的経験や非問題的経験が構成されるなかで特定の知識要素が適用される際に実効的に作動しているレリヴァンス構造は、当該の経験が蓄積されるべき知識集積の構造のなかのしかるべき「場所」を規定している、すなわち類型、解明図式、行動のための処方箋、ルーティン化された目的動機の連鎖、態度、技能などのどこに蓄積されるべきかを規定している、ということである。この一般的な言明は、もちろん、非問題的経験と問題的経験に同一の仕方で当てはまるわけではない。非問題的経験については、これまで述べてきたことに加えてさらに説明をする必要はないけれども、問題的な経験についてはより詳しく述べておかねばならない。ここでふたたび、経験の複定立的な構成とその意味の単定立的な把握の区別が有益であることが明らかになる。すでに繰り返し指摘してきたように、複定立的に構成された経験と経験経過の意味は、あとから単定立的な捕捉によって把握することができる。このことをここでの問題に当てはめて考えてみよう。ある解釈上の「結果」をもたらす解釈過程は、あきらかに複定立的な性格をもっている。すなわちその過程に関与しているレリヴァンス構造は、いわば一歩一歩作用する。それゆえ、知識習得のある所与の位相においてレリヴァントであり、主題的に際立っていたものが、後続する位相において、たとえばある類型内でのもともとの想定に反して自由に変更しても差し支えない規定のように、「本質的なものではない」ことが判明するかもしれない。また、解釈過程のある位相でなされている、問題解決にいたると思われている解明の試みが、後続する位相において「袋小路」に入り込んでいることが判明するかもしれない。要するに、知識習得のある所与の位相において実効的に作動しているレリヴァンスが、より後の位相においてレリヴァントではないことが判明することもあり得るということである。その場合には、そのレリヴァンスは、「最終的な」位相にいたるまで「妥当性」を保持しているレリヴァンスによって隠蔽されることになる。解釈の結果は、後者のレリヴァンスによってのみ、知識集積の構造のなかにその「位置」を割り当てられるのである。

こうした事情はさらに別の帰結を伴っている。解釈の結果を、類型的に類似した実際の状況に対処する際に知識要素として適用する場合、その適用を規定するのは、解釈の最終的帰結、すなわちその単定立的な意味に関係するレリヴァンス構造だけであって、たとえば複定立的な解釈過程の基底にあったすべてのレリヴァンス構造がその適用を規定するわけではない。このことは、自然的態度においてであれ、多かれ少なかれ理論的な態度においてであれ、知識要素の意味に対して反省的に対向する場合には同様に当てはまる。「無効になった」レリヴァンスは注目されなくなり、もはや「ひとりでに」浮かび上がってくることはない。知識習得を複定立的に再構築しようと試みるための動機は、たいていの場合は欠けている。「最後に妥当した」レリヴァンス構造による「隠蔽」を考慮に入れたうえで複定立的に再構築することは、そもそもどの程度まで可能なのだろうか、という問いは開かれたままにしておいていいだろう。いずれにせよ、レリヴァントでなくなったものは「無用の長物」なのである。

厳密に言えば、互いに絡み合ったレリヴァンス構造の実効的な作動性は、以下の諸水準に区別することができる。第一に、解釈的レリヴァンスの構造と動機的レリヴァンスの構造との関連で、経験のもともとの構成を規定する主題的レリヴァンス。第二に、主題的レリヴァンスの構造と解釈的レリヴァンスの構造との関連で、経験を問題的にすることができる動機的レリヴァンス。第三に、主題的レリヴァンスの構造と動機的レリヴァンスの構造との関連で、解釈過程の「方向」を規定する解釈的レリヴァンス。第四に、解釈的レリヴァンスの構造と主題的レリヴァンスの構造との関連で、解釈過程に完結や打ち切りをもたらす動機的レリヴァンス。第五に、解釈の過程で「無効にされる」ことのなかった、互いに絡み合った三つのレリヴァンスの側面。これは、解釈結果の知識集積の構造への沈澱いまでは沈澱している知識要素を新たな実際の状況に対処する際に用いさせるレリヴァンス構造。これをもって円環は閉じられ、ふたたび出発点に立ち還ることになる。ここで、「レリヴァンス‐のうちに‐ある‐生」と「レリヴァンス‐を‐注視する‐こと」との区別を用いるなら、最後に、意識による反省的な捕捉によって「構成済みの」知識要素のうえに現われ出てくるレリヴァンス構造を、さらに付け加えておくべきだろう。

以上の詳細な論述によって、三つのレリヴァンス構造は緊密に絡み合っているということが改めて明らかになっただろう。三つのレリヴァンス構造のいずれにも、いかなる種類の優位性も認められないということは、すでに十分に強調したとおりであり、しかもここでの詳細な論述によって、そのことはなお一層、裏づけられただろう。経験経過のなかでは、これら三つのレリヴァンス構造のいずれかが「最初に」実効的に作動すると述べることとは意味のないことであろう。ただ反省的に捕捉する場合に限って、いずれかのレリヴァンスが「最初に」現われ出てくることはあるだろう。そしてその場合には、それを「基底的な」レリヴァンスとして把握することができるだろうし、他の二つのレリヴァンス構造は、その「基底的な」レリヴァンスによって条件づけられているようにみえるだろう。とはいえそのことから、そのレリヴァンスに「本質的な」優位性が認められると結論づけるのは正当ではない。ここでは、プラグマティズムや操作主義、あるいは倫理学上の観念論を導く。第六に、といった立場に対して正面から批判を加えることはできないけれども、それらの立場は、そうした優位性をすすんで確定するという点に特徴があることだけを述べておこう。

C　類型性

1　知識集積、レリヴァンス、類型性

知識要素の親近性と知識集積に備わっている類型性との結びつきについては、すでにいくらか述べておいた〔本書第三章A3参照〕。だがそこでは、類型性について詳細な分析はしていない。知識集積とその類型性の基底にあるレリヴァンス構造について探究しなかったからである。レリヴァンス構造の分析を終えたいまになってはじめて、類型性をふたたび取りあげて議論することが可能になった。

親近性はこれまで主要な二つの形式に区別されてきた。そのひとつは、対象や人物などが再認されること、しかもそれらがすでに以前の経験において与えられていたのと「同一の」ものとして再認されることに基礎をおいている親近性である。この形式の親近性は、こう言ってよければ、「具体的な記憶の領域」に基礎をおいている。いまひとつは、ある

対象、人物、特性、出来事が、以前に経験した特定の対象、人物、特性、出来事と「同一の」ものとしてではないけれども、それらと「類似した」ものとして把握され、しかも実際の状況のなかで現勢的なレリヴァンス構造がその「類似性」以上の規定を要求しない、という親近性である。それゆえこの形式の親近性は、知識集積に備わった類型性に基礎をおいている。新たな経験は、以前の経験のなかで構成された類型を用いて規定される。日々の生活の多くの状況にあっては、実際の状況に対処するにはその類型で十分なのである。もちろん「具体的な記憶の領域」とそれに基礎をおいている親近性の形式もまた、知識集積に備わった類型性に根ざしている。再認された対象、人物などはかつて「はじめて」経験された、ということだけですでにそうなのである。それらはその時、もちろん単にその存在（Dasein）において把握されただけでなく、それと同時にその類型的な相在（Sosein）においても把握されていたのである。類型性と親近性の関係について先に記述してきたこと〔本書第三章A3参照〕を以上のように要約したうえで、さらに引き続いて知識集積の構造のそれ以外の次元と類型性との関係について、とりわけ知識集積の規定性と類型性との関係について探究してみなければならない。だがまずは、そもそも類型とはいったい何なのか、それはいかにして生じてくるのか、それはレリヴァンス構造といかなる連関のもとにあるのか、と問うてみなければならない。

生活世界的な知識集積に備わっている類型はいずれも、生活世界的な諸経験のなかで

「創り出された」意味連関である。別の言い方をすれば、類型とは、過ぎ去った諸経験のうちに沈澱している、単位としてのまとまりをもった規定関係のことである。こうした断定的な言明に関してさらに詳しく説明しておく必要があるだろう。

類型は規定の「単位」として、知識要素一般と同様、「もともとの」習得状況のなかで構成される。知識要素一般の発生について述べてきたこと、またその発生の基底にあるレリヴァンス構造について詳しく述べてきたことは、もちろん類型化にも当てはまる。習得状況は動機的レリヴァンスによって規定されている。個々人は、特定の態度をもって状況のなかに入り込み、そしてその個々人の経験は、特定の目的連関からなる動機の連鎖のなかに組み込まれる。習得状況のなかでは、ある主題が際立っている。その主題が解釈的にレリヴァントな知識要素とルーティン的に重なり合う場合には、そうした状況はルーティン的に対処される。その場合には、「自動的に」生起する事象に含まれている規定を手掛かりにしながら、経験の核が把握されることになる。しかし、すでに先の箇所で記述した理由から〔本書第三章B3参照〕、ルーティン的な重なり合いが成り立たない場合には、問題が生じてくる。それまでは主題野のなかで、すなわち経験核の主題的にレリヴァントな内的地平と外的地平のなかで意識によって捕捉されることのなかった可能な諸規定が、いまなされはじめた解釈過程のなかで把握される。だが、そうしたことがなされるのは、可能な諸規定が実際の状況のなかで、しかもそのつどの知識状態に応じて、解釈的にレリヴァントな仕方で現出してくる限りでのことである。それゆえ解釈過程は、すでに解釈的レリヴァンスについて分析した際に詳しく述べたように、状況への対処にとってレリヴァントで以前の経験を通じて知識要素に蓄積されている可能な諸規定と主題的な際立ちとのあいだの、「同時的」で相互的な関わりのなかで生じてくる。解釈的レリヴァンスのこれら二つの側面のあいだに適合的な重なり合いが成立した場合に、問題は「解決する」のである。

それゆえ「問題解決」はいずれも、「新たなもの」を「旧知のもの」にする。「旧知のもの」は、そのつどの知識集積のうちですでに目の前に存在していて、しかもすでに確立されている解釈的にレリヴァントな連関のうちにある可能な諸規定（四つ足で、しっぽを振り、吠える）から成り立っている。それに対して「新たなもの」は、もともと主題のなかに「覆い隠されて」いて注意を払われていなかったけれども、実際の状況のなかで解釈的にレリヴァントであることが明らかになった可能な諸規定（「咬む」）が積極的に捉えられることのなかにある。「新たな」規定が規定関係のなかに入り込み、以前レリヴァントであった規定といまレリヴァントになった規定とのあいだに意味連関が「創り出される」。このようにしてある類型（イヌ——四つ足で、しっぽを振り、吠え、咬む）が構成される。

別の言い方をすれば、類型は、すでに目の前に存在している知識集積すなわち「旧知の」規定関係によっては対処できない問題的状況が、経験の新たな規定をとおして状況適合的に解消されるなかで生み出される。それゆえ類型とは、「これまでの」レリヴァンス構造に基づいて解釈された（意味連関のうちにある）規定と、原則的に制約のない経験についての可能な諸規定とのあいだに引かれたいわば境界線と考えることができる。規定の意味連関は、習得状況において現勢的な主題的レリヴァンスと解釈的レリヴァンスが、動機的レリヴァンスと一緒になって作用するなかで「創り出される」。このことから、類型そのものは存在していない、存在しているのは問題に方向づけられた類型だけである、と結論づけることができる。類型はいずれも、その構成についての遡及的な指示、すなわちそれ自体三つのレリヴァンス構造が一緒になって作用するなかで構成された「もともとの」問題状況についての遡及的指示を含んでいる。それゆえ類型はいずれも、「もともとの」習得状況から実際に用いられるようになるまでの歴史を伴っている。だがこの点についてより詳細に論じる前に、先の分析に含まれているもうひとつの基本的含意について探究してみなければならない。

類型が構成される際にはいつもすでに、いかにわずかなものであれ知識集積が前提にされているはずである。記述的な分析が知識状態の「絶対零度」にまで推し進められることはあり得ない。そうした知識状態は、ただ理論的にしか構築され得ない。しかしその場合ですら、いわば「前類型的」とみなし得る経験は存在していないと考えるべきである。むしろ経験と類型性は——フッサールとともに——「等根源的なもの」として理解しなければばならない[25]。厳密に言えば、類型はいずれも、すでに目の前に存在している類型化――それがいかに単純で大雑把なものであれ（たとえば食べられる―食べられない、苦しい―快い、「動く」など）――が変更されたものでしかない。そのような変更は、取るに足らないものかもしれないし、すでに目の前に存在している類型の規定性をより高度にしただけのものかもしれない。またそれは、類型が下位類型に分割されたものかもしれない。可能な諸規定のあいだのもともとの関係は解消され、だが「すでに」類型的である可能な諸規定のあいだに新奇な意味連関が創り出されている場合にはじめて、「新たな」類型についてその本来の意味で語ることができるのである。

先の分析には、生活世界的な知識集積のうちにはいかなる「最終決定的な」類型も存在し得ないというもうひとつの含意が伴っている。類型はいずれも、「もともとの」問題状況のなかで形成され、それ以外のルーティン状況と問題状況のなかで適用される。ある類型が、そのように適用されるなかで状況に対処するのに適合的であることが繰り返し明らかになった場合には、その類型は相対的に「最終決定的な」ものになるかもしれない。そのような類型は、習慣的知識の領域へと移行し、そしてほぼ「自動的に」適用されるようになるだろう。

ここで、知識集積の構造の諸次元と類型との関係について指摘しておくことにしよう。すでにみてきたように、知識集積に備わっている類型性は、知識要素の規定の度合いと直接的に結びついている。親近性の段階と類型性との関係についても、すでに同じように述べた。ここで、より複雑な類型化、つまり規定の関係としての類型もまた、多かれ少なかれ信憑的であり得るということ、そしてそれらの類型は互いに両立可能な関係にあるということを、さらに付け加えておかねばならない。類型は、それが信憑的であればあるほど、すなわちより頻繁に「確証」され、他の類型と両立可能で知識要素一般とも両立可能であればあるほど、ますます「最終決定的」でもある。われわれにとって「木」や「イヌ」などといった類型化は、それゆえ相対的に「最終決定的」である。しかし相対的に「最終決定的な」類型化であっても、あとになって「一時的」なものであったことが判明することもある。しかもその「一時的」には、二重の意味が含まれている。第一に、これまでに繰り返し証明されてきた類型が、それにもかかわらず新たな問題状況のなかで、いまだ十分には規定されていないものとして現われてくることがあるだろう。それゆえ第二に、相対的に最終決定的な類型に基づく規定の関係もまた、場合によっては部分的にであれ、解消されざるを得ないこともあるだろう。われわれの先行者たちは、かつて（規定「魚」を含んでいた）類型クジラを根本的に変更せざるを得なかったのである。しかし主観的で生活世界的な知識集積のそのつどの所与の状態においても、少なからぬ類型化が一時的という添字を伴っている。類型がもともと構成された時点で、すでに信憑性が乏しいような意味連関の規定も少なからずあるだろうし、のちの経験のなかで疑わしくなる規定もかなりあるだろう。そうした規定の解釈的レリヴァンスについて何も決断できない場合でも、あるいは疑わしい規定がより高度の信憑性を獲得することができない場合でも、たしかに、その類型を総体として棄却する必要は必ずしもまだない。だがそれを使用することには、「一時的」という主観的に把握可能な意義が含まれることになる。

2 類型性と言語

これまで類型の構成と構造について考察してきたが、その際、言語の役割には注目してこなかった。それは、言語を欠いた類型‐構成と類型‐構造について考えることが基本的に可能である限り、またある意味では「前言語的な」経験について考えることも可能である限り、正当である。しかもそれは二重の意味でそうである。第一に、そこには基づけの関係が存在しており、それゆえ言語の構造が類型化を前提としているのであって、その逆ではないということである。第二に、類型化する図式は、いまだ話すことのできない子どもにおいても、すでに経験的‐発生的に十分に見出されるのである。

とはいえこのことによって、いまだ言語と類型性の関係についての最終決定的なことは何も述べられていない。人は誰でも、言語が、より精確にはある特定の言語が、歴史的な社会的世界の成分としてあらかじめ与えられている状況のなかに生み込まれる。子どもにとって言語は、習得すべき重要なものである。言語は差し当たり共在者たちによって、とりわけ体験的に近くて直接的な関係のなかで子どもたちに伝達される〔本書第四章A1参照〕。言語は類型化する経験図式の体系であり、そしてそれは直接的で主観的な経験の理念化と匿名化とに基づいている〔本書第四章B1と2参照〕。主観性から切り離された経験の類型化は社会的に客体化され、それによって主観に対してあらかじめ与えられる社会的アプリオリの構成要素になる。それゆえ自然的態度にある通常の成人にとって、類型化は言語ときわめて緊密に交差している。この交差の主たる側面について、ここで簡潔にでも記述しておく必要があろう。

意味論的－統語論的な領野における言語の分節化は、ある社会ないしある相対的に自然な世界観において現勢的でレリヴァントな経験図式を「模写するように形成される」。統一的な客体化作用をもつ媒体としての言語は、幾世代にもわたって堆積してその有効性が確証されている類型構成と類型変様の結果を「含んで」いる。いずれの類型も、言語の意味論的な分節化のうちに、言語的な客体化作用をとおして「位置価」を見出す。このことは、個々の類型にくらべて主観的で直接的な経験からよりいっそう切り離されている類型連関のなかに類型が埋め込まれていることを意味している。そうした埋め込まれは同時に、類型構成と類型変様は体系の内部で蓄積的であるということ、すなわち、ある類型が被る「位置価」の変化は体系内の別の類型の「位置価」にも影響を及ぼすということをも意味している。このことは、主観的な知識集積に備わっている類型性にとって決定的な帰結をもっている。子どもが成長の過程で前言語的な類型化に出会うというのは確かなことである。また成人にとっても、言語的に客体化されずに主観的経験のなかで作用する類型的な規定はたしかに存在している。だが、互いに積み重なり相互に依存し合っている諸類型を形成する能力は、社会的に客体化された意義体系としての言語を前提にしている。表現的になされる解釈過程は、言語の意味論的な分節化と無限に可能な言語の統語論的組み合わせなしにはほとんど不可能なのである。

生活世界的な類型化の領域は、そのきわめて広範な部分が言語的に客体化されている。個々人にとって類型的にレリヴァントなものは、その大半がすでに先行者たちにとって類型的にレリヴァントだったものであり、したがってその意味論上の対応物が言語のうちに蓄積している。要するに言語は、ある社会で類型的にレリヴァントな類型的経験図式が沈澱したものとして捉えることができる。それゆえ言語の意義の変様は、所与の経験図式に備わっている社会的なレリヴァンスに変化が生じた結果とみなすことができる。少なからぬ経験図式がレリヴァントでなくなり、「生きた」言語から消え去ってしまう一方、新たな経験図式が、個々人にとって、集団にとって、また階級などにとって、ますますレリヴァントになる。そうしたことが、新たな意義領野の形成あるいはすでに目の前に存在している意義領野の変形をもたらすのである。明らかに言語が歴史的にあらかじめ与えられていることによって、個々人は類型を自立して形成する負担は大幅に軽減されている。世界は、あらかじめ与えられている生活史的状況の要素としての言語のなかで、あらかじめ類型化されている。類型を自立的に構成する可能性が残されていることは、たしかに否定できない。だがその際にも、言語が決定的な役割を果たしている。言語は、音声的に客体化されることによって、また意味論的な「母体」のなかに埋め込まれることによって、形成された類型を安定化させるからである。言語と類型化の相互的な関わりは、習慣的な思考と行動とが形成される際の重要な要因なのである。

それゆえ言語のもともとの生成は、類型を構成する主観的な能力なしには考えられない。言語の生成は、基本的にそうした主観的能力を前提にしている。だがそれと同時に、歴史的にあらかじめ与えられている言語は、類型の主観的な成立に対して決定的な意義をもっている。言語は一方で、習得されるすでに構成済みの類型を含んでいながら、他方で、自立して形成された類型を安定させるからである。したがって、ある言語の意味論的な分節化は、その社会において現勢的で類型的にレリヴァントな経験図式と広範に対応していると言うことができる。それゆえにまた言語の意味論的な分節化は、その社会と言語において社会化された個々人の主観的な知識集積に備わっている類型性とも広範に対応しているのである。

3　没類型的なもの

十分に境界づけられたいずれの経験が形成される場合にも、主題的に際立ったものがその類型的な規定においてすでに把握されている。精確に言えば、完全に没類型的なものとして表象されるのは「最初の」経験だけであり、「後続する」経験にはすべて、想起された「最初の」経験の規定との比較をとおしていつもすでに類型化的な把握が入り込んでいる。だがそれにもかかわらず、われわれが自然的態度において出会う類型的な経験、出来事、行為と没類型的なそれらとのあいだの区別は意味をなさないというわけではない。とはいえこの区別はきわめて多義的であり、したがってすべての生活世界における没類型的なものという問題について、手短かにでも論究しておく必要があるだろう。

第一に、われわれが没類型的なものについて語り得るのは、そのつどの主観的な知識集積にすでに沈澱している類型化のなかにはそれに対応するものがない主題的レリヴァンスが、注意の経験経過のなかで浮上してくる場合である。すなわち、レリヴァンス構造を分析する際に詳しく述べたように、実際の主題と潜在的にレリヴァントな知識要素とのあいだに、そのつどの当面の状況に対処するのに十分な重なり合いが成立していない場合である。もちろんその場合でも、主題（出来事、対象など）に関しては、類型的な規定がすでに把握されている（たとえば形式－性質、時間的配列など）。ただ、それらの規定では、実際ことなのである。なぜならそこでは、知識集積のなかに見出される、先行経験のなかで創り出されたいかなる規定連関も、またいかなる狭義の類型も、実際の主題的レリヴァンスの具体的な連関と解釈的に重なり合うことができないからである。それゆえにそこでの主題（出来事、対象など）は、その実際性において没類型的なものとして経験される。経験は、明らかに生活史的に分節化された知識集積のそのつどの状態との関係でのみ、没類型的なのである。だがその主題は、基本的にはいまだ類型化可能である。没類型的な経験が解釈作用によって主題になった場合には、その具体的な主題に「ふさわしい」、そして実際の状況に対処するのに十分な規定連関、すなわち類型が「創り出される」。たとえば、その類型的な形態や動きなどに基づいて動物とみなされるあるものが私に近づいてくる場合には、動物という類型では十分でない。「四つ足」や「角がある」といった規定は把握されているものの、その動物は、目の前に存在している下位類型とは両立可能でない規定（鱗で覆われている）を含んでおり、それゆえに私は、自分の知識集積のうちで目の前に存在しているいかなる下位類型（水牛、雌牛など）をもその動物に割り当てることができない。だが私は、上位類型「動物」で満足することはできない。その動物は危険であるのかどうか、わからないからである。その動物は「没類型的」である。すなわちその動物は、以前の経験のなかで創り出された類型のなかの状況にふさわしいいかなる類型とも対応していないのである。ところで、ここで問題になっているのは、仮定的なレリヴァンスのひとつの形式であるというのは明らかである。「没類型的な」その動物は危険であるかもしれない。それゆえに私は、それが事実、危険であるのか否か解釈上の決定を下すことができるまでは、それが危険であるかのように振る舞うよう動機づけられる。それに続く解釈作用において、それが、よく知られている類のまったく危険でない動物であることがわかれば、それ以降、その動物はもはや「没類型的な」ものとして現出することはなくなるだろう。

第二に、われわれは、さほど「根本的」ではない没類型的なものについて語ることができる。ある主題（対象、出来事など）が、いくつかの類型的な規定において把握されているだけではなく、これまで適合的とみなされてきた規定連関においても（たとえば海藻として）把握されていると想定してみよう。当初、この海藻という類の類型的な代表例として把握されていた実際の主題に、これまでの規定連関との関係では没類型的で予測されていなかった特徴がいま現われてきた。その場合には、二つの主要な可能性が区別されねばならない。そこでの没類型的な規定は、第一に、すでに創り出されている類型と両立可能であるかもしれない（たとえば日光の影響によって短時間のうちに色が変わる海藻）。その場合には、すでに創り出されている類型が、いまや類型的になった新たな規定の分だけ豊かになっている（「日光の影響によって色が変わる海草も少なからずある」）。しかし第二に、没類型的な規定が、すでに創り出されている規定連関とは両立不可能なこともあり得る（「その物体はひとりでに動く」)。この場合には、これまでの規定連関が根本的に変化せざるを得ない(「わずかではあるが、ひとりでに動く海藻もある」)。これは、両立可能性の条件そのものが変様を被るということである。さらにもうひとつ別の可能性もある。両立可能性の条件は実際の知識状態のもとでは変わることがないとみなさざるを得ない場合には、以前に創り出された規定連関は解消され、新たな規定連関が再構築される(私はこれまで、その代表例に可動性が認められるものを「海草」の下位類型として認めてきたが、類型「海草」はもはやそのようなものを含むことはない。そうした対象には、上位類型「海棲動物」の下位類型が割り当てられることになる)。可動性は、ある類型との関係においては根本的に「没類型的」である、すなわちそれとは両立不可能である。だが別の類型との関係ではそうではない。それゆえにここでは、規定連関のいわば「境界線」がずらされることになる。

類型とは、すでに詳しく述べたように、具体的な経験のレリヴァントでない可能な諸規定がそこでは抑圧されて*い*る規定連関のことである。したがっていずれの具体的経験も、「没類型的な」要素を必ず含んでいる。そのうえいずれの経験も、経験経過のなかの独自の位置でなされる。したがってどの経験も「反復不可能」であり、経験はいずれも、すでに「没類型的な」特徴を示している。プラグマティックな動機が現勢的である自然的態度にあっては、一般に経験のそうした「没類型的な」側面、すなわち独自で反復不可能な側面に関心が向けられることはない。そこではむしろ、実際の具体的な経験と類型的な規定連関の対応それ自体が類型的にレリヴァントなのである。だがそれにもかかわらず、日常体験のルーティンにおいてではなく、少なくとも「例外状況」においては、しかもとりわけ限定的な意味構造をもつそれ以外の現実領域への移行、とりわけ宗教的な現実領域への移行においては、やはり経験の類型性ではなく、むしろその独自性と反復不可能性が重要になってくるだろう。だがさらに複雑なのは、規定された生活史的な「一回性」は社会的に類型化され得るということである。そのことは、たとえば通過儀礼をみれば明らかだろう。主観的な生活史において反復不可能なことは、社会的にあらかじめ類型化され得るのである〔本書第二章B6参照〕。

4　類型性と予測

生活世界的な知識集積は、自然的態度にあってはとりわけ実際の状況を規定し、それに対処するのに役立っている。知識集積の構成と構造を規定しているレリヴァンス構造を分析するなかで明らかにしたように、そうした規定や対処のなかには、かつての経験が沈澱した習慣的知識をルーティン的に適用することとか、あるいはかつての経験と状況を解釈し再解釈することとかのいずれかが含まれている。したがって実際の知識集積は「自動的な」行動パターンとして、さもなければ明示的な解釈図式として作用している。だが実際の状況の規定とそれへの対処には、未来への方向づけもまた含まれている。そうした事象のなかで知識集積が果たしている役割については、これまで体系的に考察してこなかった。ただし日常的な行動が未来に方向づけられていることについては、レリヴァンス構造について記述した際に、とりわけ目的動機連関を分析した際に、そのいくつかの側面についてだけは指摘しておいた。だが、知識集積に備わっている類型性についての探究をし終えたいま、未来の出来事についての知識が日々の生活における自然的態度のなかでいかにして生じてくるのかという問いをようやく取り扱うことができるようになった。

差し当たり、この問いに含まれている互いに近しい親縁関係にある二つの側面を区別しておく必要があるだろう。人はなぜ未来の出来事を予想するのだろうか。またなぜ特定の経験と状況の可能性と蓋然性とを先取りすることに関心をもつのだろうか。これらの問いは基本的には、日々の生活における自然的態度のうちにいる個々人を導いている、主観的なレリヴァンス体系を指示している。これらの問いについては、すでに仮定的レリヴァンスと動機レリヴァンスを分析するなかで言及しておいた。世界における変わることのない所与、すなわち「客観的」関係の「因果」連関は、プランを現実化する際に目的にとっての障害あるいは手段として主観的に経験される。それらの「客観的」関係は、「以下同様」と「私は‐それを‐繰り返し‐行うことが‐できる」という理念化の「適用可能領域」として、もたらし得ないことと賦課されていることについての知識、行為の境界条件と可能性についての知識、もたらし得ることと実行可能なことの前提についての知識という形式をとって、主観的なプラン・ヒエラルヒーのうちにそれぞれ位置づけられている。人はそれら境界条件の枠組のなかで――自然的態度において現勢的なプラグマティックな動機によって規定されている――緊急性のある様ざまなことからの圧力を受けながら、とりわけ自分の行為についての予測、より精確には、自らが予定していることの結末に関心を向けている。しかし自らの行為は、共在者の行為連関のなかに、そしてまた「自然の」出来事による賦課的な継起のなかに埋め込まれている。それゆえに人は、自分の行為によっては多かれ少なかれ制御できない社会関係と自然関係についての予測にも、同時に関心を向けている。

他方、何が予測されるのか、またいかにして予測されるのかという問いに対しては、知識集積の構造とそのうちに備わっている類型性についてのより詳細な考察を手掛かりにしながら回答されねばならない。語の本来的な意味での予測の問題へと向かう前に、いずれの経験も「未来に方向づけられている」ということを想起しておきたい。経験経過の時間構造について記述した際に、すでにフッサールによる内的時間意識の分析に依拠しながら強調したように、内的持続の実際の位相はいずれも、たったいま過ぎ去った位相についての過去把持と並んで、未来の位相についての未来予持をも含んでいるのである。未来予持は、完全に内容空虚なわけでは決してない。それらは、むしろ生活世界的な理念化に基づいて多かれ少なかれ個別的である。すなわち、習慣的知識の領域に由来する自動的な類型化によって満たされているのである。すでに詳しく述べたように、自動的な未来予持がそれ以降の経験経過のなかで「打ち消され」ない限り、ルーティン的な経験経過が停止することはない。未来予持の「内容」は類型化から成り立っているのであって、反復不可能な独自の出来事や体験などについての予想から成り立っているわけではない。これは自明である。それゆえに未来予持は、その「内容充実性」にもかかわらず多かれ少なかれ未規定であり、そして未来予持の未規定の側面はそれ自体、具体的で実際的な経験の「独自で」反復不可能な側面によって「充実される」のである。未来予持の「打ち消し」が問題になってくる場合、そこに関係してくるのは、実際の経験の「没類型的」で「思いがけない」、だが状況にとってはレリヴァントな主題的レリヴァンスである。

自動的な未来予持は、本来的な意味では「予測」とは言えない。予測は、その「内容」が知識集積の明示的な要素に由来する統語論的な思惟作用を前提にしている。予測は未来予持に基づけられていること、あるいは予測の際に使用される類型化は自動的な類型化に根ざしていること、これはほとんど強調するまでもないだろう。明示的になされる予測においても、自動的な未来予持においてと同様、未来の出来事の「独自で」反復不可能な側面が把握されることはない。そこで把握されるのは、類型的な経過、類型的な関係、類型的な行為様式などがふたたび生じてくる可能性や蓋然性などだけである。

経験が反復することなど、厳密に言えばあり得ない。これは自明である。いずれの経験も必ず「独自の」生活史的な刻印を帯びており、それゆえ二つの「同一の」経験など存在し得ないのである。二つの経験が、たとえその類型性において「同一で」あるとしても、経験経過に埋め込まれたのが早いか遅いかというただそのことだけによって、すでにそれらの生活史的な「位置価」は異なっている。それら二つの経験は、必然的に異なる意味連関のなかに位置しているのである。知識集積におけるそれ以外の可能なすべての変化と「時を経ること」一般とを考慮に入れないにしても、あとから生じた経験には、先に生じた経験から知るに値するものとして沈澱してきた解釈的にレリヴァントな側面との重なり合いがもたらされることによって、それは依然として先に生じた経験からは区別される。あとから生じた経験は、むしろそうした重なり合いによってはじめて、先に生じた経験と「同一で」あることが認識され得るのである。のちの経験がなされる時点で手許に存在している知識集積は、先の経験Eの時点で手許に存在していた知識状態とは、仮にそれ以外のものによっては区別されないとしても、その経験Eという要素によって区別されるのである。

経験一般について述べてきたことは、もちろん行為に対しても当てはまる。二つの「同一の」行為Hx1と行為Hx2について考えてみれば、以下のことに気づくだろう。状況Sx1において開始された行為Hx1が、帰結Rx1を導いた。いまそれと「同一の」行為Hx2が開始される時、状況Sx2における知識集積には、行為Hx1が状況Sx1においてなされて帰結Rx1を導いたという知識要素がすでに含まれており、そのことによって、状況Sx2は必然的に状況Sx1とは異なっている。その知識は、状況Sx1では目の前に存在していなかったのである。ことによると状況Sx1にあっては、「類型的な行為」Hxは「類型的な帰結」Rxを導くという知識が、自らの経験による確証は欠いたままで社会的に伝達されていたかもしれない。あるいは、水の中で類型的な動きをしている共在者が沈まないのを見たことがあったかもしれない。そこでいま、「同一の」帰結を生むだろうと予期して「同一の」動きを実行する。この予期がひとたび確証されれば、二度目に水のなかに入る際には、新たな個別的知識要素を携えていることになる。しかし、それとは別の可能性もある。特定の行為H1が状況S1のなかで、行為Hx（Hx1、Hx2、Hx3など）は帰結Rx（Rx1、Rx2、Rx3など）にいたるという知識をまったく伴わずに、むしろ行為Hxは帰結Ry1を導くだろうという予期をもって開始されたという可能性である。だが、行為がなし遂げられた後、行為H1は帰結Rx1を導いたことが明らかになる。状況S2においては逆に、帰結Ryが予期されることはもはやなく、むしろ帰結Rxが予期される。別の言い方をすれば、S1においてはRyが目的動機であり、S2においてはRxが目的動機であるということになる。したがって状況S2は状況S1とは別様に規定される。「意図せざる」発明や発見の歴史が、そうした状況の例を数多く提供してくれる。

人は概して、状況S1、帰結R1、行為H1、経験E1の独自性に関心を向けるのではなく、むしろS、E、H、Rの類型的な反復可能性に向けるものであり、日常の実践を特徴づけているのはそうした事情である。S、E、H、Rが知識集積へと沈澱していく際には、一般に、S、E、H、Rの類型的な、それゆえ原則的に「反復可能な」側面、すなわちSx、Ex、Hx、RxやSy、Ey、Hy、Ryが解釈的にレリヴァントなのである。さらに、「以下同様」と「私は-それを-繰り返し-行うことが-できる」という理念化をとおして予測できるのは、たしかに類型的な状況、経験、行為、行為帰結であって、独自なそれらではない。その後、それらS、E、H、Rが実際に生じてみると、それらは「没類型的」であり（ExやEyなどではない）、それゆえ予期を裏切ることもあるだろうし〔本書第三章C3参照〕、そうでない場合には予期をその類型性において確証するだろう。その際、具体的な経験、状況など（E1、E2、H1、H2）の「独自な」側面は、必然的に注意の外におかれることになる。

要約しよう。知識集積は、そのうちに備わっている類型化によって、また「以下同様」と「私は-それを-繰り返し-行うことが-できる」という理念化に基づいて、経験経過が未来へと方向づけられることを可能にする。実際の状況あるいはそこでなされる行動はいずれも、類型的にレリヴァントな類型的内容でもって自動的に充実される未来地平を伴っている。知識集積は、ルーティン的な行動図式として作用する。さらにまた行為も未来へと方向づけられるが、その際、類型的な行為の推移と行為帰結は、可能な、または蓋然的なものとみなされるか、あるいはむしろ主観的に確信できるものとみなされる。ただし日々の生活においては、実際に生じるとおりに予測できるものは何もないということ、あるいは何が生じるのか決して精確には予測できないということを、ここで再度、強調しておくべきだろう。しかしプラグマティックな動機が現勢的である場合には、この種の精確な予測は一般にレリヴァントではなく、むしろ経験と行為のまさしく類型的に反復可能な側面に関心が向けられる。それゆえ自然的態度にあっては、「未来」についての予測が——チャンスという性格をもっているにもかかわらず——「首尾よく」なされるのである。

原註

（1） Maurice Merleau-Ponty, *Phénoménologie de la perception*, Paris: Gallimard, 1945, p. 119.〔竹内芳郎・小木貞孝訳『知覚の現象学1』みすず書房、一九六七年、一七九頁〕

（2） たとえば、Bruno Snell, *Die Entdeckung des Geistes*, Hamburg: Claassen, 1955を参照。

（3） Henri Bergson, *Essai sur les données immédiates de la conscience*, pp. 139–142.〔竹内信夫訳『意識に直接与えられているものについての試論』ベルクソン全集第一巻、白水社、二〇一〇年、一七六—一八〇頁〕

（4） William I. Thomas, *Social Organization and Social Personality*, ed., Morris Janowitz,

Chicago: University of Chicago Press, 1960.

（5） William James, *Principles of Psychology*, Vol. I, p. 243による表現。

（6） William James, *Principles of Psychology*, Vol. I, pp. 278–279.

（7） 以下に関しては、行為の分析が参照されなければならない。本書第五章BとC参照。

（8） 主題的レリヴァンス、解釈的レリヴァンス、動機的レリヴァンスの区別については、本書第三章Bを参照。ここではただ当面の問題にとってどうしても必要である限りにおいてのみ、先取りして述べる。

（9） William James, *Principles of Psychology*, Vol. I, p. 221ff.

（10） この問題について、ここではただ触れるのみに留めるが、詳細な分析は、Aron Gurwitsch, *Théorie du champ de la conscience*, Bruges/Paris: de Brouwer, 1957を参照。

（11） Edmund Husserl, *Erfahrung und Urteil*, § 77.〔長谷川宏訳『経験と判断』河出書房新社、一九七五年、第七七節〕

（12） ここに含まれる問題に関するより詳細な分析は、本書第三章C４と、第五章BとC参照。

（13） Edmund Husserl, *Cartesianische Meditationen und Pariser Vorträge*, §§ 34 und 46.〔浜渦辰二訳『デカルト的省察』岩波文庫、二〇〇一年、第三四節と第四六節〕

（14） カルネアデスの理論を呈示するにあたって、ここでは、Léon Robin, *Pyrrhon et le scepticisme Grecque*, Paris: Presses Universitaires de France, 1944によるすぐれた解説に依拠した。

(15) Edmund Husserl, *Erfahrung und Urteil*, § 21.〔長谷川宏訳『経験と判断』河出書房新社、一九七五年、第二一節〕

(16) Léon Robin, *Pyrrhon et le scepticisme Grecque*, Paris: Presses Universitaires de France, 1944.

(17) Aron Gurwitsch, *Théorie du champ de la conscience* を参照。

(18) 親近性と類型性について詳述した本書第三章A3参照。

(19) これに関しては、知識習得の諸形式と進捗に関する分析のなかで記述してきた。本書第三章A2参照。

(20) Edmund Husserl, *Ideen I*, §§ 82, 113, 114.〔渡辺二郎訳『イデーンⅠ－Ⅱ』みすず書房、一九八四年、第八二、一一三、一一四節〕; *Erfahrung und Urteil*, §§ 8–10.〔長谷川宏訳『経験と判断』河出書房新社、一九七五年、第八－一〇節〕

(21) Aron Gurwitsch, *Théorie du champ de la conscience* を参照。

(22) Edmund Husserl, *Erfahrung und Urteil*, §§ 8, 22, 24, 25, 26, 80, 83.〔長谷川宏訳『経験と判断』河出書房新社、一九七五年、第八、二二、二四－二六、八〇、八三節〕

(23) Edmund Husserl, *Ideen I*, §§ 106–107.〔渡辺二郎訳『イデーンⅠ－Ⅱ』みすず書房、一九八四年、第一〇六－一〇七節〕

(24) これについては、仮定的レリヴァンスについて詳述した本書第三章B2も参照。

(25) Edmund Husserl, *Erfahrung und Urteil*, § 83.〔長谷川宏訳『経験と判断』河出書房新社、

一九七五年、第八三節〕

訳註

〔1〕本書ではピタノンに相当するドイツ語としてWahrscheinlichkeitが充てられているが、*Reflections on the Problem of Relevance* のドイツ語版（Alfred Schütz, *Das Problem der Relevanz*, hrsg. Richard M. Zaner, Frankfurt am Main: Suhrkamp, 1982, p. 46）では、ピタノンという「ギリシャ語の意味をもっとも厳密に言い表わす」のは、「もっともらしい」glaubwürdig oder plausibelという語であるとされている。

第四章　知識と社会

A　主観的知識集積の社会的条件づけ

1　生活史的状況の社会的な先行所与

a　最初期のわれわれ関係の「背後」にある社会構造

日常の生活世界は私的な現実ではなく相互主観的な現実であり、それゆえにまた社会的な現実でもある。この事実は、主観的な知識集積の構成と構造に対してきわめて重要な一連の帰結をもたらす。人びとが歴史的な社会的世界のなかに生み込まれる以上、人びとの生活史的状況は、はじめから社会的に境界づけられており、それぞれ個々に刻印されている社会的な所与によって規定されてもいる〔本書第二章B6と第三章A1参照〕。また、主観的なレリヴァンス構造がそもそものなかで形成される状況もまた相互主観的であり、あるいは社会的に規定された意味連関のなかに少なくとも間接的に編み込まれている。こうした事情は、主観的な解釈的レリヴァンスや類型、そして動機的レリヴァンスの構成にとってきわめて重要である。主観的な知識集積における個別的な知識要素の沈澱は社会的に、しかも二重の仕方で社会的に条件づけられているのである。第一に、経験が沈澱していく過程は、社会的に条件づけられた主観的なレリヴァンス構造に依拠しており、したがってその過程は間接的な形でも社会的に規定されている。第二に、知識の個別的な要素、すなわち主観的な知識集積における類型的な「内容」はその大部分が、個々人が解釈をとおして獲得したのではなく、社会に由来している。それらは「社会的な知識集積」から、すなわち他の人びとの経験と解釈が社会的に客体化されたその帰結から引き継がれたものなのである。通常の成人の場合、その知識集積の大半を占めているのは、直接的に獲得した知識ではなく「学び取った」知識である。主観的な知識集積は、このように様ざまな形で社会的に条件づけられ規定されているのであり、したがってここでその多様な側面について詳細に探究してみなければならない。まずは、生活史的状況における社会的な先行所与についてみていくことにしよう。

他の箇所で詳しく述べておいたように〔本書第二章B6と第三章A1参照〕、生活史的状況は、はじめから境界づけられている。また世界の構造の特定の要素は、個々人に変わることなく賦課されている。個々の相対的に自然な世界観を支えている歴史的な社会構造も、生活史的状況においてあらかじめ与えられているひとつの要素である。直接的ないし間接的な社会関係もまた、そうした要素のひとつであるが、それらの一部は明確に制度化されており、また一部は、言語と制度のなかに社会的に客体化されている意味連関によって刻印されている。しかし、そうした狭義の社会的世界だけでなく、現実一般（とりわけ日常的な生活世界、だがそればかりではなく、それ以外の限定的な意味構造の領域）もまた、あらかじめ解釈され類型化されている。自然、社会、行動一般に対する習慣的な注意の対向と解釈図式もまた、言語のなかに客体化され、社会構造のなかに多かれ少なかれしっかりと制度化されている。これらすべてのことが、さらに詳細に分析される必要があろう。だがここで何よりも興味を惹かれるのは、生活史的状況のうちにあらかじめ与えられているこれら社会的なアプリオリは、どのように主観的に経験されるのだろうかという問いである。

歴史的な社会構造は、子どもの最初期の経験においてすでに「因果的に」前提されている。そうした事情については、ここで詳しく述べる必要はないだろう。社会構造（母親、扶養者、保護者、教師など）は、子どもが生きていくうえでつねに何らかの機能を果たしていることは自明だからである。だが歴史的な社会構造は、子どもの最初期の経験において「因果的に」前提されているだけではない。それはまた、そうした経験のうちに意味連関として組み込まれてもいる。それゆえ、まだ言語を習得していない段階の子どもの場合でさえも、真性な「前社会的」経験について語ることは、ほぼできない。あらゆる経験を基づけている構造に備わっている前社会的な要素について語ることは、もちろん許されよう。

だが、経験的で発生的なパースペクティヴからみれば、前社会的な経験や解釈図式、行為について立証し得るのは、相互主観的で社会的な意味連関を多かれ少なかれ人為的に経験の流れから捨象した場合だけである。ここで決定的な意義をもってくるのは、主観的経験と行為の意識化された統一は自己に依拠しており、そしてその自己は、相互主観的な過程において形成され、それゆえ歴史的な社会構造を前提にしているという事情である。この点についてはさらに詳細に論じる必要があるだろう。

あらゆる経験と行為を、経験し行為する自己にまで遡って明示的に関連づけようとする場合には、二つのことがらが前提にされている。第一に、内的持続という時間位相は自動的に綜合されているということ、第二に、自分の経験と行為の同一性は、相互主観的な鏡映化という過程をとおして反省的に把握されるということ、これである。自己を経験することは、そうした鏡映化の過程に媒介されることによって可能となる。ここで鏡映化の過程に媒介されるというのは、自己（経験し展開しつつある自己）を直接的に経験している他者を当の自己が直接的に経験することによって媒介されるということである。さらに、過去のものであれ現在のものであれ、自分の行為に対する「責任」もまた、他者によって個々の行為者に「賦課される」。自己の人格としての同一性は、そうした賦課された「責任」をとおしてはじめて形成される。過去と現在の行為、そして（主観的な推論のなかで）計画された諸行為のあいだの「責任」連関は、経験経過の「前社会的な」時間性を前提にしている。ただしそのことは、そうした責任連関について他者から指摘されてはじめて意識されるようになる。それゆえ、経験経過が人格的自己と結びつくその起源は社会にあるように、人びとの社会からの乖離は――空想的想像の世界や夢の世界といった「責任を問われない」世界であれば基本的に可能であるが――日常の生活世界にあっては社会的な統制によって阻止されるのである。

以上の考察から次のように言うことができよう。「前社会的な」経験を分析的に表象することは可能であろうが、そうした経験は人格としての自己と必然的に結びついており、それゆえにそれは社会的な意味連関のうちにある、と。とはいえ、最初期のわれわれ関係にある子どもにも、そうした人格としての自己がすでに備わっていると考えるわけにはいかない。最初期の社会的出遭いの場合には、それが子どもに意識される度合い、明晰さの度合い、規定される度合いは、差し当たりかなり低いと想定して差し支えないだろう。さらに、そうした出遭いは、はじめから「非社会的な」経験からはっきりと切り離された形で現われてくるわけではない、とも想定されよう。しかしそれでもなお、そうした最初期の社会的出遭いにおいて問題とされるべきはやはり、ある種のわれわれ関係であろう。他者を直接的に経験すること、そして相互に注意を対向し合うことが、そこにはみられるからである。子どもが人格として自己を形成する以前であっても、社会関係はすでにある意味で双方向的なのである。ただしここでの相互性は、子どもにとってはある意味で「賦課された」ものである。子どもの相手（たとえば母親）は、たえず子どもの側にもある程度の相互性が備わっていることを前提にしながら振る舞っているのである。つまりそこにあるのは、とりあえずは疑似的なわれわれ関係だけであろう。だが、一方のパートナーはつねに、そこには真性なわれわれ関係があるかのように振る舞っている。そうした関係は他にもみられる。たとえば、子どもと母親の例とは違って、そこから真性なわれわれ関係の十全たる相互性が形成されてくることはないが、老嬢とペットのカナリアとの関係がこれにあたる。われわれ関係の双方向性は、子どもに対してその相手から「賦課されている」。そしてその限りで、われわれ関係の相互性は子どもの生活史的状況の社会的な先行所与である。だがそれは他方で、子どもの「前社会的な」主観性に依拠している、すなわち子どもの構造的な「素質」にも基づけられている。とはいえ、主観的経験、知識習得、そして人格としての自己にとっての「前社会的な」条件には、実際、相互主観的な鏡映化過程が必ずそれに付け加わっているということを、ここで再度、強調しておかねばならない。子どものアイデンティティは、他者を経験し、その他者経験を媒介にして自己を経験するという多面的な経過のなかではじめて〔本書第二章B5参照〕確立されていくのである。

子どもが最初期のわれわれ関係のなかで接する共在者たち自身も、かつて他者との初期のわれわれ関係のなかで人格としての自己を発展させ、そしてのちになってからのわれわれ関係のなかでそれを堅固にし、分化させ、そして修正してきた。そうした彼らの行為は社会制度によって規定されており、彼らの経験は相対的に自然な世界観によって刻印されており、また彼らの知識は、その大半が「社会的な知識集積」に由来している。それゆえ、それらの共在者たちは子どもに対して、社会制度(婚姻や父子関係など)によって規定された仕方で振る舞い、また子どもは、社会に由来する類型的な形式で(長子、息子、神からの授かりもの、障害児などとして)把握される。

子どもは、最初期のわれわれ関係にある時から相互的な動機連関に取り込まれている。しかもその動機連関を支えているレリヴァンス構造(態度、目的、手段)は、自明な仕方であらかじめ指示され承認されており、そのようにしてそれは社会的に制限されている。したがって子どもは、生活史的状況の賦課された要素である歴史的な社会構造を、まずは直接的なわれわれ関係という形式のなかで経験する。子どもは、相互主観的な鏡映化過程をとおして、社会構造のレリヴァントな側面を「習得」し、相対的に自然な世界観を「内面化」する。子どもたちの経験はすべて、「私的な」性格のものも含めて、相互主観的にレリヴァントな、したがって社会的に規定されあらかじめ解釈されている動機連関と解釈連関のなかに埋め込まれている。

最後に一点、付け加えておかねばならない。われわれ関係の「背後」には具体的で歴史的な社会構造が存在している。そしてそれは、人格としての自己の形成にとって、とりわけ子どもの側からみてきわめて重要な、最初期のわれわれ関係の「背後」についてもまた同様である。だがそれにもかかわらず、われわれ関係は社会構造を「代理表象」することに終始するわけではない。われわれ関係は、たしかに社会的に規定されてはいるが、変わることなく規定されているわけではない。「良い」父親もいれば「悪い」父親もいる。われわれ関係の内部でなされる主観的行動は——もちろん構造的にあらかじめ規定されてはいるが——じつに多様である。結局のところ、われわれ関係は、明らかにそれぞれ——子どもにとってもその相手にとっても——個別の生活史的な分節化のなかにあり、したがってそれぞれのわれわれ関係に特有の意味は、社会的にあらかじめ規定されているあらゆる類型性と共にありながら「独自」なのである。

b　最初期のわれわれ関係における言語と相対的に自然な世界観

われわれ関係における言語の構成、社会的に客体化された記号体系としての言語の構造、また言語と生活世界的な類型性との関係、これらについては詳細に記述してみなければならない〔本書第三章C2参照〕。だがここではそれらの分析の成果を、ここで取り組もうとしている問題——生活史的状況にあらかじめ与えられている要素としての言語が果たしている役割という問題——のために用いることに限定しよう。言語は個人に対していったい何をなしているのだろうか。このことをまず思い出しておこう。

いかなる言語も、それぞれ特定の相対的に自然な世界観に対応している。言語の内的形式は、その特定の世界観の基底にある意味構造と合致している。言語の意味論的構造と統語論的構造は、社会の成員の類型的な経験と解釈の結果とを客体化する。そうした客体化は、直接的で主観的な経験を様ざまな形式で切り離すこと（理念化と匿名化）を前提にしている。言語が社会的に客体化された記号体系として、「歴史的‐社会的アプリオリ」の構成要素として、また「すべての人」の主観的な経験構造の「モデル」として機能し得るのは、まさしくそうした切り離しによってである。より精確に言えば、言語はそうした切り離しをとおして、社会の類型的成員の経験にとって互いに連関し合った多様な「部分モデル」（意義の範囲と領域）として機能するのである。言語の意味論的構造と統語論的構造は、類型的な注意の対向（主題的レリヴァンス）と解釈のモデル（解釈的レリヴァンス）、目的連関と理由連関のパターン（動機的レリヴァンス）を主観的な経験に対してあらかじめ指示している。言語は以下のことがらを規定している。社会の類型的な成員の主観的な経験において、習慣的に何と何とが互いに区別されるのか、また区別される可能性のあることがらのうちのどれが区別されないままなのか。どの対象、特性、出来事が、ルーティン的に相互に関係づけられ、そしてどれが多様な意義領域と分類体系などのいずれに属しているのか。一般的にはどの目標が、そしてある特別な事情のものでならどの目標が、拘束力をもっているのか。どの目標は承認され、どの目標は拒否され、どの目標は大目に見られるのか。どの目標が望ましいとされ、賞賛に値するとされるのか。それらの目標を達成するには、どのような類型的手段があるのか。そして最後に、類型的な経験のいかなる類型的な契機が類型的な態度と結びついているのか。要するに、日常的な生活世界の意味構造であれ、「自然」と「社会的世界」の意味構造であれ、またそれら二つの領域を区分する――相対的に自然な世界観ごとに変化する――境界線の意味構造であれ、それらはすべて言語のなかであらかじめ指示され解釈されているのである。同じことは、程度の差はあれ別の限定的な意味構造をもつ現実領域にも当てはまる。

子どもはいわば一足跳びに、言語によってあらかじめ指示され安定しているこうした現実に出遭うわけではない。すなわち子どもは言語を習得するのに先立って、何らかの類型化と解釈図式がすでにそのなかで用いられているその具体的な実際性では尽くすことのできない体験をしている。子どもはある意味で、前言語的な経験をすでにしているのである。とはいえそうした経験は、すでにみたように最初期のわれわれ関係ときわめて密接に結びついている。子どもにとって言語は、言語を習得するよりも先に、すなわち言語によってあらかじめ指示され固定化された現実に本来の形で出遭うよりも先に、われわれ関係のなかにあらかじめ与えられている要素として立ち現われてくる。子どもは、最初は疑似的なわれわれ関係のなかで、そしてのちには「真性な」われわれ関係のなかで、共在者たちと向き合って話を交わす。言語は、はじめから子どもに対する共在者たちの話し言葉として、その共在者たちの顔の表情や身振り、類型的な行動と結びついている。このことは、言語はわれわれ関係のなかでは何よりも類型的な経験連関と行為連関――それが前言語的な段階にある未発達のものであろうと――に結びついていることを意味している。言語的な記号の意義はわれわれ関係という直接性のなかで、まずは実際の状況においてなされる経験と結びついており、自然的な周囲世界と社会的な周囲世界とに結びついている。そうした意義の形成は、一方で、部分的にであれ類型化と経験図式がすでに前言語的に備わっていることを前提にしており、また他方で、われわれ関係のなかで相互主観的な鏡映化の過程が作動していることを前提にしている。言語はそれ自体、そうした相互主観的な鏡映化過程、主観的な指標の社会化、そして主観的指標の直接的な経験からの切り離しを介してわれわれ関係のなかで構成される。ここでは言語の習得についてくわしく分析することはできない。だが、言語の社会的構成というい わば「系統発生」において作動しているのと同一の過程が、言語の主観的な習得という「個体発生」においてもまた、修正された形ではあるが前提にされているということだけは指摘しておこう。言語は、はじめから最初期のわれわれ関係と結びついており、したがってそこで生じる相互主観的な鏡映化過程とも結びついている。それゆえに言語は子どもにとって、共在者たちをじかに経験する際のひとつの要素として、すなわち直接的に与えられている社会的現実のひとつの要素として立ち現われてくる。「前言語的な現実」(すなわち現実と結びついた前言語的な経験図式と類型化)

は、個別的で具体的なわれわれ関係のなかで、言語の意味論的また統語論的な全体構造や相対的に自然な世界観と合致するよう固定化され構造化されていく。主観的なレリヴァンス構造への言語の浸透、したがって自然発生的な類型形成と解釈がそのレリヴァンス構造に与える間接的な影響もまた同様に、個々の具体的なわれわれ関係のなかで生じてくる。また、言語によって客体化された「社会的な知識集積」の伝達に関しても同様のことが言える。以下ではこうした事情がもたらす重要な帰結についてさらに詳しくみていくことにしよう。

差し当たり次のことを確認しておこう。直接的な自然的周囲世界と社会的周囲世界を超越する経験と言語の結びつきは、具体的なわれわれ関係によって刻印されている直接的な経験と言語のもともとの結びつきを前提にしており、しかもその結びつきのうえに築きあげられるということである。われわれ関係という具体的な現実は、個々人が言語を「現実一般」と結びついた意義の体系として学び取るための社会的な基盤なのである。だが言語は、まとまりをもった意味論的－統語論的な構造として習得されて以降は、具体的なわれわれ関係からも、また経験の直接性からも、かなりの程度、独立するようになる（その程度は言語によって様ざまであり得る）。そこで言語は、個々人のそのつどの実際の経験を超越している現実についての知識ばかりではなく、基本的に不可能というわけではないが実際には接近することのできない現実についての知識、すなわち先行者や同時代者の経験と解釈にその起源をもっている知識をも伝達することができる。そして最後に言語は、直接的な経験によっては原則的に接近することのできない意味領域と結びついた知識でさえも伝達することができるのである。

それゆえ、子どもが徐々に成長して馴染んでいく現実は、相対的に自然な世界観と合致するよう言語によって「濾過され」固定化されていると言うことができよう。だが子どもは、具体的なわれわれ関係のつくる「事実上の」社会的現実、すなわち最初は前言語的な、そしてすぐに言語によってますます浸透されるようになる「事実上の」社会的現実に依拠しながら、現実に馴染んでいく。通常の成人の経験に備わっている類型的な意味構造は、言語によっても——それゆえ相対的に自然な世界観によっても——本質的に規定されている。個々の子どもは、言語を習慣的な所有物として習得するなかで、注目すべきものとそうでないもの、自明なものと問題的なもの、伝達するに値するものと伝達すべきものといったルーティン的な区別をすることができるようになる。それと同時に、自立して問題を解釈したり類型を形成したりする必要がほとんどなくなる。その結果、社会の多様な成員の主観的経験は、相対的に自然な世界観にとっての類型的な経験という、いわば「平均値」の辺りで安定してくる。経験が「類型的な平均値」の辺りで安定し、言語をとおして客体化されることによって、主観的な諸経験は、個々人の主観的な経験経過と生活史のなかで相互に比較することが可能になると同時に、そうした主観的な経験が、過去を明示的に解釈するための、そして行為を明示的に企図するための基盤を形作るようになる。さらにまたそこでの解釈の結果は、伝達することができるようになると同時に、累積されてきた社会的な知識集積の構成要素にもなり得る。

ここで知識の社会的配分について、当面の文脈にとって重要な論点に関してあらかじめ詳しく分析しておくべきだろう。ある相対的に自然な世界観において現勢的な意味構造と、その意味構造によって刻印されている類型的な経験連関と行為連関とは、所与の社会的構造とその事実的で「因果的な」所与とによって条件づけられている。これは自明なことである。そうした意味の構造と類型的な経験連関、行為連関は、相対的に自然な世界観ごとに異なっており、また歴史的にも変化する。だがそれらは、ある社会の内部においてもまた分化している。類型的な経験連関と行為連関が社会のすべての成員にとって同一であり得るのは、分業も役割分化も存在していない社会、すなわち本来の意味での社会構造を欠いている社会においてだけである。そうした「社会」にあっては、社会的な知識集積は完全に均等に配分されているだろう。そうした「社会」は、思考実験のなかであれば思い描くことが可能である。だが歴史的な社会はすべて、どんなに微細なものであれ役割分化によって、またどんなに些末なものであれ不均等な知識配分によって特徴づけられている。類型的な経験連関は、社会のすべての成員にとって同一であるわけではなく、それ自体が社会的に配分されている。類型的な経験連関は、社会的に客体化され、一部は制度化されてもいる様ざまな役割――とそれに依存している状況の規定――によって条件づけられているからである。したがって、ある社会において、たとえば猟師にとっては自明であることが農民にとっては問題的であったり、女性にとっては伝達するに価することが男性にとっては通常、気づかないままだったりする。社会的に配分されているのは、類型的な経験連関と行為連関だけではない。そのなかのレリヴァントな知識とそれに対応する言語構造(とりわけ語彙と意味論的分節化、さらには言語様式一般としての文の構造と形態)もまた、社会的に配分されている。

以上のことから、相対的に自然な世界観の意味構造とそれに対応する言語構造は、すべての子どもが同じ仕方で接近できるわけではないということが明らかになるだろう。知識と言語の社会的配分は、子どもがそのなかで成長していく最初期のわれわれ関係の具体的な「内容」を規定することに関わっている。子どもが、自分にとってレリヴァントな他者が自明視している習慣的な所有物、すなわち「母語」として出遭うのは、言語一般ではなく、特定の言語の型(方言や階層言語など)である。そうした経験上の変異は、相対的に自然な世界観と言語を取得する際に具体的に「濾過装置」として機能するであろうが、その多様性についてはここで立ち入る必要はない(たとえば、社会的に配分された諸々の言語様式にあらかじめ歴史的に与えられている変異の幅や、子どもにとってレリヴァントな他者たちが話している言語の型の合致や不一致といった問題をバイリンガルという特別な問題と関連づけながら論じてみることなどできない)。いずれにせよ生活世界の意味構造は、ある相対的に自然な世界観のなかで刻印されているように、特定の歴史的言語のある特定の様式、すなわちわれわれ関係によって「濾過」された言語の型によって伝達されるのである。言語と相対的に自然な世界観について、あらかじめ社会的に与えられている生活史的状況の要素として語り得るのは、こうした歴史的な個別性においてだけなのである。

2 主観的レリヴァンス構造の社会的条件づけ

a 社会的状況の所与に対する主観的レリヴァンスの依存

日常の生活世界における通常の成人の経験経過と行為のなかで作用している主観的なレリヴァンス構造は、様ざまな仕方で社会的に条件づけられている。だが、そうした社会的条件づけの多様な形式は、二つの主要な形式にまとめることができる。そのひとつは、主観的なレリヴァンス構造は、社会的状況におけるそのつどの所与に実際に依存しているという形式であり、もうひとつは、主観的なレリヴァンス構造は個々人の生活史のなかで社会的に刻印されているという形式である。この第二の形式、すなわちレリヴァンス構造の「社会化」に関しては次項で取り扱うことにして、ここでは第一の形式について考察してみることにしよう。

日常の生活世界のなかで通常の成人が辿る経験経過は、社会的状況の継起によって規定されている。社会的状況の継起が中断されることはない。日常の生活世界は本質的に社会的な現実だからである。日常の生活世界のなかに「非社会的」状況が現われてくることはなく、そうした状況は理論上の境界事例として作り上げられるにすぎない。だが、日常的状況が帯びる社会的な性格は決して同じではない。ある状況の社会性の違いは、相互に絡み合っている二つの主要な次元によって規定される。ひとつは、社会的世界についての主観的経験は直接性の領域と間接性の領域へと形式的に編成されているという次元であり、もうひとつは、相対的に自然な世界観のなかであらかじめ指示されている匿名性の段階という次元である。これら二つの次元は、社会的世界についての主観的経験の意味を共に形成している〔本書第二章B5参照〕。

人は共在者と直接的な関係にある状況にいることもあるし、自らの行動の意味を高度に匿名的な社会的所与に関係づけているだけの状況にいることもある。だが直接的な社会関係とは言っても、そこには、その意味に応じて多くの段階が存在している。たとえば性的関係において典型的にみられるように、共在者が高度の具体性と徴候充実性のなかで捉えられている場合、そこでの関係を特徴づけているのは、他者による経験の主観的意味に対する対向である。他方、たとえばある目的と結びついた協議にみられるようなわれわれ関係にあっては、注意は、他者の行為や報告の客観的意味に向けられる。直接的な社会関係にある相手を把握することに伴っている意味は、個人化されることもあれば（「私の年来の友人X」）、高度に匿名的でもあり得る（「たばこ屋の店員」）。さらに（たとえばたばこ屋での社会関係のように）他者が直接的に与えられてはいるが、一方向的であって双方向的ではないという状況もあり得る。単なる「態度」にあってもまた、たとえば誰からも見られていないと思っている人の顔の表情を観察する場合のように、他者による経験の主観的意味に注意が向けられることもあり得るし、たとえば前哨部隊の動きから敵軍の進攻を察知する場合のように、他者の行動の客観的意味に注意が向けられることもあり得る。

だが、他者が直接的に把握されることのない様ざまな社会的状況もまた、そこでの「間接性」に応じて、さらに他者を把握することに伴う匿名性の段階に応じて、分化している。たとえば共在者が与えられる際の徴候充実性は、手紙の遣り取りなのか第三者を介した通知なのかといった事情に応じて減少していく。匿名性の変異を具体的に示すには、夫婦間での手紙の遣り取り、ビジネスレター、のちの世代に向けられた遺言による指示、株の取引、法令などといった違いについて考えてみるだけで十分であろう。

ここでさらに、社会的状況は単なる態度だけから成り立っているか、様ざまな形式の社会的行為を含んでいるかのいずれかである、ということを思い出しておくべきだろう。社会的な態度は、具体的な個人（「この場にいない私の父親」）に関係していることもあれば、様ざまな程度の匿名性を示している社会集団、役割、制度、社会的に客体化されたもの（弁護士への嫌悪感、警察に対する恐怖、ナポレオン法典への畏敬、イタリア語に対する偏愛など）などに関係していることもある。社会的行為もまた同様に複雑な構造を示している。社会的行為は、具体的な個人に関係していることもあれば、社会的所与の匿名的な代理表象に関係していることもあり、しかも社会的行為のそうした関係は、直接的なことも間接的なこともあれば、一方向的なことも双方向的なこともあり、また一度限りのことも定期的に繰り返されることもあるのである。

それゆえ社会的状況は、ここでの冒頭で述べたように社会的世界についての主観的経験の形式的な編成と、相対的に自然な世界観のなかにあらかじめ与えられている社会的行動と社会的行為の意味構造とによって規定されている。後者の事情は、解釈的レリヴァンスと動機的レリヴァンスが「社会化」されていること、それらのレリヴァンスと連関している経験図式、解釈モデル、類型化、分類もまた「社会化」されていること、さらに類型的な目的連関と理由連関も「社会化」されていること、こうしたことから生じてくる。他方、社会的世界についての主観的経験の形式的な編成は、主観的レリヴァンスがそのつどの社会的状況の所与に実際に依存している、その依存性の形式と境界とを規定している。

個々人が社会的状況のなかに入っていく際、それらの人びとは、生活史的に刻印された、その大部分は社会に由来する知識集積をその状況のなかに持ち込んでおり、したがってまた、諸々の解釈的レリヴァンスと動機的レリヴァンスの十分に「社会化」された体系をそのなかに持ち込んでいる。他方、それらの人びとはそうした状況のなかで、ある意味では自分に「賦課」されている実際の社会的所与にも出遭うことになる。ここで二つの契機が区別されねばならない。いわば実際の状況において「社会化」される相互主観的な主題的レリヴァンスと、たとえば共在者や制度といった、より狭い意味での社会的所与とである。この二つの契機について、より詳しく考察してみよう。

生活世界における同一の空間上と時間上の局面が相手と共有されるのは、われわれ関係においてだけである。それゆえ、われわれ関係にある場合に限って、一方に「賦課される」主題的レリヴァンスが他方にも「賦課される」。注意することを一方に強要する「同一の」出来事や対象が、他方に対しても同様に注目することを強要するということである。主題的レリヴァンスがそのなかで根源呈示してくる統握パースペクティヴは、厳密に言えば、なるほど同一ではない。さらにそのうえ、それぞれ相手がわれわれ関係に「持ち込む」生活史的に刻印された解釈的レリヴァンスと動機的レリヴァンスも、それぞれ相手が同じように「社会化」されている場合には、状況を規定し状況に対処するのに十分なほど相応してはいるが、同一ではない。「同一の」出来事や対象などがそれぞれの相手にとってもっている意味は、原則的にはまったく違っていることもあり得る。「同一の」主題的レリヴァンスについて語ろうとすれば、生活世界における人間の状況を境界づけている同一の条件、すなわち人間の身体性や時間性などにまで遡ってみなければならない。われわれ関係にある相手の解釈的レリヴァンスと動機的レリヴァンスが違っていればいるほど、それゆえ個々の状況、出来事、対象がもっているそれぞれの相手にとっての意味が違っていればいるほど、主題的レリヴァンスが状況のなかで共通に賦課されるということがますます重要になってくる。これは、われわれ関係にあるそれぞれの相手には、あらかじめ共通に与えられている出来事や対象などと共に、それぞれ相手の身体が与えられているという理由による。その場合には、主観的な主題的レリヴァンスが相手にとってもまた主題的にレリヴァントであるということが、最高度の徴候充実性を伴う表現領野としての相手の身体から読み取ることができる。それぞれ相手の主観的な主題的レリヴァンスは、相互主観的な鏡映化過程のなかへ織り合わされることによって、それ自体が「相互主観的」になっていくのである。出来事や対象などの意味を一方または他方がどのように解釈しようと、お互いが主題と相手に同時に関わるなかで、「われわれ両者にあらかじめ与えられている」「われわれ両者にとってレリヴァントである」という基底的な意味が構成されてくるということである。

しかもそうした事情から、解釈的レリヴァンスと動機的レリヴァンスが「社会化」される際に相互主観的な主題的レリヴァンスが果たす役割が生じてくる。われわれ関係にある相手に差し当たって与えられている主題が置かれている解釈連関と動機連関は、両者のあいだで異なっていると想定される場合であっても、相互主観的な鏡映化過程が進行していくなかで、「同一の」主題に対する注意の対向が一緒に把握されるようになる。だがそればかりではなく、それぞれ相手による把握の仕方も一緒に把握されるようになり、さらに相手による解明の仕方もまた、少なくともその初期の部分に関しては一緒に把握されるようになる。とはいえ、解釈的レリヴァンスと動機的レリヴァンスが「もともと」社会化されている範囲は、主観的なレリヴァンス構造の同一性（生活世界における人間の状況を境界づける条件によって条件づけられている）を超えており、そしてその限りでは、いま述べたことがそれらレリヴァンスの「もともとの」社会化にとっては前提なのである。社会的に是認されている類型や動機などは、個々人が主として言語をとおして相対的に自然な世界観から引き継ぐものではあるが、言語を習得する過程が（言語の「もともとの」構成と同様）すでに、生活世界的状況の基底にあるこうした同一性を超えたレリヴァンス構造の共通性を前提にしている。そしてこの共通性こそが、あらかじめ共通に与えられた主題に関係する相互主観的な――場合によっては前言語的な――鏡映化過程のなかで構成されるのである。相互主観的な主題的レリヴァンスはそのうえ、両方の相手がそれぞれわれわれ関係のなかに「持ち込んできた」経験図式と解釈図式の相応性を吟味する際にも、もちろん繰り返し利用され得るだろう。こうした事情は、言語が何らかの理由によって「機能しない」状況において、とりわけ重要な役割を演じることになる。

主題的レリヴァンスの相互主観性は、社会的世界についての主観的経験の形式的な編成に依存している。それゆえにまたその編成は、解釈的レリヴァンスと動機的レリヴァンスの「社会化」にとっても重大な意義をもっている。だがそればかりではない。この編成はさらに社会的状況における他者の与えられ方を規定し、それゆえにまた主観的なレリヴァンス構造がより狭い意味での社会的所与に実際に依存することをも条件づけている。社会的所与についての経験に伴っている意味は、なるほどその経験の直接性や間接性には比較的、依存していない。友人は、いま目の前にいてもいなくても友人であり、二〇年来、会っていない友人が「当時のまま」ではなくなっており、そのことによってその友人との関係がその意味に関して変様しているとしても、依然として友人のままである。いずれにせよ実際の状況にあっては、他者の与えられ方は主観的にはつねにレリヴァントである。直接的に与えられている他者は、同時代者や先行者、後続者にくらべて、より差し迫った仕方で「問題的」である。そのような仕方で与えられている他者は、実際の状況における行動を、それがいかに「短期的」な行動であれ、あるいは個人の生活史全体のなかでいかに些細な意味しかもっていない行動であれ、直接的に動機づける。通りの雑踏で誰かにぶつかられた場合、それは通常、たしかに些細なことではあるが、言い訳をしたり謝罪したりすることがすぐさま要求される。そこでの他者は、主題的に「賦課される」という、より狭い意味での社会的所与である。「長期的」にみれば、個人の行動をはるかに決定的に、また持続的に規定するのは、もちろん他者の与えられ方ではなく経験の意味である（たとえば長い目でみた経歴は「家門の名誉」に方向づけられている）。

通常の成人の実際の状況における主観的なレリヴァンスは、社会的所与に依存している。だが実際の状況を規定し、実際の状況に対処する際には、生活史が推移していくなかで「社会化された」解釈と動機が決定的な役割を演じている。ただし、「社会化された」解釈的レリヴァンスと動機的レリヴァンスに関して言えば、それらは、直接的な社会的所与によって刻印され相互主観的な主題的レリヴァンスに依存している、そうした「そもそもの」習得状況をふたたび指示しているのである。

b　解釈的レリヴァンスと動機的レリヴァンスの「社会化」

これまで、主観的なレリヴァンスが実際の状況における社会的所与に依存している、その依存の仕方について論じてきた。その際、あわせて次のことも指摘しておいた。個々人は、社会的に条件づけられた主題としての所与に社会的状況のなかで直面している、だがその一方で個々人は、その大半が「社会化」されている手持ちの解釈的レリヴァンスと動機的レリヴァンスを伴ってその社会的状況に入っていくということである。このことは個々人にとって何を意味しているのだろうか。以下でより詳しくみていくことにしよう。

個々人は、まったく「先入見をもたずに」状況に入っていくわけではない。また、そこで主題として与えられているものを、その絶対的な実際の独自性において把握しているわけでもない。彼はその状況のなかに特定の態度、計画、行為企図を持ち込んでおり、また、あらかじめ形成された類型化と解釈の集積をも一緒に持ち込んでいる。要するに彼は、諸々の解釈的レリヴァンスと動機的レリヴァンスとからなる体系を伴ってその状況に入っていくということである。彼が、主題として与えられているものをいかに把握するかは、この体系によって左右される。だがそればかりではない。彼は、状況のうちに主題として与えられているもの一般から、いったい何を把握するのかということもまた、ある程度まではこの体系によって左右される〔本書第三章B、とくにB5参照〕。「持ち込まれる」解釈的レリヴァンスと動機的レリヴァンスとからなる主観的な体系は、実際の状況のなかで、いったい何が自明でルーティン的なこととして経験され、いったい何が問題的で、解釈と対処が必要なこととして経験されるのかを条件づけているのである。

態度、計画、類型化、解釈モデルなど、要するに実際の状況のなかで作動している諸々の解釈的レリヴァンスと動機的レリヴァンスとからなる主観的体系は、もちろん何らかの「前史」をもっている。すでに述べたように、この体系はそのつどの実際の状況が継起していくなかで習得されてきた。だが別の文脈で詳しく論じたように、そうした実際の状況は社会的なものであるか、さもなければ少なくとも社会的に条件づけられたものであった。

このことは、解釈的レリヴァンスと動機的レリヴァンスとからなる主観的体系が「社会的な」前史をもっていることを意味している。

したがって、少なくとも日常の生活世界には、解釈的レリヴァンスと動機的レリヴァンスとからなる「自立した」体系は、その語の厳密な意味においては存在していない。けれどもこのことは、すべての解釈的レリヴァンスと動機的レリヴァンスが同一の仕方で「社会的」であることを意味してはいない。それらのレリヴァンスはすべて、たしかに「社会的な」前史をもってはいる。しかしこれらのレリヴァンスのなかには、さらにまたその語の含蓄に富んだ意味で「社会化されている」ものも存在している。そこでは、以下でより詳しく説明する三つの事情が決定的な役割を演じている。解釈的レリヴァンスと動機的レリヴァンスが習得された状況の様ざまな社会的性格、それらのレリヴァンスが習得された過程、より精確には解釈された過程の「社会的」性格、習得された知識要素あるいはレリヴァンスの多様な起源、という事情である。

解釈的レリヴァンスと動機的レリヴァンスがそのなかで形成される状況の社会的性格は、他者があらかじめ直接的に与えられている状況から、他者の行為の単なる帰結だけが与えられている状況、そして主観的経験の意味が（想起や態度、解釈のなかで）他者やその行為の結果に間接的に向けられているだけの状況にいたるまで様ざまである。だがそうであるのは状況だけではない。そうした状況の内部で解釈的レリヴァンスと動機的レリヴァンスが構成される過程もまた、その社会的性格に関して様ざまであり得るだろう。様ざまな性格をもった状況において——他者が直接的に与えられている状況においてさえも——他者の解釈と動機づけに直接的に関わることなく、主観的な解釈が一歩一歩なされ得るだろうし、態度も複定立的に沈澱していくだろう。言い換えると、解釈と動機づけは、「自立した」複定立的な位相のなかで形成され得るということである。だがその一方、解釈と動機づけは、他者の解釈と動機づけを主観的に追遂行することのなかでも形成され得る。そして最後に、他者の解釈と動機の単定立的な意味をただ単に引き継ぐだけで成立する解釈と動機づけもあり得るだろう。

解釈的レリヴァンスと動機的レリヴァンスの「社会性」には、多くの移行形態と中間段階が存在している。だがそれに関しては、きわめて重要な三つの主要形式を確定することができる。第一に、社会的に条件づけられた状況にあっては、「自立した」複定立的な過程のなかで他者の解釈と動機に直接的に関わることなしに形成される解釈と動機が存在している。第二に、(より狭い意味での)社会的状況のなかで、他者の解釈と動機を複定立的に跡づけながら構成される解釈と動機が存在している。第三に、他者による解釈の帰結の単定立的な意味と他者のとった態度の単定立的な意味とを引き継ぐことから成り立っている解釈と動機が存在している。つまりわれわれは「自立した」解釈と動機、「共感的な」解釈と動機、「社会化された」解釈と動機について語ることができるのである。第一にあげた解釈と動機に関連した問題については、レリヴァンスの形式を分析した際に〔本書第三章B参照〕、第二にあげた解釈と動機については直接的な他者経験を分析した際に〔本書第二章B5参照〕、すでに詳しく論じているので、ここでは最後にあげた解釈と動機だけに関心を向けることにしよう。

「社会化された」解釈的レリヴァンスと動機的レリヴァンスは、相対的に自然な世界観において現勢的で、しかも主として言語のうちに客体化されている類型的な解釈と動機に由来している。それゆえ一般的に言えば、ここに関わってくるのは、もともと主観的な他者経験のなかで構成された態度、行為パターン、類型化、解釈モデルなどである。それらは基本的には、他者の主観的で複定立的な構成を遡って指示する一方、それらの単定立的な意味も「客観的に」確立されている。それらの単定立的な意味は記号体系において、とりわけ言語において（なかでも言語の意味論的分節化において）、また行為パターンにおいて、あるいは行為パターンの制度化された「説明」と正統化とにおいて確立されているのである。他者による経験と解釈の結果が「客体化される」という際のその他者は、共在者のこともあれば単なる同時代者や先行者のこともある。ただしここでは、そこに関わってくるのは、他者の経験と解釈の結果を引き継いでいる個人がその他者を具体的な共在者として把握している、そうした他者（たとえば、貧しい青年時代に身につけた吝嗇がいまや子どもに引き継がれている、その引き継いだ子どもにとってのじつの父親）なのか、それとも様ざまな程度の匿名性において把握されているだけの他者（たとえば「義務」を負わされている「貴族」や、そこに含まれている「知恵」を人びとが身につけている「民衆の言葉」、また言うまでもなく法言語における諸概念といった言語形式に備わっている類型化）なのかといったことについては考慮する必要はないだろう。むしろ決定的なのは、いま問題にしている解釈と動機は、「自立した」経験と解釈の結果でもなければ、われわれ関係にある共在者の経験を「共感的に」跡づけたものでもなく、何らかの仕方で社会的に「客体化された」ものであり、したがってそれらは個々人に対して社会的アプリオリの構成要素として作用しているという点である。

「社会化された」解釈的レリヴァンスと動機的レリヴァンスは「習得される」。別の箇所で明らかにしたように〔本書第四章A1参照〕、その学習過程にあっては、最初期のわれわれ関係が基本的に重要である。子どもはまず相互主観的な鏡映化過程のなかで、個別的な知識要素とその基底にあるレリヴァンス構造とを身につける。けれども、子どもが最初期のわれわれ関係のなかで出遭う他者たちの「背後」には、つねにある特定の社会構造が存在している。相対的に自然な世界観の意味構造、言語、社会的な知識集積の諸要素、そしてそれらに含まれているレリヴァンス構造は、子どもにとっては当初、他者という「濾過装置」をとおしてはじめて接近することができるのである。したがって、最初期のわれわれ関係のなかで子どもに伝えられる基本的な解釈的レリヴァンスと動機的レリヴァンスは、社会的に「客体化されている」だけではなく、社会構造によってほとんど「濾過されて」もいる。

ここである考察を補足的に挿入しておくべきだろう。社会的な「濾過効果」は、基本的な解釈的レリヴァンスと動機的レリヴァンスが最初期のわれわれ関係のなかで取得される際には強制的である。あるいは、子どもに対して生活史的に賦課されていると言ってもいい。だがそうした「濾過効果」は、それ以降の学習過程とのちの社会関係においてもまた実効的に作動し続けている。とはいえこの「濾過効果」は、少なくとも基本的には一定程度まで減退し、その結果、子どもの頃と同じ強制的な仕方で賦課されることはなくなるだろう。言語を習得し、人格構造を確立した後であれば、個々人は、社会的な知識集積のうちで目の前に存在している特定の要素（たとえば解釈モデル）を、個々の共在者と直接的な社会的所与には相対的には依存せず、主観的に動機づけられてもいる「選択作用」と「学習過程」のなかで身につけることができるようになる。もちろん、社会的な「濾過効果」からのこうした自立はあくまで相対的であるにすぎず、その自立の程度は社会的－歴史的に条件づけられている。この問題についてここで立ち入って論じることはできない。だが、その重要ないくつかの次元に関して、少なくともその輪郭だけは描いておきたい。社会的な「濾過効果」から自立する相対的な程度は、たとえば子どもが生み込まれる社会が文字社会であるのかどうかによって左右される。もっとも、高度な文化を取りあげてみても、文字を習得する機会は必ずしも均等に配分されているわけではない。社会的な「濾過効果」から自立する相対的な程度はさらに、知識の伝達を専門とする制度が当の社会に備わっているのかどうか、もし備わっているとすれば、その制度は他の制度領域にくらべてどの程度、自律的なのかといったこととも関連している。加えて様ざまな社会において、現勢的な社会化の過程は類型的に様ざまな段階の「個人化」をもたらし、そしてその「個人化」は他方で、所与の社会構造において類型的に可能な「役割距離」の程度と関連している。これらの要因はすべて、歴史的に変化する二つの社会構造の次元、すなわち権力の配分（支配関係）と分業との因果連関のなかにある。

要約しよう。主観的なレリヴァンス体系は、一般に「社会的な」前史をもっている。しかしこの前史には、「自立した」解釈的レリヴァンスと動機的レリヴァンスが含まれており、また同様に「共感的な」解釈的レリヴァンスと動機的レリヴァンスが、そしてまた「社会化された」解釈的レリヴァンスと動機的レリヴァンスも含まれている。「社会化された」解釈的レリヴァンスと動機的レリヴァンスは、相対的に自然な世界観において現勢的な、そして個別的で歴史的な社会構造によって「濾過されている」レリヴァンス構造から派生してくる。

「自立した」解釈的レリヴァンスと動機的レリヴァンス、ならびに「共感的な」解釈的レリヴァンスと動機的レリヴァンスは、発生的にはより大きな役割を演じており、それらは

「社会化された」レリヴァンスが取得されるための前提をなしている。その一方で、「社会化された」レリヴァンスは、通常の成人の日常的なレリヴァンス体系のなかでより大きな部分を占めている。それぞれの社会の成員に対して類型的に要請される技能から習慣的知識にいたる生への対処のルーティンは、類型的な形式において社会的に客体化されている。それらは、子どもが最初期のわれわれ関係のなかで出遭う他者たちによって、習得するのが当たり前とみなされて子どもに伝えられる。ただしそこでは、一人ひとりが一歩一歩、習得しなければならないそれらのルーティンが、何らかの社会的な手本に「共感的に」同化するなかで習得されるのか（たとえば類型的な歩き方のように）、それとも多かれ少なかれ意識的な学習過程において習得されるのか（たとえば調理レシピやことわざに基づく処世訓などのように）といったことに関しては考慮しなくていいだろう。いずれにせよ、それらのルーティンはすべて、類型的なレリヴァンス構造をそのうちに含んでおり、レリヴァンスそれ自体が意識されるにせよされないにせよ、それと一緒に引き継がれる。それゆえ個々人にとっては、「社会化された」ルーティンを取得することをとおして、社会によってあらかじめ示されている自明なものと問題的なものとが境界づけられることになる。だがその際、問題的なものに関する類型的な解釈モデルもまた引き継がれている。それゆえ問題的なものの類型的な規定に加えて、問題の類型的な解決と問題が解決されたとみなされ得るための類型的な条件もまた、社会的に派生してくるのである。

通常の成人の主観的なレリヴァンス体系は、それゆえ広範に「社会化されている」。だが、「自立した」解釈的レリヴァンスと動機的レリヴァンスは別にして、その主観的なレリヴァンス体系全体が生活史的に刻印されているということを忘れてはならない。たしかに、通常の成人の主観的なレリヴァンス体系は広範に「社会化されて」おり、それゆえ共在者と同時代者のそれと広範に類型的な類似性を示してはいる。そしてその類似性は、いわば取り消されるまで社会関係において前提にされており、相互主観的な意思疎通や、共在者の行動の適合的な解釈などの基盤をなしている。だが、主観的なレリヴァンス体系は生活史的に刻印されている。したがってそれは、もちろん個人間で「同一」ではあり得ない。主観的なレリヴァンス体系は個々人に「独自の」所有物なのである。個々人が自分自身のレリヴァンスに対向した場合、そのレリヴァンスは、自分に対してその「独自性」においで現出してくる。だが、主観的なレリヴァンス体系の社会化がもたらす結果は、外側からみた場合には、類型的なものとして把握される同時代者の行動と類型的に類似している。とはいえ内側からみた場合には、その類似性はいわば偶然的である。社会化された人間は「独自」なのである。

B　社会的な知識集積の成立

1　社会的な知識の主観的な起源

社会的な知識集積の構造について記述を始めるのに先立って、その知識集積はそもそもいかにして形成されてくるのかについて問うてみなければならない。だがあえて言うまでもなく、ここで行おうとしているのは、歴史的‐因果的な解釈図式や仮説を定式化することではない――それは経験的な知識社会学が取り扱うべき課題である。われわれが関心を向けているのは、社会的な知識集積が構成されるための一般的な前提とは何かという基本的な問いである。それゆえに、主観的知識の社会的な条件について探究した際に依拠していた枠組のもとで設定した問いをここで反転させなければならない。そこで問いを設定した際には、社会的な知識集積が主観的な生活史のなかにあらかじめ与えられていることは端的に措定されており、しかもそうした想定の背後に隠れている諸問題が顧慮されることはなかったのである。そこで、まさしくそれらの諸問題を提示することがここでの課題になる。ただしその際、これまでの問いに基づいて取得された成果も生かすことができるだろう。

すでに明らかにしてきたように、主観的な知識集積の重要な部分は社会的な知識集積のにすぎない。さらに、もっとも重要な解釈的レリヴァンスと動機的レリヴァンスは――主観的な知識集積がはじめから「事実上の」社会構造によって条件づけられていることは考慮に入れないにしても――まさしく「社会化」されている。そうである以上、「自立して」習得された知識の要素もまた、広範に「社会化された」主観的な知識集積の全体連関のうちに埋め込まれている。それゆえ通常の成人の知識集積に関しては、本来、絶対的に「自立した」知識の要素について語ることはできないのである。

社会的な知識集積は、いかなる主観的な知識集積に対してもこのような経験的優位性をもっている。だがそれにもかかわらず、あらゆる社会的な知識の起源は、主観的な知識習得にある。もっぱら「自立した」経験と解釈の沈澱から成り立っている主観的な知識集積を、何の困難もなく思い描くことができる。主観的な知識習得が形式的に分析された際には〔本書第三章A2参照〕、社会的な知識集積があらかじめ与えられていることと、主観的な知識の諸要素が「社会化されている」ことは括弧に括られており、しかもそのことによって主観的な知識習得の基本形式を描写しそこねることはなかった。たしかに、そのすべてが「自立して」習得されるというそうした仮定的な知識集積は、通常の成人の知識とくらべると――それが「もっとも原始的な」社会の「もっとも間抜けな」成員の知識であったとしても――名状しがたいほどに不十分なものであろう。それにもかかわらず、社会的な知識集積には依存しない主観的な知識集積について、何の矛盾もなく考えることができる。それに対して、主観的な知識習得に依存することなく形成されてきた社会的な知識集積について思い描くことは、ほとんど意味をなさない。社会の経験、すなわち社会による経験について語り得るのは、せいぜい比喩的な――しかも誤解されやすい――意味においてである。社会的な知識集積の起源、より精確には社会的な知識集積を形成している諸要素の起源は、ただ主観的な経験と解釈のなかだけに求められるのである。ただしこのことが意味しているのは、社会的な知識集積は最終的には、「自立した」経験と解釈とを遡って指示しているということである――経験と解釈がなされる状況もまた、その概念のすべての広がりのなかにある「社会」によってではないにせよ、「事実上は」社会的に与えられているものによって少なくとも条件づけられているだろう。

これまで、社会的な知識集積に対する主観的な知識習得の基本的優位性――そして最終的には「自立した」経験に基礎をおいている知識の基本的優位性――を確認してきた。だがそれを確認した後で、社会的な知識集積が実際に形成される際に生じてくるのはそれとは別の事態であるということを強調しておかねばならない。社会的な知識集積のなかに入ってくる主観的な知識要素のなかで「自立して」習得されたものは、そのごくわずかな部分だけである――ただしここでもまた、すぐ前で限定した意味で「自立」という語を用いている。どんなに些細なものであれ、社会的な知識集積が生み出される場合にはいつでも

――そしていかなる人間社会であっても定義上そうであるはずなのだが――そうした新たな知識集積の形成のなかに入ってくる主観的な知識要素はその大半が、そのつどあらかじめ与えられている知識集積の状態から派生しているのである。ただしあえて強調するまでもなく、社会的に派生してきたそうした知識要素は、社会的な知識集積にふたたび入り込んでくる前に多かれ少なかれ「自立した」解釈過程のなかで修正され、たとえば「改良」されているだろう。

これまでの分析では、主観的な知識集積がほぼ完全に社会的に条件づけられていることを示したうえで、社会的な知識集積が構成される際には「自立した」経験と解釈とが基本的な優位性をもっていることを強調しておく必要があった。だが、そこから誤った結論を導いてはならない。主観的な知識習得は基本的な優位性をもってはいるけれども、だからといって社会的な知識集積を――単に形式的にであれ――主観的な知識集積の「総和」と捉えてよいわけでは決してないのである。そうした捉え方は解決できない困難をもたらすに違いない。そのことを確認するには、「どの知識集積の」と問うだけでよい。社会的な知識集積は、ある主観的な知識集積よりも「より多くのもの」を含んでおり、だがそればかりでなく、主観的な知識集積の「総和」よりも「より多くのもの」を含んでいるのである。このことは以下の探究のなかで、とりわけ社会的な知識集積の構造と知識の社会的配分について分析する際に明らかになるだろう〔本書第四章C参照〕。

ここでさらに、社会的な知識集積はまた、いずれの主観的な知識集積よりも「より少ないもの」しか含んでいないということだけは付け加えておくべきだろう。たとえば、主観的な知識集積には、「新奇な」経験が沈澱した、それゆえ社会的な知識集積には「いまだ」取り込むことのできない知識の要素が含まれ得るのである。そのうえ主観的な知識集積には、主観的な知識が社会的な知識集積に引き継がれるための前提を満たしていない要素、すなわち主観的な経験の生活史的な「独自性」に由来する要素と、言語による客体化を免れている要素が含まれているのである。

以上の考察によって、引き続き取り組むべきある問いに直面することになる。主観的な知識が社会的な知識集積に引き継がれるための前提とは何かという問いである。この問いに答えることによってはじめて、主観的な知識要素が社会的な知識集積に移行していく過程の基本形式を記述することができるようになるだろう。

2　主観的な知識の社会化の前提

a　主観的な知識習得の「客体化」

主観的な知識要素が社会的な知識集積に引き継がれるための一般的で基本的な前提は、

主観的な知識要素の「客体化」にある。ここではこの「客体化」という用語によって、主観的な過程が日常の生活世界における過程と対象のなかに具現化すること全般を言い表わすことにしたい。それゆえ、日常的な生活世界に介入するすべての行為が「客体化」として把握されるだろうし、そうした行為の「結果」もまた、そこから行為にまで遡ることができる限りで「客体化」として把握されるだろうし、さらにはジェスチャや顔の表情といった、もっとも広い意味での表現形式も「客体化」として把握されるだろう。だがここでの文脈にあっては、他者によって主観的な過程を指示するものとして実際に把握され解明される「客体化」に限定して関心を向けることにしたい。ただしそのなかでもとくに、他者が主観的な解釈や主観的な解釈結果の「客体化」として、一般的には主観的な知識の「客体化」として解釈することができるものに関心を向けることにしよう。たとえばBがくしゃみをするさまをAが観察したとしよう。Bのくしゃみは、主観的な過程という概念をきわめて広く捉えた場合には、なるほど主観的な過程の表出ではある。だがそのくしゃみを主観的な知識の「客体化」として解釈することはほとんど不可能である。もちろん経験はすべて主観的な知識へと沈澱し得る以上、主観的な過程の表出と主観的な知識の「客体化」とを一義的に、そして明確に区別することはできない。言い換えれば、いかなる経験もその本質に従って言えば、「非問題的である」と定義されることなどあり得ないのである。

以下で明らかになるように、「客体化」に関して三つの段階を区別することができる。主観的な知識習得の連続的な「客体化」に関わる段階、すでに目の前に存在している主観的な知識の指標として用いられる「客体化」に関わる段階、主観的な知識の記号体系への「移し替え」に関わる段階である。もっとも単純な第一の段階について記述することから始めよう。

Aが見知らぬ土地を歩いて旅をしている時、ある川を渡らねばならなくなったと想定してみよう。自分以外に頼れる人がいない場合、Aは、渡河するには川のどこが深いのか、川のどこなら渡河できるほど浅いのかなどをみきわめ、そして最終的にいずれかの場所を渡ってみようと決断する、といった一連の段階を試みなければならない。次いで彼は渡り始め、しかし川の中ほどから引き返さねばならなくなった。対岸近くに深すぎる溝が掘られていたからである。こうした熟慮と試行ののちに、ようやく対岸まで渡りきり、そしてどこが浅瀬であったのかを知ることになる。もしAがふたたびこの川を訪れた場合には、彼は、「自立して」習得した知識を用いることができるだろう――さて次に、Aがこの川に差しかかった時、ある場所から川を渡っているBを見かけたと想定してみよう。Aは、Bが渡河を始めた場所を記憶に留め、そしてBが川をまっすぐに歩き続けて首尾よく向こう岸に到着するのを見届けた。AはBの渡河を見ることによって、一連の「自立した」段階を試みずに済ませることができる。Aはそれらの段階を、それに対応する――いまBによって試みられている――ことがらを見ることによって代替することができるのである。

われわれは故意にこのような単純な事例から議論を始めた。この事例にあっては、川を渡ることがBにとって主観的にどのような意味連関のなかにあるのかということは比較的重要でなく、またすでに明らかなように、Bを人間と考えるか馬と考えるかということも、ほとんど何の役割も演じていない。さらにここにはいまだ「間違った」解釈という問題は存在し得ないことも、この事例が選ばれた理由である。そのうえこの事例にあっては、Bは浅瀬の場所をすでに知っている、したがって厳密に言えばBは「新たな」知識を習得したわけではないと想定するか、それともB自身もまた新たな知識の習得を特徴づける、段階を追った試みをすべて行わねばならなかったと想定するかというのも本質的なことではない。

ここで、「客体化」の段階は先の事例と同じであるが、事態がすでに少し進展している事例を取りあげてみよう。Aが鍋の水は熱いのか冷たいのかを知りたい場合、Aはここでもまた「自立した」一連の段階を試みるなかで、二つの可能性のどちらなのか決断を下すことができる。ところが、Bが鍋に指を入れ、すぐさま苦痛に顔をゆがめて指を引き抜くのを目にしたとしたら、AはBの行動とその表情との結びつきを、Bが鍋の水を熱いとみなしたことの指標として解釈するだろう。Aはここでもまた、自分が目にしたBによる知識習得を、自分自身の知識習得の代替物として、より精確に言えば、自分自身が知識を習得する際の「自立した」様ざまな段階の代替物として利用することができる。

二つの事例に共通する特徴を手掛かりにして、この段階の「客体化」の一般的な特徴を手にすることができる。日常的な生活世界の連続する過程に「客体化されている」のは、この段階にあっては主観的な知識要素それ自体ではなく、主観的な知識習得の過程である。主観的な知識習得の過程がある他者によって観察され、そしてその過程が、その他者自身の知識獲得の過程における「自立した」諸段階であるかのように解釈される。したがってここではきわめて限定された意味で、AはBからある知識要素を引き継いだと言えるにすぎない。レリヴァンス構造を分析した際に用いた概念をこの文脈でふたたび用いて言えば、Aは問題をめぐる巡回査察のある段階をBから「引き継いだ」、だがAはその「試みずに済ませた」諸段階を、多かれ少なかれ明確な類推の帰結を用いて自らの手で解釈しなければならない、ということである。この段階の「客体化」においてすでに、きわめて限定されてはいるが「知識の社会的な派生」が事実として関係してきている。このことにもここではっきりと目を向けておくべきだろう。

これまで述べてきたことから、「客体化」のこの段階にある知識の伝達は具体的な状況と分かちがたく結びついているということは明らかである。Aによる知識の「引き継ぎ」は、「連続的に客体化されている」Bの経験経過を観察し、その観察をいわば同期的に解釈することを前提にしている。さらにまたそこでは、主観的レリヴァンスがAとBのあいだで問題状況に応じて大なり小なり相応していることも前提にされている（もっと具体的に述べよう。いくつかの問題状況にあっては馬が、だが別の問題状況にあっては体格や素質などが似ている人間だけが、問題解釈の「自立した」諸段階を代替することができるのである）。

この段階の客体化にあっては、自分の行動がAによって観察され解釈されているのをBが知っているのかどうかは、決定的な役割を演じていない。いま自分が習得しようとしている知識をAに伝達するようBが動機づけられている場合には、Bはもちろん、自分の主観的過程の「客体化」を意識的に操作することができる。Bは、たとえばわざと大げさに言うことによって、「客体化」の解釈がAにとって容易になるよう試みることができる。他方、自分の主観的過程の「客体化」を抑制したり隠したりすることによって、それゆえ自分の主観的過程の「客体化」の解釈を困難にすることによって、Aによる知識の引き継ぎを妨げようと試みることもできる。さらにまたBは、Aによる類型的な解釈を先取りしたうえで「虚偽の」客体化を提示することによって、Aを惑わそうと試みることさえできる。たとえばBに悪意がある場合、Aも火傷をすることを期待して、自分が火傷をしたにもかかわらず何ごともなかったかのように顔の表情を偽ることができるのである。したがってAとBがわれわれ関係にある場合でも、動機づけられた「正しい」知識の伝達ばかりか、動機づけられた「虚偽の」知識の伝達もまた、すでにこの段階の「客体化」において基本的に可能なのである。もっともそこでは、AとBは同じように状況の他の要素に直接的に接近することができることによって、「虚偽の」知識の伝達はきわめて制限されてはいるが。

b　主観的知識の指標への「客体化」

Aは一連の連続的な過程を、「同時に」なされているBの知識習得を指示するものとして第一段階の「客体化」において解釈している。したがってAとBは類型的には、いわば同期的な解釈過程のなかで類型的に類似した知識に到達することになる。その際、AはBの行動と行為を——その状況の直接的に把握可能な他の要素と解釈的に関連づけながら——「自立した」解釈の諸段階に置き換えている。だが第二段階の「客体化」にあっては、日常の生活世界における過程と対象のなかに具現化されるのは、すでに構成済みの知識要素である。この段階の「客体化」は、特定の知識の指標として他者によって解釈される。これら二つの段階の「客体化」のあいだに明確な境界線を引くのは、もちろん不可能である。両段階の移行は容易になされるからである。ここで、Aは水の入った鍋に指を入れたBの様子を目にしたのではなく、苦痛に歪んだ表情で水の入った鍋の脇に立って指に息を吹きかけているBに気づいただけであったと想定してみよう。Aは、Bの側での知識習得の個々の位相には立ち会っていなかったにもかかわらず、諸々の指標を状況における他の要素と一緒に解釈連関のなかに持ち込み、その鍋の水はほぼ間違いなく熱いお湯だと結論づけることができる。一般に、Aにとって接近可能なもともとの状況の要素が少なければ少ないほど、すなわち、Bの側でのもともとの知識習得と、解釈されるべき指標との隔たりが大きければ大きいほど、適合的な解釈はますます困難になる。それゆえ第二段階の「客体化」は、第一段階の「客体化」にくらべれば知識習得の状況からの一定の切り離しが生じているが、依然として状況とある程度結びついている。

ここで最初の例に戻ってそれを少し変化させてみることにしよう。Aは見知らぬ川に行き当たって渡河できる浅瀬を探している、とふたたび想定してみよう。Aは少し考えた後、ある地点からの渡河を開始した。その時Aは、Bが対岸から激しく手を振りながら別の地点を指さしているのに気づいた。そこでAはBのこの動きを、Bは自分つまりAにとってレリヴァントであるかもしれない何かを知っており、そしてそれを自分に伝えようとしていることの指標として解釈することができる。そこでAは、あらかじめ与えられている状況や状況の要素と関連づけながら、Bが伝えようとしているのは渡河の問題に関わる知識であるに違いないという結論に到達する。その際、Bはその知識をいまはじめて習得したのか、それともかなり以前からそれを知っていたのか、さらにBはその知識を「白立して」習得したのか、それともただ単に引き継いだだけなのかといったことは、基本的に重要ではない。指標のなかに「客体化されている」のは、知識習得ではなく知識習得の帰結なのである。知識の伝達あるいは知識の指標への「客体化」は、このように知識習得のもともとの状況からすでに大幅に切り離されている。だがいましがた触れたように、他者による指標の解釈、すなわち「客体化された」知識の引き継ぎは、もともとの状況の要素のなかの知識要素の構成にとってレリヴァントな要素を直接的に把握することと多かれ少なかれ強固に結びついている。

この「客体化」の段階にある知識の伝達は、自分の知識が指標に「客体化されている」その当の本人がその指標を意識的に措定することとは、必ずしも結びついていない。Aは、Bが誰からも見られていないと思っている場合でさえも、Bの身振りや表情などから、解釈にとってレリヴァントなそれら以外の状況の諸要素と関連づけながらBの特定の知識を遡って推し量ることができる。それゆえBが指標を措定するように動機づけられていようがいまいが、Bの特定の過程をAが解釈できさえすれば、基本的にはそれで十分なのである。

技能――より一般的には前記号的な段階にある「客体化」――は、他者によって引き継がれた場合に、それが社会化するための基本的な前提が与えられる。このことが何を意味しているかについては、いずれ考察してみなければならない。だが、そこでは明示的な知識伝達、すなわち記号体系の水準での「客体化」は必ずしも前提にされていないということが、すでにここで確認できる。前記号的な水準にある「客体化」はそれ自体、ある集団や或る社会の「所有物」として取り込まれている。そうした「客体化」は、特定の技能の「伝統」として、また——より一般的には——行動パターンとして、社会的アプリオリの構成要素になっているのである。ある社会に生み込まれた人は誰でも、それらの「客体化」を一から明示的に学ぶ必要はなく、したがってそれだけより一層大きな自明性をもってそれらを引き継いでいく。この段階において「客体化された」知識の引き継ぎにあたっては、知識の明示的な伝達は必ずしも前提にされてはいない。とはいえここで、社会化された技能、行動のための処方箋、「伝統」といったものの類型的な引き継ぎはたいてい、他者の行動のなかで「客体化されている」パターンの模倣的な引き継ぎ、「自立した」習得の諸段階、言語的な水準での知識の明確な伝達、という三者が結びつくなかでなされるということに注目しておかねばならない。たとえば類型的な歩き方、類型的な仕事の仕方、類型的な芸術様式などは、知識習得に関わるこれらの要素を様ざまな割合で含んでいるのである。

ところで、すぐ前の文脈で「伝統」について述べた際に、知識の社会化と結びついた「社会的持続」の問題についての分析を先取りすることを意図していたわけではない。そこで述べたのと類似のことは、短命な流行（たとえばネクタイを結ぶ特定のスタイル）にも当てはまるのであり、そうである以上、社会的な知識集積の長期にわたる構成要素については必ずしも念頭に置く必要はないだろう。

前記号的な水準での「客体化」は、社会的な知識集積の明示的な要素が伝達される場合にも、たしかに副次的ではあるが見過ごすことのできない役割を果たしている。このことは、とりわけ日常的状況に対処するための実践的処方箋の領域に当てはまる。そうした処方箋を引き継ぐに際しては、他者の行動のなかで繰り返し「客体化される」技能と行動パターンとを観察し模倣することによって、ことわざや箴言《しんげん》などの示す明示的な慣例を習得することが必要である。また「より高次の知識形式」が取得される場合でさえも、前記号的な水準での「客体化」は一定の役割を果たすだろう。

最後に、前記号的な水準の「客体化」は、子どもの「社会化」の初期段階にとって決定的な意義をもっているということに注目しておかねばならない。社会的な知識集積の明示的で多かれ少なかれ「抽象的な」要素（すなわち匿名的で理念化された要素）を、言語を身につける以前の子どもに明示的に伝達することは不可能である。だがそれらの要素も、そうした子どもたちのために前記号的な段階の「客体化」を通じていわば再‐具体化することができる。このことを別にしても、前記号的な段階の「客体化」は、言語それ自体を習得する際にも、あるいは言語の疑似理念的で匿名的な意義母型を取得する際にも、媒介的な役割を演じているのである。

この「客体化」の段階にある知識の社会的伝達にとってたしかに重要なこれらのケースには、もちろん指標の措定と指標の解釈という二つの面での動機づけが伴っている。それゆえ、Bが「客体化する」作用（手を振る）のなかで指標を措定する例が、この段階の「客体化」を具体的に説明するために選ばれたのである。第一段階の「客体化」に関してすでに確認してきたことは、この段階においてはなおさら当てはまる。自分の行動はAによってある知識の指標として解釈されることをBが知っている場合、Bはその指標を誇張したり隠したり、偽ったりすることができるのである。たとえばポーカーをしているBが、自分に配られたカードをめくり目を輝かせた場合、Aはそれを、Bが良い手札になったことの指標として解釈するだろう。だがBがAのそうした解釈を先取りする場合には、Bは悪い手札になった場合でも、「ポーカーフェイス」を決め込んだり目を輝かせたりするかもしれない。もちろん、二重、三重にブラフをかけるといったように、さらに欺きの策略をその上に積み重ねていくことも可能である。Bによるもともとの知識習得の状況から知識要素がはっきり切り離されていればいるほど、あるいは状況の諸要素がAにとって接近困難であればあるほど、Bにとっては、その知識を隠したりAに「虚偽の」知識を伝達したりすることは、一般により容易になる。

ここでは、展開していく分析――とりわけ社会化過程に関する探究――をあまり先取りしたくはない。とはいえ、これまでに取りあげた前記号的な二つの段階の「客体化」が社会的な知識集積の形成に対して果たす役割に関する考察をここに挿入しておくべきだろう。先に確認したように、第二段階の「客体化」にあっては、知識伝達を知識習得の状況から一定程度、切り離すことができるだろうが、前記号的なこれら二つの段階の「客体化」はいずれも広範に状況に結びつけられている。より精確に言えば、知識習得の状況に結びつけられている。したがって、理念化された（「抽象的な」）匿名的な知識が、第一段階と第二段階の「客体化」をとおして社会化されることはあり得ない。他方、知識集積に属している別の諸要素の社会化に対しては、これら二つの「客体化」は大きな意義をもっている。社会的な知識集積という概念を、明示的な知識や「高次の知識形式」に不当に限定しようとしない限り、社会化された技能について、あるいは少なくとも技能の社会的要素について語ることができる。そこで技能は、たとえば言語による知識伝達のような明示的な知識伝達を必ずしも前提にすることなしに、ある特定の意味で他者に引き継がれることができるのである。先に二つの段階の「客体化」に関してより一般的な形式で述べたことは、ここにも当てはまる。それゆえにAは、たとえばBが泳いでいる様子を観察することができるのである。そこでAはその様子を真似しさえすれば、Bの「自立した」知識習得の様ざまな「段階」を自らの手で試みずに済ませることができる。もはやAは様ざまな動きの組み合わせを試したりする必要はない。あるいはまたAは、斧を作るBの様子を注意深くみていた場合には、自分が目にした斧作りの「最良の方法」を真似ることによって、自らが斧作りに取り組むことができるようになる。

c　主観的知識の「客体化」としての生産物

われわれは「客体化」を、主観的な過程が日常の出来事と対象のなかに具現化することと定義した。ただしこれまでは生活世界的な出来事という形式での「客体化」について記述してきただけで、生活世界的な対象への「客体化」の可能性については顧慮してこなかった。別の言い方をすれば、われわれはこれまで、主観的な過程を諸々の表現形式と行為に「客体化」することについての記述に限定してきたのである。そこで以下では、主観的な過程を「行為の帰結」へと具現化することに目を向けることにしよう。

主観的な知識がこれまで記述してきた二つの段階の「客体化」において他者へと伝達される場合、そこでは、記号体系があらかじめ歴史的に与えられていることも、記号が相互主観的に構成されていることも、前提にされていたわけではなかった。そこで前提にされていたのは、一方による「客体化」の措定と他方によるその解釈とが「同時」であるということであった。第一段階の「客体化」に関係していたのは、主観的な知識習得の生活世界的な出来事への具現化であり、それも、いわば同期的な解釈過程が進むなかで、他者の「自立した」知識習得の様ざまな「段階」を自らの手で試みずに済むようになる、そうした生活世界的な出来事への具現化であった。第二段階の「客体化」では、特定の主観的な知識要素、すなわち生活世界的な出来事へと具現化され、しかも他者によって特定の知識要素の指標として解釈される主観的な知識要素が問題であった。それゆえ第二段階の「客体化」はすでに、知識の伝達がもともとの知識習得から一定程度、切り離されていることによって特徴づけられていた。だが、第一と第二いずれの「客体化」の段階でなされる知識の伝達であっても、知識を引き継ぐ人と引き継がれる人とがわれわれ関係にあること、あるいは少なくとも一方が他方を直接的に目にすることができることが必要とされる。

　ここで、主観的な過程が日常的な生活世界の出来事にではなく、そこでの対象に「客体化」される可能性に目を向けた場合、そこではいま述べた条件は当てはまらなくなる。主観的な過程が表現形式や行為にではなく「行為帰結」に「客体化される」場合、その「客体化」についての解釈――したがって他者による主観的知識の引き継ぎ――は、そうした仕方で自分の主観的過程が具現化されているその当の本人の現在とは、もはや結びついていない。では、主観的過程が「行為帰結」へと「客体化される」という場合、それはいったい何を意味しているのだろうか。

　日常の生活世界に介入する行為はいずれも、その世界に何らかの変化をもたらす。このことは基本的に認められてよい。この種の行為には、一方で、ルーティン的に観察しただけでは気づくことのできないきわめて小さな変化しか日常の生活世界にもたらさないものもあれば、日常的な注意を向けさえすれば把握できる痕跡を生活世界的な対象に残すものもある。そうした変化は行為の主たる目的なのか副次的目的なのか、それとも行為の単なる随伴現象にすぎないのかにはまったく関わりなく、それらの痕跡はすべて形式的に行為帰結と呼ぶことができる。この種の行為帰結はすべて行為の「客体化」として解釈され得る。生活世界的な対象のうえに残された特定の変化から特定の行為を遡って推し量ることができ、さらにそこから特定の主観的過程を、そしてとりわけ特定の主観的知識を遡って推し量ることができるのである。

行為帰結を主観的過程一般の「客体化」として解釈すること、とりわけ主観的知識の「客体化」として解釈することとは、明らかにその解釈過程が行為経過と同時であることを必要としてはいない。その場合にはAは、Bから知識を引き継ぐためであっても、もはやBの共在者である必要はない。そこでなされる解明は、もはや他者があらかじめ直接的に与えられていることとは結びついていないのである。いまや知識の引き継ぎにとって時間上の基本的な制約は存在しておらず、存在しているのはただ技術上の制約だけである。すなわち対象の自然的あるいは人工的な寿命という、行為がそのなかに刻印されている制約だけである。この種の「客体化」をとおした知識の伝達は、それゆえ同時代者に対して可能であるばかりではなく、後続者にも対してもまた可能である。

あえて強調するまでもなく、行為経過から完全に切り離されている行為帰結を「客体化」として解釈することを可能にさせる解釈パターン（解釈的レリヴァンス）は、行為帰結と行為経過の連関が直接的に観察され得る状況にまで遡って形成される。行為帰結を主観的過程の「客体化」として解釈することは、表現形式と行為をわれわれ関係のなかで、あるいは直接的に観察可能な状況のなかで解釈することを基本的に前提にしているのである。

先ほど、行為によって生活世界的な対象にもたらされたすべての変化を、それが行為の単なる随伴現象であるのか、それとも動機づけられた行為の結果であるのかに関わりなく、「客体化」あるいは「行為帰結」と呼ぶことにしたいと述べた。だがそれにもかかわらず、そうした行為帰結のあいだである区別がなされねばならない。行為の単なる随伴現象や「痕跡」であっても、たしかに主観的過程の「客体化」として他者に知識を伝達するだろう。だが知識の社会化に関して言えば、それら随伴現象や「痕跡」の意義は、ここで「生産物」と名づけておきたい動機づけられた変化にくらべてはるかに小さい。それゆえ、生産物についてのより詳細な記述へと話を進めるためには、行為の単なる随伴現象についでは手短かにみていくだけで十分だろう。

Aが森で道に迷っていたとしよう。彼は思いがけずある方向へと続いていく足跡を発見した。Aにとってその足跡は、そこを通りかかった人が残したものであることは自明である。かつてAは、やわらかい地面の上を歩く人、すなわちBや自分自身が、その地面に足跡を残す様子を見たことがあったからである。いまやAはその足跡を行為帰結として、特定の行為の「随伴現象」という意味で解釈することができる。もちろん、その足跡を残したB自身が道に迷っていた可能性もある。その場合には、それらの足跡はBによる知識習得の「客体化」でしかない。しかもそこでは、その知識習得がBにとってよい結果をもたらした――それゆえ自分にもよい結果をもたらすと仮定できる――のかどうかは、Aにとっては定かでない。けれども、それが踏み固められた痕跡であった場合には、Aは、この道を行けば遅かれ早かれどこかの集落に辿りつく見込みが高い、この痕跡は自分にとってレリヴァントなBの知識を「客体化」している、と結論づけるだろう。この事例にあっては、Bが足跡を残そうとしていたのかどうかはまったく重要でない。この足跡はAに知識を伝達しているのである。この事例からみて取ることができるように、動機づけられた生産物とそうでないものとのあいだにはっきりと境界線を引くことはできない。先の事例を少しばかり変更して、Aが発見したのは人の手によって拓かれた道であると想定してみればよい。動機づけられた生産物とそうでないものとの境界線はすでに越えられているのである。

さてそれでは、行為の動機づけられた生産物についての記述をはじめることにしよう。ただしここでは、ある限定された脈絡のなかにある生産物だけに関心を向けるということを強調しておかねばならない。すなわち主観的な知識を「客体化」しており他者に伝達される、と言うことのできる生産物だけがここでの関心の対象である。この限定は重要である。生産物に関して、目印、道具、芸術作品という三つの形式が区別できるようになるからであり、しかもこれらの三形式を詳細に探究することによって、明らかに一方で技術についての経験的な問題、他方で芸術についての理論的で歴史的な問題へと導かれるはずだからである。

目印とは、特定の知識要素を確定してそれを想起できるように行為者によって措定された行為帰結のことである。道に迷いかねない山野を歩いている人が帰路を確保しようとする際には、途中、一定の間隔で木に刻み目をつけるかもしれない。そうした目印と先に触れた「客体化」との境界は、明らかに流動的である。たとえば、人は自分がはっきりした足跡を残したことに気づくだろう。それらの足跡は行為の「随伴現象」であるにもかかわらず、その人はそれらを目印として利用することができる。このことは、他者による目印の解釈にも当てはまる。「痕跡」、たとえば足跡がどのように解釈されるかは、すでにみてきたとおりである。それゆえに別のある人が道に迷いかねない同じ山野を歩いていて木々の刻み目を見つけた場合、その人もまたそれらを目印として利用することができる。

行為経過から切り離されている行為帰結を「客体化」として解釈するための解釈パターンの形成に関して先に一般的に述べたこと、すなわちそうしたパターンの形成は、行為と行為帰結の連関が直接的に観察される状況を遡って指示しているということ、このことはとりわけ目印にも当てはまる。そのことから、解釈パターンには様ざまな度合いの蓋然性が伴っているということにもなる。解釈者が目印を状況の他の構成諸要素とはっきり関連づけることができるか否かによって、したがって類型的な目印と類型的な「目印問題」とのあいだで帰属をたやすく行うことができるか否かによって、解釈者が個別の解釈をする際にもつことになる主観的な確信の度合いは大きかったり小さかったりするだろう。たとえば、ある人がある洞窟の迷路で迷い、だがその壁面に張られた一本のロープを発見した場合、その人は、「たぶん誰かがこの迷路から抜け出る正しいルートを見出し、このロープでもってそれに目印をつけたのだろう」と解釈し、その解釈に基づいてある程度の確信をもってそのロープを辿っていくだろう。それに対して、ある人が街路で結び目のついたハンカチを目にした場合、その結び目によって誰かが何かを思い出すだろうということは、そのハンカチを目にした人にもたしかにわかるだろうが、その「誰か」について、自分にとってレリヴァントないかなる知識もその結び目から引き継ぐことはできない。ある結び目が類型的な目印として機能することのできる類型的な「目印問題」は膨大な数にのぼるために、何か別の手掛かりなしには、いかなる特定の解釈も行い得ないのである。この点で、ハンカチの結び目は、たとえば規則的な形で木につけられた規則的な刻み目とは対照的である。このハンカチの例から、目印を解釈する際には目印とは別の事情が役割を果たしているということをみて取ることができる。このハンカチは妻や子どもの誕生日をしばしば忘れることで知られている親しい友人のものだとわかった場合には、一定の度合いの蓋然性をもってこの結び目に関する個別の解釈を行うことができるだろう。ここで次のように一般的に言うことができるだろう。目印が、それが措定されたもともとの状況から遠ざかれば遠ざかるほど、あるいは解釈される際に手許にあるもともとの状況のレリヴァントな要素が少なければ少ないほど、あるいは目印を解釈する人にとってその目印を措定した人が匿名的であればあるほど、目印をとおして伝達される個別的な知識はますます少なくなる。

とはいえ、類型的な目印が類型的な「目印の問題」に関して社会化されている場合、それゆえ目印の解釈が標準化されている場合には、その目印はすでに前記号的な「客体化」の境界を越えている。そうした「目印」は、その場合にはすでに、ある発達した記号体系の要素ではないにしても少なくとも記号としての機能はもっている。社会化された「目印」の体系が形成された場合、この「目印」という表現を用いることはすでに誤解を招きかねない。ここに関係してくるのは、表現形式のなかに具現化されている言語とは対照的な、その「客体化」が行為帰結のなかに、それゆえ生活世界的な対象のなかに見出される記号である。まさしくこうした理由から、たとえば文字のような「目印の体系」は、たとえば言語のようなもともと表現形式のなかに「客体化されている」記号体系を「より安定した」媒体へと「移し替える」のに役立ち得るのである。明らかにこの時点で前記号的な「客体化」の水準から逸れてしまっている。議論をこの水準に戻すことにしよう。

あらゆる生産物と同様に道具もまた、主観的知識が「客体化」されたものである。だが、のちに明らかになるように、道具は本質的な点で目印と——また芸術作品からも——区別される。目印とは、特定の主観的な知識要素を当の主観のために「客体化する」という動機をもって動機づけられた生産物のことであった。その際、その「客体化」は、すでにみたように特定の事情のもとでなら、他者によってもまた解釈され得るものであった。それに対して道具は日常的な生活世界のなかにある対象であり、日常的な生活世界に変化をもたらす行為において用いられる。道具はそれ自体、極端な場合には行為帰結である必要はなく、類型的な行為経過のなかに補助手段として組み込まれていれば、それで十分である。だが通常の場合は、生活世界的な対象はそれ自体、改造され、あるいは製作され、それゆえ行為帰結として指示され得る（道具は類型的にはそのように表象される）。その場合、道具はそれ自体、類型的な行為経過のなかに行為帰結としてその位置を占めている。それゆえに道具は、目的連関におけるある部分の「客体化」、とりわけルーティン化された技能と関係している目的連関におけるある部分の「客体化」とみなすことができる。したがって道具製作の背後にある動機は、本来的な意味で知識を客体化することでも技能を「客体化」することでもない。とはいえ、行為結果としての道具から行為とそこに具現化されている知識とを遡って推し量ることは、基本的に可能である。道具の解釈は、ある目的連関のなかにあるその機能（技能）と本質的に関係しており、個々の製作者は匿名的なままであっても差し支えない。適合的な解釈をするために必要とされるのは、道具を「客体化」

として把握するAが対処しなければならない日常的問題が、その道具を製作したBが直面していた問題と類似していることと、その問題がBに対して現われていたのと類似した「機能連鎖」のなかでAに対しても現われていること、これだけである。そうした前提が満たされた場合には、Aはその道具を、「ある問題の解決策」として把握してそれを引き継ぐだろう。

日常的な生活世界にあっては、ある道具を個別的な知識要素の「客体化」として解釈することはきわめて稀である。個別的な知識要素を伝達するには「より適した」媒体が必要とされるのに対して、道具の利用は、その道具に付随している技能と一緒に社会化されルーティン化されているというのが、その理由である。だが、道具をそのように解釈することは基本的に可能である。このことは、考古学が有史以前の社会の社会的知識集積（「文化」）を再構築するために、たとえば歴史的碑文などといった道具以外の「客体化」がない場合には、そのもっとも重要な状況証拠としてまさしく道具についての解釈を利用してきたことからもみて取ることができる。

芸術作品の場合には事情は異なる。芸術作品は、その語の形式的な意味においては、たしかに生産物である。だがそれは、きわめて重要な点で目印とも道具とも区別される。芸術作品を制作する際の動機について言えば、目印の場合のようにその措定者のためだけに「客体化」するといった動機や、道具の場合のように日常的な生への対処という純粋にプラグマティックな「機能連鎖」のなかに埋め込まれる動機は、理論的な極限の事例に関して思い描くことができるだけである。だがいずれにせよ、芸術作品は目印と重なり合い、また道具とも重なり合うというのは考えられることである。だが生産物を芸術作品として特徴づけるその本質的な契機は、芸術作品は他者の解釈のために制作されるということにあり、また芸術作品は、日常的な現実の層と非日常的な現実の層との関係に関わる問題の「解決」を日常的な生産物に「客体化」するということにある。芸術作品についてさらに分析しようとすればシンボルに関する理論を展開しなければならず、したがってここでこれ以上のことを述べることはできない。ここでは、芸術作品は目印や道具と同じく主観的知識の「客体化」として解釈することができるけれども、そこで「客体化」されているのは、日常の生活世界を超越する問題を解決しようとする試みを表わす知識である、と明言することで満足しなければならない。

d　主観的知識の記号への「客体化」

これまで述べてきた主観的過程の指標への具現化と生産物への具現化という二つの段階は、「客体化」の形式に関するあらゆるその他の違いにもかかわらず、あることがらを共有している。解釈が状況に結びつけられており、そうであることによって知識伝達の可能性が厳格に限定されているということである。「客体化」はたしかに主観的知識の指標として、しかもその知識がもともと習得された状況から一定程度、切り離されている主観的知識の指標として、解釈することができる。また生産物は、それを生産した人がその場にいない場合でさえも解釈することができる。だが、主観的知識の伝達がこれら二つの「客体化」の段階でなされる場合には、一方の人にとっての個別的な知識要素がそこから形成されてきた経験構造、レリヴァンス構造と、その人の主観的過程の特定の「客体化」を個別的な知識要素の指標として解釈する他方の人の経験構造、レリヴァンス構造とが広範に合致していることが必然的に前提にされている。ある問題の解決が特定の指標や生産物に「客体化」されている場合、その「客体化」を解釈するなかでその問題の解決を引き継ぐ人にとってその問題は、はじめから、それをもともと解決した人にとって現われていたのと類似した仕方で現われていなければならない。そうした「客体化」を問題解決にとっての指標として解明することは、もともとの問題状況において与えられていたのと「同一の」諸要素が、解明がなされている状況のなかにも与えられていることに大幅に依存している。それゆえ「匿名化」と「理念化」によって日常的経験の時間的、空間的、社会的な層から切り離されている主観的な知識は、これら二つの段階の「客体化」のもとで他者に伝達されることはあり得ないのである。

知識伝達の可能性に関わるこうした根本的な限界は、これから論じる主観的知識が記号へと「移し替え」られる「客体化」の段階での知識伝達には当てはまらない。ある主観的な知識がそこから沈澱してきた経験の時間的、空間的、社会的な層からその知識が切り離されている場合であっても、そうした主観的な知識は、この「客体化」の段階で他者に伝達されることが可能なのである。この段階での解明は、解釈状況にあらかじめ与えられている諸要素にはほとんど依存しておらず、解明する人の実際の経験のレリヴァンス構造にもほとんど依存していないのである。それゆえ、解明する人にとって仮定的にレリヴァントであるにすぎない知識もまた、引き継ぐことができる。しかも「問題解決」ばかりか「問題設定」までもが、記号をとおして伝達され得るのである。

先に強調したように、前記号的な「客体化」の段階でなされる主観的知識の伝達は、その「客体化」を創り出した人の経験構造、レリヴァンス構造と、それを解明する人の経験構造とレリヴァンス構造とが一定程度、合致していることだけを前提にしており、個別的な知識要素が伝達されるに先立って両者が一定の知識をすでに共有していることは前提にしていない。それに対して記号による主観的知識の伝達は、いつもすでにそうした知識が共有されていることを前提にしている。自らの知識を記号に「客体化」する人とその記号を解釈する人は共に、同一の記号体系に対して親近的でなければならないのである。そうである場合にはじめて、一方が自らの主観的知識を記号へと移し替える過程は、他方がその記号を自らの主観的知識に移し戻す過程のなかに対応物を見出すのである。

いかにして主観的知識は記号を介して他者に伝えられるのだろうか。この問いは必然的に記号の相互主観的な構成の問題に直面する。あるいは、この問題を括弧に括ろうとする場合には、記号体系の歴史的な先行所与性とその主観的取得の問題に直面する。これらの問題に関しては、別の箇所で詳しく論じることになるだろう〔本書第六章B、C参照〕。したがってここでは、そこでなされるであろう探究の主要な結果を提示するだけに留めておきたい。

いましがた述べたように、主観的な知識は、日常的な生活世界における直接的な経験の諸層から大幅に切り離されている場合であっても、記号体系を介して伝達され得る。記号体系の構成は、まさしく主観的な経験が日常経験の時間的、空間的、社会的な諸層から大幅に切り離されていることを前提にしている。このことがここで想起されるべきである。そうした切り離し（「匿名化」と「理念化」）は、相互主観的な鏡映化過程にその起源をもっている。そうした切り離しに基づいて、さらに主観的過程の「客体化」――しかも共通に経験される「客体」と関係している主観的過程の「客体化」――そのものが、われわれ関係における時間的共通性と空間的共通性のなかで共通に経験される。そのようにして、相互主観的に通用し双方向的に解明可能な「客体化」が形成されるのである。そうした記号的な「客体化」は、原則的にいずれの「真性な」われわれ関係においても形成されるとみなすことができる。だが、歴史的な現実にあっては事情は違ってくる。人びとがそこに見出すのは、十分に発達した既成の記号体系なのである。歴史的な記号体系とは、生活史的状況の「賦課された」要素である。それは、人びとがそのなかに「生み込まれた」社会的アプリオリの本質的な構成要素をなしている。ただし、そうした歴史的な記号体系が主観的に取得されるのもまた、もちろん——とりわけ最初期のわれわれ関係における——相互主観的な鏡映化過程においてであるということだけは付け加えておかねばならない。

ここで、先の例に変更を加えることによって、以上の考察を具体的に説明してみよう。Aは、見ず知らずの土地である川を歩いて渡ろうとする場合、浅瀬を探すだろう。Aは、「自立した」知識習得の段階において浅瀬を見つけようとすることができる。また、他者が浅瀬を探してそれを見つける様子を見て、その他者をみならうこともできる。他者による（手を振ったり叫び声をあげたりするといった）表現形式によって浅瀬が指示されることもあるだろう。さらに一定の間隔で流れに打ち込まれた杭を見つけ、おそらく誰かがそれらを使ってこの流れを渡ったにちがいないと結論づけるかもしれない。だがいずれにせよ明らかなのは、見ず知らずの土地での渡河というAにとっての問題は、Aがその川に行き当たった時にはじめて、したがってその問題が実際にレリヴァントになった時にはじめて生じてきたということである。さらに、浅瀬について自分の知っていることを実際に用いているBをAが見かけた時にはじめて、あるいは、Bの残した生産物をAが実際の状況のなかで渡河の問題と明確に関連づけることができた場合にはじめて、Aは、Bが浅瀬について知っていることを引き継ぐことができるのである。

ここで、その川――Aはその存在についてまったく知らないけれども、Bはその川の浅瀬について精確に知っている――から一〇キロメートルほど離れたホテルでAとBが行き合わせたと想定してみよう。さらにBが、Aの向かっている方角からすればAはおそらくあの川につきあたるだろうと考え、そしてBは何らかの理由で、Aが何時間もかけて浅瀬探しを試みないで済むようにしてやろうと思い立ったと想定してみよう。二人がホテルで行き合わせた実際の状況においては、川も浅瀬も「目の前に存在して」はいない以上、Bは自分の知識を前記号的な「客体化」によってAに伝達することはできない。両者は出遭った際にいかなる共通の記号体系ももっていない場合には、Bが自分の知識をAに伝えるためには、Aと一緒に川まで引き返さねばならない。そうすればBは、実際にレリヴァントな問題状況において、たとえば浅瀬を指さすなど、前記号的な水準にある「客体化」をとおして自らの知識をAに伝達することができるだろう。ここでさらにBは、Aがおそらく徒歩旅行の途中で出くわすことになるだろう二つ目の川について知っていたと想定してみよう。その場合、Bは、実際の川や目に見える湾曲部、木立などを指し示しながら、またAの側での解明を直接的に「吟味」しながら、Aの前で簡単な地図体系を描こうとするかもしれない。次いでBはとても簡単な記号体系を用いて、まもなく渡ることになるだろう川の浅瀬についてAに教えようとするかもしれない。すなわちAにとっては仮定的にレリヴァントであるにすぎない、すでに「理念化され」「匿名的な」知識をAに伝達しようとするかもしれない。

だがAとBが、たとえば同一の言語を話したり、あるいは、ここでの例ではこれで十分だろうが、共にある限られた場所の地図体系に通じていたりする場合のように、記号的な「客体化」のための相応している解釈図式をすでに持ち合わせている場合には、AはBから問題の設定も解決も引き継ぐことができる。その場合にはBは、Aがやがて川に行き当たるだろうこと、その川はある場所からしか歩いて渡れないこと、そしてその場所は、山から流れてきた川が平地にぶつかる地点から二つ目の湾曲部の、三本のシダレヤナギが生えているところであること、これらをAに告げるだけで十分である。高度に匿名的で理念化された類型化（流れの湾曲部、シダレヤナギ、二つ目、三本など）の布置は、AとBがいまいる状況（たとえばホテル）の具体的な所与やその実際のレリヴァンスからは切り離されており、AとBの人格からも切り離されている。Aにとってその記号布置はそのようなものとして意義をもっている。Aはそれを、記号体系という意義母型から主観的な知識へと変換することができる。たとえAがBと知り合いではなかったとしても、またこれまでその川を見たことがなかったとしても、さらにAには、その流れの方向へ歩き続けるつもりはまったくなかったとしても、そうなのである。

ある記号体系を創り出すための動機づけについてははっきりと思い描くことは困難であり、

その記号体系の構成過程について具体的に説明することもまた困難である。それゆえ先の事例で述べてきたのは、AとBが適用範囲の限定された簡単な地図「体系」を相互主観的な過程のなかで作り上げていくという事態についてだけだったのである。そこで次に、非常にわかりやすくはあろうが、いささかロマンチックに単純化された「言語構築」に関する例を取りあげてみることにしよう。一人の男性と一人の女性がある島に漂着したとしよう。異なる部族出身の彼らは、(「自立して」習得された、また社会的に伝達された)異なる主観的知識を身につけており、また異なる言語を話している。この事例にあっては、ある共通言語を創り出すための彼らの動機づけについて思い描くのに特別な想像力は必要とされない。この事例に関して問題になるのは、記号体系が無から相互主観的に構成されることではなく、彼らのあいだに共通の言語が構築されるという、ただそのこと「だけ」である。その際、それぞれが「携えてきた」言語手段も重大な役割を果たすだろう。だが、決定的なのは相互主観的な過程であり、共通の経験などの「客体化」である。彼らが共通の言語を創り出して以降は、もちろん新たに習得した知識だけでなく携えてきた知識も伝達できるようになり、実際にレリヴァントな知識だけでなく仮定的にレリヴァントな知識もまた伝達できるようになる。

要約しよう。主観的知識が、知識習得に関与していた主観的経験の諸層から大幅に切り離され、さらに伝達状況の実際のレリヴァンス構造からも大幅に切り離されている場合、そうした主観的知識の伝達は、「同一の」記号体系について知っていることが伝達状況のなかに一緒に持ち込まれるか、あるいは共通の記号体系が伝達状況のなかで創り出されるかのいずれかを前提にしている。そうした前提が満たされる場合には、主観的知識は記号体系という「理念化され」「匿名的な」意義母型へと移し替えられ、また、対応する意味へと移し戻されることによって、ふたたび主観的な知識へと変換される。

前記号的な段階にある「客体化」は、動機づけられる必要はない。あるいはこの段階の「客体化」に関与する動機は、知識伝達の動機とは別のものでもあり得る。このことは先に明らかにしてきた〔本書第四章B2参照〕。とはいえ「客体化」の解明は、それゆえにまた知識の引き継ぎは、この段階にあっても動機づけられている。それに対して主観的知識を記号へと「客体化」する水準にあっては、知識の伝達も引き継ぎも共に動機づけられている。記号の措定はその記号を措定する人にとって、知識伝達の主観的な目的連関ないし理由連関のなかにあり、記号の解釈はその「客体化」を解釈する人にとって、知識の引き継ぎの主観的な目的連関ないし理由連関のなかにある、ということである。たとえば聞き流される独り言のような特別な事例については、ここでは目を向ける必要はないだろう。知識の伝達も引き継ぎも共に動機づけられているというこのことから、記号を措定する人に対して、また記号を解釈する人に対しても、ある結果がもたらされる。記号を措定する人は、他者がその「客体化」を記号体系という「客観的な」解釈図式の意味に即して解・

釈するだろうと想定する。だがその人はさらに、他者はその解釈をある類型的な仕方で、すなわち「客観的」な解釈図式からそのつど類型的かつ主観的にいわば逸脱しながら実行するだろうとも想定する。記号を措定する人は、記号を解釈する他者のことをよく知れば知るほど、他者の類型的な「移し戻し」についてよりよく先取りできるようになる。他者についてのそうした知識は、もともとの記号措定作用のなかへ入り込み、その行為が位置している主観的な目的連関あるいは理由連関に従ってその記号措定作用を変化させるかもしれない。他方、記号を解明する人は、「客体化」は記号を措定する人の動機づけられた作用であることを知っており、したがって記号を措定する人が何をどのように伝達しようとしているかはその人によって「統制」されていることを知っている。それゆえ、記号体系の水準での知識の伝達には、双方向的な社会的行為の形式的構造が備わっているのである。

この点に関連づけながら、さらに考察を進めていかねばならない。前記号的な水準にある「客体化」は、それが動機づけられている場合には、すでに他者による解明のある程度の先取りへと通じている。これは、動機づけられた「誇張」がなされる際に、また動機づけられた「欺瞞」が図られる際に作用し得る事情である。だが、記号体系の水準で知識伝達がなされる場合には、たとえば顔の表情といった「客体化」を多かれ少なかれ意識的に統御することに代わって、「虚偽の」知識を構築してそれを伝達するという可能性が現われてくる。伝達状況がもともとの習得状況から隔たっていればいるほど、また伝達される知識が直接的な生活世界的経験の諸層から切り離されていればいるほど、伝達される知識は、知識を引き継ぐ人による日常的でプラグマティックな吟味を免れることになる。こうした事情は、「専門知識」の特性とその社会的機能にとって少なからぬ意義をもっている。

以上の考察は、ここではただ指摘することができるだけの問題に触れている。第一に、主観的知識を記号体系の疑似理念的で匿名的な意義カテゴリーに移し替えることには、その知識を「偽造」するという帰結がすでに必然的に伴っているということを指摘しておかねばならない。知識習得の複定立的な形成と主観的知識の個別的な時間次元は「克服される」。知識習得の際の選択肢と袋小路は省略される。主観的な知識要素が埋め込まれている主観的な意味構造に備わっている独自の生活史的布置は、括弧に括られる。主観的な意味連関は、記号体系の「客観的な」意味連関によって大幅に「代替される」のである。だが記号体系は、記号を措定する個々人と記号を解明する個々人とを超越している歴史的-社会的な現実の層に属している。そうした現実を身につけている人にとって、すなわちそうした現実が自明である人にとって、それを「吟味」するという日常的でプラグマティックな規準は、もはやその意味を失っている。前記号的な「客体化」の水準にあっては、「正しい」知識と「間違っている」知識とを区別する生活世界的でプラグマティックな規準は、自明なものとして設定されているだろう。だが記号的な「客体化」の水準にあっては、主観的知識は歴史的に堆積した「理念的」な次元の現実に関係づけられており、そしてその次元の現実には、日常的でプラグマティックな概念としての「正しい」や「間違っている」はもはや適用できないのである。ここではこれ以上この問題に立ち入ることはできない。それゆえ、「間違っている」知識の社会的伝播は同一の形式的な前提に依拠しているということ、すなわち現実の記号的な層の、そしてもちろんとりわけ言語の匿名性、理念性、歴史性に依拠しているということだけを指摘しておこう。

主観的な知識は、匿名的な記号体系へと移し替えられることによって、それ自体が匿名化される。記号に「客体化」された知識要素をAがBから引き継いだ場合、Aはその知識要素をその客観的な意味において、すなわちその匿名的な意義において把握する。だがその場合でも、その知識要素の起源はBの主観的な経験にあることを知っている。さらにその知識要素はAからC、Dなどへと、伝達される知識要素の客観的な意味が本質的に変化することなく伝えられることが可能である。ただしその場合には、その知識要素の主観的な起源はCやDにとって完全に匿名的になるだろう。それに対して、ある特定の知識要素に特有の起源を確保しておきたい場合には、「歴史化」という特有の措置、すなわち記号体系の意義母型のなかに与えられている時間的、空間的、人的カテゴリー化の可能性を用いた、その起源についての特有の言明が必要になってくる(「ある友人が私に語ったところによると……」「人類の祖先に鍛造術を教えたのはロキである」)。言うまでもなく、そうした

「歴史化」は「事実」に対応していることもあれば、あくまで伝説や虚構にすぎないこともある（「ニコラ・テスラが電球を発明した」「モーセがシナイ山で十戒を授かった」）。そうした「歴史化」は、社会的に条件づけられた動機に由来している。そのような動機が存在しない場合には、記号のなかに「客体化」されて社会化されている知識は、たとえばルーティン的に用いられてきた意味論上の分節化の匿名性といった、言語的な自明性に伴う匿名性、すなわち格言や処方箋に伴う匿名性を帯びることになる（「誰もが知っているように……」「大昔からそう言われてきた」）。

主観的知識が記号体系の意義カテゴリーに「客体化」される際に必然的に生じてくる、主観的知識の「理念化」と「匿名化」は、主観的な経験と解釈の帰結が社会的な知識集積のなかに取り込まれる際に決定的な役割を果たしている。知識要素の「客観的な」意味は、知識習得の生活史的な独自性からは相対的に独立に他者へと伝達される。他者は、白らに固有の生活史的状況から相対的に独立した形で、伝達された知識要素の「客観的な」意味を把握する。伝達される知識要素の意義は、知識習得、知識伝達、知識の引き継ぎにおける具体的なレリヴァンス構造から、また空間的、時間的、人的な条件による制約からも大幅に独立しているのである。主観的な知識が記号体系に「客体化」される過程で生じてくる「理念化」と「匿名化」は、それゆえ知識が社会的に累積していくための前提である。だが、「空間と時間」から相対的に独立した形で知識が社会的に蓄積していくことは、他方で、「より高次の知識形式」が形成されるための、すなわち明示的な知識要素の体系が一段高次の「理念性」の段階へと展開していくための前提である。

主観的知識が記号体系へと「客体化」されるもうひとつの側面を際立たせようとすれば、知識の社会化に関する分析を先取りしておかねばならない。記号的に「客体化」された知識は、それが社会化されるに応じて、伝説的あるいは「歴史的」な起源に伴う特有の権威を取得するか、さもなければ「先祖」あるいは「すべての人」という匿名の権威を取得するようになる。先に示したように最終的には主観的な経験と解釈の帰結を遡って指示する知識は、そうした権威を取得することによって、個人に対置され、個人の経験の主観性と個人の状況の主観性とに対置され、圧倒する力をもつと同時に自明視もされる自立性を獲得するようになる。「客体化」されたこの種の知識の社会的妥当性は、もともとの社会的レリヴァンスよりもより長く存続するだろうことは言うまでもない。そうした事情は、伝統の形成にとって――さらには――歴史的で社会的な現実一般（相対的に自然な世界観）の形成にとって決定的に重要である。（仮定的な）前社会的個人と（仮定的な）前社会的現実とのあいだに介在しているこうした現実性は、その主観的な起源を示す痕跡をほとんど何も残していないのである。

ここで、歴史的な記号体系とりわけ言語を取得している個々人は、「自立して」習得した自らの主観的知識をそうした記号体系のなかで「客体化」し得るという、先に確認したことにふたたび立ち返らねばならない。そこで確認された事態が当てはまるのは、より厳密に言えば、主観的知識のなかでも、そのつど目の前に存在する記号体系の意義カテゴリーを超えることのない主観的知識に対してだけである。この文脈では、すでに社会化されている知識が（たとえば社会化過程のなかで）規則的に繰り返し「客体化」されるということには、もちろん関心を向けていない。そうした「客体化」において問題になってくるのは、明らかに「客体化問題」ではなく、制度化された知識伝達の問題なのである。だが「新たな」知識であっても、ただ「内容的に」新しいだけで、そのつど目の前に存在する記号体系の意義カテゴリーへの「客体化可能性」に関しては何ら問題がないということもあるだろう。日常的な生活世界における問題への対処にとってレリヴァントな「新たな」知識というのは、決まってこうしたものである。そうした「新たな」知識は、たいていの場合、日常の実践的な目的にとって十分な仕方で、とくに困難もなく、目の前に存在する記号体系を介して他者に伝達される。

だが、そのつど目の前に存在する記号体系の意義カテゴリーとの関係で、ただ相対的にのみ没類型的であるにすぎない「新たな」知識でさえも、「客体化」はされ得るけれども、そこには困難が伴ってくる。そうした「新たな」知識を適切に伝達するには、目の前に存在する記号体系のルーティン的な客体化可能性では十分でないのである。記号体系には、もちろんルーティン的でない客体化可能性も含まれているだろう。ただしそうした可能性を用いるためには、個々人の「新たな」知識と記号体系に沈澱している社会の歴史とが共働する、いわば創造的な作用が必要となる。ここでは、言語のような分化した記号体系のうちで「目の前に存在する」、ほとんど無限の可能性をもった類推語形や隠喩的表現などが念頭におかれるべきであろう。

　だが根本的に没類型的で、まさしく本質的に「新奇な」知識は、それを超えて、そのつど目の前に存在する記号体系を変化させ、極端な場合には新たな記号と記号体系の構成にいたることさえある。その例として、ここでもまた個々の語義の変化から新語の形成、さらには「専門言語」といった新たな意味領域の展開にまで及ぶ、言語の変化をあげることができるだろう。ルーティン的でない「客体化」を把握するには、もともとの「創造的な」作用をいわば追遂行してみることが必要である。このことは、「新たな」記号へと客体化された「新たな」知識の引き継ぎに関しては、もちろんより一層、当てはまる。本質的に「新奇な」知識はその起源を非日常的な現実と関係する経験のなかに主としてもっているということを、ここであわせて指摘しておきたい。それゆえ本質的に「新奇な」知識の「客体化」の問題をさらに探究しようとする場合には、非日常的な現実の次元への神話的、宗教的、詩的な「侵入」が果たす役割を、そして「より高次の知識形式」が発達している特定の歴史的段階にあっては、その次元への哲学的、科学的な「侵入」が果たす役割を、とりわけ考慮しなければならない。

要約しよう。主観的知識が社会的な知識集積へと組み入れられるための基本前提は、それが「客体化」されることにある。主観的知識は、様ざまな段階で「客体化」され得る。そしてその「客体化」の段階は、主観的知識の伝達が知識習得とどれほど強く結びついているか、主観的知識は生活世界の過程や対象に具現化されているのか否か、さらに主観的知識は理念化され匿名化された記号体系に移し替えられているのか否かにかかっている。社会的な知識集積は、「客体化」の様ざまな段階にある要素を含んでいる。それは、個々人に対して他者の行動と行為のなかにパターンとして与えられている（たとえば類型的な歩き方や働き方などのような）技能を含んでおり、また産出物や処方箋、明示的な知識要素を含んでいる。これら産出物、処方箋、明示的な知識要素は、記号体系とりわけ言語へと「客体化」されている。そうした記号体系、またとりわけ言語は、それ自体、社会的な知識集積の構成要素であると同時に、「客体化」された明示的な知識要素の「媒体」でもある。したがってそれらは、知識が社会的に累積し「より高次の知識形式」が展開していくための前提なのである。

3 「客体化された」知識の社会化

a 知識の社会的レリヴァンス

主観的知識は、社会的知識集積に組み入れられるに先立って、何らかの形式で「客体化され」ねばならない。だが、主観的知識を社会的な知識集積に組み入れるには、主観的知識の「客体化」だけではいまだ十分ではない。主観的な経験と解釈の結果すべてのなかで「客体化」されるのは、いずれにせよその一部だけであるということを考慮に入れておかねばならない。しかもそのうえ、何らかの形で「客体化」された主観的知識のなかで社会的知識集積に組み入れられるのも、その一部だけである。主観的な知識が社会的な知識集積の構成要素になるためには、明らかに、それが何らかの形式で「客体化」されるという基本的な前提の他に、それとは別の条件が充足されねばならない。それゆえここで問われるべきは、主観的知識には、それが「客体化」されたのちに社会化されるものとされないものとがあるが、その違いはいかにして生じてくるのかという問いである。この問いへの回答を見出すために、まずはじめに、主観的知識のもともとの「客体化」と、それに続く「客体化された」知識の引き継ぎとの基底にいかなるレリヴァンス構造が横たわっているかについて、いま一度、問うてみなければならない。

すでにみたように、主観的な知識習得は主観的な——ただし大幅に社会化された——レリヴァンス構造によって規定されている。それに対して、そのようにして習得された知識の「客体化」は、前記号的な「客体化」の水準にあっては、動機づけられていないこともあり得るし、あるいはそこでの「客体化」の動機は、知識伝達の動機と別物であるかもしれない。前記号的な「客体化」の水準にあっても、たしかに知識の引き継ぎ——したがって「客体化」の解明——だけはすでに基本的に動機づけられている。すなわちこの水準での「客体化」は解釈者によって、実際的にあるいは仮定的にレリヴァントな知識の具現化として把握される。それゆえ、前記号的な「客体化」の水準にある知識の引き継ぎは、「自立した」諸段階を辿るなかで問題の「解決」を見出した人にとっての問題ないしは問題状況と、問題「解決」をその人から引き継いだ人にとっての問題ないし問題状況とが類型的に類似していることに依拠している。

このことはまた、記号をとおした主観的知識の伝達にも——両者のあいだには重要な違いはあるが——当てはまる。記号の段階にある知識の伝達は——すでに述べたように——いわば「二つの側面で」動機づけられている。もともとの「客体化」のための類型的な動機は、自分の知識を他者に伝達することにある。より精確に言えば、伝達がどのような理由連関のなかにあるか（たとえば他者への懸念、他者に対する義務、ある問題に関する協働などに関わりなく、伝達することがこの場合の「客体化」の類型的な目的動機である。そうした知識伝達の目的連関と理由連関は広範に社会化されており、既存の社会構造（母や教師など）に由来しているということは、ここで強調するまでもないだろう。記号的な「客体化」の水準にあっては、それゆえに知識の引き継ぎだけでなく、もともとの「客体化」もまたたしかに、問題の類型的な類似性に基づいている。自分の主観的知識を他者に伝える人は、ある特定の他者や類型的な他者に関する自らの知識に基づいて、当の知識要素は、それが自分にとってレリヴァントであったように彼あるいは彼女の類型的な問題にとってもまたレリヴァントであろう、あるいはレリヴァントになるだろう、と想定しているのである。

「客体化された」知識の引き継ぎは、どの水準の「客体化」にある場合でも、主観的なレリヴァンス構造の類型的な類似性に依拠しており、さらに記号的な「客体化」の水準にある知識の伝達は、たしかに主観的なレリヴァンス構造の類型的な類似性を想定することに依拠している、と言っていいだろう。ある人と他の人にとっての類型的に類似した問題の「解決」を呈示する知識は、相互主観的にレリヴァントな知識である。あるいは――のちに明らかになるように――少なくともその端緒において、もはやすでに社会的にレリヴァントな知識である。

これまでの考察を、すでに何度も用いてきた例を引き合いに出しながら具体的に説明してみよう。BはAに出会い、その川を渡るのにもっともいい場所をAに伝えようとしている。Bはその知識を「自立して」習得した。その知識はBにとって、かつてレリヴァントであった問題の「解決」を示している。Bは、それと「同一の」問題が（もしAがその方向に進むのであれば）Aにとってもレリヴァントになるだろうと想定する。そこでBは、何らかの理由で（Bは親切な人だったから、あるいはBは旅人に関心をもっていたから、あるいはAはBの甥だったからなど、無数の理由連関を例としてあげることができる）その知識をAに伝達しようと思い、それゆえにその「解決」をAに知らせた。いまやAとBは、両者にとって「同一の」類型的レリヴァンスをもつ特定の知識要素を共有している。問題の「解決」は「客体化され」、そして引き継がれたのである。ここまで話を進めることによって、次に社会的な知識集積について語ることができるようになったのだろうか。知識要素の社会性を保障する二つの形式的前提は、たしかにすでに充足されてはいる。だがここで社会的な知識集積という概念を用いることには、いまだ抵抗がある。AとBが「社会」を形成しているとは、いまだ言えないからであり、また、ここで問題になっているのはただひとつの知識要素だけだからである。

かといって、知識要素の社会性にとってのこれら二つの形式的前提に対して量的な規準を付け加えることは不可能である。社会的な知識集積について語り得るには、いったいどれだけ多くの人びとが知識要素を共有していなければならないのだろうか。またどれだけ多くの知識要素が関わっていなければならないのだろうか。さほど多くもない人びとによって話されている言語もあれば、「わずかな」知識要素しか共有されていない社会もまた存在している。このことは、経験的な知識社会学の因果的‐歴史的な分析にとって、量的な問題はさほど意義のあるものではないということを言っているわけではもちろんない。この種の要因をいくつかあげてみると、たとえば人口規模、人口密度、コミュニケーション密度などは、明らかに知識集積の分化と知識の社会的配分とに何らかの形で関係している。だが知識要素の社会性は、そうした量的なものに基づくことによっては十分に規定することはできない。このことを、先に利用したもうひとつの例を用いて明らかにしてみよう。

われわれは先に、異なる部族出身で共通の言語をもたない一人の男性と一人の女性が無人島に漂着したと想定した。その二人がそれぞれ携えてきた社会化された解釈的レリヴァンスと動機的レリヴァンスの集積は、それゆえに異なっている。だが彼らには「共通の」運命が課されている。広範な領域の類型的な問題が彼らに降りかかってくる。ある日常的な問題の「解決」を「自立して」見出した人――あるいは「解決」らしきものを「携えてきた」人――は、それがどちらの人であれ、もう一方の人にそれを伝えることができる。そうした伝達には、おそらく最初は、前記号的な水準にある「客体化」が必要とされるだろう。だが、継続的なわれわれ関係が続いていくなかで、やむを得ない動機に直面しながら、またそれぞれが「携えてきた」言語の助けを借りながら、共通の言語が当然、生じてくるだろう。そして彼らはその共通言語によって、比較的「理念的」で「匿名的」な知識でさえも双方向的に伝達できるようになるだろう。ここに、いわば二人の人間から成り立っている「社会」を見ることができる。「共通の運命」すなわち類型的に類似した問題、われわれ関係に限定された事実上の社会構造、共通の言語、共通の知識成分をそこに見出すことができるのである。

そうした共通の知識成分は、類型的に類似した「共通の」問題に主として関係している。その知識成分は、いわば「一般的に妥当する」。ただし、ここでの一般性は、二人から成り立っているものではあるが。だが両者は、共有している知識要素の他に、「客体化されて」いない主観的な知識成分をそれぞれがもっている。それは一部には、その知識要素は「客体化」するのが容易でなかったからかもしれないし、また一部には、その知識要素が関係しているのが、一方にとってはレリヴァントであるけれども、他方にとってはレリヴァントでない問題だったからかもしれない。例をあげよう。女性としては女性にとってだけレリヴァントな問題が、また男性としては男性にとってだけレリヴァントな問題が存在しており、そしてそうした問題のそのつどの解決に関しては、それを相手に伝達するという必要にかられた動機は生じてこないのである。だが問題が共通のレリヴァンスに基づく場合には、主観的な知識要素から共通の疑似社会的な知識集積が形成される。ただし、そうした知識集積は主観的な知識要素の単なる総和ではないということ、まさしくこのことが、いま示した例からとりわけ明らかになるだろう。

そうした共通の知識要素の成分を指示するのに社会的な知識集積という概念をもちだすのは、いまだ場違いのように思える。ただし、そう思えるのは、「社会」の大きさのせいでもなければ、共通の知識要素の量のせいでもない。そうした共通の知識要素の成分を「疑似社会的」であると称した理由は、「歴史」という表現をAとBの生活史の重なり合いという意味では用いないとすれば、その「社会」はいかなる「歴史」ももっていないという点に求められる。AとBが亡くなれば、彼らに共通の知識もそれと共に消滅するだろう。彼らによって習得された問題解決は他者によって引き継がれることはなく、ふたたび「自立して」習得されねばならない。だが、われわれが社会的な知識集積について語る場合には、基本的に、世代を超えた知識の伝達を念頭においているのである。ここでもまたもちろん、適用可能な量的規準を確定することはできない——この点は強調しておく必要があるだろう。

ここでふたたび先の例に戻ることにしよう。AとBのところにCがやってきたと想定しよう。このカップルに子どもが生まれたのである。AやBとは違って子どもであるCは、社会化された解釈的レリヴァンスと動機的レリヴァンスを「携えて」やってくることはなく、また記号体系については何も知らない。その代わりCには両親の言語と（疑似）社会的な知識集積があらかじめ与えられている。それらはCにとってはすでに歴史的でもある社会的なアプリオリの構成要素である。AとBが、自分たちの直面した問題にCもまた直面するだろう、したがってその解決はCにとってもレリヴァントになるだろうと想定する限り、AとBは、自分たちの知識をCに伝達するという必要にかられた動機をもつことになる。他方、Cは最初期のわれわれ関係のなかで、それらの知識を身につけていく。この過程については他の箇所ですでに詳しく論じておいたので〔本書第四章A1参照〕、ここでは、Cにとっての最初期のわれわれ関係の「背後」にある社会構造とは、AとBのわれわれ関係の構造に他ならないということを指摘しておくので十分だろう。ただしその構造は、Cが加わることによって、そしてそのことから新たなレリヴァンスがもたらされることによって、必然的に変化せざるを得ないということを付け加えておこう。これは、行為の制度化に関する分析にまで立ち入らねばならない問題である。ここでは、AとBの知識がCに伝達されるという場合、それはいったい何を意味しているのかについてだけ考察してみることにしたい。

　先ほど、AにとってレリヴァントなことのすべてがBにとってもまたレリヴァントであるとは限らないと述べた。Aだけの、あるいはBだけのレリヴァンス構造にもっぱら基づいている知識は、類型的に言えば、「客体化される」ことはまったくなく、AとBに共通の知識集積に組み入れられることもない。AとBにとってはレリヴァントで、両者に共通のことだけれども、Cにとってはレリヴァントでない、あるいはAとBによってしにはレリヴァントでないとみなされる知識もまた存在しているだろう。その場合には、そうした領域にある共通の知識成分を伝達しようという動機は生じてこない。そうした知識の例として、AとBがわきまえている二人の関係の独自性から生じてきた、AとBの関係の「解消」をあげることができよう。だがAとBによって、関係のそれとは別の「解消」が男女関係の類型的な問題の「解消」とみなされ、したがってそれがCにとって仮定的にレリヴァントなものとみなされてCに伝達されるかもしれない。

また、AはBにとってレリヴァントではないとみなし、BはAにとってレリヴァントではないとみなしているために、AとBに共通の知識集積には属していないけれども、AとBのどちらか一方がCにとって仮定的にレリヴァントだとみなす知識も存在している。例をあげよう。女性であるAにとってレリヴァントな問題の「解決」は、Aによって、男性であるBにとってはレリヴァントでないだろうが、娘であるCにとっては仮定的にレリヴァントだろうとみなされる。この知識は、いわばここではじめて「客体化され」、Cに伝達される。このようにして、AとBとCがもっている知識、AとBがもっている知識、AとCがもっている知識といったように、社会的な知識集積にある分化が生じてくる。明らかにこうした分化は、匿名化された特定の類型化に依拠している。AとBにとって類型的にレリヴァントであるとされる知識要素もあれば、類型Aと類型Bの人びとにとって類型的にレリヴァントであるとされる知識要素もあり、類型Aと類型Cの人びとにとって類型的にレリヴァントであるとされる知識もある。他方、類型Aと類型Bと類型Cの人びとにとって類型的にレリヴァントとされる知識もあれば、ついには「すべての人びと」にとって類型的にレリヴァントとされる知識もある。ここで最後に取りあげた問題に関しては、知識の社会的配分を分析する際に別の視点から詳しく論じる必要があるだろう〔本書第四章C参照〕。

b　知識の社会的伝達

どんなに小さくて単純な「社会」であっても、そこには、その「社会」にとってレリヴァントな知識が「消滅」しないよう、いわば事前の措置がいつもすでに備わっている。その際、知識はいかなる類型的な問題にとって、またいかなる類型的な人間にとってレリヴァントであるのか、あるいはレリヴァントであるとみなされるかに応じて、知識の最初の分化が生じてくる。とはいえ先に用いた例（A、B、Cからなる社会）にあっては、知識の社会的レリヴァンスと知識の伝達は、AとBの主観的な動機と、Cにとって類型的な問題であろうというAとBの主観的な見込みとに、いまだ直接的に結びついていた。この例における「社会」は、そうした事情によって歴史的な社会から区別される。歴史的な社会にあっては、社会的にレリヴァントな知識は主観的な見込みから、また主観的なレリヴァンス構造からも大幅に切り離されている。何が類型的な問題なのか、誰にとっての類型的な問題が取りあげられるのか、誰がその解決を伝達すべきなのか、誰にその解決は伝達されるのかといったことは、歴史的な社会にあっては、あらかじめ大幅に決定されている。それらの問いへの回答それ自体が、社会的な知識集積の要素なのである。社会的にレリヴァントな知識の伝達は、このようにして社会構造に係留されている。

その内部で知識が伝達される先の例の「社会構造」は、A、B、Cのあいだのわれわれ関係の構造に限定されていた。その社会構造において、すでに知識伝達に関してある分化が生じていた。「一般的に妥当する」知識――Aにとってレリヴァントで、またBとCにとってもレリヴァントな問題の解決を示す知識――はCによって、Aとの社会関係やBとの社会関係のなかで引き継がれる。しかし、類型Aと類型Cの人にはレリヴァントであるけれども類型Bの人にはレリヴァントでない知識は、CによってAとの社会関係のなかで引き継がれる。他方、類型Bと類型Cの人にとってはレリヴァントであるけれども類型Aの人にとってはレリヴァントでない知識は、CによってBとの社会関係のなかで引き継がれる。こうした単純な社会構造において、もはやすでに知識のレリヴァンスと「妥当性」は、まずもってA、B、Cのあいだの高度に個別的で「独自な」社会関係から切り離されている。レリヴァンスと「妥当性」は、特定の類型化（類型A、類型B、類型Cの人びと）に割り当てられているのである。またそれとともに、知識の領域を社会的役割に割り当てる手掛かりが与えられる。他方、そうした割り当ては、知識の伝達が社会的役割に結びつけられる前提条件でもある。だがこの例では、伝達の動機も、ある知識要素がCにとって仮定的にレリヴァントであるという想定の基底にある他者（C）についての類型化も、いまだなお主観的なレリヴァンス構造、すなわちAとBの動機的レリヴァンスと解釈的レリヴァンスによって、本質的に規定されている。

ではこうした知識の引き継ぎ過程は、Cにとってどのように現われているのだろうか。Cに対するAとBの行動を規定しているのは、言うまでもなく彼らがCを把握するために用いている類型化である。それゆえそうした類型化は、CによってAとBの行動を手掛かりに読み取られるだろう。それらの類型化は相互主観的な鏡映化過程のなかで、Cの自己類型化を形作る諸側面へと姿を変えていく。AとBからCへと知識が伝達される際のその基底にある（したがってCの最初期のわれわれ関係一般の基底にある）他者類型化は、それゆえCが自己像を形成する際に決定的な役割を果たしている。だがそれらの類型化は、それと同時に社会的世界の編成に関する最初の知識をもCに伝達している。なぜなら、それらの類型化は――それらがCによって把握されている限り――AとB（そしてもちろんC）が匿名化されているその痕跡をすでに含んでいるからである。それゆえそれらの類型化は、D、E、Fといった人びとを把握する際にも、原則として用いることができる。Cは自らを、類型的に他者と似ている者として――類型的に特定の知識を必要とする者として――、あるいは類型的に他者とは異なっている者として把握するようになる。Cにとって、ある特定の問題の解決はある特定の類型の人びとにとってレリヴァントであるということが自明のことになる。さらにCは、ある特定の知識が必要な際には、類型的にある特定の人びと（父親や母親たちなど）がそれを満たしてくれることを経験する。ある特定の知識がある特定の人びとに伝達されるということが自明のことになる。ある特定の知識要素はある特定の他者にとって仮定的にレリヴァントであるという洞察と、それを伝達するための動機についての洞察は、Cにとって、厳密に言えば「自立して」導き出されたのではなく、社会的に導き出されたのである。さらにそのうえ、知識を（AとBから）もともと引き継いだその引き継ぎ方は、Cにとってひとつの先例になり、それが、知識をD、E、Fなどに伝達する際の方法と様式をあらかじめ規定することにもなる。

これまでの考察によって、われわれはすでに歴史的な社会における社会的な知識伝達をめぐる問いへと歩みを進めている。歴史的な社会にあっては、社会的にレリヴァントな知識の伝達はいつもすでに、主観的なレリヴァンス構造（類型化と伝達動機）から大幅に切り離され、社会構造に堅固に係留された自明性を形成しているからである。何が社会的にレリヴァントなのか、誰にとってそれはレリヴァントなのか、それは誰にどのような形で伝達されるべきなのか。これらのことがらはすべて、「社会化された」解釈的レリヴァンスと動機的レリヴァンスの成分に属している。ある特定の領域の社会的な知識集積は、多かれ少なかれ「匿名的な」ある特定の社会的役割にとって類型的にレリヴァントであるとされており、さらにその当の知識の伝達もまた、社会的役割に結びつけられている。このことは、歴史的な社会における社会的な知識集積には、その集積のなかに堆積している「問題解決」と関係する仮定的にレリヴァントなものの「社会化された」体系が含まれているということを意味している。それゆえ、「問題解決」だけが社会的役割に結びつりられているわけではなく、その「問題解決」の伝達もまた社会的役割に結びつけられているのである。

最初期のわれわれ関係は、「一般的に妥当する」知識の伝達に際して決定的な意義をもっている。「すべての人」がこの関係のなかで自らの言語を学び、それと同時に何らかの「一般的な」技能と行動規範とを学んでいく。そうした最初期のわれわれ関係は、類型的には親族体系の構造によって規定されている。子どもにとって家族は、類型的にははじめて直接的に経験する社会的現実である——それは一目で見渡せる現実であるが、家族の「背後に」ある全体的な社会構造によってすでに条件づけられている〔本書第四章A1参照〕。

一般的にレリヴァントな問題の解決といった、社会的な知識集積の広範な領域にわたる基底的要素は、家族内での社会的役割と結びついて伝達される。言語、一般的な行動規範、技能に加えて、生活史的に「賦課された」役割と本質的に結びついている問題にとってレリヴァントな、たとえば性別役割のような知識もまた家族のなかで伝達される。かくして類型的な母親は、それらとは別の特定の「問題解決」を娘に伝えるのである。

ただし、この点に関しては慎重に論を進めなければならない。歴史的な社会構造と相対的に自然な世界観はきわめて多様だからである。しかも、知識集積の「内容」に関してきわめて多様であるだけではない。知識伝達が社会構造に係留されるその仕方に関してもまた、きわめて多様なのである。社会的な知識集積の基底にある要素を伝達することに対して家族のもっている意義、そしてそれは人びとの初期の「社会化」において家族の果たす決定的な役割とも符合しているが、そうした家族の意義は、例外はあるけれどもほとんど普遍的である。だがそれにもかかわらず、「一般的に妥当する」知識の領域と「賦課された」役割に結びつけられている知識の領域は、また家族の構造の外部においても伝達され得る。たとえば、性別役割にレリヴァントな知識の本質的な局面が男性結社によって伝達される社会もあれば、多かれ少なかれインフォーマルな年齢集団によってそれが伝達される社会もある。また、義務教育制度を備えている現代の諸社会にあっては、「一般的に妥当する」知識の広範な領域が、たとえば小学校のような専門化された知識伝達機関によって伝達される。

生活史的に「賦課された」役割とは本質的に結びついていない問題にとってレリヴァントな知識は、たいていの場合、親族制度とは別の制度によって伝達される。これはたとえば、比較的単純な社会においてすでに多くの職業上の役割に関してみられる事態である。

一般的には次のように言うことができる。社会的にレリヴァントな問題の解決が、制度化された役割構造と結びついたルーティン的な行為形式へと沈澱しているところでは、知識の伝達もまた類型的には制度化され、特定の役割の担い手によってルーティン的に引き受けられている、と。かくして、宗教、経済、政治といった制度の諸領域には、師匠と親方、「下士官」と「将校」などが存在することになる。ただし、ここでは特定の役割と結びついた知識伝達を問題にしているけれども、それらの社会的役割にとって知識伝達は必ずしもその唯一の機能ではないということに注意しておかねばならない。知識伝達をその唯一の機能とする社会的役割の形成は、まったくもって普遍的ではない。知識伝達が制度化されて自立するのは、特定の社会的－歴史的条件においてだけなのである。そうした制度化が進展する原因と脈絡とを解明することは、経験的な知識社会学の課題領域に属している。知識伝達が家族に係留されていることとの関係で付しておいた留保が、ここにもまた当てはまるからである。制度化された知識伝達の歴史的多様性はきわめて大きく、したがってここで可能なのは、社会的にレリヴァントな知識の伝達は、いずれの歴史的な社会にあっても主観的なレリヴァンス構造から切り離されていること、またそうした知識の伝達は、「社会化された」レリヴァンス構造に基づきながら社会的な役割分化にルーティン的に係留されていること、これをただ形式的に確認することだけである。それを超えて「因果的」仮説の形式にまで進んでいくには、民族学的な素材と歴史的な素材によってそのことを証明しなければならない。

c 知識の社会的累積

社会的にレリヴァントな知識の伝達は社会構造に係留されており、そしてそのことが世代を超えた知識の存続を保証している。では、知識要素が――相互主観的な過程において「客体化された」あと――その社会的なレリヴァンスに基づいて社会構造の内部でルーティン的に伝達される際に、その知識要素にはいったい何が生じるのだろうか。

ある問題に関する最初の、そしてもともとの「客体化された」解決は、個々人の主観的レリヴァンス構造に依然として大幅に依存していた。だがその解決は、記号へと客体化されることによって初期の匿名化を被ることになる。さらに当の知識要素が、類型的に類似した――だが完全には同一でない――仕方で現われている問題に直面している人びとによって、類型的に類似した――だが完全には同一でない――問題状況のなかで繰り返し用いられることによって、その問題解決に残存していた主観的に条件づけられた契機がいわば削ぎ落とされていく。問題解決が社会的に伝達されていく過程で、その問題解決に――少なくともその社会的なレリヴァンスという観点からみた――ある種の「改良」がもたらされるのである。たとえば、ある野生動物を仕留めることがもともとの問題であったと想定してみよう。二人の猟師によるもともとの解決は、一人が待ち伏せをし、もう一人が罠へと動物を追い込むというものであった。そのもともとの解決がある他者に伝達された場合、その他者は、差し当たりその最初の解決を精確に模倣するだろう。だが、その解決が繰り返し用いられていく過程で、ある人が、二〇人――仮にそういうことにしよう――という自分のグループの規模を活かして罠以外の場所に逃走できないようにこの動物を包囲することを思いついた。そしてそれ以降、大集団による追い込み猟という修正された解決が社会的な知識集積の固定した構成要素になったのである。知識要素が多くの世代を超えて「改良されて」いくことを鮮やかに示すもうひとつの例として、道具の製作をあげることができる。ある道具は「もともと」、その一般的な利用可能性という点では「偶然的な」主観的形式を備えていた。しかし、そうした形式が次第に削ぎ落とされ、そして最終的にその道具の「最良の」形式という社会的な様式が形成されたのである。

だが、知識要素が社会的に伝達される過程で「改良されて」いくということは、知識要素が社会的な知識集積のなかに保持されることに付随している別のある事情と対立する。もともと定着していたことは「硬直する」という事情である。類型的な問題の解決に関する社会的な集積は、とりわけ「自立した」知識習得の広範な領域から個々人が負うことになる負担を軽減するという機能をもっている。すでに「解決済みの」問題、すなわちその「自明視された」解決が社会的に導き出されている問題に対して、それとは別の「より良い」解決を探求しようとするきっかけは、通常、個々人には生じてこない。自明視された解決が社会的に確定されると、「自立して」修正すること、あるいはその修正を社会的な知識集積に取り入れることは妨げられがちになる。知識要素の「硬直性」あるいは「開放性」の度合いは社会構造と関連しており、また相対的に自然な世界観の一般的な徴表とも関連しており、したがってそれは、歴史学的また民族学的な比較研究によってのみ確定することができる。この問題を具体的に把握するには、たとえば、ある社会ではある形の鋤が使用されることに示されている保守的な傾向や、日常の自明な出来事としての電気の急速な普及について考えてみるのがいいだろう。

ただし、ここで語られているのは日常的な問題の解決についてだけであるということを強調しておかねばならない。宗教的思考、哲学的思考、また科学的思考をある特定の事情のもとで特徴づけているパースペクティヴが根本的に変移したり、それらの思考を特徴づけている問題が「逆立ち」したりすることは、自然的態度にとっては馴染みのないことだろう。けれどもこの種の根本的な変移は、それらの思考領域と知識領域からある社会に備わっている日常的な知識集積のなかへと間接的に浸透し得るのである。

知識要素が社会的な知識集積に——何らかの修正や「改良」がなされるか否かにかかわらず——保持される場合、そこでは二つのことがらが前提にされている。第一に、社会的な伝達の連鎖、すなわち社会構造が、その本質的な特徴をもって保持されていなければならないということである。社会構造が根本から変化すると――それに伴って社会的な知識集積もいずれにせよ根底から変化するのだが――特定の知識要素のための伝達連鎖が遮断され、さらには知識の全領域のための伝達連鎖までもが遮断されることがある。そうなると、それらの知識は忘れ去られ、埋没してしまう。当該の知識が口承的な伝統のなかで伝達されることに加えて、間断ない社会的な伝達連鎖には依存することのないたとえば金石文や文書といった形式で定着させられているなら、そうした知識はもちろん「再発見され」得るだろう。だがそこで再発見された知識は、相対的に自然な世界観へと社会化されている個々人の自明な所有物ではなくなってしまっている。さらにもうひとつ別の可能性に触れておこう。社会構造がある程度、複雑である場合、ある特定の知識要素と知識領域が、社会構造における「公式の」伝達から締め出されることがある。その場合には、それら締め出された知識要素と知識領域は、周辺的な社会集団や社会階層のなかでいわば潜行的に伝達される。そうした潜行的な知的伝統に関する例は、理念史のなかに数多くみられる。

知識要素が社会的な知識集積に保持されるための第二の前提は、その「解決」が知識要素のなかに示されている問題がレリヴァントであり続けているということである。ある問題が社会的にレリヴァントでなくなると、それを解決することは輝きを失い、類型的な場合には社会的な知識集積から排除されてしまう。ある社会の環境から野生のノロジカがいなくなると、ノロジカ狩りに関する知識を伝達する動機も失われてしまうのである。

だが、ここである留保をつけておく必要があるだろう。これまで述べてきたことが当てはまるのは、とりわけ日常生活の問題を克服するための明白でプラグマティックな技術に対してなのである。問題になっている知識が、たとえば宗教的知識のような非日常的な現実領域に関する知識に近ければ近いほど、形式は変化して場合によっては神話的な形式をとることがあるにしても、その知識が保持される蓋然性はますます高くなる。さらに指摘しておけば、プラグマティックな観点からみればもはやレリヴァントではなくなっている知識が、それを伝達するための社会的装置が目の前に存在しているためにルーティン的に伝達され続けるということも考えられる。それらの知識を社会的な知識集積から除去するという明白で社会的にレリヴァントな動機が生じ、そしてそれがその「装置」に対抗して定着した場合、すなわち、いわば「刷新」とか「革命」が生じた場合にはじめて、それらの知識がルーティン的に伝達されることはなくなるのである。社会的にレリヴァントでない知識（ここでのレリヴァンス概念もプラグマティックに狭く捉えられている）の伝達はさらにそのうえ、先に触れた事情とも関連している。もともとの知識要素が歴史的あるいは伝説的に定着させられると、その知識要素は類型的には知識集積のヒエラルヒー内で重要な位置を占めるようになる。そうした知識要素は、厳密にプラグマティックな観点からみればもはやレリヴァントではなくなっている場合でさえも、その社会において自明なこととそこでの伝統意識に対して意義をもち続け、それゆえにまた社会的にレリヴァントな知識のルーティン的な伝達のなかで保持され続けるだろう。

さて本題に戻らねばならない。個々人に伝達される社会的な知識集積は、日常の重要な出来事の多くを「自立して」解決しなければならない場合に個々人が負うことになる負担を軽減してくれる。個々人が「新たな」問題に、したがっていまだ解決されていない問題に、ことによるといまだ一度も把握されたことさえない問題に対向する可能性を原則としてもっているのは、そうした負担が軽減されているその結果なのである。もっともこのことが当てはまるのは、日常生活における「新たな」問題に対してだけではない。そうした負担軽減は、それどころか非日常的な問題への対向さえも可能にしている。

だが、新たな知識を「自立して」習得するそうした可能性を活用することは、それ自体、社会的に条件づけられている。いずれの個人もそのつどの社会的な知識集積によって、広範な領域にわたる日常の類型的な問題を「自立して」解決することから解放されている。そうである以上、「新たな」問題を多かれ少なかれ「自立して」主観的に解決した場合にはいつも、そこから新たな要素が知識集積のなかへ流入してくると想定することは基本的に可能であろう(それに対して、たとえば問題は単に解決されねばならないだけではなく、繰り返し効果的に対処されねばならないといったように、作用する必要性だけが対抗的に措定されるかもしれない)。けれども、新たな知識の増大、すなわち社会的な知識集積における知識の累積は歴史的な過程として、そのつどの社会構造と相対的に自然な世界観のそのつどの基本次元とに依存している。知識の蓄積という歴史的な過程は、累積のテンポという点でも「累積される」意味構造という点でも、きわめて大きな多様性を示し得るだろう。

ここで二つの極端なケースを想定してみよう。ひとつは、あらゆる問題が「最終決定的に」解決され、知識習得の「自立した」試みはもはや現われてこない社会における、完全に安定している社会的な知識集積であり、もうひとつは、世代が交替するたびに一から新たに形成される社会的な知識集積である。これら極端なケースはいずれも、明らかに理論的な構築物である。どんなに「原始的な」社会であれ、絶対的に硬直した知識集積をもつ社会など存在していないし、どんなに革命的に変化しつつある社会であれ、新たな知識集積を一から築きあげる社会など存在していない。だが、様ざまな社会あるいは様ざまな社会類型は、二つの極端な事例のどちらか一方に比較的、似通ってくるだろう。たとえば、何世代にもわたる石斧の発達や「庶民の知恵」の形成と、技術革新の影響のもとでここ数世紀のあいだにきわめて急速に進んできている、広範な領域に及ぶ「良識」の変化とを比較してみるとよい。

知識が蓄積していく歴史的な過程において決定的な役割を演じている構造的な要因（たとえばコミュニケーションの密度）と、相対的に自然な世界観の諸次元（たとえば宗教によるいくつかの伝統の強固な「硬直」）について探究していくことは、経験的な知識社会学にとって重要な課題のひとつであろう。だが、あらゆる歴史的な変化に通底しているある基本的な事実が認められる。社会的にレリヴァントな知識が社会構造をとおしてルーティン的に伝達されるようになるや否や、いわば歴史的な次元における分業の原理、すなわち世代間「分業」の原理が社会的な知識集積のなかに具現化されてくるという事実である。

d　より高次の知識形式の展開

知識の社会的レリヴァンスに関する分析によって、社会的な知識集積に組み入れられているのは、「すべての人」にとってレリヴァントな知識だけでなく、特定の社会的役割と結びついた問題との関連でのみレリヴァントな知識もまたそこに組み入れられているということが明らかになった〔本書第四章B3参照〕。さらにそれに続く分析から、一般的にレリヴァントな知識は「すべての人」にルーティン的に伝達され、特定の社会的役割にとってレリヴァントな知識は、当の「役割所持者」にだけルーティン的に伝達されるということが明らかになった〔本書第四章B3参照〕。要するに、ある社会に備わった構造をいかに単純なものとして表象したとしても、その社会にはある種の分化が必ずみられるということが社会的な知識集積の構成分析によって明らかにされたのである。これとの関連で、民族学は、完全に「同質な文化」あるいは絶対的に未分化の知識集積をもっているほど「原始的な」社会にいまだ出会ったことがない、ということを指摘しておこう。

社会的な知識集積の分化についてそうした水準で語る際にわれわれの念頭にあるのは、もちろん、知識集積のある特定の要素のルーティン的な伝達には分化がみられるということだけである。だがその水準にあっては、基本的にはいまだ「すべての人」が知識集積の全体に接近可能であるということをここで確認しておかねばならない。そうした最初の分化形式は、知識の専門化と「より高次の知識形式」の展開にとって基本的な前提をなしており、そしてその限りで、その分化形式はここでも重要である。

ではそれ以外にいったい何が、知識の専門化にとって前提であるのかを問うてみることにしよう。この問いに対して抽象的な回答を見出すことは容易である。知識の累積という歴史的な過程がその回答である。だが、一般的にレリヴァントな知識は、比較的わずかな、しかもきわめてゆっくりとした変化しか示さないのは明らかである。一般的にレリヴァントな知識は高度に匿名的であり、したがってそれは、「すべての人」が日常生活のルーティンにおいて繰り返し対処すべき問題の解決を呈示している。また、そうした問題の「範囲」も、所与の社会にあっては比較的、変化しないままである。

社会的な知識集積が分化している領域にあっては、事情は異なる。そこでは、知識の習得と伝達は、制度化された目的連関と意味連関のうちにある。それゆえ、役割に特有の知識は「良識」にくらべて、ある種の体系化と「合理化」——この語はここでは慎重に用いられている——への傾向をより強くもっている。また役割に特有の問題においては、目的と手段の関係はより明確に境界づけられている。そうした問題の解決は、一般により明確な仕方で伝達され習得され得る。そしてそのために、この種の問題が反省的な意識に把握されるチャンスも大きい。最後に、一般的にレリヴァントな知識は「誰」から「誰」にでも伝達され得るのに対して、役割に特有の知識は、その役割のある所持者から別の所持者へと伝達されていく。役割に特有の知識が制度的に他から分離されるチャンスが生じてくるのはそのためである。この点に関してはすぐ後で立ち返ることにして、ここでは差し当たり、知識が累積していく歴史的な過程は一般に、社会的な知識集積の一般的にレリヴァントな領域よりも分化した領域の方をより強力に増大させがちであるということを確認しておこう。

社会的な知識集積における一般的にレリヴァントな知識は、明らかに、原則として「すべての人」が習得することのできる知識である。これは、先に述べた「良識」の「範囲」が比較的変化しないことと関連している事情である。だが、分化した知識が社会的な知識集積のなかに累積してくるその結果として、ある特定の知識領域はもはや「すべての人」が一目で見渡せるものではないという事態がもたらされる。それにつれて、「すべての人」がある役割に特有の知識を取得するように動機づけられるということはなくなるが、それだけではない。分化したすべての知識が「すべての人」にルーティン的に伝達されるということもまたなくなり、さらにそのうえに、そうした知識の取得にはより面倒で手間のかかる学習過程が必要になるという事情が付け加わってくる。それゆえ、ある人は分化した社会的な知識集積のある領域だけしか、また別のある人は別のある領域だけしか取得することができなくなる。それを形式的に表現すれば、分化した知識が累積してくると、その結果として知識の社会的配分が必要になってくるということである。その場合には、個別的な知識の取得は社会的に規定されているのか、そこには社会的に「賦課された」役割が関わっているのか、それとも役割の選択と役割に特有の知識の取得は主観的な動機に委ねられているのかといったことは、いかなる役割を演じることもない。知識の社会的配分とは、様ざまな類型の社会において様ざまな仕方で「解決」される「構造的な」問題なのである。ただしいずれの場合にも、役割に特有の知識のルーティン的な伝達はそのつどの社会構造に係留されている。

このことからさらに別の事情が生じてくる。役割に特有の知識（あるいはその利用）が社会構造に係留されている以上、問題解決のプラグマティックな利益にあずかるためであっても、「すべての人」がそうした特有の知識を取得する必要はなくなってくるということである。自分の知識では十分に対処できない問題が事情に通じていない人にふりかかってきた場合には、事情に通じている人（鍛冶屋や医師など）に相談すればよいのである。そしてそのための前提は、「どこで」その特有の知識を手にすることができるのかという知識が一般的な知識の構成要素であるということだけである。そうした知識は明らかに一般的にレリヴァントであり、それゆえその知識は客体化され、「すべての人」にルーティン的に伝達されている。だが逆に、個別的な問題について「専門家」に意見を求める可能性についての知識が、分化した知識領域を「専門家」に委ねるためのもうひとつ別の動機として作用している「一般的な」問題（本書第四章D２参照）。「専門家」が、分業社会におけるたとえば食料採取のような「一般的な」問題を解決すること、あるいはそれに日常的に対処することから負わされる負担を完全には軽減されていない場合、その「専門家」は、自分の役割に特有の知識領域以外の領域では事情に通じていない人である。だが分業社会の場合には、「専門家」はそれだけより集中して自分の「専門性」に打ち込むことができる。そしてそのことが、ひいては分化した知識領域における知識の累積をさらに進めていく。

いま述べたばかりの「負担軽減」は、その制度的な基盤を分業ないし分業による役割分化においている。だが「負担軽減」はそれ自体、分化した知識領域の制度的な係留を導くことになる。知識の習得、伝達、保存がもっぱら、あるいはほとんどもっぱら特有の社会的役割と結びつくようになるということである。だがそれとともに、より高次の知識形式の展開にとって決定的な、様ざまな知識領域のさらなる体系化のための基本条件が作り出される。ある知識が特有の社会的役割と結びつき、その役割によって担われ、それを伝達することがその役割の課題領域に属するようになった場合、そうした知識は、具体的な問題解決と直接的に関わる行為連関からは解き放たれるようになる。すなわちそうした知識は、反省の対象になり得るのである。その場合には特定の問題解決は類型的に類似した問題に結びついたものとして把握され得るようになる。すなわちそれらの問題解決は両立可能性に関して検討され、それゆえ多かれ少なかれ体系的な意味連関のなかに組み入れられ得るようになるのである。そうした——制度に基づけられた——体系化が進めば進むほど、類似した知識要素は境界が画定されている知識領域をますますはっきりと形作るようになる。そこでは内的な意味構造が他の知識領域に対してある種の自律性を獲得している。その結果、そうした知識領域はいわば固有の論理と方法論を発達させるようになり、それと共に役割に結びついた知識を伝達する必要性から固有の「教育学」を備えなければならなくなる。

以上で述べてきたことが、より高次の知識形式が展開していくうえで基本的に必要な前提のすべてである。所与の歴史的発展のどの段階でより高次の知識形式について語ることができるのかというのは、明らかにある程度までは恣意的である。基本的な前提がいつも満たされている場合には、すでにある知識領域が一定程度、分離され、その意味構造は一定程度、自律的になっている。だが、より高次の知識形式は、明確に理論的な態度が知識の多かれ少なかれ脱プラグマティック化された行為連関から形成されることをその主たる規準にしているのか、それとも何らかの制度的な規準を拠り所にしているのかということは、社会歴史的な分析に委ねられた課題であろう。はたして人は、すでにソクラテス以前の思想のうちでより高次の知識形式について語るのだろうか、それともアカデメイアが創設されて以降、それについて語るのだろうか。ある知識領域の体系化や当該知識の「教育学」にとっては、文字が目の前に存在していることの方が、純然たる口承的な伝統にくらべて重要な経験的役割を果たしているというのは、ここであえて強調するまでもないだろう。

すぐ前で知識のある程度の「脱プラグマティック化」と理論的な態度の形成について述べた。だがその際、純粋に理論的な知識の展開については考慮されていなかった。広範に体系化されている知識領域もまた社会構造に係留されているということは、知識が直接的な行為連関から、また具体的な状況のなかで用いられる必要性から、ただ不完全な形で解き放たれることを差し当たり条件づけている。それゆえ「知識の専門家」は、いまだ「行為の専門家」に留まっており、先の例を用いて言えば、いわば「開業医」である。しかし他方、先に述べた制度的専門化の過程、すなわち知識領域の分離と体系化の過程と理論的態度の始動は、知識が行為から分離し理論が実践から分離するさらなる歴史的展開の可能性の基礎をなしている。理論的な知識の領域が生活世界的な行為連関から解き放たれること、すなわち先に述べた脱プラグマティック化の進展とは、「理論なるもの」と理念史の「固有の法則性」とを制度的、政治‐経済的に確保することに基づく、きわめて特異な社会・歴史的過程なのである。制度的条件と知的条件とのこうした弁証法は、ヘレニズム時代の学問の興隆に対してアレクサンドリア図書館の果たした役割からはっきりみて取ることができる。ただし、一連の制度化された段階（「応用科学」「実務家」など）が知識とその利用とのあいだで作用し始めた場合でも、理論的な知識の「利用可能性」が原則的には前提にされたままであるということを、ここで強調しておかねばならない。

さらに付言しておこう。より狭い意味でプラグマティックな日常の問題に対処していくための「技術」と、非日常的な現実層に関係している知識領域とのあいだに、より高次の知識形式が展開していく過程である種の分離が生じてくる。そうした分離の様式と度合いは、疑いもなく様ざまに刻印されている（たとえばピタゴラス学派の思想の実践的で宗教的な契機について、ニュートン以後の数学についての考え方と比較しながら考えてみるとよい）。そのうえ、日常的な現実層と非日常的な現実層とを分離する境界線は、様ざまな社会で様ざまに引かれている。「原始的な」社会にあっては、多かれ少なかれ体系化された（狩猟、農業、軍事に関する）「技術」は非日常的な現実の水準（たとえば神話や呪術）と明らかに意味的に関係している。では現代社会において――そこでの諸制度は「目的合理性」をもち、科学、技術、宗教それぞれの権限領域も確定されているにもかかわらず――それら両者の意味的関係は完全に止揚されているのかといえば、それはむしろ疑わしいことである。

ここでは、一方の社会的な知識集積における知識の分化、知識が累積していく歴史的な過程、知識の専門化の制度化と、他方のより高次の知識形式の展開とのあいだには一般的な関係があることを示したことで満足しなければならない。具体的な歴史的過程におりるそれら諸契機の組み合わせについて探究すること、さらに様ざまな社会におけるより高次の知識形式の展開に関する因果的な仮説と機能的な仮説について検討すること、それは経験的な知識社会学が取り組むべき課題であろう。いまだ十分には明らかにされていないいくつかの問題をあげておこう。知識累積の速度と知識領域の体系化は、口承による伝承によってどのように制約されているのだろうか。学校の創設といった専門化された知識伝達の制度化にとって、最低限必要な経済的前提は何だろうか。「科学的」伝統が定着するために、文字はいったいどのような役割を果たしているのだろうか。生態学的な契機、コミュニケーションのテンポ）や政治的な契機（たとえば王朝によって奨励される「歴史記述」）といった諸契機は、より高次の知識形式が展開していく際にどのような意義をもっているのだろうか。

C　社会的な知識集積の構造

1　社会的な知識集積と知識の社会的配分

主観的な知識集積は、生活世界についての沈澱した主観的経験から形成されている。主観的経験は生活世界の諸層によって条件づけられており、主観的なレリヴァンス構造に基づいて知識集積へと沈澱していく〔本書第三章A参照〕。主観的な知識集積の構造は、知識習得の過程によって規定されている〔本書第三章A2参照〕。諸々の知識要素は、信憑性、親近性、規定性、両立可能性の様ざまな度合いに従って主観的な知識集積のなかに配置されており、しかもその配置は、一方で主観的な経験の流れと生活史の限定性を、他方でそれらの統一性を指し示している。

だが社会的な知識集積は、ただ間接的に主観的な知識習得を遡及的に指示しているにすぎない〔本書第四章B1参照〕。社会的な知識集積の諸要素は、もちろん主観的な知識習得の過程から生じてくる。だが、主観的に習得された要素が社会的な知識集積に取り込まれる際には、相互主観的な客体化の過程と社会的レリヴァンスの刻印とが前提にされており、また知識の歴史的な累積は、制度化された知識伝達の過程に基づいている。社会的な知識集積の形成と主観的な知識集積の展開とは、それゆえ決して相似の関係にあるわけではない。これまでの分析を考えると、以上の点をここでもう一度、強調しておく必要はないようにも思える。だが、この点と関連している事情、すなわち社会的な知識集積の構造には主観的な知識集積の諸次元に対応する諸次元は備わっていないという事情をここで確認しておくことは重要である。知識が歴史的に累積していく過程で形成される社会的な知識集積の構造は、制度化された知識伝達の過程によって規定されており、それゆえその構造は、そのつどの知識の社会的配分に対応しているのである。

以上の考察から、ある基本的な問題が生じてくる。主観的な知識集積についての記述、また主観的な知識集積の構造についての記述は、主観性一般の本質的な特徴に基づいてなされるだろう。すなわち記述される主観的な知識集積の構造と過程は直接的に、生活世界についての主観的経験の時間的、空間的、社会的な諸層に基づいており、また主観的レリヴァンスの構造に基づいており、さらには経験の経過の統一性と生活史の限定性にも基づいている。他方、社会的な知識集積の構造は、すぐ前で述べたように、ただ間接的にだけ主観性の本質的な特性に基づいているにすぎない。社会的な知識集積の構造が主観件の本質的な特性から直接に派生してくることはあり得ないのである。社会的な知識集積の構造は、第一に、相互主観性の本質的な特性に基づいており、とりわけコミュニケーションの条件、すなわち知識客体化と知識解釈の条件に基づいている。したがって以下の論述では、社会的な知識集積の成立「一般」に関する条件から、社会的な知識集積の構造「一般」を遡って推論することはいかにして可能なのかをみていくことになるだろう。だが歴史的な知識集積の構造は、第二に、知識が累積し、知識伝達が制度化されていく個々の歴史的な過程から派生してくる。社会的な知識集積のなかに客体化された要素は、ある所与の社会においてどのように配分されているのだろうか、制度的に定着している特定の人格類型(特定の役割の「担い手」)だけにルーティン的に伝達されるのは、どの具体的な要素なのだろうか。これらは明らかに、経験的な知識社会学の枠内でのみ答えることのできる問題である。したがってここでは、社会的な知識集積の成立「一般」に関する一般的な条件に基づきながら、知識の社会的配分の形式的類型について詳細に論じ、あわせて、知識累積によって条件づけられている歴史的な知識集積の構造的分化の変異の幅を確定することで満足しなければならない。

2　知識の社会的配分の形式的類型

a　均等配分の不可能性

自然的態度によるある特定の想定に対応した、知識の社会的配分の形式的類型を構築することから始めよう。別の箇所〔本書第二章B5参照〕で詳しく述べたように、共在者と社会的世界一般についての経験は視界の相互性の一般定立から出発する。すなわち私は、私と「本質的」に同一である共在者は世界を私が経験しているのと基本的に同一の仕方で経験している、と想定しているのである。ここでわれわれにとって興味深いのは、共在者は私が知っていることを知っており、私も共在者が知っていることを知っているという、この一般定立によって含意されている想定である。では、この想定が実践上の特定の目的におおよそ、すなわち十分な程度に対応するだけではなく、精確に対応するためには、社会的な知識集積はいかなる構造を備えていなければならないのだろうか。

AがBやCたちと同一のことを知っており、BがAやCたちと同一のことを知っており、CがAやBたちと同一のことを知っている場合、社会的な知識集積の「範囲」は主観的な知識集積の「範囲」と一致するはずである。そのように完全に均等配分された社会的な知識集積が形成されるためには、いかなる前提が満たされねばならないのだろうか。第一に、主観的に習得されたあらゆる知識は社会的にレリヴァントでなければならない。だがそれが可能であるのは、Aに課されたすべての問題がBやCたちにも課されており、Bに課されたすべての問題がAやCたちにも課されている場合に限られている。第二に、空間と時間のなかで生じるコミュニケーションの条件は無視されねばならない。すなわち、伝達の過程で生じる知識要素の「変化」を回避するためには、知識の客体化と客体化の解明とが完全に相応していなければならない。第三に、生活史的に条件づけられている主観的に様ざまな知識習得の継起が社会的な知識集積の諸要素の「内容」と配分とに与える影響は、括弧に括られねばならない。そして第四に、知識はますます累積していくという可能性は完全に排除されねばならない。繰り返される「解決済みの」日常生活の問題に対しても、継続してルーティン的に対処していく実践が必要であり、そのため、さらに別の知識を受け入れる能力は無限であるわけではない。共通の社会的な知識集積が一定の「規模」に達した場合、それ以降は、さらに非現実的な想定を付け加えない限り、さらなる知識の習得は、それがどのようなものであれ中断されねばならない。いかなる知識習得も、それに応じて「古い」要素が一斉に、すべての人にとって一致して知識集積から排除されるという結果をもたらす、という想定である。

したがって、知識の完全な均等配分という構築が根拠のない想定に基づいているということは明らかである。人間は区別のない「前社会的な本性」をもっているという想定は現実離れしている。男性と女性、老人と若者、強者と弱者といった違いがいかに社会的に刻印されているとしても、すべての問題がそれらの人びとに等しく課されていると想定することはできないし、「同一の」問題がそれらの人びとに同一の仕方で現われていると想定することもできない。また、様ざまなレリヴァンスの社会的な刻印を括弧に括ることは、生活世界についての主観的経験の社会的な諸層に関する分析の結果と矛盾するし、主観的なレリヴァンス構造に関する分析の結果ともまた矛盾する。さらに、生活史的に条件づけられている知識習得の継起と、コミュニケーションの相互主観的な条件とを括弧に括ることは、社会的な知識集積の形成一般にとって本質的な前提のひとつと矛盾している。同様のことは、知識伝達が知識累積に与える必然的な影響は排除されるとする想定にも当てはまる。

それゆえにわれわれは、知識の完全に均等な社会的配分は存在し得ないと結論づけねばならない。だが、知識配分のそうした類型構築の基底にある諸想定は現実離れしており、またそれらは社会的な知識集積の形成一般にとっての諸条件とも相容れないということには、しばらく目を向けないことにしよう。むしろそうした類型の構築そのものが、いまだ些細なものとはいえ、知識配分の不均等性への萌芽を含んでいるからである。Aがある知識要素を習得し、それをBに伝達した場合、その「同一の」知識要素は、それと同時にAにとっては「自立して」習得した知識要素になり、Bにとっては「社会的に派生した」知識要素になる。Aの主観的な知識集積とBの主観的な知識集積は、「内容的には同一」であっても区別されるのである。それゆえ、それ以外のすべての知識要素の客体化と解釈が基づいている主観的な知識集積と主観的なレリヴァンス構造は――たとえわずかであったとしても――必ず異なっているのである。だが、たいていの実践的目的にとっては十分な程度の知識要素の「同一性」は、理念化と匿名化の過程に基づいており、そしてそれらの過程はといえば、それはコミュニケーションの相互主観的条件と社会的レリヴァンスの最小限の分化とを前提にしている。それゆえ絶対的に同質の知識というものは、いずれにせよ思い浮かべることができないのである。

b　知識の単純な社会的配分

すぐ前で詳しく述べたように、社会における完全に均等な知識配分の基底にある想定は、いずれも根拠のないものである。とはいえ、可能な限り小さな不均等性によって特徴づけられる知識の社会的配分の形式的類型を構築しようとする場合には、それらの想定から出発しても差し支えないだろう。ただしそれらの想定は、生活世界に関する主観的経験の基本的所与と相互主観的なコミュニケーションの諸条件とがそこで顧慮されるように、そして社会的な知識集積が成立するための構造的な前提とそれとが両立可能であるように、少しずつ柔軟化されねばならない。それがなされた場合にはすぐさまそれらの想定は、可能な限り単純な知識の社会的配分の基底にある想定として通用するようになるはずである。

まず何よりも人間の「前社会的な本性」の分化が、いかに些細なものであれ所与として措定される。ここでは、そうした分化にはいかなる存在論的地位がふさわしいのかといった問題には関わる必要はない。そこに含まれている人間の身体性の問題は、いずれにせよ哲学的人間学と生物学的人間学の問題圏に属しているのである。ここでは、人間の「前社会的な本性」の分化は生活世界的な所与であり、そしてその所与が、社会的レリヴァンスに比較的単純な相違が刻印されるための出発点とみなされるだろうということを確認しておくだけで十分である。「生物学的に」基づけられた社会的レリヴァンスは、単に生物学的な相違に還元され得るわけではないということ、このことは強調するまでもないだろう。ここでの文脈で重要なのは、社会的レリヴァンスのもっとも単純な相違は何らかの仕方で「前社会的な」分化に基づけられているという、ただこのことだけなのである。それには多くの具体例があるが、ここでは、そのなかでもっともわかりやすい事例、すなわち男性と女性には異なる社会的レリヴァンス構造が刻印されているということだけをあげておこう。

さらに、主観的な経験経過の時間的な相違と生活史的な相違が、その他の点では大幅に「社会化されている」レリヴァンス構造——経験はそれに基づいて主観的な知識集積に蓄積されていく——のいわば個人的なパースペクティヴを共同で規定しているということも、所与として措定される。それらの相違は、社会的な知識集積の諸要素が伝達されていく過程で一定の役割を果たしている。それらの相違は社会的にレリヴァントであり、ある意味ではそれらの相違自体が「社会化される」。学習の継起は社会的なレリヴァンス連関のなかに埋め込まれるということである。伝達過程は、社会的時間の次元において、また社会的に輪郭を描かれている生活史的カテゴリーとの関連で分化していく。これに関するわかりやすい具体例としては、「生物学的な」カテゴリーでも「心理学的な」カテゴリーでもなく、社会的に定義されたカテゴリーである年齢段階と学習の継起との社会的に規定された結びつきをあげることができる。

最後に、知識の累積が完全に中断されるという想定は、たしかに放棄されねばならない。ただし、知識の単純な社会的配分という形式的類型を構築する際には、知識はきわめてゆっくり累積していくと想定することは可能である。またそれに応じて、知識の専門化もわずかな程度生じるだけで、疑似自律的な「より高次の知識形式」は形成されないと想定することも可能である。以上のことから、知識の単純な社会的配分を特徴づける際にもっとも重要な事情、すなわち社会的な知識集積のなかに蓄えられている知識はすべて、基本的にはすべての人にとって接近可能であるという事情が導かれる。より精確に言えば、知識を習得する人が誰であれ、その人の知識習得を妨げるものは知識の構造のなかには何もないということである。ある特定の知識（たとえば「秘密の知識」）をある特定の社会的類型が習得することを――知識の構造そのものとは関係のない理由から――妨げる制度的な制約には目を向けない場合には、知識の不均等な配分はやはり、ルーティン的な伝達過程の社会的分化にもっぱら基づいているのである。

それゆえ知識の単純な社会的配分という形式的類型を構築する際には、すべての問題がすべての人に等しく課されているわけではなく、またすべての問題がすべての人に同時に課されることなどあり得ないということから出発すると言っておくのがいいだろう。どんなに単純な形であれ、このことが社会的レリヴァンスの構造に堆積している場合には、「問題解決」のルーティン的な伝達の分化は以下のことによって規定される。すなわち知識は第一に、その問題解決がその人格にとってレリヴァントであると社会的に定義された人格の類型に応じて配分され、第二に、社会的に定義された時間的−生活史的な契機に応じて配分される。少なくともこれら二つの次元においてその要素配分が不均等でない社会的な知識集積など、まさしく想像することすらできない。

生活世界における主観的経験の基本的所与と相互主観的なコミュニケーションの諸前提とを考慮に入れた、だが単純でもある知識の社会的配分について、先に述べた具体例を用いながら説明していくことにしよう。社会的な知識集積の基本成分は、すべての人にとってレリヴァントな要素からなっている。それらの要素は、「すべての人」にルーティン的に伝達され、そしてその伝達は制度的に確保されている。そうした伝達の過程は、たとえば「若者」と「成人」といった年齢の段階に従うように、制度的に確保されると同時に、生活史的に意味のある仕方で時間的に段階づけられている。いかなる所与の時点にあっても、「通常の成人」はすべて、「すべての人」にとってレリヴァントであると社会的に確定されている社会的な知識集積の要素をすべて身につけている。それに対して若者は、そうした知識要素の成分の一部だけをそのつど身につけているにすぎない。若者が身につけているその一部も、また同様に社会的に確定されている。だが若者はそれと同時に、自分の生活史が経過していくなかで、自分にはいまだ欠けている一般的にレリヴァントな知識要素を習得していくだろうということ、しかも同様に社会的に確定されたある時点までにはそれを習得しているだろうということを知っている。習得されるべき知識の相対的な複雑さに応じて、また本質必然的な学習の継起が互いにどのように段階づけられているかに応じて、制度的に確定された移行（思春期における通過儀礼）への準備教育が比較的短期間であることもあれば、教育と学習の期間が比較的長期に及ぶこともある。

習得されるべき社会的な知識集積には、男性だけにレリヴァントな要素もあれば、女性だけにレリヴァントな要素もある。一方は男性だけにルーティン的に伝達され、他方は女性だけにルーティン的に伝達される。それゆえ「通常の男性」は、一般的にレリヴァントな知識と男性だけにレリヴァントな知識を所有しており、「通常の女性」も同様に、一般的にレリヴァントな知識と女性だけにレリヴァントな知識を所有している。だが、社会的に確定された生活史的で時間的な伝達過程の分化は、知識の「男性的な」要素にも「女性的な」要素にも共に当てはまる。それゆえ精確に言えば、いかなる所与の時点にあっても、「通常の成人の男性」だけが、すべての人にレリヴァントな知識要素と男性にレリヴァントな知識要素とを身につけているのであって、「通常の若者の男性」は、一般的にレリヴァントな知識要素の成分と男性にレリヴァントな知識要素の成分のなかの、社会的に確定された一部分だけしか身につけていないのである。同様のことは、言うまでもなく「通常の成人の女性」と「通常の若者の女性」にも当てはまる。

これまで、その要素が単純に社会的に配分されている社会的な知識集積の構造について記述してきた。そしてその際、年齢による区分と性別による相違という、わかりやすい——また経験的にはおそらくもっとも重要でもあろう——具体的な例を用いてきた。だがここで、社会的な知識集積の領域を一般的に妥当する内容で規定することは不可能であるということを強調しておかねばならない。たしかに、知識の単純な社会的配分の基底にある諸条件が、社会的な知識集積の「一般的知識」と「個別的知識」という区分を規定していると言っていいだろう。だが、ある社会においては個別的知識に属しているものが、別の社会では一般的知識であるということはあり得る。また、ある社会のある所与の時点では個別的知識であったものが、知識の社会的配分がより複雑なタイプへと移行することなく一般的知識になったり、あるいはその逆であったりすることもあり得るのである。

社会的な知識集積の構造を内容的に規定することの不可能性に関しては、主観的な知識集積を分析した際に詳しく述べた、より一般的なカテゴリーを用いる場合にも直面することになるだろう。一般的知識と個別的知識のいずれもが、技能、慣用知、処方知を含むことができ、また明示的な知識要素を含むこともできる。特定の技能、慣用知、処方知のなかには、ほぼ普遍的に「通常の」一般的知識に属しているものもたしかに存在している。

たとえば歩き方、空間と時間における類型的な方向づけ、「一般的に妥当する」行動規範などである。それらは言語と共に、それぞれの相対的に自然な世界観の基本成分をなしている。だが、経験的な知識社会学の課題領域に立ち入ろうとしない限り、このことに関してはこれ以上のことは何も言えない。ましてここで強調するまでもなく、個別的知識の領域に属している技能、慣用知、処方知が多様なものであることは、歴史的な資料と民族学的な資料によって十分に示されている。

知識の社会的配分の主観的な相関項について分析する際に〔本書第四章D参照〕ふたたび向かうことになるもうひとつの考察が残されている。一般的知識はすべての人にルーティン的に伝達され、個別的知識は特定の社会的類型にのみルーティン的に伝達される。だが基本的には、すべての知識がすべての人にとって接近可能である。個別的知識を取得する動機が「すべての人」にはなかったとしても、あるいは制度的な制約が個別的知識の習得を妨げているとしても、知識が単純に社会的に配分されている場合には、どの社会的類型がどの形式の個別的知識を所有しているか、「すべての人」が知っているのである。別の言い方をすれば、個別的知識の社会的配分それ自体が一般的知識に属する知識要素なのである。それゆえ、知識が単純に社会的に配分されている場合には、現実は、とりわけ社会的世界は、「すべての人」にとっていまだ比較的、見通しやすいのである。

c　知識の複雑な社会的配分

知識の単純な社会的配分について記述するなかで、均等に配分されている一般的知識と、役割に特有の仕方で不均等に配分されている個別的知識とを区別してきた。配分の均等性と不均等性とが、一般的知識と個別的知識を規定する基準なのである。これに対して、知識の複雑な社会的配分という形式的類型を、そこでは一般的知識の配分に際してもある「不均等」がみられるという事情によって特徴づけようとすれば、まずは、そこでの「不均等性」がいったい何を意味しているのか詳しく説明しておかねばならない。

一般的知識は、「すべての人」にとってレリヴァントな問題の社会的に客体化された解決からなっているということ、このことをいま一度、想起しておこう。改めて強調するまでもなく、「すべての人」とは、いったい何を意味しているのだろうか。だが、そこでいう「すべての人」が直面する問題であっても、それは個々人にとって「独自の」生活史という意味地平のなかに現われている。それゆえ、社会的に客体化され個々人に引き継がれる類型的な問題解決は、「独自の」主観的な意味連関のなかで、ある特定の、いわば特異な変化を必ず被ることになる。そのうえ社会的な知識集積の諸要素が伝達されるのは、同様に個々人にとって「独自性」をもった意味地平のうちにある具体的な社会関係においてである。このこともまた、類型的な問題解決が「特異な」変化を被ることになるひとつの源泉である。とはいえこれらが意味しているのは、社会的な知識集積の諸要素の絶対的に均等な配分は基本的に不可能であるという——先に指摘した——事情であるにすぎない。社会的に客体化された知識要素が、いわば主観的に引き継がれた「後に」なってはじめて生じてくる「特異な」変化だけを問題にしている限り、それらの変化は、社会的な知識集積の構造にとっては本質的にいかなる意義ももたないままである。それゆえにわれわれは、知識の単純な社会的配分は、とりわけ一般的知識が均等に（より精確には比較的均等に）配分されていることによって特徴づけられる、と正当に述べることができたのである。一般的知識が配分される際に不可避的に生じる不均等性は、ここでは役割には結びついておらず、むしろ——社会構造と社会的な知識集積の構造との関連では——「偶然的なもの」とみなすことができるのである。

一般的知識のそうした単なる「偶然的な」変化は、社会的な知識集積の構造にとってはレリヴァントではなく、しかもその変化は、きわめて単純な社会の形式に関して想定できるだけである。なぜなら、「すべての人」に課された問題が「すべての人」に対して本質的に同一の統握パースペクティヴとレリヴァンス連関のなかに現われてくるのは、きわめて単純な分業を伴い、固定化された社会階層は欠いている社会においてだけだからである。だが、分業がさらにいくらか発展を遂げ、また社会階層が固定化されてくると、「同一の」問題がそれによって統握されるパースペクティヴもまた、すぐさま変化してしまう。

ただしここで言っているのは、分業の進展に伴って当然、進行するであろう個別的知識の分化についてではない。むしろここで重要なのは、分業が進展していく過程で、多かれ少なかれ統一的なそのつどの統握パースペクティヴの基盤をなしている類似した「生活史」(すなわち主観的経験の類似した生活史的カテゴリー) が生み出されてくるということである。社会構造によって条件づけられたそうした統握パースペクティヴはそれ自体、たとえば多かれ少なかれ刻印されている社会諸階層それぞれに共通のレリヴァンス構造として、社会的に固定化されるようになる。一般的知識の諸要素の伝達もまた、それに応じて分化してくる。こうした事態の基底にある諸側面に関しては、すでに最初期のわれわれ関係の「背後」にある社会構造の「濾過効果」について分析した際に示しておいた〔本書第四章A1参照〕。

一般的知識の分化した型と分化した伝達に関しては、言語がそのわかりやすい事例を提供してくれる。言語は、すべての社会にみられる一般的知識の構成要素として比較的均等に配分されているが、私的言語という形式での主観的変化は社会的にはレリヴァントではない。だが、社会構造がある程度複雑になってくると、言語は方言、宮廷言語、「社会的な方言」などといったように、社会的に条件づけられ社会的に固定化され社会的に伝達された「型」へと変化するようになる。それと同じことは、たとえば階層によって分化した歩き方(兵士の歩き方、都会人の歩き方など) のような技能から、「宗教的な知識」(地方住民にとってのカトリック教義、知識人にとってのカトリック教義など）のような明示的な知識にいたる、一般的知識の他の領域にも当てはまる。

ここで問題になっているのは、個々の役割に特有の個別的知識ではなく、社会的に分化した「型」として現われてはいるが、明らかに一般的知識である。そこでは、一般的にレリヴァントな問題の解決、すなわちその基本的な特徴から一般的に伝達される問題の解決が、依然として重要なのである。このように限定された意味においてはじめて、一般的知識の社会的配分における「不均等性」について語ることができるようになる。まさしくこの「不均等性」こそが、知識の複雑な社会的配分の重要な徴表なのである。

さらに、個別的知識のさらなる区分と「専門化」も、知識の複雑な社会的配分の一部をなしている。そうした配分は、知識の単純な社会的配分にくらべて何よりもまず端的に量的な相違とみなすことができる。個別的知識の様ざまな領域は、その区分と「専門化」の進展に伴って、限定されているとはいえある種の「自律性」を獲得してくる。そしてそれら様ざまな個別的知識の領域は、一般的知識からますます明確に「遠ざかっていく」。「素人」と「専門家」の隔たりがより大きくなっていくのである。そうなると、一方で個別的知識の習得には、比較的複雑で多かれ少なかれ長期に及ぶ意味的な前提（継続した学習）が必要になってくる。他方で、個別的知識の伝達もまた、やはり役割に特有の前提にますます基づくようになってくる。これらのことは、個別的知識の様ざまな領域が意味構造として「専門化される」ことを意味しており、また同様に知識の伝達それ自体も制度的に専門化されることを意味している。

そしてその結果、個別的知識を習得することは、ますます必然的に「経歴」になっていく。個別的知識をその全体にわたって取得することは、制度的な制約についてはまったく考慮しないにしても、個人の生活史が有限であることによって妨げられる。ただしここで論じようとしているのは、分業社会にあっては、個別的知識をその全体にわたって習得しようといった動機などほとんど存在してはおらず、それゆえそうした全体にわたっての個別的知識の習得はいずれにせよありそうもない、ということでもなければ、制度的な制約によって、ある特定の領域の個別的知識を習得できるのは社会的に規定されたある類型的な人格だけである、ということでもない。ここではむしろ、知識の社会的配分が複雑な場合には、個別的知識に——その全体にわたって——接近することなど、原則としてでさえも、もはや「誰にも」できないということが重要なのである。

このことから、知識の複雑な社会的配分を特徴づけるさらに別の帰結が生じてくる。個別的知識には様ざまな領域が存在するという事実は、たしかに一般的知識の一部をなしているだろう。だが、個別的知識が実際にどのように社会的に配分されているのかということは、「均等に」配分されている一般的知識の成分ではない。さらに個別的知識の場合、そのおおよその構造と基本内容に関してさえ、一般には曖昧にしか認識されていない。このことは第一に、社会的な知識集積は、個々人がその全体にわたって見通すことができなくなっていることを意味しており、第二に、この見通せないことそれ自体が、社会の内部で様ざまに「配分されて」いることを意味している。これらのことは社会構造に対してどのような遡及作用を及ぼすのかというのは、経験的な知識社会学にとって大いに関心を惹かれる問題である。ただしここでは、知識の社会的配分が複雑な場合には、知識がますます権力の要因になり得るということだけを指摘しておこう。「専門家」集団は、いまや権力集中の制度的触媒のひとつになっている。他方、様ざまな「専門家」集団のあいだには、「権力の独占」をめぐる闘争のなかで対立する可能性がつねに存在している。知識の高度に複雑な社会的配分からは、知識社会学にとってレリヴァントな別のもうひとつの可能性が引き起こされてくる。少なからぬ「専門家」が社会的にほぼ完全にみえなくなってしまうという可能性である。

それゆえ知識の複雑な社会的配分は、一般的知識の社会的配分が「不均等」であること、個別的知識が多かれ少なかれ「自律的な」多様な領域へとさらに区分され専門化されること、そしてそれに応じて個別的知識の伝達が制度的に専門化されること、といった点をその主要な徴表にしている。さらにその主観的な相関項として、社会的な知識集積をその全体にわたって見通すことができなくなるということが、それに付け加わってくる。

十分に発展したより高次の知識形式が欠けている場合でも、そこでの知識の複雑な社会的配分について語ることはできる。それゆえにここでは、より高次の知識形式と知識の複雑な社会的配分との関係について簡潔に指摘しておくだけで十分であろう。より高次の知識形式に関する注釈のなかで〔本書第四章B3参照〕詳しく述べたように、個別的知識が複数の「自律的な」意味領域へと分解され制度的に専門化されることは、「脱プラグマティック化」と「理論化」とが進展していく可能性をうちに含んでいる。それゆえ知識の複雑な社会的配分という形式的類型が、より高次の知識形式を目の前に存在するという形では必ずしも含んでいない場合でも、知識配分のこの類型にあっては、より高次の知識形式が生じてくるための基本前提がすでに目の前に存在しているのである。そしてより高次の知識形式が事実として生じた場合には、その知識形式は、高度に個別的で相対的に「自律的な」個別的知識の諸領域における配分と一般的に類似した、個々の役割に特有の社会的配分を示すようになるということ、そしてそのより高次の知識形式の伝達は制度的に高度に専門化されるということ、このことをまずもって言っておかねばならない。だが高度の「自律性」が達成される——それはきわめて限定された社会的・歴史的前提のもとでのみ達成される——と、より高次の知識形式はいわば「理念的な意味連関」すなわち「純粋な知識」の構造を形成するようになる。それらの知識形式は、社会構造からある程度切り離され、ルーティン的な制度上の伝達には相対的に依存しなくなる。このことはもちろん、より高次の知識形式は、社会的に条件づけられることも客体化されることも、また伝達されることもないということを意味しているわけではない。より高次の知識形式は「純粋な知識」として、その歴史的な「固有の法則性」においていわば「すべての人」にふたたび接近可能になるということである。個々人は、意味的な「継続した学習」を追遂行すれば――世代が離れているとしても、また社会的に条件づけられた異なる主観的レリヴァンス連関のなかにいるとしても――そうした「純粋な知識」の客観的意味を把握することができるのである。「純粋な知識」の客観的意味が把握される際の社会的パースペクティヴの問題、そしてそこに含まれている知識の客体化の形式（たとえば博物館で目にすることのできる「文献」）の問題は、経験的な知識社会学が扱う領域に属する問題であり、ここでは立ち入って論じることはできない。さらにまた強調するまでもないだろうが、以上の所見は「自由に浮動するインテリゲンチア」に関する理論を示唆しているわけではないし、必ずしも「理念的な意味連関」に特別な存在論的地位を与えようとしているわけでもない。

3　知識の社会的配分の変化

知識の社会的配分の形式的類型についての記述は、当面の考察の枠組においてとりわけレリヴァントである。その記述によって、主観的な知識集積の類型的な相違が形成されるための重要な社会的前提が明らかになるからである〔本書第四章D参照〕。だが、知識の社会的配分の形式的類型は、さらに経験的な知識社会学にとってもある種の索出的な価値をもっている。それらの形式的類型が社会的な知識集積の具体的な構造を分析する際の「モデル」として利用される場合には、それらの類型はもちろん、社会構造と社会的な知識集積のあいだの歴史的な相互作用に関する「因果的な」説明図式のなかに位置づけられればならない。これに関係する問題に立ち入ることは、明らかにここでの考察の枠組を大幅に超えることになるだろう。だが、これまで行ってきた形式的な分析は、若干の一般的な考察の出発点として、すなわち知識の社会的配分が変化していく力学に関係し、それゆえにまた経験的な知識社会学にとっても一定の意義をもち得る一般的な考察の出発点として利用することができる。

個別的知識と一般的知識の「割合」は変化し得るということ、これは明らかである。知識の社会的配分が単純な場合、個別的知識よりも一般的知識の方が社会的な知識集積においてはるかに大きな領域を占めている。個別的知識は、いずれにせよ一般的知識のそのつどの範囲との必然的な、だが決して単純ではない関係のなかで、歴史的に堆積していく。そのことは別にしても、一般的知識の「内容」と個別的知識の「内容」は、いずれも変化していく。たとえばある遊牧民の部族では、植物の(プラグマティックな指向をもった)分類体系に関する認識は一般的知識に、読み書きは個別的知識に属しているのに対して、現代の産業社会では事態は逆になる。これを確認することは、バビロニア天文学から現代天文学へと続く「系統」を理念史的に確認することと同様、差し当たり些細なことかもしれない。だが、そうした「内容」の変化は一般的知識と個別的知識の「割合」の変化とどのように関連しているのかという問題は、そしてまたその変化は社会構造の変化とどのような「因果」関係にあるのかという問題も、知識社会学がより体系的に取り組むべき課題なのである。

ある世代にあっては「すべての人」にルーティン的に伝達される端的に一般的知識であったものが、遅かれ早かれ、社会構造によって条件づけられたきわめて多様な「型」のもとに現われてくるということもあり得よう。そうした知識は、いずれはある社会階層や党派などの内部でしか伝達されない個別的知識になるかもしれない。また逆に、潜在的には「すべての人」に関係しているけれども、いまだ「すべての人」にはそのレリヴァンスが把握されていない「新たな」問題が生じてくるかもしれない。そうした問題に関わる「解決」は、のちにある専門家集団の個別的知識として社会的に固定されることがあるだろう。ではそうした個別的知識は、いかなる条件のもとで一般的知識になるのだろうか。特定の制度が、個別的知識の一般的知識への展開を妨げたり不可能にしたり、あるいは促進したりすることはあるだろう。だが、知識のそうした展開には、ある個別的知識がある社会階層から別の社会階層へといわば自動的に浸透していくという事態もまた関係している。一般的知識から個別的知識への力学、またはその逆向きの力学に従った場合、知識の「客観的」意味はいかなる変化を被るのだろうか。「知的発達」とか「退行」といったカテゴリーを用いたとしても、議論が進むわけではないことは明らかであろう。

最後に、ある個別の問題について指摘しておきたい。一般的知識の複数の「型」への分化がある社会・歴史的前提のもとで大幅に進行した結果、一般的なことがらの広範な領域が、最終的にはしばしば「イデオロギー」という形で社会集団や社会階層などの個別所有物になってしまう。共通の知識の領域と共通のレリヴァンスの領域が限界点を超えて減少するその極限の事例にあっては、社会の内部でのコミュニケーションはほとんど不可能になってしまう。「社会のなかの諸社会」が形成されるということである。その場合でも全体社会について語ることができるのか否かは、もちろん、社会的な知識集積の構造によって左右されるだけではなく、事実的な社会構造、とりわけ権力の配分によっても左右される。ところで、一般的なことがらの複数の「型」への分化は、現代の産業社会にあっては、様ざまなイデオロギー的観点のもとにたいていは「社会」問題あるいは「政治」問題として現われてくる。それゆえに、一般的なことがらの本質的な領域を「均等に」伝達することと、個別的知識の様ざまな領域に「平等に」接近することとを、高度に専門化された伝達制度を創設することによって保証し、それによって家族による「濾過効果」を減少させようとする試みがしばしばなされてきたのである。

D　社会的な知識集積の主観的対応物

1　主観的な所有物、理念的な意味構造、そして主観的経験の対象としての社会的な知識集積

これまで——社会と人間の弁証法の基本的な次元としての——社会的な知識集積と主観的な知識集積の関係に含まれている様ざまな側面について論じてきた。まず主観的な知識集積に関してその前提と基本構造を分析し、次いで社会的な知識集積の主観的知識からの生成について記述してきた。次いで、社会的な知識集積の要素はいかにして主観的な知識集積に入り込んでいくのかが明らかにされた。だがいまだ未回答の問いが残されている。社会的な知識集積は主観的経験のなかにどのように現われてくるのかという問いである。

第一に、社会的な知識集積の本質的な要素は、主観的経験のなかにそれ自体として現出してくることはないということを指摘しておかねばならない。それら諸要素は、客観的な社会的所与として——すなわち事実的な社会構造の諸側面や「因習」などとして——現われてくるわけではない。それらは、個々人にとっては自明な所有物であり、それゆえ個々

人の主観性の構成要素なのである。社会的な知識集積から派生してきた習慣は個々人の習慣であり、社会的な知識集積から引き継がれた明示的な知識要素は個々人の知識であり、社会的な知識集積に由来するレリヴァンス構造は個々人の解釈カテゴリーや動機として機能するのである。この点に関しては、これまでの分析において詳しく検討してきたので、ここではこれ以上、立ち入る必要はないだろう。社会的な知識集積が主観的な知識集積に入り込んでいる限り、その知識集積は、日常生活の自然的態度のうちにいる通常の成人にとっては社会的性格を失っており、したがってそれは自明な主観的所有物という形式のもとに現出しているということを強調しておけば十分であろう

だが社会的な知識集積には、さらに特定の領域が備わっている。疑似自律的な構造をもった個別的知識の領域と、またとりわけより高次の知識形式の領域である。それらは、明示的な知識として主観的な知識集積に引き継がれている場合でさえも、多かれ少なかれ理念的な体系として個々人に対して対抗的に存立している。この点についても、すでに詳細に論じてきた。したがってここでは、そうした疑似自律的で多少とも理念的な意味構造は、その社会的な性格ばかりかその主観的性格さえも失った形で個々人に対して現出しているということだけを強調しておこう。そうした現出の仕方はどの程度理念的かというその度合いは、もちろん歴史によって変化するだろう。それは、当の知識領域の理念史によって条件づけられており、さらにその知識を社会構造から切り離す構造的な前提によっても条

件づけられているのである。それゆえに言語は、主観的な所有物として、また社会的な所与としても現出するだろうが、一定の前提のもとでは、個々人のおかれた歴史的——また生活史的な——状況に応じて、理念的な体系としても現われ得るのである。これとは別の例として、理念性が「増大」してくる幾何学のことを思い浮かべることもできる。より高次の知識形式が、「純粋な」理念性においてのみ現われてくる意味構造へと、すなわち社会と主観性とから切り離された「精神」としてのみ現われてくる意味構造へと発展を遂げていく例は、とりわけ西洋の理念史のなかに数多くみられる。

最後に、知識の社会性と明確に結びついた主観的経験のうちに社会的な知識集積が現出してくることもある。それが知識の社会的配分の主観的な対応物である。誰もが、すなわち通常の成人であれば誰もが、自分の知識は「完全で」ないことを知っている。また、自分がよく知っていることもあれば、あまり知らないこともあるということを知っている。様ざまな質を伴った知と非知に関するそうした意識は、知識の社会的配分の基本的な相関項である。のちに、そうした知識が知識の社会的配分との関連で帯びることになる特有の刻印について記述することへと向かうために、まずはそうした知識がいかなる経験から生じてくるのかを問うてみることにしよう。

主観的な知識の習得という生活史的な経過は——主観的な知識要素の大部分が社会的に派生したものであるということを考慮に入れない場合でも——その意味地平のうちに、知識の習得は本来「最終決定的に」完結することは決してないという含意を含んでいる。新たに解決しなければならない新たな問題が現われてくるのである。そのうえ少なからぬ状況が、すでに主観的な知識集積のなかに蓄えられている知識要素の修正を要求するようになる。それらの知識要素は、たとえば明晰性の度合いをより高めなければならなくなるのである。主観的な知識習得の意味地平のなかにいつも必然的に目の前に存在するこうした含意は、人はすべてのことを知っているわけではない、また知っていることでも、それは十分でないのかもしれないという意識化された認識をもたらすかもしれない。それゆえにそうした洞察は、主観的経験それ自体のなかにその起源をもっているのである。

だがここには、さらにもうひとつ別の事情が付け加わってくる。習得された知識のうちで「自立して」習得したのはそのほんの一部であるにすぎず、他の大部分は社会的に派生してきた知識だという事情である。個々人は、自分がそれを他者から学んだことを知っている。主観的な知識集積の本質的な諸要素は特定の人びとから伝達されたものであり、それゆえに個々人は必然的に、当の知識の主観的な取得に少なくとも直接的に先立つ時点までは、それらの共在者たちを「より多くのことを」知っている人、あるいは「より適切なことを」知っている人として把握している。そうした経験はもちろん、とりわけ最初期のわれわれ関係において支配的である。社会化の初期段階には両親の「全知全能性」が類型的に必要なのである。だが通常の成人であれば両親の知識状態に到達した場合であっても、別の共在者たちがあれこれの点に関して「より多くのことを」、あるいは「より適切なことを」知っている可能性を否定できないだろう。そのような可能性は、具体的な社会的状況において繰り返し確認される。このことは、特定の個別的知識の領域を主観的に取得することに含蓄に富んだ仕方で当てはまる。特定のものについては、特定の共在者から何かを学ぶことができるだけでなく、しばしば学ばなければならないということは、誰もが認めることであろう。自分がその概略を知っていることについて、特定の共在者はより明晰に、より規定的に、そしてより無矛盾的に知っている――言い換えれば、自分の「直接の知識」の一部である要素が特定の共在者にとっては「に関する知識」という形式で手許にある――というのは、とりわけしばしば経験することである。要するに社会化の過程は、それが第一次社会化であれ第二次社会化であれ、「何が」に関する知識ばかりでなく、「どのように」に関する知識もまた社会的に配分されているという洞察をもたらすのである。そうした洞察は、明晰さの度合いは様ざまであるにしても、日常的な生活世界における主観的経験の不可避の構成要素である。

知識の社会的配分の基本的な主観的相関項はどのような特有の刻印を帯びているのか、ここで詳しく説明しておく必要があるだろう。知識の社会的配分に関する知識は、先に示したように主観的な知識習得の意味地平に含まれている含意から生じるばかりでなく、特定の共在者たちについての個別的な経験の結果としても生じてくるからである。すでにそうした理由から、知識の社会的配分に関する知識は個別的な知識要素から、すなわち自分の知と非知と特定の共在者の知と非知との関係に関連している類型化から成り立っているはずである。さらに、知識の社会的配分に関する知識は社会的にレリヴァントであるということが、ここで想起されるべきである。そうした知識は、それゆえいずれの社会においても客体化され、個々人にルーティン的に伝達される。知識の社会的配分に関する知識は、主観的な知識習得の意味地平に含まれている端的で未分化な要素でもなければ、個人的な共在者に関する類型化に限定されているわけでもない。むしろそうした知識は、ある社会の類型的な成員が類型的に所有する類型的な知識と関連している解明パターンからも成り立っているのである。

いずれの社会にあっても、通常の成人は、自分が所有している類型的な知識要素のなかには類型的な共在者もまた同様に所有している知識要素があることを知っている。このことと関連して、通常の成人は自分自身を、それらの他者たちと類型的に同一であるとみなしている。だが通常の成人は、自分が所有しているそれ以外の類型的な知識要素のなかには、他の類型的な共在者（たとえば子ども）がいまだ所有していない要素や、特定の類型的な共在者（たとえば女性）は今後も決して所有する見込みのない要素があることも知っている。さらに通常の成人は、自分が多かれ少なかれ未規定な仕方で知ってはいるが、いまだ親近的にはなっていない類型的な知識要素を、類型的な共在者たち（たとえば長老たち）が所有していることを知っており――また、自分もそれについて聞いたことがあり、それが「利用」されるのを見たことさえあるが、自分がそれを習得しようとなるとほとんど不可能に思えるような類型的な知識要素を、類型的な共在者たち（たとえばシャーマン）が所有していることも知っている。それゆえ共在者たちは、知識の所有に関してばかりでなく、その所有の仕方に関してもまた類型化されている。しかも個々人は、自分が共在者たちをそのような仕方で把握していることを知っているだけではなく、それらの共在者たちもまた自分をそれに対応する形式で、すなわちその共在者がもっている類型的な知識に関係づけるという形で捉えていることも知っているのである。

　こうした事態をより厳密に規定するために、ここで一般的知識と個別的知識の違いに立ち戻ることにしよう。一般的知識は「誰にでも」習得される。そうである以上、一般的知識に含まれている要素は、いまだ習得されていないと把握され得るし、だが基本的には習得可能であるとみなされていると言うことができる。それゆえ一般的知識の所有に関する限り、そこには共在者を社会的にレリヴァントな仕方で分化させるきっかけは存在していない。レリヴァントなのは、この知識の習得段階に関する類型化だけである。このことは、一般的知識の取得に関して、個人的な違いが目の前に存在することは基本的にはあり得ないということを意味しているわけではもちろんないし、さらにそうした違いがそれ自体として把握されることはないということを意味しているわけでももちろんない。

個別的知識の場合には事情は異なる。個別的知識には、個々人の前に「基本的に」接近不可能な領域として現出している特定の領域が存在しているのである。それは、個々の個人的な理由によることもあれば（隻腕の人にとっての鍛冶技術）、克服することの不可能な制度上の制約（機密の知識）によることもある。また、個別的知識にはそれとは別の、個々人にとってすでに習得済みの領域や、将来それを取得することが自明視されている領域（たとえば職業世襲制の社会における鍛冶職人の息子にとっての鍛冶技術）も存在している。さらに個別的知識には、それに接近することは原則的には可能であるとみなされているけれども、個々人が、自分と同類の人たちがこの社会でその領域の知識を習得することは類型的にはない以上、自分のもっているその領域の知識をさらに進展させる蓋然性はないとみなしている領域も存在しているだろう。

こうした個別的知識と本質的に関連しながら社会的に高度にレリヴァントな他者把握と自己把握のある形式が生じてきた。専門家と素人という類型的な区別である。誰もが、類型Aという問題には、それにとってレリヴァントな個別的知識を所有する類型的な人びと、すなわち類型Aの専門家が存在していることを知っている。それ以外の人びとはすべて、類型Aという問題に関しては素人ということになる。さらに類型Bという問題にとっては類型Bの専門家が存在しており、それ以外の人びとはすべて、類型Aの専門家も含めて素人であるということもまた、誰もが知っている。個々の共在者は、それゆえ類型Aの専門家か、さもなければ素人として把握され得るのであり、そして個々人は、自分が共在者たちによってそのような仕方で把握されていることを経験し、ついには自分自身をもそのように把握できるようになる。他者経験と自己経験のある本質的な次元が、専門家性と素人性のこうした類型的な結びつきから作り上げられるのである。

類型「専門家」にはさらに、どのような類型的事情であれば専門家の知識を引き継ぐことができるのかという知識も含まれている。ある個別的知識が「基本的に」接近不可能である場合には、どのような類型的事情のもとであればその領域の専門家の知識を自分の便宜のために利用できるのか知ることは、とりわけ重要である。けれども、個別的知識の「成果」に与かることが素人にも類型的に可能になった場合には、基本的に接近可能な個別的知識を取得しようという動機は――少なくとも専門家の設定する諸条件を満たし得る限りで――たちどころに萎えてしまう。それゆえ類型「専門家」には、専門家の動機に関する類型化も含まれているのである。

要約しよう。社会的な知識集積は自明な主観的所有物として、それゆえ主観性の一要素として現われてくる。社会的な知識集積の領域のなかには、主観的経験のなかで理念的な意味構造として呈示される特定の領域も存在している。だが社会的な知識集積は、知識の社会的配分に関する主観的知識のなかにそれ特有の社会的性格を帯びて現出してもいる。社会的な知識集積はそうした側面のもとで、自己把握と他者把握の――したがってまた社会的世界における方向づけ一般の――もうひとつの本質的な次元を専門性と素人性という形で規定しているのである。

2 知識の社会的配分の主観的対応物とその歴史的変化

a 知識の単純な社会的配分の主観的対応物

知識の社会的配分についての知識は社会的な知識集積の構成要素であり、それゆえその知識そのものが社会的に配分されている。また、知識の社会的配分は歴史的に変化する以上、知識の社会的配分についての知識もまた、それに応じて変化していく。そうした理由から、知識の社会的配分の主観的対応物は、歴史的に条件づけられた多様な形式をとることになる。したがってわれわれは、知識の社会的配分の主観的対応物にみられる基本的特徴を記述することで満足するわけにはいかない。なるほど個々人は、いずれの社会においても専門家と素人のあいだの類型的な区別を把握しているだろう。そしてそのことは、いずれの社会においても自己経験と他者経験のひとつの契機であるだろうし、社会的世界における方向づけ一般のひとつの契機でもあるだろう。だが、知識の社会的配分がそのつど帯びている歴史的な刻印は、専門性の形式と内容を規定するとともに、専門性と素人性の類型的な関係を条件づけ、またその関係が社会的世界における主観的な方向づけにとってもっている意義をも条件づけている。知識の社会的配分の構造的な基盤が歴史的に変化するのに応じて、社会的な知識配分の主観的対応物の基本的特徴も様ざまに刻印されることになる。そうした刻印の示す歴史的な多様性についての探究は、ここでの研究の枠組を超えており、それはむしろ経験的な知識社会学の課題に属しているということはあえて強調するまでもないだろう。したがってここでは、知識の単純な社会的配分と複雑な社会的配分とのあいだの理念型的な区別がここでの問題にとってもっているレリヴァントな含意について詳しく説明することで満足しなければならない。

知識の単純な社会的配分についての考察から始めよう。単純な社会的配分を特徴づけているのは、一般的知識が「均等に」配分されていること、個別的知識については、疑似自律的なまでに発達した多くの領域が不在であること、個別的知識の制度的な基盤はほんのわずかしか専門化されていないことである。こうした徴表にはいかなる主観的対応物が見出されるのだろうか。

通常の成人であれば誰でも、一般的知識を十分に所有している。この点に関して刻印されている個人的な差異はわずかであり、いずれにせよそうした差異は社会的レリヴァンスをほとんどもっていない。通常の成人であれば誰でも、類型的には高度な判断能力を備えているとみなされ得るのである。さらに社会的な知識集積のうちで個別的知識からなっているのは、その比較的わずかな部分であり、それゆえ「基本的に」対処可能であるとされるすべての問題が、類型的には誰によってでも対処されることになる。生活世界の現実は、誰にとっても比較的容易に見通すことができ、社会的世界における方向づけも比較的、非問題的である（だからといって社会的世界における生活も同時にそうであるとは限らない）。そして、専門家という概念を個別的知識の様ざまな領域の専門家に限定しないのであれば、誰もが一般的知識を利用する領域においては専門家であると言うことができるだろう。

だが、その語の本来の意味での専門家（たとえばシャーマンや鍛冶職人）は、わずかしかいない。その結果、この社会において専門家であると同時に素人でもあるのは、ほんのわずかな個人（たとえば鍛冶技術に関係するシャーマン）だけだろう。社会の成員の大半は単なる素人である。ただし、素人が自分と他者のことをはっきり素人として把握するのは、明確に境界づけられたわずかな社会関係あるいは問題状況においてだけであるということを指摘しておくのは重要である。日常生活のルーティンにあっては、素人性という契機が際立ってくるような問題状況はめったに生じてこない。それゆえ自己把握に際してけ、一般的知識に関する能力が支配的な役割を果たしているはずである。ただし、専門性がきわめて顕著な数少ない専門家に出遭った場合には話は別である。素人たちは――社会的には優位にみられている――専門家たちに対して自分たちが類型的に類似した状況にいることを知り、そこで素人は専門家たちと類型的に類似した社会関係に立つことになる。誰もが専門家に関して、誰が専門家なのか、その専門家の「管轄領域」は何か、その専門家にはいかなる類型的な動機構造を帰属させることができるのかについて、本質的に同一の知識をもっている。いつ、どこで、どのように専門家に頼ればよいのか、誰もが知っている。別の言い方をすれば、知識の社会的配分についての知識は比較的均等に配分されており、またそれに対応して社会的な知識配分の主観的な相関項は、社会の大半の成員にとって類型的に同一の刻印を帯びているということである。

「単なる素人たち」にとって知識の輪郭線は一致しており、少数の専門家たちの知識輪郭線だけが異なっている。「単なる素人たち」の社会的に条件づけられたレリヴァンス構造は——生活史的カテゴリーの社会的刻印と性差とを考慮に入れなければ——きわめて類似しているという事情の重要なひとつの帰結は、自分と共在者たちとが「同一である」という個々人による想定が社会関係のなかで繰り返し確認されるということである。ただ専門家たちだけは「同一」ではない。専門家たちの「異種性」がますますはっきり浮かび上がってくるのである。

先に示してきたように、知識の単純な社会的配分は、自己把握と他者把握にとって、また社会的世界における主観的な方向づけにとって重要な帰結をもたらしている。だが他方、自己把握と他者把握の歴史的に個別的な形式は、もちろん社会構造と知識の社会的配分とに対して遡及的に作用している。そうした遡及的作用についての探究もまた、経験的な知識社会学の課題のひとつである。経験的な知識社会学は、たとえば次の課題に取り組まねばならない。「単なる素人たち」のあいだには、社会的に固定化されたレリヴァントな知識分化は存在しておらず、他方で個別的知識を独占する専門家たちには「異種性」が明瞭に刻印されているが、これらが結びつく時、「単なる素人たち」のそうした知識分化の在り方は、社会における権力の配分にどの程度、影響を及ぼすのだろうか。

b　知識の複雑な社会的配分の主観的対応物

知識の複雑な社会的配分の重要な徴表のひとつは、一般的知識の配分が社会的な諸条件のもとで不均等になっていることにあった。ある社会構造は、とりわけ高度に発展した政治制度と経済制度という形式のもとで複雑になってくると、支配と結びついた社会階層と経済と結びついた社会階層の固定化を引き起こし、またその階層に特有のレリヴァンス構造の固定化をも引き起こすようになる。そうした固定化した階層やレリヴァンス構造から生じてくるのが、一般的知識が分化した型である。さらにそこには、その分化した型は主として社会階層に係留されたままで伝達されていくという事情が付け加わる。このことは、誰もが「同一の」一般的知識を取り入れているわけではなく、自分が生み込まれた階層に特有の一般的知識の型を取得するようになるということを意味している。これら階層に特有の型は、全体社会のなかでは様ざまに評価される。したがってそれらは決して「等価」とみなされてはならない。こうした事情は、もちろん社会的世界における方向づけに対して、また自己評価と他者評価に対しても重要な帰結をもたらすことになる。

類型的に「等価」とはみなされない異なった型のなかでの社会化は考慮に入れないにしても、一般的知識の主観的な取得に関する社会的にレリヴァントな違いが社会構造と社会階層によってもたらされる。知識が単純な仕方で社会的に配分されている場合、一般的知識に関する能力の違いは、本質的に個々人の本性によるものであったのに対し、知識が複雑な仕方で社会的に配分されている場合には、一般的知識に接近する類型的なチャンスは社会構造と社会階層によって左右される。そのような能力の違いは、それゆえ社会的に「引き起こされる」のであり、そしてそれは「社会的に賦課された」徴表として、たとえば農民、市民、貴族等の「言語」（語彙、文法、発音）として、とりわけ地位と階級を類型化する主要な契機として、自己把握と他者把握において重要な役割を果たしている。当然ながら、そうした一般的知識に関する能力の違いがどれほど明瞭に刻印されているかは、伝達された一般的知識への接近がどのような種類の構造的制約をどの程度被っているかによって左右される。

一般的知識に関する能力の違い、しかも社会的に条件づけられた社会的にレリヴァントな違いについての経験から、また類型的に「等価」でない型への一般的知識の分化についての知識から、特徴的な自己類型化と他者類型化、自己評価と他者評価が生じてくる。それらが直接、社会構造に遡及的に作用する程度は、専門性と素人性という側面での自己類型化と他者類型化にくらべると、たいていはわずかなものでしかない。だが、社会的世界における主観的な方向づけに対してとなると、その意義は小さくない。ここでとりわけ重要なのは、個々人は自分と共在者のレリヴァンス構造の「同一性」を条件つきでしか、そしてそれが取り消されるまでしか、想定できないということである。そうした事情は、知識が複雑な仕方で社会的に配分されている場合の専門性と素人性の関係が重層的であることによって強化されるばかりである。

一般的知識が様ざまな型に分割されればされるほど、個々人にとっては一般的知識の全体を――また日常的な現実の核であるその知識の利用領域を――見通すことがますます困難になってくる。さらに、一般的知識を見通すことのできる度合いは社会的に配分されているという事情が加わってくる。もっともこのように断言できるのは、社会的な現実総体についてだけであって、分化した複数の「部分世界」の内部で一般的知識に関する能力について比較することは受け入れられない。農業従事者が自らの「世界」の内部でもつ一般的知識に関する能力は、都市居住者が自らの「世界」の内部でもつそうした能力にくらべて、同程度であるかもしれないしそれ以上であるかもしれない。

比較的専門化し相対的に相互に依存することのない個別的知識の諸領域が形成されるこ

とは、知識の複雑な社会的配分に特徴的なことであるが、ここで、そのような諸領域の形成の主観的な対応物に目を向けることにしたい。そうした個別的知識の領域が生じてくる構造的な基盤は、分業の進展にある。社会が分業化すればするほど、誰もがますます、分業化した様ざまな制度領域の行為複合体にとってレリヴァントな個別的知識分野の専門家になる。知識が単純に社会的に配分されている場合には、「単なる素人」が数のうえで支配的であったが、分業の進展に伴ってその数はますます減少し、ついには「通常の成人」であれば誰もが素人であると同時に専門家でもあると無条件に認めてよいまでになる。

分業の進展に伴うひとつの重要な帰結は、社会的な知識集積に占める一般的知識と個別的知識の割合が変わってくることである。個別的知識が拡大するのに伴って、専門性が自己類型化と他者類型化のひとつの次元としてもっている意義は増大してくる。だが、分業の進展と共に、社会的な知識集積における一般的知識と個別的知識の割合が変わってくるばかりでなく、個別的知識の構造もまた変化してくる。個別的知識は多様な異質の領域から、すなわちそれらの意味構造はせいぜい緩やかに結びついているだけの多様な異質の領域から作り上げられるようになる。そこで、個別的知識のすべての分野の専門性を習得することは「基本的に」不可能になってくるのである。

さらに、個別的知識の各分野の疑似自律性が高まり、個々の知識分野の利用領域が制度的に限定され、各分野内で知識が歴史的に累積してくる結果、個別的知識の各分野内で意味構造の複雑性が増大してくる。またそうした複雑性の増大に応じて、専門性の性格も変化してくる。誰もがいずれかの分野で、また何らかの形で、たしかに専門家である。だが社会の大半の成員にとって専門性は、分業の進展によって制度的にますます厳格に専門化された行為複合体に限定されるようになる。様ざまな制度領域における行為が、個別的知識の取得をますます必要とするようになる。それと相関して、それぞれの分野の個別的知識の利用領域が限定されてくる。それぞれの分野の個別的知識は、なおも統一的な意味構造を保持しているだろう。だが、個別的知識のうちで社会の大半の成員に伝達されるのは、限られた行為複合体にとってレリヴァントな個別的部分領域だけということになる。専門家あるいは——より適切に言えばおそらく——「部分的な」専門家は、自分自身の専門分野についてさえも、もはやその全体を一般的に見通すことができなくなっているのである。

個別的知識のある分野をその全体にわたって見通すためには、いまや比較的長期にわたる専門化された学習をし、その過程をとおして当の分野の意味構造をより体系的に把握すること、言い換えれば「理論的な」教育が必要である。専門性は、個別的知識の所与の分野内でもそれほどまで分化している。「部分的な」専門性と「全的」専門性は、同一の社会的レリヴァンスをもっているわけではなく、社会によって様ざまに評価される。専門性は伝統的に格付けされてきたが、その際の主たる規準は知識の利用幅であった。だがその利用幅は、当の知識分野の体系化の度合いと教育の「長さ」に依存しており、それゆえに専門性は「専門職化」され得るのである。専門性の格付けは、様ざまな制度領域の意義を相互に比較するなかで格付けをした（たとえば狩猟よりも鍛冶技術を、あるいは経済よりも宗教を上位に置く）既存の格付けのうちに組み入れられている。専門性に関わる能力の段階はこのようにして社会的に固定化され、場合によっては、たとえば職業上の地位としてさらに制度化される。専門性に関わる能力の違いは、もちろん知識が単純な仕方で社会的に配分されている場合にも存在している。だがその違いはそこでは、個別的知識の習得段階を類型化する比較的単純な生活史的カテゴリー（たとえば見習い中の若いシャーマン）に関係づけられるか、そうでない場合には主として個人の本性（良い鍛冶屋、悪い鍛冶屋）であるとされる。それに対して知識が複雑な仕方で社会的に配分されている場合には、個別的知識の伝達と習得は概して制度的に広範に専門化されており、そして専門家の地位は、高度に匿名的な制度的カテゴリーにおいて「認証されて」いる（海軍砲兵隊の士官候補生）。

それゆえ専門性は、個別的知識のそのつどの分野が関わっている制度領域がいかなる伝統的な意義をもっているかに応じて分化していく。だがそればかりでない。専門性は、当の行為複合体が各制度領域のなかでどのような機能を果たしているか、個別的知識に関わる能力がどの程度社会的に「認証されて」いるかに応じてもまた分化していく。そのようにして、個別的知識に結びついた自己類型化と他者類型化の集成体が生じてくる。これが、社会的に固定化され個々人から広範に切り離され匿名化された「職業威信尺度」である。

それは、社会的世界における主観的な方向づけにとって中心的な役割を果たすと同時に、主観的な自己像の形成に対しても決定的な影響を与える。こうした事情はもともと、分業の進展、社会階層、そして個別的知識の構造によって条件づけられているが、ここで強調するまでもなく、それは翻って分業、社会階層、個別的知識に遡及的に作用することにもなる。

個別的知識の同一分野に属する専門家たちのあいだに、当の知識分野に関わる能力とその分野を見通す力に関して、社会的に条件づけられた違いがすでに存在している場合、その分野で専門家ではない人にとってはそのことがなおさら当てはまる。そもそも個別的知識の分野は、素人たちにとっては一般に見通すことができない。素人たちの知識は、類型的には、個別的知識を利用したり専門家の意見を聞いたりすることがレリヴァントである状況に対する処方箋に限定されているのである。実際、病気の時には医師に相談しなければならないことを、誰もが類型的に知っている。だが少なからぬ人たちはさらに、ある場合には内科医に、別の場合には外科医にかからねばならないことも知っているだろう。また、分化している個別的知識は、もはや誰も総体として見通すことはできないけれども、専門家層についての相対的な見通しは社会的に配分されている。そこにはとりわけ二つの要因が関与している。ひとつは制度の編成ないしそれに対応した個別的知識の編成（隣接した分野に関してはなにがしかを理解できても、かけ離れた分野に関しては理解できない）であり、いまひとつは社会階層（ある社会内での専門家層への一定の方向づけは、類型的には一般的知識の「洗練された」型に属している）である。

われわれはここで、さらにもうひとつの問題に触れている。意味構造が専門性の成層化を伴いながら疑似自律的になり、内的に分化し累積してきた結果、素人と専門家の距離が広がってきた。だがそれと同時に、個別的知識の「利用」と「成果」は、素人の日常生活のなかにますます広範に、しかもしばしばより決定的な仕方で浸透してきている。現代の世界から二、三の例をあげてみよう。こうした事態をもっとも鮮明に例証しているのは技術の影響である。誰でも電気を使う。スイッチのボタンを押すことはあっても、コンセントに指を差し込む人はいない。だが、電気の何たるかを「理解」している人はほとんどいない。ほとんどの人は、電気のスイッチが壊れたら自分で直すことはできない。自動車を運転するのに、自動車機械工である必要はない。まして自動車の内燃機関の基礎にある法則についての知識が必要でないのは言うまでもない。だがこのことが当てはまるのは、技術の領域だけにはとどまらない。銀行に預金するのに国民経済学者である必要はないし、投票するのに政治の専門家である必要はないといった具合である。これらの例はすべて、二つの契機が奇妙な仕方で結びついていることを具体的に示している。広がりつつある専門性と素人性の距離と、ほとんど絶えることのない素人の専門家への依存とである。

こうした事態は主観的な経験にあっては、知識が社会的に単純に配分されている際にはそもそも目の前に存在していないか、ただ萌芽的な形でしか目の前に存在していない非知、半知、知の重層的な結びつきとして、あるいは「権力」と依存の重層的な結びつきとして現われてくる。誰もが素人であると同時に専門家でもある。それゆえ素人性と専門性の距離を意識的に把握することは、少なくとも可能性としては誰にでもできることである。だが事情がそうである場合には、日常生活に深く浸透しているにもかかわらず自分がそれについては素人である分野について、専門家に依存することを少なくしようという強い動機が生じてくる。もちろん、そうした個別的知識のすべてを習得することは類型的に不可能である。だが、個別的知識の個々の分野のいわば「パースペクティヴ」を習得すること、すなわちそれぞれの分野の主たる方法と基本前提を習得することは、原則として可能である。「ふさわしい」専門家に相談し、複数の専門家の意見が互いに食い違っている場合には、それについて自らが判断し、自分自身の行為について多少とも十分に根拠のある決断を下すには、それで十分なのである。ここで取りあげられているのは、それゆえ日常的な生活世界における方向づけのひとつの類型、すなわち専門性と素人性のあいだに位置する類型ということになるだろう。われわれはこの類型のことを「見識ある者」と呼ぶことにしたい。見識ある者は、専門家の判断に依存してそれを反省することなく受け入れることはしない、という心構えをもっており、とりわけこの点で素人から区別される。他方、見識ある者は、当の分野に特有の明示的な知識をもっていないという点で、専門家から区別される。

したがって社会の現実総体における主観的な方向づけは、知識が社会的に複雑に配分されている場合には、素人、見識ある者、専門家という三つの類型によって理念型的に把握することができる。ただしその際、専門性には、さらに社会的に定義された能力の度合いが含まれている。これら三類型相互の具体的な関係と、それらの関係が自己把握と他者把握にもたらす帰結は、社会構造によって規定され、また社会的な知識集積の構造によって規定されているのである。